현대 성장상담요법

Contemporary Growth Therapies
Resources for Actualizing Human Wholeness

by
Howard Clinebell
Tr. by
Jong Hun Lee

Copyright©1981 by Abingdon Press

1990

Publishing House
The Presbyterian Church of Korea
Seoul, Korea

이 책은
저자 Howard Clinebell박사로부터
한국어 판 번역을 허락받아
출판하였습니다.

현대 성장상담요법

차 례

한국어 판을 위한 저자 서문 ·· 7
역자 서문 ·· 11

이 책에 관한 글쓴 이의 몇 가지 개인적인 의견 ················· 15
개관 : 성장상담과 심리치료법의 다섯 가지 부류 ················· 22

 1. 전통적인 심리치료법에서의 성장자원들 ····················· 31
    지그문트 프로이트와 자아분석가들

 2. 전통적인 심리치료법에서의 성장자원들 ····················· 58
    알프레드 아들러와 오토 랭크

 3. 전통적인 심리치료법에서의 성장자원들 ····················· 75
    에릭 프롬, 카렌 호니, 해리 스톡 설리반

 4. 전통적인 심리치료법에서의 성장자원들 ···················· 104
    칼 융, 실존주의자들, 칼 로저스

5. 행동―행태치료법의 성장자원들 ·· 145
6. 의사거래분석법의 성장자원들 ·· 172
7. 형태치료법의 성장자원들 ·· 193
8. 통전적 건강 이론, 정신안정법, 신체치료법의 성장자원들 ······ 215
9. 가족체계 치료법의 성장자원들 ·· 245
10. 여권주의 치료법의 성장자원들 ·· 271
11. 정신통합 이론의 성장자원들 ·· 304

결론 : 성장에의 모험―
　　　이 자원들을 활용하여 지속적인 성장을 이루라 ················ 325

각 장에 대한 주 ·· 331

한국어 판을 위한 저자 서문

　우선 이 책을 한국어 판으로 내게 된 데 대하여 저자로서 기쁜 마음을 금할 길 없다. 한국은 1980년에 방문한 바 있으며 그때 참으로 좋은 친구들을 알게 되었다. 그리고 이 책이 나오게 된 동기는 나의 친구인 한국인들과 미국에 있는 한국인들이 이 책의 한국어 판이 매우 유용할 것이라는 권고에서이다.
　나는 특히 이 책의 역자이자 한때 미국 캘리포니아 클레어몬트신학교에서 나에게 수학한 바 있는 이종헌 박사에게 감사를 드린다. 어떤 책이라도 영문 판을 한국어로 번역하는 것은 매우 힘들고 어려운 일일 것이다. 그럼에도 불구하고 이 박사는 자신의 시간과 노력을 아끼지 않고 한국의 많은 독자가 자국어로 현대의 상담요법을 익힐 수 있도록 기여했다. 또한 이 책이 나오는 데 도움을 주신 대한예수교장로회총회출판국의 직원들께도 감사를 드린다. 총회출판국에서는 이미 나의 기본 교재인 「목회상담신론」(*Basic Types of Pastoral Care and Counseling*)을 한국어로 번역, 출판한 바 있다.
　이 책은 내가 30년 동안 클레어몬트신학교에 재직하는 중 강의한 바 있는 '현대의 심리치료기관들과 목회상담'이라는 대학원 세미나 강좌내용을 정리한 것이다. 그 내용은 주로 현대의 심리치료요법들의 내용과 통찰들을 살펴보는 것이며, 특히 성장지향적인 상담이나 치료에 유용할 수 있는 자원들에 초점을 두었다. 이 책을 쓰면서 내가 정립하고자 했던 것은 내가 소위 '성장상담'이라 부르는 것이며, 이는 최근에 '전인상담'이라 불리는 영성 중심적인 치료법이다.

이 책에서 다루어지는 치료법들은 전부가 유럽과 북미에서 나온 이론들이다. 내가 오랫동안 여러 나라에서 강의해 본 경험에 따르면 한 문화권에서 만들어진 통찰이나 방법들을 다른 문화권에 적용시킬 때에는 많은 문제점들이 나타나게 된다. 각 문화권은 각각의 고유한 치료기술과 방법들을 가지고 있다. 한국도 고유의 치료기술들을 갖고 있을 것이다.

그러나 문화적인 차이에도 불구하고 각 나라간에는 어느 정도 공통된 인간의 문제들이 있을 것이다. 그러므로 나는 한국과 서구간의 문화적 차이에도 불구하고 이 책에서 제시하는 치료에 관한 통찰과 방법들이 한국인들에게 유용한 것이기를 바란다.

부디 여러분 자신들과 이 책을 통해서 여러분이 다른 사람들에게 도움을 주어 나가는 데 축복이 함께하기를 기원한다.

Howard Clinbell

AUTHOR'S INTRODUCTION TO THE KOREAN TRANSLATION OF CONTEMPORARY GROWTH THERAPIES

It is a pleasure to express greetings to you, a reader of the Korean translation of this book! Having visited your dynamic country in 1980, and having some fine friends there and among the Korean–Americans who are in my country, it is indeed a privilege to have the message of this book available in the Korean language.

I express my appreciation to Dr. Jong Hun Lee, a former student of mine at the School of Theology at Claremont, Californla, USA, who is the translator of this book into Korean. I know that translating any book into Korean from English is a difficult and demanding task, and I am grateful to him for taking the initiative and investing his time and knowledge in completing this task so that you may explore a variety of contemporary psychotherapies in your language. I also express appreciation to the leaders of The Publishing House of The Presbyterian Church in Korea, who also published my textbook, *Basic Types of Pastoral Care and Counseling* in Korean.

This book grew out of a graduate seminar called "Contemporary Psychotherapeutic Schools and Pastoral Counseling" which I enjoyed teaching at Claremont many times during my three decades as professor there. The book aims at sharing the main insights from all these approaches to psychotherapy, with particular reference to their usefulness as resources in growith-oriented counseling and therapy. My perspective in writhing is what I call "Growth Counseling" or, more recently, "Wholeness Counseling", which is a spiritually-centered wholistic approach to counseling and therapy.

The therapies described in this book are products of Europe and North America. Having had the experience of lecturing in many different countries and cultures, I am aware that there are major problems when one attempts to apply the insights and methods of therapy from one culture to a very different cultural context. Each culture has its own indigenous understandings and methods of healing and helping troubled people. The rich cultural heritage of Korea certainly has many of its own healing resources.

In spite of cultural differences, there seem to be some universal human problems, issues, feelings and dilemmas which transcend all cultural barriers. Therefore, it is my hope and prayer that, in spite of the profound cultural differences between Korea and the Western countries, you will find healing insights and methods in these pages which will prove useful in your situation.

May your find some blessing for yourself personally and for your work in helping people, in these pages.

  Best wishes,

Howard Clinebell

  Rev. Howard Clinebell, Ph. D.
  Professor Emeritus, Pastoral Psychology & Counseling
  School of Theology at Claremont, California, USA

역자 서문

내 인생에 있어서 큰 기쁨과 전환점을 가져다 준 것은 클라인벨 (Howard Clinbell)과의 만남이다. 그는 나에게 새로운 세계를 일깨워 주었다. 그와의 만남을 통하여 나는 상담이라는 것이 심리적인 위안을 주는 차원에서 머무는 것이 아니라 전인적인 만남, 우주적인 호흡으로까지 비상해야 한다는 것을 알았다.

나는 이 책이 우리말로 번역되어 나오게 된 것을 마음 뿌듯하게 생각한다. 나는 지난 해 그의 상담에 기초적이고도 핵심이 되는 저서인 「성장상담」(Growth Counseling)을 한국신학연구소에서 번역한바 있다. 클라인벨이 내년(1990년) 7월 초 한국을 방문하게 되는데 그가 오기 전에 이 책이 한국교회와 사회, 그리고 상담에 종사하는 분들에게 알리게 되어 무척 기쁘다. 이 책이 한국 사회와 교회의 발전에 귀중한 한 몫을 감당하리라 믿기 때문이다. 그리고 머지않아 그의 책 「결혼을 위한 집단상담 프로그램」(Growth Counseling for Marriage Enrichment)이 번역될 예정이다. 이것이 솔직히 그에 대한 은혜를 갚는 일이 되고, 한국에 있어서 심리 중심의 상담교육에서 전인적, 초월적, 영적인 중심으로 나아가는 새로운 전기를 마련하리라 믿는다.

이 책은 하워드 클라인벨의 「현대 성장상담요법」(*Contemporary Growth Therapies*, Abingdon, 1981)을 완역한 것이다. 클라인벨은 미국의 내담자 중심의 목회상담 경향에 반발, 목회자의 보다 적극적인 역할을 갖고 상호 배려와 대면을 하는 성장과 전체적 상담을 제창하여 새로운 목회상담의 길을 개척한 목회신학자이다. 그에게 있어서 기본적인 저서는 「성장상담」(*Growth Counseling*, 한국신학연구소, 1988), 「목회상담신론」(*Basic Types of Pastoral Care and Counseling*, 대한예수교장로회총회출판국, 1987), 그리고 이 책이다.

이 책은 심리학 책에서 찾아보기 힘든 여성의식을 돕는 요법(Feminist Therapy), 그리고 정신통합요법(Psycho Synthesis) 등을 중요하게 다루고 있다. 이러한 요법은 전인적이고 우주적인 차원에서의 '전인성장'(Wholistic) 관점이다.

클라인벨은 이 책에서 여러 다른 강조점으로 나와 있는 치료요법들을 다섯 주류로 나누고 있다. 첫째 전통적인 통찰요법, 둘째 행동요법, 셋째 인간잠재력요법, 넷째 관계와 구조적, 급진적인 요법, 그리고 마지막으로 정신통합요법 등이 바로 그것이다. 그는 이중 어떤 것 하나만을 강조하거나, 어떤 것을 배제하거나 하지 않고 성장이라는 큰 안목에서 여러 현대 상담요법들이 갖고 있는 자원들을 하나로 활성화시켜 종합해 놓았다.

이 책을 통해서 역자는 일반 상담학계에서 주로 사용되고 있는 정신분석적인 차원, 행동주의 차원의 치료요법 등이 전인적인 접근으로, 그리고 초월적인 인간 이해의 접근으로 더 나아갔으면 하는 바람이다.

교회에 있어서도 직접적이고도 협의한 성경해석 중심의 상담훈련에서 인간의 전체적인, 즉 자연과 사회에 깊이 상호 관계되고 유기적인 관계에 호흡하고 있는 존재의 새로운 이해가 있기를 바란다. 그래서 교회가 전통적이고 종교적인 관념의 테두리와 종교적인 흐름 안에서 보는 윤리적인 판단(judgement)을 넘어서는 데 도움이 되었으면 한다.

또한 분단된 한국 현실 속에서 민족이 심리적으로 갖는 분단 심

역자 서문 13

리, 극단과 자극적인 양극화의 심리가 통합되어 양면의 균형을 이루는 전인적인 인간 이해와 성장에로 나아가는 밑거름이 되기를 바란다.

　이 책이 나오기까지 수고를 아끼지 않은 김희석님, 조동호님, 황정심님, 진수연님, 최인화님, 김진서님에게 감사를 드린다. 또한 출판을 맡아 주신 한국장로교출판사 사장 박노원 목사님께도 진심으로 감사드린다.

　　　　　　　　　　　　　　　　　　　1989. 11. 6.
　　　　　　　　　　　　　　　　　논현동에서 이 종 헌

이 책에 관한 글쓴 이의
몇 가지 개인적인 의견

　이 책의 주제로 글을 쓰고자 마음먹었을 때 나의 뇌리에는 한 폭의 그림이 떠올랐다. 그것은 잔설이 다 녹은 지 얼마 안 되는 초여름, 시에라 산맥 어딘가에 있는 멋진 초원이었다. 초원은 온통 들꽃에 파묻혀 있었다. 숨이 멎을 듯한 색깔의 현란함이란! 상담과 치료에 종사하는 우리 상담자들은 치유·성장방법이 전에 없이 흐드러지게 꽃피고 있는 시절에 살고 있으니 억세게 운이 좋은 셈이다. 혁신적인 새 치료법이 출현하는가 하면 구식 치료법에도 참신한 흐름이 나타나는 모습은 마치 산중 초원의 꽃들이 다투어 피어나는 현상이다. 이 갖가지 새로운 경향의 치료법들이 우리들 자신은 물론 다른 이들도 온전하게 살아갈 수 있도록 성장을 북돋는 데 필요한 자원을 푸짐하게 제공하고 있다.
　본서의 목적은 다양한 현대 심리치료법들 속에 들어 있는 개인성장과 관계성장을 위한 자원들을 드러내어 한 곳에 모음으로써 손쉽게 활용될 수 있게 하자는 데 있다. 각 장마다 한 가지 치료법 또는 한 부류의 치료법들을 상세히 밝힘으로써 각 치료법이 지닌 성장에 관한 통찰과 방법들을 살펴보고 이해할 뿐 아니라, 상담과 치료, 성장집단과 창조적 교육활동에 활용될 수 있도록 하는 데 주안점을 두었다.

어떤 유형의 치료법이든, 그 이론과 방법에 대한 포괄적이고, 세세한 설명은 어디서든 찾아볼 수 있으므로 본서에서는 하지 않을 것이다. 지면의 제약 때문에 처음 몇 개 장에서는 상관성 있는 치료법들을 한데 묶어 그 주류의 치료법이 지닌 성장에 관한 통찰과 수단들 가운데 골자가 되는 몇 가지만을 제시하려 한다. 어느 치료법에 대해서든 나는, 특정한 치료법에 대해 상세히 알고자 하는 이들의 지식욕을 충분히 채워 줄 만큼 완벽하게 논의할 생각은 없다.

독자들은 본문에서 어떤 치료법들을 처음으로 또는 다시 새롭게 접하는 동안에 자신의 기운이 부쩍 솟음을 느끼게 될 것이다. 이 치료법들이야말로 독자들 스스로의 지속적인 성장요구나, 독자들이 성장 촉진자라는 명예로운 입장에서 상대하는 사람들의 성장요구에 안성마춤임을 알고는, 이 치료법들에 대하여 매력을 느끼게 될 것이다. 그러므로 특정한 치료법에 대해 보다 상세히 알고자 한다면, 할당된 지면이 좁은 관계로 미처 이 책에서는 다루지 못하였던 부분들을 탐구해 나가기 바란다. 각 치료법에 대한 '후속 연구'를 위하여 각 장의 말미에 참고문헌 해제를 마련하였으니 즐거운 탐구가 되기를 바란다!

나의 체험으로 볼 때, 대부분의 성장촉진 상담자나 치료자들은 보다 다양한 치료법들을 배우고 그 자원들을 활용하려고 한다. 본서의 의도는 이러한 창조적 절충주의를 장려하자는 데 있다. 그 구성에서도 알 수 있다시피, 이 책은 현대의 각종 치료법들을 폭넓게 받아들임으로써 성장촉진 자원을 한층 풍성하게 구비하라는 일종의 안내서이다.

이 책에서 내가 부각시키고자 하는 바는 지난 20년 동안 나 자신의 성장은 물론, 타인의 성장상담과 치료를 하면서, 또한 성장집단과 웍샵에서 가르치고 지도하는 가운데 그 유용성을 알게 된 통찰과 방법들이다. 각 장마다에는 다음 두 물음에 대한 해답에 초점을 두었다 : 첫째, 이 치료법에서 사람들이 보다 큰 온전성을 이룰 수 있도록 돕는 일의 본질과 과정, 그리고 그 일에 방해가 되는 요인과 도움이 되는 요인 따위에 대한 우리의 인식을 심화시켜 주는 **통찰**들은 어떤 것들인가? 둘째, 이 치료법에서 자신과 타인의 성장을 촉진하는 데 활용할 만한 **방법**들은 어떤 것들인가? 첫 물음에 대한 대답이 목적하는 바는, 독자들이 성장 촉진자의 역할을 할 때 기준이 될 작업개념들을 풍부하게 구비하여 주자는 데 있다. 둘째 물음에 대한 대답이 목적하는 바는, 성장활동을 촉진시키는 구체적 수단들을 늘려 주자는 데 있다. 특히 나는 영성성장이야말로 모든 차원의 인간 잠재력 계발의 열쇠라고 보는 까닭에, 각 장마다 거기서 논의된 치료법에서 영성적 온전성을 지향하는 자료들을 집중적으로 찾아내고자 한다. 또 성장-희망이라는 시각에서 볼 때 그 치료법이 지녔다고 생각되는 약점과 한계들을 간단히 언급할 작정이다.

본서는 1979년에 애빙던출판사에서 펴낸 책「성장상담 : 온전한 인간실현을 위한 희망중심적 방법들」(*Crowth Counseling : Hope-Centered Methods of Actualizing Human Wholeness*)의 자매편이다. 전편에서는 성장상담-여기에는 단기와 장기치료자 모두 포함된다-의 목표, 작업원리, 기본 방법, 그리고 신학적-성서적 자료 등 성장상담에 필요한 기본 원리만을 제시하였다. 그리고 이제 펴내는 이 책에서는 구체적으로 성장상담을 실시하는 데 유용한 자료들을 제시하고 있다는 의미에서, 앞에서 언급한 책의 후편이라고 볼 수 있다. 그러나 이 자료들은 단지 성장문제 전문가들에게만 유용한 것이 아니라, 자신의 성장촉진 활동이 보다 효과적이기를 바라는 모든 상담자, 치료자, 목회자, 기관목사, 교사 또는 전문가가 아닌 소집단 구성원에게도 쓸모있는 것임에 분명하다. 이러한 의미에서 본서는「성상상담법」이나 기타 다른 책의 부록이나 후편 따위의 종속적인 책이 아니라 독립된 저작이라 할 수 있다.

목회상담자 혹은 심리치료의 한 사람으로서 나는, 이 책에 설명된 통찰과 방법들이 목회상담자들의 과제에 적합한가 하는 문제에 비상한 관심을 갖고 있다. 성장-희망이라는 방향성은 **목회상담**이 본래 지니고 있던 풍부한 가능성들을 괄목할 만하게 고무, 발현시키고 있다. 현대 목회상담의 초창기 수십년 동안 이 분야의 선구자들은 지그문트 프로이트(Sigmund Freud)와 칼 로저스(Carl Rogers)의 치료법에 매우 크게 의존하였다. 내가 보기에도 이 두 사람의 치료법은 목회상담자를 포함한 성장지향적 상담자들에게 많은 도움을 준다고 여겨진다. 그러나 양자의 치료법을 어떻게 조합하든 간에 그것이 목회상담의 개념적 기초가 되기에는 불충분한 점이 많이 노출되는 것 또한 사실이다. 나의 전문 분야인 목회상담 분야에서 개념적 자료를 풍부하게 확보할 필요성은 절실하다. 나의 경험에 의하면, 각양각색의 치료법들이 지닌 자료들을 목회상담용으로 통합하는 데 가장 효과 있는 개념적 골격은 '성장 지향성'이다.

필자가 목회상담 전문가이므로 비록 여기서 설명되는 각종 치료법들이 목회상담의 관점에서 논의되기는 하나, 그 성장자원들은 목회상담자뿐만 아니라 기타 다른 전문직에 종사하는 상담자—치료자들에게도 많은 도움을 줄 것이다. 앞에서 언급했다시피 본서에서는 전편을 통해 시종일관 **영성**성장 자원을 강조하고 있는데, 바로 이러한 점 때문에 본서가 인간 고유의 중요한 차원(정신)의 치료와 성장에 종사하는 타분야의 전문가들에게 공통적으로 도움을 줄 수 있다. 또 이 점이 치료교육과 신학교육을 모두 받은 사람이 여타의 상담·치료 직종에 종사하는 사람들에게 할 수 있는 뜻깊은 공헌이 될 것이다.

아까운 시간을 들여 이 책을 읽느니만큼 최대의 수확을 거두려면 **성장일지**, 곧 독자들이 이 책을 한장 한장 읽어 나가는 동안에 체험한 일들을 그때그때 일지로 작성해 나가는 것이 좋다. 그날 읽은 내용에 대한 소감, 의문과 비평, 그리고 다양한 통찰과 방법들의 활용에 관한 자신의 생각과 계획 따위를 일지에 적어 두라. 만일 그것이 번거롭다면 자기에게 유용하고 중요하다고 생각되는 대목에 밑줄을 긋고, 책의 여백에다가 자기 나름의 논평과 의문, 비판과 통찰을 적어둘 수도 있다. 여백을 성장일지 대용으로 활용하는 경우에는, 자기 생각에 타당하고 중요하다고 여겨지는 내용의 곁에는 "그래!", "맞아!" 따위의 대꾸를, 틀리다든지 의심스럽다고 판단되는 내용의 곁에는 "천만에!", "?" 따위의 대꾸를 표시해 두기 바란다. 이 방법 중의 어느 하나를 사용하든가, 아니면 책을 활용하는 자기 나름의 방식을 구사하여 이 책을 자기 책으로 만들어라! 더 생각해 보고 싶은 내용은 기록해 두거나 밑줄을 그어 놓으라. 각종 치료법에 대한 필자의 이해·해석·평가를 두고 따져 보라. 어떤 통찰이나 방법들이 자기에게 딱 들어맞는 것일 때에는 책 읽기를 멈추고 이것들을 나 자신의 성장에, 또는 타인들의 성장촉진에 어떻게 응용할지를 생각해 보는 것이 좋겠다. 누구누구에게는 이런 방법들을 시도해야 하겠다는 전략을 세울 수도 있겠다. 이런 식으로 하면 이 책을 자신의 인생체험이나 통찰, 요구에 맞게끔 개작하여 완전한 자신의 책으로 만들 수 있게 될 것이다.

마지막 7개의 장에서는 현대 치료법들로부터 개발된 비교적 새로운 성장방법들에 대한 독자들의 이해를 돕기 위하여 실습방법들을 제시하였다. 바쁘다는 이유로 독자들은 이 부분을 그냥 건너뛰려 할 것이다. 그러나 이런 유혹에 지지 말고 시간을 내서 이 실습들을 해 보기 바란다. 해보면 그 방법에 대한 이해가 한층 확실해질 뿐 아니라 한결 자신만만하게 그것을 다른 사람들에게 사용할 수 있게 될 것이다.

본서가 완성되기까지는 필자가 오랜 세월 동안 체험한 다양한 경험들이 바탕이 되었다. 필자는 20년 남짓하게 클레어몬트신학교(the School of Theology at Claremont)에서 "현대 심리치료와 목회상담"이라는 제목으로 대학원 세미나를 지도하여 왔다. 그 오랜 기간 동안 숱한 신학생들, 목회상담을 전공하는 대학원생들, 그리고 그 과정을 수강한 성직자들과의 열띤 교류는 정말 값진 것이었다. 필자는 그들의 예리한 질문과 명민한 통찰에서 배운 바가 많았다. 이러한 배움들 덕분에 필자는 수년 동안 연속해서 세미나의 내용을 수정하고 증보해 나갈 수 있었다. 또 같은 기간 동안 필자는 본서에서 논의된 치료법들의 여러 가지 통찰과 방법들을 상담·치료·성장집단에서 직접 활용해 왔다. 또 이 기간 중 10여 년 간은 지금은 '포너마 밸리 목회상담·성장센터'(the Ponoma Valley Pastoral Counseling and Growth

Center)로 불리는 기관의 임상과장으로 일하기도 했었다. 이 때에 매주 우리는 실무자의 입장에서, 크고 작은 문제를 안고 도움을 받으러 오는 사람들에게 보다 유용하게 작용할 수 있는 성장촉진 방법을 찾아내고자 각종 치료이론과 치료방법들을 통합하는 일에 많은 애를 썼다. 돌이켜 보면 대학원 시절과 그 후에도 필요할 때마다 간간이 내담자의 입장에서 일련의 치료법들을 몸소 겪음으로써 그 치료법들에 대해 내 나름으로 배울 수 있었다는 데에 필자는 고마움을 느낀다. 정신분석, 내담자 중심 치료법, 총체심리요법, 그리고 정신종합에 대해서 필자는 소비자의 시각에서 보고 소비자의 입장에서 평가하고 있다. 내담자 입장에서의 체험은 매우 소중한 배움을 줄 수도 있다.

지난 10년 동안 나는 이 책을 완성하려고 계획도 세우고 노력도 해 왔다. 이제 생각하니, 그 일의 완성을 저지했던 **일부** 요인들은 아직도 준비가 덜 되었다고 하는 잠재의식에서 나온 건설적인 저항감들이었음을 알았다. 나의 사고와 실천에서 성장-희망이라는 시각이 한결 또렷하게 되었을 때에야 비로소 이것이야말로 내가 찾던, 이 책에 통일성을 부여하는 기본 주제임을 필자는 깨달았던 것이다.

이 책을 내는 데 도움을 준 동료들을 생각하면 고마움을 금할 길 없다. 스코트 슐렌더(Scott Sullender)는 현대 치료법들에 관한 면밀한 조사를 해주었고, 클레어 맥키버(Clare McKeever)와 린다 허버트(Linda Herbert)는 최종 원고 수정 단계에서 여러모로 도움을 주었을 뿐만 아니라, 특히 린다는 색인작성까지 해주었고, 기니 베커(Ginny Becker), 샬린 젠슨(Sharlene Jensen), 엘레인 레일리(Elaine Railey), 그리고 필리스 웰던(Phyllis Weldon)은 타자를 맡아 주었으며, 존 애덤스(John Adams), 헌터 뷰먼트(Hunter Beaumont), 노엘 펠런(Noel Phelan), 에마 픽슬리(Erma Pixley), 도우 럿셀(Doug Russell), 에딧 스타우퍼(Edith Stauffer), 넬 머톤(Nelle Morton), 그리고 샤롯데 엘렌(Charlotte Ellen)은 각 장에 대해 유익한 논평을 해주었다. 이 동료들과, 모든 내담자들, 그리고 세계 도처에서 열린 성장상담 교육과정에 참가한 사람들에게 배운 바가 크기에 뜨거운 고마움을 필자는 느낀다.

  오랜 산고 끝에 드디어 이 책을 독자 여러분과 나누게 되니 흐뭇한 마음이 앞선다. 부디 이 책이 독자들의 시야를 넓히는 데 조금이라도 도움이 되어 자신과 타인에 대한 성장에의 희망을 더욱 굳혀 주고, 인간 성장의 복잡성과 끝없는 신비를 더욱 뚜렷히 깨닫게 해주며, 자신의 온전성은 물론 더불어 사는 이들의 온전성을 키우는 일이라면 무엇이든 하겠다는 소신이 옳음을 확인해 주고, 더욱 강고하게 해주기를 필자는 바란다. 희망과 돌봄의 온기로 이 책을 낸다.

샬롬

하워드 클라인벨

개관 : 성장상담과 심리치료법의 다섯 가지 부류

　이 책의 기본 전제는, 모든 창조적 교육활동은 물론이고 모든 상담과 심리치료의 근본 목표는 인간의 온전성을 극대화하는 데 있다는 것이다. 각종의 단기 상담법들은 삶의 위기를 성장지향적으로 처리할 수 있는 능력을 갖추어 주는 수단이다. 또 각종 심리치료 기술이란 본질적으로, 어린 시절의 고통스런 체험이나 복합적인 위기로 말미암아 성장이 극심하게 위축된 이들로 하여금 그러한 자신들로부터 해방하여 자유롭게 성장을 구가할 수 있도록 돕는 방법일 따름이다. 그리고 창조적 교육과 성장집단 활동은 소위 '정상적인' 삶을 사는 사람들로 하여금 자신의 잠재력을 더욱 풍성하게 활용하도록, 그리하여 창조력을 높이도록 해주는 수단일 따름이다. 결국 이러한 성장촉진 기술들은 한결같이 사람들이 아직 펼쳐 보지 못한 능력과 가능성들을 한껏 구가할 수 있도록 도와 주는 방법들인 것이다. 상담자, 치료자, 성장지향적 교사들의 핵심 과제는 개개인에게 그들이 창조적인 변화를 할 수 있다는 실현가능한 희망을 일깨워 주고, 그 희망을 그들이 실현하도록 돕는 데 있다. 이렇게 함으로써 개개인이 성장해 나가는 과정을 '잠재력 계발'(potentializing) 또는 '성장작업'

(growth work)이라 부른다.
　이 책에서 내가 각종의 치료법들을 해석하고 있는 시각을 보다 상세히 설명해 두는 것이 좋겠다. 나는 이 시각을 '성장상담'(Growth Counseling)이라 부르고 있다. 성장상담은 먼저 사람들에 대한 인식・이해를 하고, 나아가 상담과 치료로 그들의 성장을 돕는 접근법의 하나이다. 성장상담의 작업원리를 일변하면 다음과 같다 : [1]

- 대다수의 사람들에게는 미처 개발되지 않은 힘, 자질, 재능이 풍부하게 있다. 우리들이 지닌 신체적, 정신적, 영적 타인과의 관계적 잠재력 가운데 대부분의 사람들이 활용하고 있는 것은 극히 일부에 지나지 않는다.
- 사람들에게는, 보통은 억압되어 있지만, 그래도 자기의 잠재력을 계속 개발하고자 하는 미약하지만 끈질긴 충동이 있기 마련이다. 이 성장의 **기세**(elan)를 활성화시키는 일이야말로 모든 효과적인 교육, 상담, 치료의 핵심이 된다.
- 사람들은 대개 상호 의존관계에 있는 삶의 여섯 가지 차원—곧 몸, 마음, 이웃, 자연, 사회, 영성—에서 아직 활용해 보지 못한 천부의 능력을 개발하려는 욕구는 있게 마련이다. 진정한 '행복'이란 이 여섯 가지 차원에서 계속 잠재력을 계발하는 가운데 생겨나는 부산물에 지나지 않는다.
- 많은 사람들의 경우에 성장의 기세는 정서함양의 결핍, 유해한 인간관계, 경제적 궁핍, 사회적 억압, 그리고 성장에 대한 자신의 두려움과 저항 따위의 갖가지 요인 때문에 약화되어 있다.
- 적절한 신체적인 온전성(이것은 충분한 영양섭취, 운동, 건강관리로 이루어진다.)은 여타의 다섯 가지 차원이 제대로 발달하기 위한 토대로서 매우 중요하다.
- 인생의 각 단계에는 새로운 문제나 곤경만 생기는 것이 아니라, 새로운 성장자원과 성장가능성도 발생한다. 온전성이란 평생에 걸쳐 이루어지는 것이다.
- 건강 또는 온전성이란 단순히 **심한 병이 없다**는 소극적인 상태를 의미하는 것이 아니라, 보다 적극적으로 성장이 지속적으로 이루어진 결과로 나타나는 **전인적 충족이 있는** 상태를 의미하는 것이다.

- 정신병이란 본질적으로 성장이 오랫동안 극심하게 위축되고 왜곡된 상태이다. 잠재력 계발이 제대로 이루어지지 않으면 정신적, 정서적, 신체적, 정신신체적, 인간관계적, 영적 질병들이 발생하기 쉽다.
- 성장이 장기간 심하게 위축되면 성장에너지와 잠재된 창조성은 유해한 파괴성으로 왜곡·변질되어, 오히려 자신과 타인, 그리고 때로는 사회에 해를 끼치기 십상이다.
- 상담과 치료는 의도적으로 각자가 자신의 성장목표를 향해 나아가도록 조장함으로써 각자의 잠재력을 계발시켜 위축되고 왜곡된 성장을 극복하도록 돕는 수단이다.
- 상담자나 치료자, 교사 등의 성장촉진자들이 타인의 성장을 북돋아 주기 위하여는 먼저 자신들이 지속적으로 성장해 나가지 않으면 안 된다.
- 성장을 촉진하는 치료법과 교육은 마땅히 직관력, 상상력 따위의 오른쪽 뇌에 속한 능력들을 활성화시키도록 돕는 한편, 이 능력들을 합리성, 분석력 따위의 왼쪽 뇌에 속한 능력들과 통합하도록 해야 한다.
- 성장촉진자가 사람들에게 잠재되어 있는 숨은 힘과 재능을 알아보고 확인해 주면 그들은 자신의 잠재력을 깨닫고 발전시키게 된다.
- 창조적 교육활동과 상담치료는 서로 다르면서도 상호 보완관계에 있는, 동일한 성장촉진 과정에 서로 포함되는 갈래들일 뿐이다.
- 영성성장은 곧 개인의 가치나 의미, '절정체험', 신과의 관계 등등의 향상을 의미하는데, 이는 전인적 성장의 핵심 내용이다.
- 모든 성장은 모든 생명의 근원인 성령의 선물이다. 단지 인간은 그 선물을 받아 발전시킬 따름이다. 근원적 의미에서 인간의 성장이란 경하하여 마지않을 즐거운 신비이다.
- 성장이라는 선물은 스스로 의도적으로 그렇게 하려고 노력할 때에만 주어지는 것이다. 성장의 과정에는 깊은 충만감이 느껴지기는 하지만, 고통과 몸부림도 따르기 마련이다.
- 웃음, 특히 자신에 대한 웃음과 놀이에는 본래부터 치료와 성장촉진의 힘이 깃들어 있다.
- 우발적 위기이든 발달상의 위기이든 삶의 위기는 그 배경을 잘 이

해하고, 체계적인 충실한 보살핌으로 잘 대처해 나가면 오히려 성장의 기회가 될 수도 있다.
―사람들은 자기가 기대하고 그려 보고 힘을 쏟을 만한 미래가 있으면 그 미래를 향하여 전진하기 마련이다. 희망, 미래지향의 기대야말로 건설적 변화를 초래하는 근원적인 동력이다. 유능한 상담자나 치료자, 교사란 사람들에게 **성장에의 현실적 희망을 일깨워 주는 사람**이다.
―잠재력 계발의 장은 현재라는 순간이다. 과거의 고통스럽던 경험과 보람된 경험들, 그리고 미래에의 바람이 성장촉진적으로 통합될 수 있는 시점은 오로지 현재밖에 없다.
―성장은 개인적 혹은 사회적 관계 속에서 발생한다. 어떤 사람이 성장하느냐 못 하느냐 한다면 얼마나 빨리 성장하느냐는 그의 가족관계와 그보다 넓게는 사회의 질에 따라 상당한 정도로 결정된다.
―성장기세를 북돋는 종류의 관계는 한 편으로는 사랑·수용·공감이, 다른 한 편으로는 포용·조화·대면이 두루 체험되는 관계(이것이 '성장공식'이다.)이다.
―다른 사람들에게 보살핌의 손길을 뻗쳐 성장을 고무하고 촉성(促成)하는 일은 자신의 성장을 지속시키기 위한 필수조건이다.
―개인이나 개인간의 관계, 제도나 사회 등의 변화는 서로 긴밀한 상호 의존관계에 있다. 제도화된 불의와 사회적·경제적·정치적 억압이 인간의 잠재력 계발에 위축시키는 정도를 장사에서의 도매 규모에 비유하자면, 교사나 치료자, 부모들이 그것의 촉진을 위하여 기를 쓰고 있는 정도는 기껏해야 소매 규모에 지나지 않는다. 따라서 당사자 자신과 그의 가족관계에서의 성장을 확보하려면, 먼저 개인의 성장을 위축시키고 있는 보다 넓은 사회구조의 변화를 위하여 힘쓰지 않으면 안 된다. 상담과 치료가 건설적인 것으로 되려면 성장을 가로막는 제도에다 사람들을 적응시키려고 할 것이 아니라, 오히려 다른 이들과 협력하여 개인문제의 근원인 제도적·사회적 병폐를 변화시키도록 해야 마땅하다.
―기존의 봉사기관들, 특히 교회, 학교, 보건기관들은 사람들이 평생토록 성장을 극대화할 수 있게끔 조력하는 일에 사명을 둔 인간 온전성 개발센터로서의 역할을 더욱 훌륭하게 해내기 위하여 기관의

목적을 재규정하고 사업내용을 개편해야 한다. 또한 온전성 개발을 보다 효과적으로 하기 위해 다양한 성장집단들을 개발해 내야 할 것이다.
―교회와 사원은 **영성적** 온전성 개발센터로서의 역할, 곧 영성성장에 중점을 둔 총체적 보건 촉진의 장소로서의 역할을 한층 잘해 내는 곳으로 되어야만 한다.

치료법의 다섯 가지 부류

오늘날에는 치료법의 종류가 너무 많고 세분화되어 있기 때문에 치료법의 선택에 있어서 매우 곤란한 문제에 직면하게 되기 마련이다. 문제는 어떻게 일관된 입장을 견지하면서 동시에 시술자만의 독자적인 자원들을 극대화하는 방식으로, 각종 치료법들이 지닌 통찰과 방법들을 **효과적으로 절충**(integrated eclecticism)하여 활용하느냐 하는 것이다. 각기 다른 치료법들로부터 치료에 관련된 요소들을 이것저것 무작정 모아 놓는 경우에는 어떤 통합적인 체계도 없으며, 또한 치료의 본질, 과정, 목표에 관한 일관된 내적 논리도 없는, 단지 여기에서는 이론을, 저기에서는 기술을 뽑아내어 한데 범벅하는 식의 일종의 **잡탕식 절충**(hash eclecticism)이 생기기 십상이다. 이처럼 일관성 없는 개념에 기초하여 성장요법을 시술하는 사람들은 부지불식간에 서로 상충되는 개념과 방법들을 사용함으로써 치료효과를 감소시키기 쉽다. 이런 식으로 하게 되면 일관된 개념을 기초로 시술하였을 때 기대할 수 있는 성장력은 찾아볼 수 없을 것이다.

나는 여러 해 동안 신프로이트 학파의 정신분석학을 이러한 통일적 개념구조로 삼아 보았다. 그러나 지금에 와서는 앞에서 언급한 성장상담의 기본 원리들이야말로 보다 효과적으로 변화를 초래하는 개념구조임을 깨닫게 되었다. 이러한 방향성 하에서 제시되는 여러 가정과 원리들의 테두리 안에서 상담자―치료자―교사는 자기 나름의 독자적인 시술방법을 발전시켜 나갈 수 있을 것이다.

현대의 심리치료법들의 분류방법에는 여러 가지가 있으나, 나의 생각으로는 다섯 가지의 큰 범주 또는 부류로 구분하는 것이 가장 좋을 것 같다.[2] 각각의 부류에는 또한 여러 유형의 치료법들이 혼재되어 있으며, 각 부류들은 많은 점에서 서로 중첩되기도 한다. 또한 논리상 어느 한 부류에만 속한다고 볼 수 없는 치료법들도 더러 있다. 이러한 문제점이 있음에도 불구하고 나는 이렇게 다섯 부류로 구분하는 도식이 현대 치료법들의 주요 흐름을 알아볼 수 있는 유용한 방법이라고 믿는다.

성장상담은 이 다섯 부류의 치료법 전체에서 통찰과 방법을 얻고 있기는 하지만, 앞의 두 부류보다는 뒤의 세 부류에 의존하는 바가 훨씬 크다. 이 다섯 부류 전체를 성장관점에서 보면 각 부류가 어떻게 서로 어긋나는가만이 아니라 각 부류가 어떻게 서로 보충, 보완, 보강하는가도 인식할 수 있다. 그러면 이 책에서 성장관점에서 논구(論究)될 다섯 부류를 개관해 보기로 하자.

제1부류 : 통찰지향의 전통치료법 개발된 지 적어도 15년 이상된 대다수의 치료법들이 이 부류에 속한다. 이 계통의 치료법은 금세기가 동틀 무렵에 나타난 프로이트의 초기 저작에서 비롯되며, 정신분석—통찰중심치료법의 숱한 변종들이 여기에 속한다. 이들 전통적 치료법 가운데 다수는 오늘날에도 여전히 널리 활용되고 있다는 점에서 '현대적'이라 할 수 있다. 이것들은 엄격히 말해서 '성장치료법'이라 할 수는 없지만, 본서에서 다루지 않을 수 없다. 왜냐하면 이 치료법들은 인성의 심층적 동태와 극심한 성장장애를 초래하는 심층적 동인을 구명하는 데 결정적인 통찰들을 제공하기 때문이다. 이 책의 처음 네 장에서는 이 다양한 전통치료법들로부터 나온 몇 가지 성장자원들에 초점을 두고자 한다.

제2부류 : 행태 / 행동 / 위기치료법 장애의 원인은 부적합한 학습이며, 치료의 핵심은 행태나 인식 또는 양자의 재학습이라는 가정을 기초로 하는 각종 치료법들이 이 줄기에 속한다. 행태치료법들로부터 나온 성장자료들은 제5장에서 다루어질 것이다.

제3부류 : 잠재력 개발치료법 개개인의 풍성한 잠재력을 구현하는 일을 목표로 표방하는 치료법들이 이 줄기에 속한다. 이 계통의

치료법들 가운데 필자의 인식과 실천에 가장 큰 영향을 끼쳤던 세 가지, 곧 교류분석, 총체치료법, 신체치료법이 제 6, 7, 8장에서 각각 논의될 것이다.

제 4 부류 : 관계 / 구조 / 급진치료법 이 부류에는 사회의 구성원 전원이 보다 얽매임 없이 온전성을 향하여 성장할 수 있도록 사회구조를 변화시키는 데 치중하는 각종 치료법들이 포함된다. 이 계통의 치료법에는 가족과 같은 자연집단 내에서의 치료와 성장의 촉진을 도모하는 치료법들은 물론이고, 임시방편으로 구성된 치료집단, 성장집단, 자조집단 따위를 활용하는 치료법들도 포함된다. 이러한 일단의 치료법들 가운데 필자는 제 9 장에서는 가족치료법을, 제 10 장에서는 여권주의적인 치료법에서 뽑은 성장자료들을 소개하고자 한다. 여권주의적인 치료법은 개인의 성장과 사회의 변화 양자를 목표로 삼는다는 점에서 '급진적' 치료법이라 할 수 있다.

제 5 부류 : 영성성장치료법 이 부류의 치료법에는 영성성장을 모든 치료와 성장의 핵심이자 근원적인 것으로 보는 치료법들이 포함된다. 예를 들면 제 4 장에서 논의되고 있는 융(Jung)식의 치료법과 실존주의적 치료법이 이 계통에 든다. 또 필자는 제 11 장에서 정신종합론이 지닌 괄목할 만한 성장자원들을 찾아보고자 하는데, 이 정신종합론은 동시에 잠재력 계발치료법의 하나이기도 하다. 히브리— 그리스도교 전통에서 비롯된 성장자원들을 흡수하고 있는 목회상담과 목회심리치료도 이 계통이며, 서양의 심리치료법들과 여러 점에서 비슷한 동양의 의식고양법들도 여기에 속한다.

성장상담에 관한 참고문헌

Clinebell, Charlotte H.*「해방을 위한 상담」(*Counseling for Liberation*). Philadelphia : Fortress Press, 1976. 이 책은 여성—남성의 각종 관계들을 해방하는 방법으로서의 상담과 의식화를 다루고 있다. (*이 저자명은 이 책을 쓸 당시의 이름이며, 그 후에 그녀는 Charlotte Ellen이라는 새 이름을 사용하고 있다.)

Clinebell, Howard.「성장상담 : 온전한 인간실현을 위한 희망중심적 방법들」(*Growth Counseling : Hope-Centered Methods of Actualizing Human Wholeness*). Nashville : Abingdon, 1979. 성장상담의 이론, 방법, 그리고 신학을 논의한 저서이다.

―――.「성장상담 : 목사와 신도를 위한 새로운 도구」(*Growth Counseling : New Tools for Clergy and Laity*). Nashville : Abingdon Press, 1973, 1974. 성장상담의 각종 기술을 15개의 카세트 테이프를 이용하여 스스로 훈련할 수 있도록 제작된 자료이다. 제1부 '결혼생활과 가족생활을 풍요롭게 하는 법', 제2부 '위기에 슬기롭게 대처하는 법'으로 짜여 있다.

―――.「부부생활 향상을 위한 성장상담 : 결혼 직전과 신혼기」(*Growth Counseling for Marriage Enrichment : Pre-Marriage and the Early Years*). Philadelphia : Fortress Press, 1975. 이 책은 특히 결혼 준비기와 신혼기의 풍요로운 결혼생활을 위하여 성장상담을 적용하는 법을 소개하고 있다.

―――.「중년기의 부부를 위한 성장상담」(*Growth Counseling for Mid-Years Couples*). Philadelphia : Fortress Press, 1977. 중년기의 결혼생활을 풍요롭게 하는 방법과 상담방법들이 수록된 저서이다.

―――.「성장집단」(*Growth Groups*). Nashville : Abingdon, 1977. 이 저서는 성장집단 방법을 상세히 설명하고, 그 방법을 결혼생활, 가족생활, 창조적 독신생활, 청년기의 과제, 여성과 남성의 해방, 사회문제 따위에 적용한 책이다.

Goble, Frank.「제3의 힘 : 아브라함 매슬로우의 심리학」(*The Third Force : The Psychology of Abraham Maslow*). New York : Pocket Books, 1971. 매슬로우의 기초이론을 체계적으로 개관하고 있는 책이다.

Gould, Roger L.「성인기의 변신, 성장과 변화」(*Transformations, Growth and Change in Adult Life*). New York : Simon & Schuster, 1978. 이 저서는 성인들이 겪게 되는 위기에 성장지향적으로 대처하는 방법들을 설명하고 있다.

Maslow, Abraham H.「인간 본성의 무한한 영역을 찾아서」(*The Farther Reaches of Human Nature*). New York : Viking Press, 1971. 이 저서에서는 건강과 질병, 창조성, 가치, 교육, 그리고 초월 등의 주제가 탐구되고 있다.

──────.「종교, 가치와 절정체험」(*Religions, Values and Peak Experiences*). Columbus : Ohio State University Press, 1964. 이 책에서는 초월의 체험, 과학과 종교의 균열, 교육에서의 희망과 가치 등의 주제들이 논의되고 있다.

──────.「존재의 심리학을 향하여」(*Toward a Psychology of Being*), 2nd ed. New York : Van Nostrand, 1968. 매슬로우의 성장지향적 심리학의 고전이다.

Miller, Jean Baker.「새로운 여성심리학을 향하여」(*Toward a New Psychology of Women*). Boston : Beacon Press, 1976. 성차별주의가 어떻게 성장을 질식시키며, 성차별주의는 어떻게 극복될 수 있는가를 설명한 책이다.

Otto, Herbert A., ed.「인간의 잠재력 : 도전과 약속」(*Human Potentialities : The Challenge and the Promise*). St. Louis : Warren H. Green, 1968. 인간의 잠재능력을 탐구하였던 Gardner Murphy, Abraham Maslow, Charlotte Buhler, Clark Moustakas, Alexander Lowen, Herbert Otto 등의 논문을 엮은 논문집이다.

──────. and Mann, John, eds.「성장의 길 : 자각증진 접근」(*The Ways of Growth : Approaches to Expanding Awareness*). New York : Viking Press, 1968. 아주 다양한 성장촉진법들을 설명한 19편의 논문들을 엮은 책이다.

Schultz, Duane.「성장심리학 : 건강한 성격 모델」(*Growth Psychology : Models of Healthy Personality*). New York : Van Nostrand Reinhold, 1977. 이 저서는 Allport, Rogers, Fromm, Maslow, Jung, Frankl, Perls의 사상에 나타난 온전성의 본질을 논의하고 있다.

Shostrom, Everett L.「치료의 실현」(*Actualizing Therapy*). San Diego : Edits Publishers, 1976. 이 책은 각종 심리치료법들로부터 성장의 개념과 방법들을 추출, 종합한 저작이다.

1
전통적인 심리치료법에서의 성장자원들
지그문트 프로이트와 자아분석가들

　여러 가지 이유로 보아 성장지향적 상담자, 치료자, 교사들은 전통적인 정신분석적 치료법에 대해 잘 알아야 한다. 비록 그들의 중심과제가 정신병리와 그 치료에 한정된 것일지라도, 전통적인 치료법들은 여러 면에서 가치 있는 개념적 도구를 제공한다. 일례로, 이러한 과거의 치료법에서 추출한 몇몇 통찰들은 최근의 치료법에서 제시된 인간과 성장에 대한 이해를 수정하고 보충하는 데 기여하기도 한다. 정신분석적 치료법의 계열에 속하는 현대 치료법의 역사적 기원을 잘 이해하게 되면, 성장촉진자들은 좀더 비판적인 안목을 갖고 현재의 치료법들을 성장지향적으로 평가하고 활용해 나가는 데 도움을 받을 수 있다.
　전통적인 치료법들이 성장에 기여하는 바는 대체로 두 개의 영역으로 집약된다. 하나는 인성의 깊이와 복잡함을 조명하고 있다는 점이며, 다른 하나는 깊숙이 차단된 성장의 본질과 역동에 대해 통찰하고 있다는 점이다. 이와 같은 통찰은 특히 수년간 성장이 심하게 위축되어 온 사람들을 치료할 때 유용하다. 나의 경험으로 미루어 보자면, 전통적인 치료법들은 성장방법의 면에서는 이후의 치료법들에 비해 덜 효과적이지만, 작업개념에 있어서는 여전히 많은 가치 있는 것들을 제공하고 있다. 앞부분 네 개의 장에 걸쳐서는 필자가 상담자, 치료자, 성장집단 촉진자, 교사로 일하면서 성장촉진에 유용하다고 느껴 왔던 전통적 치료법들로부터 추출한 개념적 도구들에 중점을 두어 설명해 나갈 것이다.

프로이트의 포괄적인 성장자원들

프로이트는 1856년 5월 6일 체코슬로바키아의 소도시인 모라비아의 프라이버그에서 태어났다. 그가 4세 때, 프로이트의 가족은 비엔나로 이사했고, 그 곳에서 죽기 1년 전까지 살았다. 그는 비엔나 대학에 입학했을 때 의학을 전공으로 선택했는데, 이는 주로 다윈과 괴테의 저서에 자극받아 인간에 대한 깊은 호기심이 생겼기 때문이었다.[1] 그는 전 생애를 통해서 인간 정신에 대한 보다 깊은 이해를 위해 그의 온 정열을 바쳤다.

의과대학을 마친 후 그는 한동안 심리학을 공부했으며, 결혼 후에는 수입 때문에 내키지도 않은 병원 개업을 하기도 했다. 그는 정신과를 전공하기 전까지는 외과와 일반의과를 보았다. 그는 파리에서 히스테리 증상의 치료에 최면요법을 썼던 장 샤르코(Jean Martin Charcot)와 함께 연구하기도 했으며, 후에는 내과의사인 조셉 브루어(Joseph Breuer)와 함께 일하면서 히스테리에 관해 좀더 깊이 있는 연구를 했다.

프로이트는 1896년에 자신의 연구방법들을 서술하기 위해 '정신분석'이라는 용어를 최초로 사용했다. 그의 처녀작이며 아마도 가장 중요한 저서인 「꿈의 해석」은 주로 자신의 꿈에 관한 분석을 기초로 했다. 그 책이 1900년에 출판되었을 때, 의사협회에서는 그것을 거의 무시했다. 그러나 일부 젊은 의사들은 그러한 프로이트의 주장에 흥미를 갖고, 매주 그의 집에서 만나 그것들에 관한 토의를 하기 시작했다. 이 모임은 나중에 아들러(Alfred Adler), 융(Carl Jung), 랭크(Otto Rank), 존스(Ernest Jones) 등이 참가해 보다 전문성을 띠기 시작했으며, 후에는 잡지를 출간하는 등 정신분석 계열의 연구를 본격화시켰다. 이후 프로이트 사상의 영향은 점점 확산되어 나갔으며, 1910년에는 미국에 와서 비엔나 정신분석 학파의 주요 구성원들로 만들어진 클라크대학에서 강의했다.

프로이트는 인간을 이해하는 체계를 발달시키는 데 열정을 쏟았으며, 결국 그것이 그가 죽은 후에도 모든 정신치료의 방향을 재조정시키게 되는 것이다. 그는 환자들에 대한 정신분석을 통해 자신의 이론들을 개발하고 수정해 나갔으며, 일생 동안 많은 저술을 남겼다. 프로이트의 사상은 그 당시에는 의학이나 과학 단체들로부터 혹독한 비판을 받았다. 그러나 그는 이에 굴하지 않고 자신의 이론을 완고하게 주장해 나갔으며, 그의 견해와 상반되는 이론들은 배척해 나갔다. 나찌가 1938년 오스트리아를 침공했을 때, 프로이트는 런던으로 이사했고, 이듬해에 그 곳에서 후두암에 걸려 고통스러운 투병 끝에 죽었다. 그는 죽기 두 달 전까지도 분석작업을 계속했으며, 투병 중에도 가끔 아스피린을 복용하는 것 외에는 모든 진통제의 투여를 거부했는데, 그 이유는 '명료하게 생각하지 못하기보다는 고통 속에서라도 명료하게 생각하기를 원했기' 때문이다.

나의 심리치료법은 정신분석적 개념과 방법들에 의해 많은 영향을 받았다. 비록 이런 방법들이 성장을 촉진시키는 데 한계가 있으며 프로이트의 방대한 개념체계에도 결함과 오류가 있다 할지라도, 그의 선구자적인 연구가 신비한 인간 정신의 베일을 벗기고자 하는 점이었다는 것은 높이 평가되어야 한다. 치료와 성장분야에 종사하는 우리 모두는 무의식, 즉 인간 정신의 신비를 용감하게 탐험한 이렇게 훌륭한 모험가에게 무한한 감사를 드려야 한다. 본장에서는 성장 촉진 분야에 대한 프로이트의 주된 공헌을 개괄적으로 살펴보고, 성장의 관점에서 볼 때 드러나는 그의 체계의 부적절한 면들을 지적한 것이다.

프로이트의 개념들 중 많은 부분은 지금까지 서구의 사상과 인간에 대한 심리학적 이해의 초석이 되어 왔다. 이 단락에서는 대부분의 전통적 치료법들이 받아들이고 있는 프로이트의 일반개념들 중 여섯 가지를 설명하고자 한다.

첫 번째 일반개념은 **발달적 전망**(developmental perspective)[2]이라 부

르는데, 이는 인간의 성격은 고유한 갈등과 성장잠재력들이 내재된 각각의 일련의 단계들을 통해 발달한다고 보는 것이다. 이와 같이 인성의 형성을 하나의 발달과정으로 이해하는 것은 오늘날 대부분의 치료법들에서 당연히 여기는 것이다. 그러나 전통적 치료법과 현대적 치료법간의 중요한 차이는 각 단계들의 중요성과 그것의 본질을 어떻게 이해하느냐에 있다. 그러나 인간의 성장이 일련의 과정을 거치게 된다는 데에는 양자 모두 이해를 같이하고 있다.

여러 가지 명백한 이유들로 보아 **발달적 전망**은 모든 성장작업에 기초가 된다. 이런 조망은 성장지향적 상담과 치료에 도움을 주는 것은 물론, 건강한 발달이 무엇인지를 이해하고 이를 촉진시키는 자원으로도 매우 가치 있는 것이다. 예를 들어, 국민학교에 다니는 아동과 그의 부모들을 함께 상담할 때는, 그들이 각기 처한 생의 특정한 단계에서 안고 있는 전형적인 성장문제와 과제들을 이해하는 것이 중요하다. 이렇게 성장단계에 대해 잘 인식하는 것은 곧 특수한 개인의 문제나 개별 아동과 그 부모들의 잠재력에 대해 보다 잘 이해하는 길인 것이다.

프로이트의 두 번째 일반개념은 **차단된 발달로 인한 병리현상**(the blocked-development view of pathology)이다. 심리적 장애는 생의 특별한 단계에서 그 단계의 발달상의 갈등을 만족스럽게 해결하지 못했을 때 이로 인해 야기되어진다고 본다. 이러한 특정 단계에 성장이 '고착'(fixation)하는 것은 이어지는 모든 단계에서의 발달을 위축시키거나 왜곡시키는 결과를 초래한다. 이렇게 정상적인 성장과정이 차단당했을 때에는 중대한 과괴현상이 나타난다는 점을 인식했다는 사실이 바로 프로이트가 현대 심리학에 공헌하고 있는 점이다.

계속적으로 현재의 성장을 왜곡시키고 있는 과거로부터 축적되어 온 성장문제들을 보다 효율적으로 해결하여 건강한 성장을 이룩할 기회를 부여한다는 정신분석의 기본 목표는 현재까지도 여전히 중요한 의미를 갖는다. 이러한 기본 목표는 치료법이나 성장집단의 종류를 막론하고 모두에게 통용되는 가장 기본적인 목적이 되어야만 한다. 그러나 대부분의 경우에 있어서는 장기적이고 퇴행적인 정신분석법을 사용하는 것만이 이와 같은 재성장을 촉진하는 가장 효율적인 방법은 아닌 것이다.

　세 번째 일반개념은 **생애 초기단계의 경험이 이후 이어지는 모든 발달과 기능에 결정적인 영향을 준다**는 점을 강조한 것이다. 프로이트가 자신의 환자들이 안고 있는 문제들에 대해 '왜'라는 의문을 갖고 집요하게 추적해 나갔을 때, 그가 답을 발견한 곳은 결국 환자의 생의 초기단계에서였다. 그는 인성의 기초는 아동과 그의 욕구를 만족시켜 주는 성인과의 밀접한 관계의 질에 따라 생의 초기 6년 동안에 형성된다는 것을 발견했다. 이러한 생의 초기단계가 미치는 중대한 영향에 대한 프로이트의 강조는, 이후 일부 전통적 치료자들에 의해 지나치게 과장되어 해석되기도 했다. 그러나 적어도 전통적 치료자들은 발달심리학자들처럼 생의 초기단계의 성장은 매우 빠르며, 이후의 전 생애에 결정적인 영향을 준다는 점에서는 인식을 같이하고 있다.

　초기 형성 기간에 대한 강조는 사람들에 대한 성장지향적인 접근에 심오한 암시를 준다. 예컨대, 아동들의 부모가 말 그대로 아이들의 장래가 자신들의 손끝에 달려 있다는 사실을 깨닫게 되면 그 때부터 그 아이의 장래는 달라질지도 모른다. 그러므로 사회에서는 젊은이나 이제 갓 성인이 된 사람들을 위해 성장·양육에 대한 강좌나 강습회, 세미나 등을 열어서 그들이 가지거나 곧 갖게 될 아동의 인성을 형성시키는 법을 사전에 잘 알 수 있도록 여건을 조성해야 하는 것이다. 부모나 부모가 될 사람들이 쉽게 이용할 수 있게 성장과 성장-치료의 조직망을 제공하는 것보다 다음 세대의 온전한 성장에 더 영향을 미치는 것은 아무것도 없을 것이다. 이런 점에서 모든 상담-치료전문가들은 그들의 지역사회에 있는 교회, 고등학교, 대학, 성인교육 프로그램과 모든 건강관리 및 상담기관들의 조직망을 육성하고 확산시키는 데에도 힘을 기울여야 하는 것이다.

　프로이트의 네 번째 일반개념은 **우리의 삶의 모든 면에 걸쳐서 무의식이 커다란 영향을 준다**는 것이다. 무의식의 존재에 대해서는 1680년부터 1900년 사이에 50명도 넘는 학자들이 언급하였으나, 프로이트의 위대한 업적은 그것의 구조와 내용을 연구하고 어떻게 그 것이 우리의 생각과 감정, 환상, 신념, 그리고 행동에 영향을 주는 가를 증명했다는 점이다.[3] 그렇게 함으로써, 그는 인간에 대한 기본적인 자기 이해를 결정적으로 변화시켰다. 흔히 프로이트를 '심층심리학'의 원조로 프로이트를 내세우는 이유는 바로 무의식에 대한 그의 해명 때문이다. 그가 발견했듯이, 초기 아동기의 고통스러운 경험과 성장부진은 계속하여 현재에서 창조적으로 사는 많은 사람들의 능력을 방해하는데, 이것은 무의식 내에 있는 억압된 기억, 소망, 갈등, 충동에서 나온 것이다. 그는 이러한 억압된 요소들을 의식의 수준으로 끌어올려서 종종 치료와 성장을 촉진시키는 예를 보였다.

인간에게 무의식의 세계가 존재한다는 사실은 종종 사람들을 불안하게 만들곤 하는데, 그것은 우리 인간이 자신의 인성을 완전히 통제할 수 없다는 것을 암시하기 때문이다. 우리들의 행동에 영향을 끼치는 것은 분명한데 우리들이 뜻대로 기억해 낼 수 없는 소망이나 감정, 기억 등이 있다는 점에 대해서는 명백한 증거가 있다. 많은 사람들이 적어도 희미하게 인식하듯이, 우리 내부에는 어떤 타인이 있다. 정신분석적이거나 성장지향적인 관점으로 볼 때, 이 내부의 타인은 잠재적인 동료이며 친구이다. 우리가 이 타인을 알게 될 때까지는 우리의 의식적인 성장의도를 방해하기 위한 무의식적인 저항이 일어난다. 이러한 성장에 대한 방어저항을 의식의 수준으로 끌어올려 분석하는 것은 사람들이 자유로이 성장하도록 돕는 과정의 부분이 될 수 있다. 예컨대, 꿈이 자신에게 의미하는 바가 무엇인가를 이해하는 것처럼, 무의식의 세계와 교통을 하면 할수록 우리는 현재의 자신에 대해 보다 잘 알고 효과적인 통제를 할 수 있게 되며, 그럼으로써 보다 창조적인 미래의 세계를 펼쳐 나갈 수 있는 것이다. 꿈이 '무의식에 이르는 왕도'라는 프로이트의 견해는 사람들의 깊은 정신세계에 숨겨진 성장자원을 개발하는 데 도움을 줄 수 있을 것이다.

정신분석적 연구의 결과, 오늘날에는 인간의 정신은 마치 여러 개의 층에 각 층마다 여러 개의 방이 있는 커다란 집과 같은 다층적이고 복잡한 구조를 이루고 있다는 사실이 밝혀졌다. 우리의 정신은 우리가 머리로 상상할 수 있는 것보다 훨씬 더 힘이 있고, 복잡하며 또한 잠재적인 창조력(경우에 따라서는 파괴적이기도 한)을 갖추고 있다. 이러한 정신분석학의 심오한 발견은 우리의 온전성에 대한 잠재력이 어떻게 억압되고 어떻게 발현되는가에 대한 이해를 돕는 매우 중요한 자원인 것이다.

프로이트의 다섯 번째 일반개념은 **심리적 인과법칙**(the principle of psychological causation)이다(이는 종종 '심리적 결정론'이라고도 불린다). 이 개념의 내용은 모든 인간의 행동에는 최소한 한 가지 이상의 원인, 보통의 경우에는 복합적인 원인을 갖고 있다는 것이다. 프로이트가 제시했듯이, 아무리 시시하고 이상스럽게 보이는 행동일지라도, 우리가 그 무의식적인 원인들을 알게 된다면, 그러한 행동들에도 나름대로 의미가 있다는 사실을 이해하게 될 것이다. 이상한 생각, 환상, 꿈, 실언, 교회에서 무의식적으로 앉게 되는 자리, 누군가가 화났을 때 자신이 갖게 되는 느낌, 종종 기억나는 것들, 좋아하거나 싫어하는 사람들 등등의 모두는 각각 우리가 모르는 숨겨진 의미가 있는 것이다. 이렇게 인간 정신은 질서정연한 인과관계의 영역이라는 사실이 바로 심리학을 과학의 하나로 성립시키는 근본 원인이 되는 것이다. 이 점은 또한 심리치료가 사람들의 삶을 위축시키는 느낌이나 사고, 신념과 행위의 원인 등을 변화하도록 함으로써 성장을 촉진시키는 것을 가능케 하는 주요한 원인이 되는 것이다. 성장을 방해받고 있는 사람들에게 왜 자신들의 잠재력이 발현되고 있지 못한가를 알게 해준다면 그들에게 매우 큰 힘이 될 것이다. 심층적인 치료를 통하여 그들의 반복적이고 자학적인 행위 유형의 원인을 투시한다면, 그들이 그러한 과거로부터 벗어나서 좀더 자유롭게 성장할 수 있도록 할 수도 있을 것이다.

다섯 번째와 밀접히 관련된 프로이트의 여섯 번째 일반개념은 **모든 행동은 충동과 욕구에 의해 동기화된다**는 사실이다.[4] 심한 심리장애자는 서로 다른 욕구와 충동간의 무의식적인 갈등의 수렁 속에 빠져 있는 사람들이다. 정신분석적인 연구에 의하면, 심지어는 심각한 장애자의 자학적이고 장애적인 행동조차도 숨겨진 의미가 있다고 한다. 그것은 그들이 의식적으로 인식하지 못하는 일종의 방어적 욕구를 나타내는 것이라고 한다. 예를 들어, 한 중년 남자의 한쪽 팔이 마비된 것은 그가 수동적으로 의존하던 어떤 사람에 대해 분노를 느껴 싸우고 싶지만 그후의 보복에 대한 공포와 싸우고 싶은 무의식적인 소망간에 있는 어찌할 수 없는 갈등이 표출된 것이다. 그 마비는 결국 오랫동안 억압된 분노가 행동화하는 것을 억제하는 역할을 했는데, 이는 아마도 분노를 폭발한 이후에 느껴질 죄의식과 상대방에 의한 보복이 두려웠기 때문일 것이다. 정신분석에 입각한 성장치료자들의 주된 목적은, 사람들이 자신들의 성장에너지를 고갈시키는 내적 갈등에 직면하여 이를 해결하고 자신과 이웃에게 해를 끼치지 않는 방법으로 욕구를 적절히 만족시킬 수 있도록 도움을 주는 것이다.

프로이트의 그 밖의 성장자원들

소위 '비극적 시각'(tragic vision)이라 불리우는 프로이트의 개념은 비록 유쾌하지는 못하지만 삶의 어둡고, 비이성적이며, 파괴적인 면을 정확히 간파한 가치 있는 개념이다. 프로이트가 인간 정신세계에서 일어나는 자유의 단절이나 과거에의 얽매임, 내적갈등, 변화에 대한 저항, 모호성, 모순성 등을 인식할 수 있었던 것은 그의 뛰어나고도 냉철한 현실 감각의 덕이었다. 많은 위대한 사상가들처럼 그도 인간 행태의 일부인 불합리 및 비극과 맞붙어 이를 극복하고자 싸웠다. 프로이트는 우리가 삶 속에서 원하는 모든 것을 가질 수 없음을 알았다—예컨대, 우리가 보다 성숙한 사랑을 할 수 있는 능력을 개발하기 위하여는 소위 에디푸스 콤플렉스(Oedipus complex)와 엘렉트라 콤플렉스(Electra complex)에서 보여진 것과 같은 첫사랑의 경험을 극복해야만 하는 것이다. 프로이트는 인간에게 자기 기만의 일반적인 경향이 있음을 발견했는데, 이것은 인간의 동기가 겉으로 보이는 것처럼 그렇게 순수하거나 단순하지만은 않다는 것을 알려 주

는 것이다.[5)]

　프로이트의 비극적 시각은 비록 성장과는 별로 관계가 없는 것처럼 보일지라도, 성장을 원하는 사람들에게는 무시될 수 없는 인간 진실의 한 차원을 나타내는 것이다. 만약 우리가 성장이라는 안경을 쓰고 인간을 보고 이해한다면, 성장을 촉진시키는 사람으로서의 우리의 효과를 신장시킬 것이다. 그러나 이 안경은 이중초점 렌즈이어야 한다.[6)] 그리고 정신분석 치료자들은 이러한 이중초점 렌즈 중 하부초점 렌즈를 제공하여 중요한 공헌을 한다. 이것은 우리가 심리장애자뿐만 아니라 정상적인 사람들에게서도 나타나는 정신병리와 미해결된 갈등을 알고 이해하게끔 하는 렌즈이다. 우리가 눈을 뜨고 인성 파괴에 대한 사실, 깊이, 복잡성과 집요함을 인식한다면 사람을 대하는 우리의 작업이 많이 성장할 것이다. 그러나 만일 인간의 긍정적인 잠재력과 힘만을 볼 수 있는 상부렌즈를 통해서만 인간을 인식하게 되면 오히려 그 불완전한 시각 때문에 작업의 효율성은 떨어질 것이다. 만일 우리가 성장을 하려면, 싫든 좋든 간에 자신의 실체에 대해서 알아야만 한다는 프로이트의 주장은 매우 정확한 것이다. 이러한 그의 사실주의는 우리가 쉽게 낙관주의로 빠지는 경향을 저지해 주는 적절한 수단이다. 비극적인 차원을 포함하여, 현실에 대해 존중하는 것이 인간의 잠재력을 계발하는 유일하고 굳건한 바탕이 되는 것이다. 생의 덫과 비극의 한가운데서도 생산적인 삶을 살 수 있도록 인간을 도우려는 프로이트의 노력은 바로 이 점에서 그 위대성이 엿보이는 것이다. 프로이트가 치료의 중심목적이 무엇이냐를 질문받았을 때, 그는 사람들이 '사랑하고 일할 수 있도록' 하는 것이라고 답했다.

　인간 발달에 있어서 심리적 요소와 성적 요소들 간의 대응과 상호작용에 관한 프로이트의 발견은 차단된 성장을 이해하는 데 깊은 암시를 준다. 생애 초기부터 인간의 성욕이 가지고 있는 힘과 광범위한 영향에 관한 그의 많은 통찰은 삶 속에서 나중에 치료작업에 뿐만 아니라 성장지향적인 부모가 되는 데에도 도움을 준다. 그 당시 과학과 의학 단체로부터의 가혹한 비판에도 불구하고 금기영역이던 유아의 성욕에 대한 연구를 계속했던 그 용기에 우리는 감사를 드린다. 사춘기를 통해 이루어지는 심리성욕 발달에 대한 정신분석학적 이해로부터 나오는 유용한 치료와 성장에 관한 통찰들(특히 이것은 에릭슨에 의해 확대되고, 여권주의적인 심리학자들에 의해 수정되었다.)은 인간 성장을 촉진시키고 이해하는 것에 대해 가치 있는 개념적 도구를 제공한다. 일반 심리상의 문제들 내지는 대인관계의 문제에서 성적 장애와 감소가 결정적인 역할을 하는 것을 인식하는 것은 그 자체로도 사람들의 낭비된 잠재력을 계발하여 그들의 만족, 열정과 기쁨을 증진시키는 것을 돕는 데 결정적인 개념이 된다.

프로이트의 전이(transference)와 역전이(countertransference)의 개념은 가치 있는 성장자원이다.[7] 정신분석적 치료에서 전이는, 생애 초기부터 억압되어 온 환자의 소망과 감정이 정신분석가에게 투사되는 것으로 이해된다. 그래서 '전이 신경증'은 과거에 이루지 못한 성장작업을 새롭게 시작하여 새로운 삶을 누리도록 하는 기회로 사용된다. 개인이 전이투사를 인식하고 그것들을 지나가게 내버려둠에 따라 과거에 대한 집착은 점차로 줄어들게 된다. 역전이는 치료자가 자신의 생애 초기의 관계들로부터 생겨난 무의식적 요소들을 환자들에게 무의식 중에 투사하는 것이다. 전이와 역전이 요소는 모든 치료관계와 교사-학생의 관계에 있어 어느 정도는 존재한다. 치료가 성장촉진적이기 위해서는 치료자는 먼저 자신을 치료하여 역전이투사를 인식하여야 하고, 그래서 이것들을 줄이고 현재에서 확실히 자기의 환자와 관계를 맺을 수 있어야 한다. 전이는 과거의 이미지 속에서 현재의 관계들을 재창조함으로써 과거의 관계를 이어나가도록 하려는 방법 중의 하나이다. 그것은 또한 현재의 관계 속에 무엇인가 새로운 것이 있다는 느낌을 갖지 못하도록 방해한다. 프로이트가 분명히 밝혔듯이 능력 있는 치료자는 환자의 전이 욕구를 감소시켜 그들이 과거의 관계에 머무르고자 하는 것이 성장을 저해시키는 것임을 알게 하고 그 방식을 변화시켜야 한다. 전이현상은 기타 다른 밀접한 관계에서도 나타난다. 예를 들면, 결혼문제와 관련하여 가장 보편적인 무의식적 성장방해 요인은 소위 '배우자를 부모화하는 것'

으로, 이는 자신의 배우자를 자신의 어머니나 아버지의 형상으로 보는 것이다. 상사, 성직자나 다른 권위적인 인물들에 대해 가지게 되는 이미지와 같은 만성적인 문제들은 무의식적인 전이투사에 그 근원을 둔다(사람들은 종종 하나님에 대한 유아적이고 신비적인 전이감정을 선교사에게 투사한다). 사람과 밀접히 일하는 우리 모두는 전이역동을 잘 인식해서 그것들을 뛰어넘어 성장을 촉진시켜야 한다.

비록 프로이트가 처음은 아니지만, 그는 종교적 행위, 태도, 신념들을 심리학 연구에 합당한 대상물로 보았다. 그래서 그는 영성문제에 대한 상담에서 매우 중요한 자원이 되는 종교심리학의 현대적 기초를 확립하려고 노력했다. 그는 오늘날 많은 사람들의 온전성을 방해하는 병적이고, 성장을 제약하는 많은 종교형태를 이해하는 데 커다란 기여를 했다. 우리의 종교적 사상과 감정이 초기 아동기에 욕구를 만족시켜 주는 어른과의 관계에 의해 깊이 영향을 받은 것을 인식함으로써, 그는 완전한 부모의 형상에 대한 우리의 욕구가 무의식적으로 우리가 지각한 신성대로 창조한 우주 속으로 투사되는 경향이 있음을 예리하게 보았다. 프로이트는 사람들이 현실이 어떻다는 것을 확실히 안 이후에도, 어릴 적에 가지게 되었던 유아적이고 신비한 느낌과 갈망이 여전히 그들의 종교생활을 지배한다는 것을 깨달았다. 그는 많은 관습적인 종교의식에서 매우 눈에 띄는 강박적인 차원을 보았다. 그는 그와 같이 부자유스럽고, 유아적이고, 현실 부정적인 종교가 성장에 끼치는 방해 효과에 주목했다. 인간 잠재력 계발의 본질적인 차원인 영성성장에 기여하려는 우리 모두는 이러한 프로이트의 공헌에 빚을 지고 있는 셈이다.

프로이트는 의식이 발달하고 그 초기 내용이 결정되어지는 과정을 정확히 간파했다. 그는 아동들은 어떤 행위에 대한 평가를 부모의 태도에 따라 결정한다고 보고, 이렇게 부모의 상벌, 칭찬, 비난의 반응 속에서 평가되는 행위에 대한 가치가 어떻게 아동들에게 내재화되는가를 밝혀냈다. 이러한 통찰들은 이후 다른 정신분석학자들에 의해 계속 수정·보완되어, 현재에는 신경성 죄의식이 있거나 죄의식이 비정상적으로 결여된 상태와 같은 문제들을 상담하거나 치료할 때 매우 중요한 작업개념이 되고 있다.

프로이트 이론의 문제점들

프로이트가 성장에 상당한 공헌을 했음에도 불구하고, 성장의 관점에서 보자면 그의 사상 속에는 심각한 취약성, 결함과 부정확성이 있다. 다른 약점들을 파생시키는 기본적인 단점은 그가 인간의 본질을 너무 일면적으로만 보고 있다는 점이다. 곧 그는 인성을 생물학적인 차원으로 환원시켜, 병리 중심적으로만 이해했다. 그는 정신병리를 탁월한 방법으로 조명했지만 모든 사람들, 심지어는 심리장애자에게도 나타나는 건강한 차원들을 무시했다. 그가 신경증 환자들로부터 발견한 것을 기초로 하여 일반적인 성격심리학을 만들려는 시도를 했을 때, 그는 건강을 단지 심한 병리현상의 부재라는 소극적인 의미 이상으로는 보지 않았다.

프로이트는 성장촉진자가 써야 하는 안경에 병리라는 렌즈를 제공하기는 했어도, 또 다른 렌즈가 필요하다는 인식은 없었다. 그는 사람들이 자기 파괴를 극복하거나 교정하기 위해 사용할 수 있는 성장에 대한 심층의 충동이나 자원들을 충분히 인식하지는 못했다. 인간에 대한 인식에 있어서의 이와 같은 기본적인 결함이 결국 그의 염세관을 크게 강화시켰던 것이다. 성장의 관점에서 보자면, 병리학적 렌즈는 인간에게는 온전성을 위한 잠재력이 있다는 맥락에서 병리학을 보게 하는 다른 렌즈가 있을 때에만 그 치료 기능을 기대할 수 있는 것이다. 병리학적 렌즈는 단지 우리가 섣부른 낙관을 하게 되는 것을 방지할 뿐이지만, 반면에 상부 렌즈는 사람들에게 잠재되어 있는 힘과 성장가능성을 보게 해주어 희망을 주는 것이다. 현실을 기초로 하는 창조적인 변화에의 희망에 힘을 주는 방식으로 함께 기능한다.

프로이트의 본능적이고 생물학적인 환원주의(reductionism)는 19세기의 뉴톤의 물리학을 반영하여 인간에 대한 하나의 기계적인 모형을 만들어 냈다. 그는 자아를 한 편으로는 본능적 욕구와 충동으로

차 있는 'id'와 다른 한 편으로는 사회의 엄한 명령이 내재되어 있는 'superego' 사이에 존재하는 것으로 보았다. 그렇기 때문에 프로이트에게서는 자신의 갈등과 성장에의 노력을 효과적으로 다루어 나갈 수 있는 강하고 통일성 있는 자아의 가능성은 찾아볼 수 없는 것이다. 심리적인 인과관계에 대한 프로이트의 이해를 보면 엄격한 결정론에 입각하고 있는 느낌이 든다. 인간의 무의식세계에 존재하는 덫에 대한 그의 강조는 정확했으나, 그는 인간에게는 자신에 대한 자아인식을 증대시키는 능력이나 인성, 즉 '갈등이 없는' 영역에서 기능하는 능력이 있다는 점에 대해서는 믿으려 들지 않았다. 인간의 중심에 있는 자아가 행동의 가장 중요한 요인이 될 수 있다는 것을 보임으로써, 엄격한 결정론에 입각하지 않더라도 심리적 인과관계의 기초 개념은 유지될 수 있는 것이다. 내적 자유의 성장은 좀더 자유롭고 자신에 맞게끔 우리의 삶에 주어진 불변적인 것들을 건설적으로 재배열해 나가는 과정에서 이루어지는 것이다.

프로이트는 무의식의 원시적이고 충동적이고 파괴적인 면들을 정확히 서술했다. 그러나 그는 융과는 달리 인간 정신세계의 심층에 존재하는 풍부한 잠재성과 창조성에 대해서는 강조하지 않았다. 그는 이러한 무의식세계를 이성적인 부분과 비이성적인 부분, 미신적 부분과 직관적인 부분으로 양분했으며, 여기에는 또한 이러한 부분들과는 구별되는 과장된 신념을 갖춘 이성적인 부분이 있다고 보았다. 심리현상의 기원에 대한 매력에 이끌려 그는 과거의 영향을 지나치게 과장했다. 그리고 미래가 인간이 새로운 가능성을 향하여 나아가게끔 고무할 수 있다는 개념은 부정했다. 프로이트는 예술, 철학, 종교 등 인류의 모든 문화적인 성취를 단지 성적 에너지가 승화된 결과로 평가절하했다. 이와 같은 환원주의는 인성이 기능할 때 그 내부에서 독자적인 작용을 하는 높은 차원의 존재가 부정되고 있음을 의미한다.

프로이트의 지나치게 개인 중심적이며 본능 중심적인 시각은 인간의 발달을 본질적으로 본능과 관련되는 심리 내적인 발달로 격하시켰다. 그는 모든 인간의 성장에 미치는 대인관계의 커다란 영향을 과소평가했다. 이러한 그의 오류는 일반심리학을 서술함에 있어 빅토리아 여왕 시대의 빈(Vien)의 환자들로부터 얻은 특징들을 외삽(外挿)시킬 수 있으리라고 잘못 추측케 했던 횡단문화연구의 결핍으로 인해 심화된다. 심리성욕 발달에 관해 그가 일반화시킨 많은 이론들은 이후 계속되어 온 발달에 관한 연구, 여권신장론, 횡단문화연구 등에 의해 그 오류가 지적되고 수정되었다.

프로이트는 심리 내부에 초점을 두었기 때문에 그의 심층심리학은 단편적이며, 따라서 그는 인간은 본질적으로 대인관계를 지향하고 그러므로 치료도 당연히 성장에 영향을 미치는 대인관계에 그 중점이 두어져야 한다는 사실을 깨닫지 못했다. 프로이트의 개인주의와 염세주의는 개인과 사회와의 관계를 본질적으로 상반되는 것으로 보는 명백한 오해를 야기시켰다. 그는 사람들이 타인들과 소외되지 않는 방식으로 힘과 가치의 욕구를 만족시키려는 기본적인 충동을 갖는다는 아들러(Adler)의 견해에 반대했다. 결과적으로 프로이트는 개인의 진정한 선은 궁극적으로 갈등이나 경쟁이 아닌 협동을 요하는 것이라는 인식을 기초로 하는 생태학적 윤리를 발달시키는 데는 관심을 두지 않았다. 오늘날, 우리의 궁극적인 복지와 심지어 생존조차도 개인 혹은 집단간의 관계에서 그러한 협동의 기초와 윤리를 개발하느냐에 달려 있다.

인간에 대한 프로이트의 이해가 19세기의 에너지 이론을 반영한 것이기 때문에 그는 여러 면에 있어서 인간간의 상호 교류가 물리적 에너지의 교환과는 다르다는 것을 알지 못했다. 자기 도취(narcissism)는 타인을 사랑하는 힘을 고갈시킨다는 생각에 빠져 그는 진정한 자기 사랑, 자기 존중과 자기 보호만이 진정으로 타인을 사랑할 수 있는 기초가 된다는 매우 중요한 통찰(이후 에릭 프롬과 다른 사람들에 의해 발달됨.)을 깨닫지 못했다. 그러나 자기 사랑이 아닌 만성적인 자기 도취는 자기 의심, 자기 거부, 그리고 자아력이 결핍된 병리현상이다.

프로이트는 병리현상을 야기시키는 종교들에 대해서는 뛰어난 통찰을 했지만, 이와는 반대로 성장을 육성하고 온전성을 지향하는 종교 또한 존재한다는 사실을 인식하지 못했다. 그 이유는 그가 자신의 환자들에게서 우연히 보았던, 주로 부족사회의 토테미즘(totemism)에 뿌리를 두고 있는 유아적이고, 강박적이고, 소망 지배적인 종교들에 대해 나름대로 비판을 가하고, 마치 이러한 비판이 모든 종교에 공통적으로 타당한 것으로 착각했기 때문이다. 그는 인간이 본래 무아적이고 영적인 차원의 삶을 개발하지 않으면 자신의 기본 잠재력을 충분히 충족시킬 수 없다는 사실을 인식하지 못했다. 그의 세계관은 이성을 신으로 떠받드는 19세기의 과학적 합리주의로부터 나온 것이다. 초자아나 미성숙하고 권위 중심적인 양심에 대한 프로이트의 이해는 이 같은 초기단계를 뛰어넘어 도덕적으로 성숙하는 또 다른 단계가 있다는 것을 인식하는 것으로 발전하지 못했다. 이런 영역에서 계속 성장하려는 사람들은 그들이 초기 아동기에 내면화했던 부모와 문화의 가치를 점차로 평가하고 부분적으로 능가하는 것을 배운다. 프로이트는 더욱 성숙하고 자발적인 의식, 그것의 가치들은 초자아의 명령에 기초하기보다는 자신과 타인에게 확실히 선한 자아의 지각에 기초한다는 것을 우리가 이해하도록 돕지 못했다.[8] 그는 '죽음의 본능'을 모든 인간의 악과 파괴성을 설명하는 데 사용하여서 인생의 이와 같은 부정적인 측면의 복잡하고 다양한 원칙들을 이해하지 못했다.

여성에 관한 프로이트의 매우 잘못된 인식은 그의 여성심리학에서 주요한 단점들을 만들어 냈다. 이와 같은 왜곡은 그 당시와 그 이후에 대개의 심리치료에서의 여성차별주의를 강화시켰다. 그는 신경증인 여성 환자들에서 본 것을(예로서, 자학증세나 자기 주장을 못하는 것) 그들이 살았던 가부장적 문화의 장애적인 영향의 결과로 보기보다는 일반적으로 모든 여성들에게 보편적인 표준이라고 가정했다. 그의 무의식적인 성차별은 아동의 성장에 있어서 어머니의 역할을 과소평가하고 아버지의 역할을 과장하게 되었다. 여성 심리학자들이 보이고 있듯이, '정상적인' 심리성욕 발달에 관한 그의 많은 이론들은 실제로는 가부장적 문화 속의 소년과 소녀의 발달방식을 기술한 것이다. 그의 그러한 가정들로 인해 프로이트는 뜻하지 않게 여성과 남성에 있어서 그 파괴성을 강조하는 식으로 결국 가부장적 문화의 규준과 가치를 옹호하는 결과를 초래했던 것이다.

자유연상과 전이신경증을 분석하는 등 의식적 심리와 무의식의 심리간의 막혀진 의사소통을 열게 하는 전통적인 정신분석적 방법들 중 어떤 것은 불필요하게 시간소모적이고 비용이 많이 들고, 치료적 효과는 별로 나타나지 않고 있다. 정신분석적 방법의 사용은 인간 심리의 심층연구 도구로서 주로 타당하다. 심리 내부에 대한 비체계적인 장기치료법들이 모두 그렇듯이, 정신분석도 인류의 파괴를 치유하는 과제에 대한 언급이 거의 없다. 프로이트 자신은 이 점을 인식은 했으나 더 큰 희망을 제시해 주지는 못했다.

자아분석가들의 성장자원들

인간의 치료에 대해 좀더 성장 중심적으로 이해하려는 움직임이 현대적인 치료법은 물론 전통적인 치료법에서도 일고 있다. 프로이트 이래로 그의 이론에 대한 자아분석가나 자아심리학자들의 지속적인 비판적 연구의 결과, 성장으로 이해되는 건강을 강조하게 되었다.[9] 이러한 비판적 연구는 정신분석적 사고 내에 근원적이고 성장 중심적 변형을 가져와 프로이트 사상의 많은 약점들을 수정했다.

자아심리학은 두 가지 방향으로 발달했는데, 하나는 프로이트의 딸인 안나 프로이트(Anna Freud)에 의해 대표되고, 두 번째는 하르트만(Heinz Hartmann), 라파포트(David Rapaport), 그리고 에릭슨(Erik Erikson)에 의해 대표된다. 1923년에 프로이트는 그의 '구조 가설'(structural hypothesis)[10]을 소개했는데, 그것은 인성은 3개의 기본적인 에너지체계로 구성된다는 것이다. *id*는 원초적이고 본능적인 성적 에너지와 충동적인 에너지로 구성된 부분인데, 그것은 변형되지 않은 원물질을 전체적인 정신이 발달하는 데 제공한다. *id*는 논리적이고 분별 있는 판단이나 도덕적 고려에 의한다기보다는 쾌락원리에 의해 지배된다. *ego*는 본능적 에너지로부터 발달하는 것이며, 유기체로 하여금 외적 현실에 대처하고 최대의 만족을 얻도록 한다. 자아는 현실 원리에 의해 지배된다. 자아의 하부체계인 *superego*는 유기체가 자신이 속한 특정한 사회에서 인정하는 행위만을 하도록, 그 사회의 문화가치를 내재화함으로써 발달한다. *id*는 전적으로 무의식 세계이며, ego와 superego도 그 주요 기능은 무의식적으로 작용하는 것이다. 프로이트는 자신의 대부분의 노력을 id와 무의식의 세계를 이해하는 데 중점을 두었다. 그는 ego를 id로부터 파생된 id에 예속된 존재로 보았기 때문에, ego는 id의 충동과 조절에 쉽게 흔들리는 매우 취약한 존재라고 믿었다. 그 이름이 말해 주듯이, 자아심리학자들은 ego의 기능을 이해하는 데 주의를 집중했다. 그들의 연구 결과, 오늘날의 정신분석학에서는 ego가 전체적 인간의 정신건강을 결정하는 데 매우 중심적이고 역동적인 역할을 하고 있는 것으로 이해한다.

안나 프로이트는 자신의 저서「자아와 방어기제」(*The Ego and the Mechanisms of Defense*)[11]에서 불안에 대응하는 ego의 무의식적 방어를 깊이 있게 설명했다. 그녀는 어째서 자아방어가 건강한 성격역동과 장애 있는 성격역동 양자를 다 이해하는 중요한 실마리인가를 설명함으로써 자아에 새로운 지위를 부여했다.

성장 관점에서 볼 때, 자아방어에 대한 역동을 아는 것은 매우 훌륭한 성장자원이 되는데, 왜냐하면 그것은 어떻게 사람들이 성장의 유일한 통로인 현실 수용을 거부하고 단지 현실이 고통스럽다고 하여 이를 피해 나감으로써 결과적으로 성장이 방해되는 결과를 초래하는가를 밝혀 주기 때문이다. 상담과 치료에서 흔히 접하게 되는 방어들 중에는 **억압**(repression : 고통스러운 기억을 무의식 속에 저장), **고착**(fixation : 좀더 안전하게 느껴지는 성장 단계에 머무는 것), **퇴행**(regression : 좀더 낫다고 느끼는 전 단계에로 후퇴하는 것), **투사**(projection : 불안을 일으키는 느낌이나 충동을 다른 사람에게로 전이시키는 것), **합리화**(rationalization : 이유 없는 행위에 대해 자기 자신과 타인들에게 이유있다고 변명을 하는 것), **부정**(denial : 현실의 고통스런 면들을 인정하지 않는 것), **주입**(introjection : 두려움에 한 사람이나 사고를 내부적으로 자신과 동일시하는 것), **반동형성**(reaction formation : 극단적으로 반대되는 행위를 함으로써 자기를 위협하는 충동을 부정하는 것—예를 들어, 겉으로는 사랑하는 것처럼 함으로써 억압된 분노를 부정하는 것), **지적화**(intellectualizing : 심한 지적 활동으로 위협받고 있는 느낌을 회피하는 것) 등이 있다.

우리 모두는 삶의 압력과 위기에 대응하기 위한 방어를 갖고 있고 이는 또한 필요하다. 심한 패배감에 사로잡힐 때에는, 환경이나 다른 사람에게 책임을 투사하거나 합리화하는 반응을 보이기도 한다. 만약 나의 자아가 그 시기에 상대적으로 유연성이 있다면, 나의 방어는 나의 자존심 회복자로서 이완한다. 나는 점차적으로 실패에 대한 자신의 책임이 무엇인가를 인식하게 되고, 나아가 그렇지 않으려면 어떻게 해야 하는가를 깨닫게 된다.

성장촉진 작업을 함에 있어서 사람들은 현재 방어가 필요한 상태에 있기 때문에 방어를 갖고 있기도 하고, 그렇지 않으면 적어도 이전에 최소한도의 자존심과 능력을 필사적으로 유지하기 위하여 방어수단을 필요로 한 적이 있기 때문에 지금도 필요하다고 느끼고 있다는 점을 기억하는 것이 중요하다. 자아방어가 갖고 있는 문제는, 이는 단지 자존심이 너무 위협받았을 때 이에 대한 일시적인 방어수단이 된다기보다는 오히려 근본적인 위협이 사라진 후에도 오랫동안 강박적이고 삶을 위축시키는 방법으로 종종 기능한다는 것이다. 이렇게 그것들이 견고하고 강박적인 방법으로 기능할 때에는, 그들이 소비하는 에너지는 성장에 이용될 수 없다. 성장은 사람들이 인성 내에 있는 대항 '근육'을 사용하고 강하게 함으로써 고통스런 현실에 대처해 나갈 때 이루어지는 것이다. 따라서 방어가 문제될 정도로 늦은 시기가 아니라면, 어느 정도 자존심과 체면이 회복되었다고 생각되면 그 때는 에너지를 쓸데없이 낭비하는 방어들을 지체없이 풀어 놓아야 하는 것이다. 그렇게 해야만 그들은 좀더 개방적이고 유연하게 삶을 살아 나갈 수 있는 것이다.

하인쯔 하르트만과 에릭 에릭슨의 연구는, 보다 건설적인 대처를 위해 자아의 여러 가지 능력들을 확인할 수 있도록 그 방어 기능에 초점을 두었던 안나 프로이트의 연구를 넘어선다. 그들은 현대 치료법에서의 '자아'(self)—이는 전체 인성의 전반적인 통합과 발달에 잠재적으로 기여하는 조정자이다—와 매우 유사한 것으로 보고 있다. 하르트만은 인성의 건강하고 갈등이 없는 차원에 연구의 초점을 두었다.[12] 그는 자아를 독자적인 자율성과 감정을 갖고 있는 것으로 인식했다. 그리고 ego는 id로부터 파생된다기보다는 오히려 ego와 id는 둘 다 유기체의 보다 기본적이고 생물—정신적자원으로부터 발달한다고 보았다. 유아는 태어날 때부터 내부의 본능적 충동과 외부 세계의 요구를 다루기 위한 기본적 도구인 '자아장치'(egoapparatuses)를 점차로 만들어 낼 자원을 갖고 있다. 이들 발달하는 장치는 사고, 지각, 기억, 언어, 그리고 기타 자라나는 개인의 다른 심리적 내지는 신경근육과 관련된 기능들을 포함한다. 하르트만은 심리학에서의 발달에 관한 연구와 기존의 정신분석적 통찰들을 통합해 냈으며, 그럼으로써 인간 유기체는 자아의 잠재력 계발을 위한 짜여진 계획표를 갖고 있다는 점을 보여 주었다. 이러한 발달에 관한 계획표는 극심한 병리의 경우를 제외하고는 무의식적이고 본능적인 힘에 의해 전적으로 결정되는 것은 아니고 단지 그 영향을 받을 뿐이다.

성장에 대한 이러한 좀더 새로운 정신분석적 이해가 갖는 의미와 적용되는 경우는 많이 있으며 또한 심오하다. 예를 들어, 아동은 그들 자신의 신경근육상의 발달계획표에 따라 걷기와 말하기를 배운다. 이러한 과정은 부모와의 관계가 심하게 박탈당함으로써 생겨난 심한 무의식적 갈등에 의해서 지연되거나 방해받을 수 있다. 아동이 일단 말하기와 걷기를 배우게 되면, 그들은 자아를 강화시키는 방법으로 신체적 내지는 대인간의 환경에 대처하는 막대한 가치의 자아기능을 습득하게 된다. 이러한 원리는 재교육이나 행동지향적인 상담과 치료에 사용될 수 있다. 수줍어하고 사교성이 별로 없는 청년기의 젊은이들은 사교술을 배우고 지도받음으로써, 동료들과의 원만한 관계를 유지해 나가 자존심과 자신감을 가질 수 있다. 반복되는 실패로 이제는 궁지에 몰렸다고 느끼는 젊은이에게는 적당한 현실적인 목표를 설정하여 이를 성취케 함으로써 그 늪에서 헤어나오도록 도와 줄 수도 있다. 통찰을 익히는 것보다는 오히려 작업의 효과성을 제거시켜 줄 수 있는 실제적인 기술을 익히는 것이 상담을 보다 효율적으로 해줄 것이다. 자아심리학에서는 성장을 삶에 있어서 새로운 대응기술을 익히는 계기가 되는 위기관계나 지지관계에서 생기는 것으로 설명한다. 나는 자아를 강화하고 성장을 배양하는 알콜중독자 갱생회(AA)에서 많은 알콜중독자들이 정식적인 치료를 별로 받지 않았음에도 불구하고 놀라운 성장을 보이고 있는 점에 대해 매우 큰 감명을 받았다.

자아분석가들의 연구 결과로 자아의 개념이 좀더 역동적으로 된 이후에는, 프로이트의 인성에 관한 구조모델은 성장을 촉진하기 위한 자원으로서 이전보다 더 가치가 있게 되었다. 그 모델은 몇 가지 흔한 성장방해 유형에 대한 치료법을 매우 쉽게 이해할 수 있는 방법으로 이용된다. 예를 들자면, 전통적인 정신과 용어로 '정신 신경증'이라 불리는 질환에 걸린 사람들은 마치 '고행자'처럼 매우 엄격한 superego에 의해 학대당하는데, 이럴 경우에 그것은 신경증적 죄책감과 불안을 가져온다. 이런 사람들에게는, 그들이 어떤 행동을 하거나 하지 않는 것은 벌이 무서워서가 아니라 그것이 진정으로 가치 있는 일이기 때문에 한다는, 보다 능동적이고 개방적인 의식을 갖도록 도와 주어야 한다. 남이 뭐라고 하면 금방 할 말을 잊는 열등감 있는 사람들에게는 자신의 능력과 가치에 대해 좀더 확신을 갖도록 함으로써, 더이상 나약해지지 않도록 도와 주어야 한다. 이러한 두 가지 유형의 경우에, 성장은 이러한 사람들이 자기 수용을 경험하고, 그때 점차적으로 좀더 강건한 자존감을 확인하게 되고, 상담자-치료자의 의식을 수용함으로써 발생한다.

현실의 주요 영역들을 지각하는 것을 방해하고, 그렇다고 해서 id로부터의 원시적인 충동에 의해 지배당하는 것을 막아 주는 것도 아닌, 매우 취약한 ego와 완고한 방어를 갖고 있는 사람들은 또 다른 형태의 도움이 필요하다. 전통적인 정신과 용어로 '정신병' 내지는 '경계선상의 성격'이라는 질환의 증상을 보이는 사람들에게는 현실을 보다 덜 부정하는 방어를 강화해 주고 일상의 현실에 보다 잘 대응하게 함으로써 자아가 강화될 수 있도록 해주는 장기적이고 지지적인 관계가 요구된다. 솔직히 말하자면, 통찰지향적인 치료법은 너무 불안을 야기하므로 보통 행해지지 않는다. 단지 온화하고, 지지적인 개인이나 소집단 상담관계에서만이 삶에 대처하는 자아기능이 배양될 수 있는 것이다.

전통적인 정신과 용어인 '성격장애'나 '정신병리적 성격'의 증상인 미성숙하고 기형적인 superego를 지닌 사람들에게는 또 다른 성장요법이 요구되며, 따라서 다른 치료적 접근이 필요해진다. 이러한 사람들은 별다른 통찰이나 죄책감이 거의 없이 자신들의 내적 갈등을 행동으로 표현한다. 치료자가 그들을 돕기 위해서는 행동수정요법이나 '현실요법'을 써서 그들이 파괴적인 행동을 표출하는 것을 스스로 조절하도록 해야 한다.

성장촉진적인 상담이나 치료를 할 때에는 다음 두 가지의 본질적인 요소가 포함되어야 한다. 하나는 수용과 돌봄이며, 다른 하나는 현실에 대한 대면이다. 나는 이 두 요소를 '성장공식'(growth formula)[13]이라 부른다. 성장공식을 환자들에게 적용할 때에는 이 두 가지 요소를 어떻게 배합해야만 환자에게 내재되어 있는 성장**열정**을 가장 활성화시킬 수 있을 것인가가 매우 중요한 문제가 된다. 이 때에는 환자가 상대적인 자아역량을 확인하는 것이 배합을 결정하는 전제조건이 된다. 일반적으로 자아역량이 클수록, 환자는 현실에 보다 잘 대면해 나간다. 그러나 자아가 약할수록 이와는 반대의 경우가 되기 때문에 이런 환자들에게는 현실에 대면하게 하는 것은 적당한 정도로 하고, 대신 보다 많은 지지와 수용을 주어야 하는 것이다. 상담자가 현재 환자의 자아역량을 알기 위해 확인해야 할 내용 중 몇 개는 다음과 같다.

자아방어의 성질과 특징은 무엇인가? 부정이나 극단적인 투사 등의 심한 방어를 하는가, 아니면 합리화 내지는 약한 투사 등의 가벼운 방어를 하는가? 방어가 강박적이고 완고하게 느껴지는가, 혹은 상대적으로 융통성 있게 느껴지는가? 자신들의 방어로 인해 현실을 부정할지도 모른다는 것에 대한 자기 인식이 있는가? 상담

관계가 발전함에 따라, 점차적으로 자신들의 방어를 이완시키고 현실을 좀더 개방적으로 인식하려고 하는가?

인간관계의 유형은 어떤 특성을 지니고 있는가? 신뢰성, 상호의존성, 지속성, 제약성 등이 존재하는가? 심리치료 관계에서 믿음을 발달시킬 수 있는가? 얼마나 건설적으로 일상의 위기와 좌절을 다루는가? 얼마나 빠르게 대응기술을 수정할 수 있는가? 평상시 책임지고 있는 것들에 대해 어떻게 대처해 나가는가? 상황에 대처해 나가면서 얼마나 생활을 잘 짜나가는가? 그들의 행위는 어느 정도로 자존심, 자신감, 자부심을 반영하는가?

일반적으로 심하고 융통성 없는 방어를 하는 사람들은 인간관계에서 신뢰성과 공존성을 유지할 수 없으며, 일상의 위기나 책임지는 것들에 직면하게 될 때 비효과적으로 대처하고, 늘 혼란과 퇴보를 보이고, 자신들에게 필요한 자부심과 능력을 유지하기 위해 타인에게 의지하게 되며, 자아의 취약성과 기능장애로 고통받게 된다. 자아의 취약성은 많은 알콜중독자나 약물중독자, 여러 정신병 증상을 가진 사람, 비행자 및 범죄자, 늘 위기 속에서 생활하는 것처럼 보이는 사람들에게서 나타난다. 사회적 압박과 박탈은 많은 여성들과 성차별주의와 인종차별주의, 문화 내에 있는 소수 집단의 구성원들의 자아자원을 고갈시킨다. 사람의 자아역량의 정도는 끊임없이 변한다. 많은 내적, 외적인 스트레스를 받게 되면, 어느 누구라도 일시적인 자아의 기능장애를 나타내게 된다.

자아심리학이 다양한 형태로 지지적인 상담에 새로운 중요성을 부여하였다. 일시적이든, 만성적이든 자아의 기능장애의 정도가 크면 클수록, 상담과 치료에서 지지적인 방법이 더더욱 필요해진다.[14] 환자가 상황에 건설적으로 대처하는 능력은 상담자나 지지 그룹이 환자의 의존욕구를 충족시켜 주거나, 죄의식이나 패배감, 불안감과 같은 자아를 마비시키는 느낌을 제거해 주거나, 또는 환자의 상황을 좀더 객관적으로 검토해서 환자가 상황에 건설적으로 대처해 나갈 수 있는 현실적인 방안들을 짜 주거나 실행해 줄 때 생길 수 있다.

대면을 조심스럽게 해야 하며 자아지지의 욕구가 사라질 때까지 자아방어의 욕구는 고려되어야 한다.

에릭슨의 다면적인 자아심리학은 당시의 정신분석학의 이론과 실제에 있어서 발달에 관한 많은 논쟁을 불러일으켰다. 그의 전부라할 수 있는 성장 중심적 시각과 자아의 창조적 능력에 대한 깊은 경의를 가지고 당시 주장되던 프로이트의 많은 개념을 재정의했다. 브라우닝(Don Browning)이 말한 바와 같이 에릭슨은 superego나 id에반해 자아라는 것은 생태학적인 보전을 확실하게 하는 동물들의 조정능력 같은 것이라고 믿었으며, 이를 진화나 적응, 세대순환의 원동력으로 보았다.[15] 에릭슨도 프로이트처럼 건강을 발달적인 것으로 이해했다. 그러나 그는 프로이트의 근시안적 관점, 즉 대부분의 주요한 성장변화는 청년기가 끝나기 전에 이루어진다는 관점을 정정했다. 에릭슨은, 발달은 전 생애에 걸쳐 일어난다고 보아 발달의 개념을 확장시켰다. 그는 발달을 8단계로 구분하였으며, 각각의 단계에는 각기 다른 성장과업과 같은 위험 및 성장과업을 달성함으로써 발달하는 새로운 자아역량을 갖고 있다고 보았다. 예를 들면, 청년기는 자아역량과 충성에 대해서 강한 정체감을 느끼는 시기이며, 중년기는 보호의 미덕이 발달하면서 보다 생산성이 있는 생활형태를 만들어 가는 시기인 것이다. 이 책의 자매편에서 나는 이미 에릭슨의 14단계의 성장도식을 약간 수정하여 다양한 성장촉진법을 제시한 바 있다.[16]

에릭슨은 인간 발달을 심리성적(psychosexual)으로 이해하는 프로이트의 견해에 또 하나의 중요한 관점인 사회문화적 차원의 이해를 덧붙였으며, 이 양자를 그의 전직이었던 예술가적인 안목을 가지고 통합했다. 그래서 그는 인간 발달은 인간관계−제도−문화적 맥락에서 파악하는 또 다른 시각을 제공하였다. 프로이트와는 달리, 에릭슨은 개인적 충동이 사회적 연구와 **본질적으로** 모순되는 것으로 보지 않았다. 그는 모든 문화형태에는 각각 개인의 본능적 충동을 억제하는 요소들과 동시에 인간의 성장을 촉진하는 매우 중요한 요소들이 있다고 보았다. 또한 그는 문화의 제도가 지지적이고, 세대간에 상호 의존적이며, '중요한 개인과 제도의 반경이 넓을 때' 인간은 강하게 될 수 있고 강한 상태를 유지할 수 있다고 보았다.[17] 에릭슨은 서구 문화가 경험을 통합하고 삶에 대한 통제력을 획득해 나가는 속에서 이루어지는 자아의 배양에 메마른 환경을 제공했다고 보아 이를 비판했다.

에릭슨의 사상에서 성장상담 치료자가 얻을 수 있는 중요한 자원 중의 하나는 미래와 희망이 가지는 힘에 대한 강조이다. 하르트만과 마찬가지로, 그는 유아는 모든 삶의 단계에서의 성장을 위해 필요한 자원들과 미리 짜여진 계획표를 갖고 태어난다고 보았다. 그는 이것을 '점성원리'(epigenetic principle)라 불렀으며, 이는 인간성장에 활력을 주는 동기라고 보았다. 그는 과거로 현재를 설명하는 프로이트의 원리와는 반대로, 성장잠재력이 가지고 있는 미래 지향성을 하나의 설명원리로 만들었다.[18] 근본적으로 미래지향적인 요소의 하나인 희망은 가장 필수불가결한 자아역량인 것이다. 믿음과 신뢰로 부모들이 돌볼 때 아동들의 내부에서 희망이 자라난다.

에릭슨은 우리가 영성성장을 이해하는 데 매우 가치 있는 기여를 했다. 그는 예술가답게 정신분석을 인간의 내면과 접촉하는 서구적 명상의 한 형태라고 묘사했다. 그리고 건강과 마찬가지로 믿음도 발달하는 것으로 이해했으며, 살아 있는 한 믿음은 계속 성장한다고 보았다.[19] 그에 의하면, 건강한 인성의 초석이나 믿음의 기초는 생의 첫 단계의 성장목표인 신뢰이며, 청년기에는 이러한 믿음에 의미 있는 사상들이 포함되어 성장하게 되며, 중년기에 생산성이 포함되고 이후 평생 동안 그런 식으로 성장한다고 한다. 에릭슨은 종교제도를, 부모들의 내적 신뢰를 규칙적으로 새롭게 하며, 그 자녀들이 이러한 신뢰를 보고 내재화하도록 도와 주는 중요한 수단으로 보았다. 이 점에 대해 그는 "그때, 신뢰는 인간이 제도적 확신을 갖고자 하는 욕구인 믿음을 위한 능력이 된다. 종교는 인간이 악을 방지할 수 있는 확실한 공식을 제공해 오는 가운데, 믿음이라는 형태로써 의식에 입각하여 인간의 신뢰감 회복을 도와온 가장 오래된 제도이다."[20]라고 말했다.

에릭슨은 루터와 간디에 대한 연구에서 역동적인 종교의 지도자들의 역할을 설명하면서, 그들의 개인적이고 실존적인 갈등은 그들 세대의 중심적인 갈등을 반영하는 것이라 하였다. 그리고 이 갈등에 대한 그들의 해결방식이 그들 문화 내에 있는 많은 사람들에게 의미를 제공하는 보편적인 원리가 되며, 때문에 이러한 영적 지도자는 "그 시대의 갈등으로부터 그 시대를 위한 새로운 정체감을 창조하는 문화의 작용자"[21]가 된다고 보았다.

에릭슨은 윤리성장 모델을 만들고자 했다. 그가 제시한 황금률은 "자신의 잠재력 계발에 도움이 되는 것이 동시에 타인의 잠재력 개발에도 유용하다면 그렇게 해야 한다."[22]라는 표현으로 요약할 수 있다. 그는 현대 사회에는 타인 성장에 대한 양육과 배려라는 보편윤리의 정립을 요구하는 욕구가 팽배해 있으며, 이러한 욕구가 바로 윤리 설정의 주된 지표가 된다고 지적했다. 그는 "우선적인 문제는 이데올로기의 창조가 아니라 보편윤리의 정립이다. … 이것은 결코 이데올로기에 사로잡힌 젊은이들이나 도덕심에 가득 찬 어른들에 의해 만들어지는 것이 아니라, 오로지 지속적으로 타인에 대해 배려해 나가는 사람들에 의해서만 만들어질 수 있는 것이다."[23]라고 표현했다.

에릭슨의 사상에서 하나의 중요한 약점은 여성에 대한 심리학이다. 여권주의 심리학자들이 지적했듯이, 그의 '내적 공간'에 대한 견해는 프로이트의 성차별주의보다는 덜하지만 성역할에 대한 고정관념을 반영하고 있다.[24] 그러나 이러한 약점들에도 불구하고 에릭슨은 정신분석을 개방적이고, 자유롭고, 성장촉진적으로 다루었다는 점에서 그 의의가 큰 것이다.

프로이트 치료법의 성장자원에 관한 참고문헌

Fadiman, James, and Frager, Robert. 「성격과 개인성장」(*Personality and Personal Growth*) Harper, 1976. 이 책 중의 제1장인 '프로이트와 심리분석'(Sigmund Freud and Psychoanalysis)에서는 프로이트의 주요 개념들을 간결하게 개관하고 있다.

Freud, Sigmund. 「프로이트의 심리학 연구총서 표준판」(*The Standard Edition of the Complete Psychological Works of Sigmund Freud*). London : Hogarth Press, 1953-66. 이 중의 제 15-16권인 「정신분석강의입문」(*Introductory Lectures on Psychoanalysis*)은 프로이트가 비엔나대학에서 학생들에게 강의한 내용을 시리즈로 엮은 것이다.

―――. 「꿈의 해석」(*The Interpretation of Dreams*). 이 책은 프로이트 연구총서 4-5권이다. 프로이트에 따르면, 이 책에는 자신이 연구를 통해 발견한 것들 중 가장 가치 있는 내용들이 실려 있으며, 이 책을 쓸 수 있었다는 것은 자신이 상당히 운이 좋았기 때문이라고 표현하고 있다.

―――. 「정신분석 신입문」(*New Introductory Lectures on Psycho-Analysis*) 연구총서 22권인 이 책에는 프로이트의 구조가설에 대한 내용들이 실려 있다.

Fromm, Erich. 「프로이트의 사명」(*Sigmund Freud's Mission*). New York : Harper and Bros., 1950. 이 책은 프로이트의 성격이론과 그것이 끼친 영향을 평가 분석한 책이다.

Jones, Ernest. 「프로이트의 삶과 업적」(*The Life and Work of Sigmund Freud*). New York : Basic Books, 1953, 1955, 1957. 이 책은 3권으로 된 표준적인 프로이트 전기이다. 3권에서는 프로이트 사상의 다양한 주제들을 역사적으로 조명하고 있다.

Rothgeb, Carrie L. 「프로이트의 연구총서 발췌」(*Abstracts of the Standard Edition of the Complete Works of Sigmund Freud*). New York : Jason Aronson, 1973. 이 책에서는 프로이트의 모든 저서를 간략하게 일람하고 유의사항들을 소개하고 있다.

자아분석 치료법의 성장자원에 관한 참고문헌

Browning, Don. 「생식력 있는 인간 : 정신분석적 관점」(*Generative Man : Psychoanalytic Perspectives*). Philadelphia : Westminster Press, 1973. 이 책에서는 에릭슨, 프롬, 하르트만, 로버트 화이트, 노만 브라운, 필립 리프 등과 전체성과 사회에 관한 그들의 견해에 대해 심층적으로 연구하고 있다.

Clinebell, Howard. "자아심리학과 목회상담"(Ego Psychology and Pastoral

Counseling), 「목회심리학지」, 1968년 2월호, pp. 24-36.
이 논문에서는 상담의 효과성을 강화시켜 주는 자원으로서 자아심리학의 기본 개념에 대해 논하고 있다.

Erikson, Erik H. 「유년기와 사회」(Childhood and Society), 2nd ed. New York : W. W. Norton, 1963. 이 책은 저자의 8단계 성장이론을 처음으로 밝힌 책이다.

――――.「정체성, 청년기와 위기」(Identity, Youth and Crisis), New York : W. W. Norton, 1968. 이 책에서는 현대 미국의 젊은이들이 안고 있는 정체위기에 대해 서술하고 있다.

――――.「통찰과 책임성」(Insight and Responsibility). New York : W. W. Norton, 1964. 이 책은 정신분석 통찰들이 갖는 윤리적 의미들에 관한 에세이집이다.

――――.「청년 루터」(Young Man Luther). New York : W. W. Norton, 1958. 이 책은 루터의 발달상의 위기와 그것이 동시대에 미친 영향에 관해 연구한 책이다.

――――.「간디의 진리」(Gandhi's Truth). New York : W. W. Norton, 1969. 이 책에서는 간디의 어린 시절과 청년기가 어떻게 그의 비폭력 주장의 배경이 되었는가에 대해 연구하고 있다.

Gleason, John J., Jr. 「신에로의 성장 : 종교발달의 8단계」(Growing Up to God : Eight Steps in Religious Development). Nashville : Abingdon Press, 1975. 이 책에서는 에릭슨의 성장 8단계 이론을 종교발달에 응용하고 있다.

Hartmann, Heinz. "자아심리학과 적응의 문제"(Ego Psychology and the Problems of Adaptation). 이 논문은 David Rapaport 편 「사고의 조직과 병리」(Organization and Pathology of Thought). New York : Columbia Univ. Press, 1951. pp. 362-398의 내용으로, 하르트만 관점의 기초를 설명하고 있다.

Parad, Howard J., ed. 「자아심리학과 역동적인 사례연구」(Ego Psychology and Dynamic Casework). New York : Family Service Assn. of America, 1958. 이 책은 다양한 유형의 내담자들에게 자아심리학을 응용하고 그 효과를 검증한 논문들을 모은 책이다.

2
전통적인 심리치료법에서의 성장자원들
알프레드 아들러와 오토 랭크

알프레드 아들러의 성장자원들

아들러는 1870년에 비엔나의 교회에서 태어났다. 그는 비엔나 대학에서 의학을 공부한 뒤 한동안 일반의 개업을 했다. 그와 프로이트와의 관계는 1902년에 프로이트의 꿈에 관한 출판물이 학계의 조롱을 사게 되자 이에 대한 반박문을 잡지에 게재하면서 시작되었다.[1] 프로이트는 그를 방문하여 자기 집에서 매주 열리는 심리분석 연구모임에 참여하기를 권했다. 그러나 시작부터 그 두 사람은 꿈에 관한 분석이나 생애 초기의 성적 충격이 정신질환에 미치는 영향들에 대해 이견을 보였다. 이러한 견해 차이는 그 후에도 계속되어 드디어 아들러는 1911년에 23명의 프로이트 그룹회원 중 9명과 함께 그 모임을 탈퇴했다. 이 결별이 있기 일 년전, 아들러는 정신의학에 전념하기 위해 일반의 개업을 그만두었다. 프로이트와 결별한 그 해에 아들러는 그의 이론체계를 종합하여 '개인심리학'(Individual Psychology)이라 명명하였는데, 이는 그가 각 개인마다의 경험과 성장의 차이를 강조하고 있음을 보여 주는 것이다.

1차 세계대전 후, 아들러는 비엔나 학교 조직과 합동으로 최초의

2. 알프레드 아들러와 오토 랭크

아동지도 치료소를 시작했다. 아들러는 장난을 좋아했으며, 사교적이며, 맛좋은 음식, 우정, 그리고 음악 중 특히 오페라를 즐겼다. 그는 무의미한 대화를 몹시 싫어했다. 그는 치료에서부터 모든 사람들의 일상적인 삶에 이르기까지 통찰을 적용시키는 것을 신뢰했고, 비전문가들을 위해 많은 시간을 허용하여 글을 쓰고 강의도 했다. 1935년에 그는 당시 전 유럽을 휩쓸고 있던 전체주의운동의 물결 때문에 비엔나를 떠났다. 그후 뉴욕에 정착하여 롱아일랜드 의과대학에서 의학심리학 교수로 봉직했으며, 정신과 의사로서 치료도 계속했다. 그는 1937년 강연 여행 도중 갑자기 스코틀랜드의 애버딘에서 사망했다.

아들러는 모든 인간은 그들의 유전과 환경을 의도적이며 창조적으로 만드는 놀라운 능력과 긍정적인 잠재력을 소유하고 있다고 믿었다. 그의 이론체계는 성장지향적인 상담자와 치료자, 그리고 교사들에게 많은 도움을 준다. 아브라함 매슬로우가 아들러를 심리학에 있어서 인간의 잠재력을 계발하는 '제 3 의 세력'의 선구자들 중에 포함시키고 있는 점이 주목할 만하다.

프로이트와는 대조적으로, 아들러는 인간을 충동지향적이거나 파괴적이 아닌 본질적으로 창조적인 존재로 보았다. 또한 그는 자아는 약하고 손상되기 쉬운 존재가 아니라 보다 능동적이고 통합성이 있는 존재라는 점을 강조했으며, 자아는 전적으로 과거의 경험에 의해 결정된다는 프로이트식의 엄격한 결정론을 배격하면서 오히려 그 미래지향적, 목표지향적인 충동에 큰 관심을 두었다. 그는 또 전체로서의 인간의 성격을 id와 ego, superego의 갈등구조가 아닌 자아 중심적인 것으로 보았으며, 인간의 건강을 좌우하는 것은 성적충동이 아니라 가치와 힘에 대한 충동이라고 보아, 프로이트처럼 생애 초기의 경험이 미래의 성장을 결정하는 것이 아니라 오히려 장래의 지속적인 변화를 위한 가능성을 부여하는 요소로 파악했다.[2] 아들러의 이러한 사고로 미루어 보아 그가 인간을 긍정적이며 성장지향적인 존재로 간주한 것은 명백하다.

아들러는 모든 사람들이 아동 초기에 자기보다도 힘센 어른들에게 둘러싸여져 무기력을 경험한 결과로 '힘에 대한 의지'를 갖는다고 믿었다. 그는 "모든 인간은 열등감을 느끼기 마련이다."[3]고 선언했다. 그리고 이러한 자기의 환경을 극복하기 위한 투쟁에서는 가치와 힘의 문제가 중심이 된다고 보았다. 또한 무력감과 열등감을 극복하는 투쟁에서 개인들은 유익한 것이든 아니든 간에 다양한 보상기제들을 개발한다고 보았다. 성장촉진을 위한 상담이나 치료를 하다 보면, 사람들은 모두 어느 정도는 열등감 때문에 고통을 받는다는 아들러의 견해가 확실히 타당하고 유익한 면이 있다는 사실을 알게 된다. 이런 견해의 타당성을 깨닫게 되면, 사람들이 자신들의 무력감 때문에 고민할 때, 다른 사람들에게는 그런 고민이 없겠거니 하고 잘못 생각하는 오류를 방지해 준다.

아들러에 따르면 각 개인은 생애 초기에 행동 내지 반응의 조직화된 형태인 어떤 독특한 **생활방식**을 배운다고 보는데, 이것의 목적은 삶을 살아가는 데 모든 사람들이 가져야 하는 최소한의 자존심과 힘을 유지시키는 것이다. 개인의 생활방식은 모든 그의 행동―꿈, 태도, 행위, 지각, 기억, 환상, 감정 등을 이해하는 데 열쇠가 된다. 이러한 개인의 생활방식의 이면에는 **생의 목표**가 있다. 그래서 아들러식 치료법은 잘못 기능하고 있는 생의 목표를 확인시키고, 개인에게 보다 새롭고 건설적인 목표를 갖도록 재교육하여 더욱 건설적인 생활방식을 만들도록 하는 것을 목표로 한다. 전체로서 기능하는 개인을 강조한 아들러의 시각은 상담과 치료에 도움을 주는 바가 크다. 내담자 어떻게 느끼고, 지각하고, 행동하고, 타인과 관계를 맺는가를 잘 관찰하면, 치료자는 내담자가 어떤 식으로 스스로 자신의 삶을 방해하고 있는지 알 수 있게 된다.

아들러는 모든 인간은 우호적이고 협동적인 인간관계를 만드는 자질을 키우려는 욕구를 갖고 있으며, 또한 그렇게 해야 한다고 믿었다(이러한 견해는 개인의 욕구를 본질적으로 이기적이고 반사회적인 것으로 파악하고, 다만 사회 현실의 요구 때문에 이러한 것이 억제되어 겉으로 드러나지 않는 것일 뿐이라는 프로이트의 견해와는 날카로운 대조를 보인다). 그는 또 모든 사람은 누구에게나 있는 열등감을 극복하기 위해 우월에의 욕구를 가지고 있으며, 동시에 공동체의식과 협동에의 욕구도 갖고 있다고 보았다. 아들러는 이러한 욕구를 '게마인샤프트—게퓔' (*Gemeinschaft—gefühl*)로 불렀는데, 이것은 대개 '사회적 느낌' 또는 '사회적 관심'으로 번역된다. 이 독일어는 친밀하고, 상호 배려적이며, 활발한 사회적 관심을 가지는 그런 관계를 형성하고자 하는 열정적인 욕구를 표현하는 것이다(이 개념은 내가 진술했던 관계에 대한 의지와 비슷한데, 이것은 사람들이 그들의 기본적인 심리적 욕구를 만족시킬 수 있는 관계에 있을 때에만 존재하므로 기본적인 인간의 욕구이다).

아들러는 건전한 방법으로 열등감을 보상하고 힘과 존중에 대한 욕구를 충족시키는 것은 곧 타인의 복지도 증진시키는 길이 된다고 이해했다. 그는 "개인에게는 물론 사회적으로도 이득이 될 수 있는 목표를 향해 나아가는 것은 인간 개개인의 모든 생래적인 나약함에 대한 가장 건전한 '보상'이다."[4]라고 언급했다. 사회적 관심은 아동 초기에 어머니와의 상호작용을 통해 처음으로 나타난다. 그리고 그것은 개인이 성숙함에 따라 성장한다. 신경증은 아이들에 대한 부모의 잘못된 태도(과잉보호나 그 반대의 경우)나 신체적 결함으로 인하여, 아동의 사회적 관심이 왜곡되거나 좌절될 때 생긴다. 이런 사람들의 경우에도 우월에의 추구욕이 지나치게 과장되기 때문에, 그들은 타인을 희생시키거나 자신을 타인들로부터 고립시키는 식으로라도 힘에 대한 욕구를 만족시키려고 한다. 아들러는 이런 것을 열등감에 대한 '잘못된 해결책'[5]으로 불렀다. 자기 중심성, 공격성, 그리고 새디즘은 인간의 생래적인 본성이 아니라 부적응적인 삶의 목표와 삶의 양식을 생산하는 불행한 초기 아동기의 경험에 대한 학습된 반응이다.

가치와 힘을 추구하는 인간의 욕구에 대한 아들러의 강조는 성장 과업을 촉진시킬 때 매우 유용하다. 무력감과 낮은 자존심은, 비록 이런 감정들이 방어적인 '자존심'의 뒤에 잘 숨겨져 있더라도, 치료가 요구되는 거의 모든 사람들에게 나타난다. 치료관계에서 신뢰가 커지면서 사람들은 대개 방어기제를 풀고 잠재되어 있던 자기 거부의 감정을 드러내기 시작한다. 부부문제를 상담하러 오는 사람들이 제기하는 중요한 문제 중의 하나인 상호 해악적인 힘에 대한 추구욕은 거의 부부 각자에게 잠재되어 있는 무력감과 낮은 자존심에서 비롯된다. 이런 경우에는 부부 각자가 상대방의 힘과 가치의 감정을 방해하기보다는 북돋아 주는 방법으로 자신의 힘과 가치에 대한 추구욕을 만족시켜 나갈 때에만, 파괴적인 악순환이 중단되고 상호 만족적인 부부관계가 형성될 수 있다. 이렇게 하려면 그들은 힘을 사용하는 방식에 있어서 누구를 **넘거나 대항하려고** 하기보다는 자신과 타인들과 **함께**, 그리고 그들을 **위해서** 사용하는 방식을 발견해야만 한다. 원만하지 못한 부부생활을 하는 사람들이 상담시에 제기하는 문제들―돈 문제, 성적인 문제, 자녀양육문제, 기타 등등―을 잘 살펴보면 거의 대부분이 잠재되어 있는 무력감과 자기 비하로부터 비롯된 힘에 대한 추구와 관련된 것들이다.

장애, 손실, 열등감에 대한 보상이 건설적인 것이 될 수 있음을 깨닫게 하는 것도 잠재력으로 성장을 **가능하게** 하는 하나의 통찰이 될 수 있다. 문제 있는 사람들에게 그들 '자신이' 부적절한 감정들이 있음을 인식하게 하고 나서 그것들을 개인적으로나 사회적으로 유용한 보상을 개발하는 도전기제로 사용하게 하는 것은 그들의 마이너스 요소를 부분적으로 플러스 요소가 되게끔 돕는 좋은 방법이 된다.

아들러의 중요한 공헌 중 하나는 아동을 보다 성장지향적으로 양육할 수 있는 길을 제시했다는 점이다. 부모의 일반적인 태도나 감정, 형제들 간의 관계가 한 가족의 성장 분위기를 결정한다고 보았다. 또한 아동들에 대한 부모의 훈육과 지도는 억압적이어서는 안 되며 긍정적이어야 한다고 주장했다. 그는 강연과 저술, 아동치료소에서의 작업을 통해서 부모들이 자녀의 사회적 관심을 키워 주고, 자신감을 갖게 하고, 책임감과 타인에 대한 관심을 증가시키도록 용기를 주었다. 비엔나에서 아동지도치료소 설립운동을 할 때 아들러의 친밀한 동료 중의 하나는 아동 정신치료자인 루돌프 드라이커스(Rudolf Dreikurs)였다. 후에 그는 시카고에 있는 알프레드 아들러 연구소의 소장이 되었다. 그는 저서에서 아동에 대한 아들러의 접근법을 쉽게 부모들이 적용할 수 있도록 만들었다.

　아들러는 여권주의 심리학자들의 일부 통찰들을 수십년 앞서 예견했다. 남성 우위의 사회 속에서 여성은 열등한 존재로 취급받기 때문에 본래의 열등감이 여성의 경우에는 더 가중된다고 보았다. 이것을 보상하기 위해서 어떤 여성들은 아들러가 소위 '남성적 항의'(masculine protest)라고 칭한 행위를 하기도 하는데, 이는 여성이 여자로서의 역할을 거부하고 남성들의 성공경쟁에 함께 뛰어들므로써 자신이 보다 가치 있다고 느끼고자 하는 것을 말한다. 아들러는 강압적인 목표 추구(남성과 여성 모두의)는 성의 양극화와 직접적으로 관련을 갖는다고 보았다. 그는 엄격한 성역할의 고정은 인간관계와 사회관계 속에서 명백히 여성의 지위를 약화시키는 수단이 된다고 주장했다. 인간을 좁고 굳어진 범주 내로 몰아넣는 것은 남성과 여성 모두의 자아실현을 어렵게 만든다.[6]

　개인, 관계, 제도상의 문제들은 부적절한 힘의 추구와 관련이 있다고 믿었다는 점에서, 아들러를 급진치료법의 이념적 원조라고 볼 수도 있을 것이다. 사회적 관심에 대한 그의 개념은 자연히 그를 사회와 제도의 변화에 대한 관심으로 이끌어 갔다. 아들러 학파인 하인쯔 안스바키(Heinz Ansbacher)는

　　　아들러류의 심리학을 연구하다 보면 항상 사회적 관심과 사회에로 환원됨을 알 수 있다. 그에게 있어서 인간은 사회 속에 얽매여 거기에서 빠져 나올 수 없는 존재이며, 또한 사회와는 별도로 생각될 수 없다. 사회적 관심은 아들러에게는 정신건강을 판단하는 척도가 되며, 이는 성장, 신장, 또는 자기 초월을 포함하는 개념이다. ……아들러가 ……잘 적응되었다고 할 때의 그 적응은 인류의 궁극적인 상태에의 적응을 의미하는 것이다. 단순히 현 사회에 적응하는 것이나 기계적으로 부합하는 것은 오히려 개인을 제약하는 것이며, 어떠한 정신건강의 지표도 제시해 주지 못한다. 아들러는 일관되게 사회적 관심을 용기나 독립심과 연관시켰으며, 정신적으로 건강한 사람은 모두에게 더 나은 미래를 위해 협동하여 그 과정에서 현재의 악과 맞붙어 싸울 수 있는 용기와 독립심을 얻게 된다

고 하였다. 만일 아들러가 살아 있었다면, 그는 국제사회개혁연합 (International Association for the Advancement of Creative Maladjustment)의 창설을 주장하는 마틴 루터 킹의 주장에 박수갈채를 보냈을 것이라고 언급하고 있다.[7]

사회정의에 대한 관심과 더불어, 아들러는 억압적인 제도시행 및 제도조직, 특히 교육과 관련된 그것을 변화시키기 위해 적극적으로 노력했으며, 아동 지도 치료소의 조직망을 구성하려고 한 것도 그 노력의 일환이었다. 그는 열렬한 사회주의자였다. 그의 러시아인 아내는 트로츠키(Trotsky)의 친구였는데, 트로츠키는 아들러의 집을 종종 방문하곤 했다. 아들러는 심리 내적(intrapsychic) 발달을 형성시키는 관계적이고 사회적인 맥락을 무시하고 단지 심리내적 요인들에만 배타적으로 연구를 집중시키는 것을 거부한 대표적인 치료자이다.

아들러의 주요한 통찰들 중 많은 부분은 영성적 성장을 촉진시키고 병적인 종교들을 이해하는 데 매우 유용하다.[8] 예를 들면, 성장치료 집단의 젊은이 중의 한 사람인 칼은, 엄격하고 권위주의적이었지만 자신의 마음을 편안하게 해주었던 어릴 적의 종교에 대한 향수에 빠지지 않으려고 노력했다. 그래서 그는 이제는 지적으로는 과거의 종교의 믿음체계를 받아들이지 않게 되었으나, 감정적으로는 아직도 그것에 이끌리고 있다고 느꼈다. 집단 내에서 그는 점차로 어릴 때의 종교가 그의 영성생활을 절름발이로 만들고 있다는 것을 인식하게 되었다. 그는 그 낡은 신념이 자신의 개인적인 무가치감과 무력감을 일시적이고 비효과적으로나마 보상하기 위해 어떤 식으로 신의 이름을 빌어 당치 않은 가치감과 능력감을 부여하고 있는가를 알게 되었다. 그가 성장함에 따라 점차적으로 스스로의 진정한 힘을 더 요구하게 되고 자신의 능력은 더욱 발전되어 갔다. 그가 자신의 내재적 힘과 가치가 증가하는 것을 인식하게 되자 그의 영성생활도 따라서 변했다. 그는 자신의 가치를 확신시켜 준 영성과 사람들에게 더욱 친밀감을 느낀다고 말했다.

프로이트와 아들러의 결별은 양자에게 모두 다 불행이었다. 그들은 상대방이 사람과 치료법에 대해 발견한 진리의 중요한 측면들을 무시하는 경향이 있었고, 반면에 자신들이 발견한 통찰들은 과장하여 강조하거나 지나치게 일반화하게 되었다. 아들러의 접근 중 많은 것들은 프로이트에 반대하는 이론으로 발달된 것이다. 그는 프로이트가 발견한 아동기의 성욕과 무의식세계에 관한 가치 있는 이론들을 거부했으며, 심리 내부에서만의 갈등이라는 프로이트식 사고를 배제하고, 모든 갈등은 환경적 힘과 우월에 대한 내부적 추구 사이에 존재하는 것으로 보았다. 아들러는 이와 같이 프로이트 이론에 반대를 위한 반대로서 자기 이론을 구성해 나갔기 때문에 그의 인간에 대한 이해는 편협한 수준에 머무를 수밖에 없었다. 아들러는 특히 정신병의 역동성을 설명함에 있어서도 인간의 정신세계가 서로 상반되는 영역으로 구분되어 있다는 개념을 거부했기 때문에 결국 지적인 왜곡을 초래했다. 또한 인간의 성장지향적이고 자유 반응적인 측면에 대한 그의 강조는, 프로이트가 주의를 기울였던 인간의 어둡고, 파괴적인 측면에 대한 인식이 수반되지 않기 때문에 피상적인 낙천주의에 그치고 말았다. 프로이트는 아들러 개념에서의 자아를 "자신이 서커스의 모든 어려운 곡예들을 혼자서 다 해 냈다고 주장하는 광대"로 비유한 바 있다.[9] 아들러의 결점들을 살펴보면, 진정한 성장요법은 인간 내부에 잠재되어 있는 성장과 변화에의 강한 저항감에 대한 인식을 포함하는 좀더 심층적인 차원에서 찾아져야 한다는 사실을 알 수 있다. 이러한 심각한 한계에도 불구하고, 아들러는 현대의 성장지향적인 요법의 선구자라 할 수 있으며, 그의 많은 통찰은 여전히 교사, 부모, 상담자, 치료자들에게 유용한 도구를 제공해 주고 있다.

오토 랭크의 성장자원들

오토 랭크(Otto Rank)는 1884년 비엔나에서 출생했다. 그의 아버지는 정서적으로 메마른 알콜중독자였고, 어머니는 온화하고 책임감이 강한 사람이었다. 그가 1904년에 처음으로 프로이트의 저서를 읽었을 때 그는 마치 어떤 종교적인 계시를 받은 것처럼 반응을 보였다. 그는 "이제 나는 모든 것을 분명히 안다. 세상의 섭리가 더 이상 수수께끼는 아니다."라고 말했다.[10] 랭크가 1905년, 처음으로 프로이트를 만났을 당시에 그는 아주 우수한 공학도였다. 그의 창조성, 재능과 열정은 프로이트에게 강한 인상을 남겼다. 랭크는 거의 20년 동안 프로이트와 깊은 유대관계를 형성했으나, 그의 아버지의 형상을 대처한 것 같이 프로이트와 애매모호한 전이 관계가 생겼다. 랭크는 의학적인 훈련을 받지 않았으나 유명한 분석가가 되었다. 1921년에 프로이트는 그를 살아 있는 가장 위대한 분석가라고 칭했다.

1924년에 랭크는 「출생외상」(The Trauma of Birth)이라는 책을 출간했는데, 이 책에서 그는 불안의 요인을 에디푸스 콤플렉스(아버지 중심의 경험)로 보기보다는 출생(어머니 중심의 사건)으로 보았다. 이 책은 프로이트에게 헌정되었으나, 그 중요한 개념들은 프로이트의 사상을 공격하는 내용이었다. 신화와 예술과 문학에 강렬한 흥미를 가진 랭크는 인성을 생물학적으로 환원시켜 이해하려는 프로이트의 관점을 거부하게 되었다. 그는 고전적인 정신분석 이론이 치료에는 부적당하다는 사실을 발견하고 더욱 간단하고 능동적인 방법들로 실험을 시작했다. 랭크는 이와 같은 자신의 접근법을 '정신분석'이라기보다는 '심리치료'라 불렀고, 나중에는 '의지치료'라 칭했다. 그는 신경증을 의학적인 문제라기보다는 철학적이고 도덕적인 문제로 이해했으며, 심리장애로 고통받는 사람은 새로운 **세계관**(Weltanschauung), 즉 세상에 대한 새로운 시각이 필요하다고 보았다. 프로이트와의 이러한 견해 차이로 인해 결국 그는 그의 나이가 40세가 되던 해에 프로이트와 고통스런 결별을 하게 된다. 1926년부터는 파리에 이주하여 살았는데, 그는 1935년에 뉴욕으로 이주해 가기까지 자주 미국에 가서 강의를 하였다. 그는 프로이트가 죽은 지 한 달 후인 1933년에 전염병으로 죽었다. 그가 죽은 시기는 아마도 우연은 아닌 것 같다.

랭크의 관점들은 루쓰 몬로(Ruth Monroe)가 명확히 표현했듯이, "심리학적인 깊은 통찰이 요구되는 정신병치료 사회사업, 심리치료,

상담, 교육, 그리고 다른 비의학 분야의 발달에 심오한 영향을 끼쳤다."[11] 그는 후에 내담자 중심치료, 현실치료, 그리고 자기주장 훈련의 중심이 된 추력(thrusts)들을 미리 예견해 냈다. 어떤 의미에서 그는 현대의 심리치료법들의 전인적 성장 경향의 원조이다. 나는 랭크가 인간의 잠재력 계발에 커다란 관심을 보였고, 의도성을 강조했으며, 정상인은 물론 심지어는 정신장애자에게도 존재하는 강하고 건강한 측면들을 인식했다는 점에 커다란 감명을 받았다.

랭크의 이론은 성장지향적인 교사, 상담자와 치료자들에게 유용한 자원을 풍부히 제공해 준다. 그는 아들러와 마찬가지로 인성의 건강한 측면들을 강조했다. 그는 인간을 본질적으로 희망적인 존재로 보았으며, 인간의 자유와 잠재성에 초점을 두었다. 그리고 자아에 대해서는 아들러나 융, 호니(Horney)처럼 통전적인 것으로 이해했다. 랭크에 의하면, 모든 사람들에게는 전인성을 향하는 적극적인 욕구가 있는데, 이것을 그는 '건강에 대한 의지'라고 불렀다.[12] 랭크는 앗사지올리(Assagioli ; 정신통합의 창시자)와 마찬가지로 프로이트의 결정주의에 반대하면서, **의지**를 인성의 가장 핵심으로 간주했다. 랭크는 "나는 의지의 적극적인 인도가 본능적인 욕구를 막고 통제할 뿐만 아니라 창조력을 이용하는 자아를 조직하고 통합한다고 이해한다."라고 썼다.[13] 의지에 따라 전체 인성이 각각 다르게 나타나므로 결국 의지는 각 사람들을 타인과 다른 독특한 존재로 구별할 수 있게 해준다.

신경증 환자는 주로 자아가 통합적이고, 주장적이고, 목적적으로 기능하지 못하기 때문에 고통받는다. 치료(일반적으로 개인의 성장까지도 포함하여)의 목표는 의지를 활성화하고 강화시켜서 사람들이 의도한 대로 살도록 하게 하는 것이다. 효과적인 치료란 우리를 각각의 인생의 운전석에 앉혀 우리가 인생을 마음대로 조종해 나가도록 하는 것이 아니겠는가! 의지력과 무의식 개념과의 관련에 대하여 랭크는 다음과 같이 지적한다. "누군가가 환자에게 책임을 회피할 수 있는 이렇게 편리한 변명거리(무의식)를 제공해 주지 않았던들 환자는 자신이 이토록 많이 알고(의식하고) 있는가에 대해 놀랐을 것이다."[14]

　랭크는 인간이 책임을 회피하는 여러 가지 다양한 방법들을 기술한다. 정령숭배(animism)에서는 인간의 의지를 물리적인 세계에 투사시켜 자연에도 영혼이 있다고 봄으로써 책임을 회피하게 된다. 유신론자들은 의지의 일부를 그들이 복종해야만 하는 모든 신격화된 대상 속으로 투사시켜서 책임을 피한다. 마찬가지로 과학자들은 인간에 대한 이해에 결정론을 끌어들여서 책임 있는 의지를 확인하는 것을 피한다. 그래서 정령숭배, 종교, 과학은 모든 의지를 책임 있게 사용하는 것을 회피케 한다. 랭크에 따르면, 많은 사람들이 과거에 있던 행동을 설명하는 데 초점을 맞추고는 현재에 책임 있게 사는 것을 피하는 데 정신분석을 사용한다고 한다. 후에 프릿츠 펄스(Fritz Perls)도 지적한 바와 같이, 랭크는 이 점에 대해 "그러한 설명은 맹장염 수술에나 도움을 줄 것이다."라고 꼬집었다.

　랭크는 의지를 처음부터 양면적이라고 한다. 엄마와 아기의 완전한 결합의 손상인 출생은 이후 지속되는 모든 불안의 기본적인 원천과 원형이다. 그러므로 모든 불안은 격리 불안이다. 출생외상은 단순히 자궁이라는 에덴 동산에서 느낀 만족과 안전으로부터 격리된다는 의미 이상이며, 이로써 개인은 더이상 자신의 온전성을 느끼지 못하게 된다. 그러나 출생은 또한 인생의 한 단계나 경험에서 느껴지는 안전감과 통합감을 상실하게 되는 그 다음 단계나 경험에로의 **재탄생**의 원형이 되는 것이다. 의지는 사람들이 자율성과 독립심으로 향하는 동기를 부여하나, 한편으로는 분리와 이탈이 가져다 줄 '삶의 공포' 때문에 갈등하기도 한다. 모든 인간에게는 분리에 대한 욕구와 결합에 대한 욕구, 위험을 무릅쓰고 잠재된 자아의 실현을 위하여 미래로 나아가고픈 욕구와 과거의 모체의 자궁으로 돌아가서 엄마와 일체가 되고 싶은 욕구 등 양극적 욕구가 동시에 존재한다. 건설적인 삶이란 격리와 결합에의 욕구를 둘 다 만족시키는 것이다. 적극적인 의지는 이러한 양극적인 욕구들을 통합시키는 능력을 갖는다. 랭크는 이러한 두 극단을 창조적으로 통합시키는 사람들을 '예술가'라 표현했다.

랭크에 의하면, 대개의 사람들은 과거로 돌아가고 싶은 욕구에 동조하여 창조적 자율성에의 욕구를 포기하는 식으로 이러한 갈등을 해소한다고 한다. 과거와 같이 변화가 적고 안정된 시기에는 동조하는 것도 괜찮았겠지만, 요즈음과 같이 사회의 변화가 극심한 시기에 만약 그렇게 하다가는 불안감 때문에 밤새 뜬 눈으로 보내기 일쑤일 것이다. 신경증을 가진 사람들은 대개 보통사람들처럼 동조할 수도 없고, 그렇다고 의도를 갖고 미래를 향해 나아갈 수도 없는 그런 사람들이다. 랭크주의자들의 치료법은 사람들의 의지를 적극적으로 훈련(자기주장 훈련에서와 같이)시켜 강하게 만들어서 그들의 자궁-회귀 경향을 극복할 수 있게 돕는 것에 목적을 둔다. 아들러식 치료법이나 형태치료법에서와 같이, 심리치료는 주로 현재에 초점을 둔다. 치료를 받으러 오는 사람들이 안고 있는 문제들은 대개 현재를 의도대로 처리하지 못하는 무능력과 관련되는 것이다. 과거나 미래의 어느 한 쪽에 지나치게 치우치는 것도 현재의 책임감을 회피하기 위한 수단으로 사용될 수 있다.

치료자들은 사람들이 스스로의 의지를 단련시켜 힘을 발달시킬 때까지 그들의 의지를 수용하고 확인하는 역할을 한다는 점에서 일반적으로 포근한 인간미를 가진 사람으로 인식된다. 치료자들은 사람들이 스스로의 의지를 단련시키고 강화시킬 수 있도록 허용적인 분위기를 만들려고 한다. 그러나 스스로를 자기-지시적인 사람들로 변화시키는 책임은 궁극적으로 개인 각자에게 있다. 때문에 치료자는 내담자가 성장할 수 있도록 만들려면 내담자가 "나는 약하고 혼란스럽고 무기력합니다. 내가 어떻게 해야 할지를 가르쳐 주든지, 아니면 나 대신에 그것을 좀 해주시오."라는 식으로 말하면서 자신의 책임을 회피하려는 시도를 막아야 한다. 만일 막지 못한다면 내담자가 안고 있는 문제들의 해결은커녕 더 심각하게 된다. 왜냐하면 의지란 단련시킬 때에만 강해질 수 있는 것이니까! 치료는 마치 인생의 축소판처럼 느껴진다. 치료자는 융통성이 있어야 하며, 내담자의 충동과 창조성에 적당히 장단을 맞출 줄도 알아야 한다. 그러나 의지의 문제에 있어서만은 기꺼이 내담자를 자신의 의지와 직면토록 하여 의지를 단결하고 강화시켜 나가도록 해야 한다. 치료자―내담자의 관계에 대한 랭크의 시각은 평등주의에 입각하고 있다. 그에 의하면 "치료관계에서는 치료자와 내담자가 각각 창조주가 되기도 하고 창조물이 되기도 한다. 내담자는 단지 창조물만 되는 것이 아니고, 한 편으로는 창조주이기도 하다. 치료자도 단지 창조주의 역할만 하는 것이 아니고, 내담자의 창조적인 의지의 재료 역할을 하기도 한다."[15] 랭크에게는 심리장애를 일으킨 사람의 인격과 갈등을 모두 깊이 존중하는 면이 있다. 그에게는 내담자의 갈등이란 곧 의지의 표현인 것이다. 치료는 모든 갈등을 제거하는 것이라기보다는 사람들이 그들의 경험의 일부인 갈등을 **가지면서도** 의도적이고 창조적으로 살아가는 것을 가능하게 하는 것이다.

랭크식 사고의 중심 주제인 의지의 탁월성과 양면성은 교육과 치료상의 성장작업 양자에 모두 관련이 있고 또한 유용하다. 모든 인간에게는 잠재적으로 독특하고 확실한 자아에로 향하려는 욕구와 안전하고 편안감을 주는 소속감과 동조로 복귀하려는 충동 사이의 갈등이 있다. 또한 이탈과 자기 주장에서 비롯되는 '삶의 공포'가 있다. 의존성과 자율성간의 갈등은 보통 청소년기에 가장 강하게 나타나지만 이것은 평생없어지지 않으며, 단지 인생의 각 단계마다 다르게 표현될 뿐이다. 과거로 돌아가려는 욕구는 불안할 때 특히 심하게 나타나며, 우리의 주위에는 어머니의 '자궁' 같은 회피 장소가 널려 있다. 오늘날 부부의 결혼생활 문제에 대해서 한 편에서는 자율성과 성장의 상호 만족할 만한 조화성을 찾고, 다른 한 편에서는 관계성장과 친밀성의 균형점에 대해 탐구하지만, 이 양자는 궁극적으로 동일한 주제, 즉 부부들은 어떻게 독립심, 자율성, 개인 성장에의 욕구와 친밀성의 욕구를 조화시키면서 창조적인 관계를 유지시켜 나가는가 하는가를 다루는 것이며, 단지 연구의 변인만이 다를 뿐이다. 의존과 독립이라는 인간 의지의 양극성을 통합해 낼 수 있는 해결의 열쇠는 창조적 상호 의존에 있다.

랭크의 중심개념인 **격리 불안**은 고통에 대처하는 데에 매우 유용하다. 프랑스 속담에도 "나누어지는 것은 하나의 작은 죽음이다."라는 말이 있다. 모든 성장과정에는 고통이 수반된다. 왜냐하면 새로운 성장단계로 나아가려면, 우리는 이전의 성장단계에서 누렸던 편안함과 자신감을 떨쳐 버려야만 하는 고통을 맛보아야 하기 때문이다. 랭크는 **재탄생**이 손실경험 등에서 이루어지는 성장이라고 역설했으며, 그래서 성장은 죽음과 재탄생의 일련이 된다.

랭크는 치료 초기에 환자들에게 치료가 끝난 후의 상태를 미리 알려 주면 환자들은 치료관계에서 분리와 통합, 의존과 자율의 양극성을 보다 잘 다루게 된다는 사실을 발견함으로써 그의 불안격리 개념의 현실성을 입증했다. 나의 경험으로 미루어 보면, 상담이나 치료시에 시험적으로 상담치료 관계를 끝내는 시간을 설정하면 많은 성장촉진 효과를 가져올 수 있다. 또한 내담자에게 상담치료자가 도움을 주는 것은 단지 제한된 시간뿐이라는 사실을 상기시켜 주면 내담자가 의존성을 줄이고 자신의 역량과 의지를 발달시켜 나가는 데 도움이 된다. 내담자가 상담의 종결을 인식하는 것은, 비록 그것이 몇 주후나 몇 달 후에 있게 되더라도, 더욱 책임있게 성장과업을 하도록 동기화시키는 계기가 된다. 상호 동의한 상담의 종결이 가까워지면, 내담자가 과거의 손실과 연관된 해결 안 된 슬픔을 인식하게 되는 것은 흔한 일이다. 치료시에 안전하고 의존적인 관계를 원하는 욕구와, 좀더 자유롭고 자율적이기를 원하는 욕구의 양극성은 목적의식 있는 자율성의 형성을 위하는 쪽으로 대면되고 풀어질 때 성장지향적으로 해결된다. 물론 시험적인 종결일은, 개인의 성장을 위하여 치료가 좀더 필요하다고 판단되면 연기될 수도 있다.

랭크 사상의 강점 중의 하나는 인간을 본질적으로 사회적인 존재로 보았다는 점이다. 관계의 외부세계와 내부세계에 대해 그는 "양자의 조화로운 균형이 전제되어야만 양자가 동시에 작용할 수 있다. 그것들은 현실적이기도 하고 비현실적이기도 하지만, 분명한 것은 우리가 외부세계에서 찾고자 하는 것은 이미 내부세계에서 인식된 것이다."라고 썼다.[16]

랭크는 여성은 남성으로부터 파생된 것이기 때문에 남성보다 열등하다는 프로이트의 가설과 관점을 비판했다. 그는 또 어머니와 아동의 관계를 인간 발달과 정신적인 삶의 관건으로 봄으로써, 아버지 중심적인 프로이트의 심리학으로부터 탈피했다. 남성과 여성의 심리학적인 차이를 서술함에 있어서 그는, 남성은 남성적인 이상과 의지를 가지고 창조와 통제를 하는 데에 그들의 힘을 추구하지만, 이에 반해 여성은 어머니 역할을 하는 동안에 힘과 일종의 불멸성을 발견한다고 믿었다. 또한 많은 남성들은 그들의 생명의 유한성을 수용하지 않기에 진정으로 자신을 수용하지 못했다고 보았으며, 여성들은 가부장적인 이념을 수용했기 때문에, 그들은 늘 자신들이 남성들에게 만족스러운 존재인가, 그리고 남성들의 이상에 맞추어 살고 있는가에 대한 재확신을 필요로 한다고 보았다. 여성들은 대개 그들의 심리를 숨기는데, 그 이유는 그들을 지배하는 남성 중심의 세계에 반항하는 무기로서, 그리고 손상된 자아에 대한 은신처로서 그것을 필요로 하기 때문이다.[17] 남성과 여성간의 평등의 의미를 토의함에 있어 랭크는, 유일한 평등이란 "각 개인마다의 평등한 권리는 자신이 되어 가고 자신이기 위한 것으로, 이것은 실제로 스스로의 차이를 수용하고 그것이 타인에 의해 수용되어지는 것을 의미하는 것이다."라고 표현했다.[18]

    랭크 이론의 주된 신념들은 일부 청소년처럼 심각한 독립-동조갈등에 사로잡혀 있는 사람들이나, 졸업을 앞두고 강박관념을 가지는 것처럼 삶의 한 장이나 계획을 마무리짓는 데 대해 불안해 하는 사람들, 또는 자신들이 진정으로 가치 있다고 느끼는 어떤 일의 성공적인 완성을 앞두고 혹시 방해받지 않을까 두려워하는 사람들, 하고는 싶지만 그렇게 하려면 지금까지의 안정성을 포기해야 하기 때문에 쉽사리 결정이나 새로운 시도를 하지 못하고 있는 사람들, 자신들 각자의 정체감과 자율성을 잃지 않으면서도 만족스러운 부부관계를 유지해 나가고자 하는 사람들 등과 상담할 때 특히 유용하다.

    영성의 성장을 촉진시키는 데 관심을 두는 상담자와 치료자들에게 랭크는 다양한 자원들을 제공한다. 그는 저서들에서 종교심리학을 상당히 광범위하게 취급하고 있다. 종교가 동조를 조장하고 책임을 회피하게 하는 데 어떻게 이용되는가에 대한 그의 통찰은, 정신병리적이고 성장을 방해하는 종교의 신념과 체계를 확인하는 데 도움을 준다. 종교는 보통 재탄생에 대한 자극으로보다는 안락한 '자궁'의 역할을 하기가 쉽다. 의존성만 키워 주는 성직자나 유치한 믿음체계, "내가 곧 진리다."는 식의 배타적인 종교 신념은 성장을 저해하는 '자궁'과 같은 것이다.

랭크의 '죽음-재탄생'이라는 논제는 신약성경의 '사망-부활'이라는 주제와 매우 밀접한 유사성을 보인다. 고통스런 중년의 위기를 겪고 있는 사람들을 치료할 때에는, 그들이 이제까지 가치 있고 우월하다고 느껴 왔던 것들이 더이상 생명력이 없음을 인식하게 해주는 것이 성장에 커다란 도움을 준다. 즉 그들의 낡은 인생철학이 남은 여생에서는 별로 쓸모 있는 지표를 제시해 주지 못한다는 사실을 인식시켜야 하는 것이다. 또한 재탄생에의 필요가 긴박하다는 사실을 깨닫게 해주어야 한다. 그래야만 개인이 비록 고통스럽지만 자유롭게 이제까지 자신의 삶을 이끌어 왔던 가치체계를 바꿔 나갈 수 있는 것이다. 종교는 그것이 개인 자신과 개인과 타인과의 관계, 개인의 자연이나 영성적 현실에 대한 경험 등에 지속적으로 새로운 차원의 재탄생을 고무할 때에만 성장촉진적인 기능을 할 수 있는 것이다.

비록 나는 인간의 잠재력에 대한 랭크의 적극적인 강조에는 동조하지만, 그의 사상에는 프로이트나 융이 발견한 심층적인 차원이 지나치게 무시되고 있다. 랭크는 신화와 예술에도 관심을 가졌고, 심리 내부의 삶을 어느 정도 심층적으로 연구하기도 했지만, 인성의 '포악한' 측면이나 '그늘진' 측면에 대한 자각은 부족했다. 그렇기 때문에 랭크의 이론이 보다 성장지향적으로 작용하기 위해서는 심층 치료법의 자원들에 의해 보완되어져야 하는 것이다.

아들러 이론의 성장자원에 관한 참고문헌

Adler, Alfred. 「아들러의 개인 심리학」(*The Individual Psychology of Alfred Adler*). 이 책은 아들러를 연구한 2인의 학자가 그의 사상과 비평들을 체계적으로 정리한 것이다. 이 책은 아들러의 표현을 직접 인용하면서 간간이 안스바커(*R. R. Ansbacher*)의 말도 인용하고 있다.

Dreikurs, Rudolf. 「아동 : 그 도전」(*Children : The Challenge*). New York : Hawthorn Books, 1964. 이 책에서는 부모가 아이들을 보다 효과적으로 기르게 하기 위해 아들러의 통찰들과 접근법들이 실제로 적용되는 예들을 제시하고 있다.

Fadiman, James, and Frager, Robert. 「아들러와 그의 개인 심리학」(*Alfred Adler and Individual Psychology*). New York : Harper, 1976. 이 책 중의 '성격과 개인성장' (pp. 92-110) 편에서는 아들러의 주요 개념과 인간 성장에 대한 그의 이해를 개관하고 있다.

랭크 이론의 성장자원에 관한 참고문헌

Rank, Otto. 「출생외상」(*The Trauma of Birth*). New York : Harcourt, Brace, 1929. 랭크는 이 책에서 근본적인 의존-자율 갈등의 원형이자 기원인 출생에 관하여 논하고 있다.

─────. 「의지치료법, 진실과 현실」(*Will Therapy, and Truth and Reality*). New York : Alfred A. Knopf, 1945. 이 책은 랭크의 이론을 서술한 책이다.

3
전통적인 심리치료법에서의 성장자원들
에릭 프롬, 카렌 호니, 해리 스톡 설리반

에릭 프롬의 성장자원들

프롬(Erich Fromm)은 1900년 독일의 프랑크푸르트에서 태어났다. 그는 프랑크푸르트, 뮌헨, 하이델베르크대학에서 사회학과 심리학을 공부하였고, 베를린의 정신분석연구소에서 정신분석에 대한 훈련을 쌓았다. 그는 1934년에 미국으로 가서 뉴욕의 국제사회연구소(International Institute for Social Research)에 들어가 1939년에는 멕시코 국립대학의 교수가 되었다. 프롬은 여러 해 동안 멕시코의 케르나바카에서 지내며 글을 썼다. 우리 시대의 가장 창조적 사고가이자 정신분석에 관한 수많은 저서를 썼던 프롬은 1980년 스위스 무랄토의 자택에서 타계했다.

1940년대 후반 내가 콜롬비아대학 학생이었을 때 우리는 교수와 학생으로 상호 훈련 소모임을 만들어 정규적으로 종교와 건강의 관계에 관한 논문들을 토론해 나갔는데, 이때 프롬은 주제 발표자 중의 한 사람이었다. 나는 그가 자기의 생각을 이야기하고, 두 차례나 우리 그룹의 회원들과 서로 열띤 논쟁을 벌이는 것을 보았을 때의 흥분을 아직도 잊지 못하고 있다. 그 수년 동안 나의 생각과 행동은 이 심리치료 이론가의 통찰력에 거듭하여 영향을 받았다.

프롬이 성장지도교사, 상담자, 치료자들에게 끼친 주된 공헌은, 문화가 어떻게 인간 개성화(프롬은 잠재력 개발을 이 용어로 표현했다.)를 좌우해 나가는가를 밝혀냈다는 점과, 모든 인간의 성장에 실존적-철학적-종교적 요소들이 미치는 영향의 중요성을 간파했다는 점이다. 프롬은 정신분석에 철학적, 횡단문화적 영향을 광범위하게 도입하여 새로운 신선감을 불어 넣었다.

그의 이론은 우리 인간들이 직면하는 실존적인 딜레마에 대한 설명으로부터 시작한다. 인간은 일찍이 고착적이고 생래적인 반응 유형인 본능을 잃어버리고, 대신에 이성, 자각, 자율성 등을 키워온 동물이다. 그러나 인간은 자연의 변증이기 때문에 늘 우리 마음 속 깊은 곳에는 우리의 잃어버린 에덴 동산—자연과 원시적 조화를 이루었던—과 진화적 발달 속에서 잃어버린 목자에 대한 향수가 있다. 이와 같이 우리 마음 속에는 두 갈래의 욕구, 곧 한 편으로는 자율성과 개성화를 향하려는 욕구와 다른 한 편으로는 (과거에로) 동조하고 집단과 일체감을 느끼고 싶은 욕구가 있었다. 이러한 상반된 욕구는 우리가 자율적 자아가 되려는 필요와 더 큰 전체의 일부로 느끼려는 필요 사이에 지속적인 갈등을 만든다.

인간은 본질적으로 사회적 존재라는 점에서 프롬은 아들러나 호니, 설리반과 견해를 같이한다. 문화는 개인의 인성 유형의 기초를 형성하고 온전성 정도를 결정한다. 각 사회는 프롬이 소위 '사회적 성격'이라 부른, 그 사회 현실에 대처하기 위하여 필요되어지는 공통적인 성격의 핵심을 만들어 낸다. 이 성격의 유형은 개별 아동이 양육되는 방식에 따라서 각각 다르게 나타난다.

우리의 자기 인식은 그것이 개인의 개성과 가치를 규정짓는 데 도움을 주기도 하지만, 한 편으로는 실존적인 고독감, 생명의 유한성에서 유래하는 불안과 죄의식을 야기시키기도 한다. 인간적 상황에 있어서의 양면성—예를 들면, 자율 대 소속, 삶 대 죽음—은 실존적인 운명을 타인과 같이한다는 연대감과 의미감이 있을 때에만 견디어 낼 수 있다. 현재 셀 수도 없는 수백만의 사람들이 그렇듯이, 인간이 서로 의미를 같이하는 공동체로부터 소외될 때 피할 수 없는 인간의 양면성을 견딜 수가 없게 된다. 그렇게 되면 그들은 다양한 파괴적인 문제들을 야기시키고 비생산적인 생활경향을 보이게 된다. 많은 사람들이 한 쪽은 포용하고 다른 쪽은 배척하는 실존적인 양면성으로부터 도피하려 하고 있다. 사회의 급속한 변화에 의해 조장된 대중 불안이 개인의 자율성에서 도출된 상처받기 쉽다는 감정을 강화하게 될 때에는 사람들은 '자유로부터 도피'하려는 경향이 있다. 그렇게 하면 불안은 제거되지만 아울러 정치적이든 종교적이든, 어떤 권위적인 이데올로기나 지도자, 혹은 제도와 과도하게 동일시함으로써 자유 또한 상실하게 된다. 프롬은 자유가 너무나도 위협받게 될 때에 인간이 어떻게 그것으로부터 도피하게 되는가를 설명하기 위하여 (그가 도피한) 나찌 독일과 종교개혁 당시의 칼비니즘의 사회심리를 분석한다.[1]

성장과 치료의 목적은 프롬의 소위 **생산형 인간**이라 부른 그런 유형의 인간을 만드는 것이다. 생산형 인간은 그들의 독특한 잠재력을 개발하며 그럼으로써 진실한 사랑, 창조, 생산적 작업을 할 수 있게 되며, 의미를 같이하는 공동체에 참여할 수 있게 된다. 이런 식으로 생산형 인간은 피할 수 없는 실존적 딜레마에 적극적으로 대처하게 된다. 만약 이런 성숙이 일어나지 않는다면, 인간은 실존적인 무의미감과 고독감으로부터 자신을 지키려는 시도를 하게 되고, 그 결과 4가지 유형의 비생산적인 생활철학(혹은 성격구조)이 나타나게 된다. 그 하나인 **수용형 인간**은 타인들로부터 끊임없는 승인과 재확인을 받기를 원한다. **착취형 인간**은 그들이 원하거나 필요로 하는 것을 강제로 다른 사람들로부터 취한다. **축재형 인간**은 방비용으로 저축하고 소유하는 것을 그들 생활의 중심으로 삼는다. 그들은 종종 사랑을 가장해서 다른 사람을 소유하려고 한다. **시장형 인간**은 자신을 타인에 의해 그 가치가 판단되는 상품으로 인식한다. 그들은 "나는 전망 있는 우리 사회와 같은 자본주의 사회에서 생성되어 널리 퍼지고 있는 사회적 성격이다."라고 말한다. 이들 비생산적인 4가지 성격 유형은 진실한 사랑, 자부심, 그리고 창조적 삶에 대한 우리의 잠재력으로부터의 소외를 보여 준다.

프롬은 영성적 성장의 촉진에 중요한 자원들을 제공한다. 융과 아사지올리와 함께 그는, 광의의 종교를 모든 인간들의 기본적인 욕구로 본다. 그는 성장을 억제하는 종교와 성장을 가능케 하는 종교 사이의 결정적인 차이점을 지적한다. "종교에 대한 욕구, 경향의 틀을 가지려는 욕구, 헌신의 대상을 가지려는 욕구가 없는 사람은 아무도 없다.…… 문제는 어떤 것이 **종교냐 아니냐**가 아니라, **어떤 종류의 종교인가** 하는 것이다. 즉 그것이 인간의 발달을 촉진시키고 잠재된 힘을 발현시키는 것이냐, 아니면 그 능력을 마비시키는 것이냐가 문제의 핵심이다."[2] 그는 신경증을 **사적인** 종교로 보며(이 점에서 그는 종교를 인류의 유치한 **집단적** 신경증으로 보는 프로이트의 견해와 정반대의 견해를 취한다.), 또한 원시적 형태의 종교로의 복귀라고 본다.

프롬은 권위 중심적인 종교를 본질적으로 성장을 저해하는 것이라고 비판했는데, 이러한 비판은 개인의 영성성장 작업과 성장을 가능케 하는 종교적 믿음의 발달에 커다란 기여를 한다.

이와 같이 인간이 자기 자신의 가장 귀중한 능력들을 신에게 투사하면서부터 …… 그 능력들은 자신으로부터 떨어져 나가게 되었고, 그 과정 속에서 결국은 자기 자신으로부터도 소외되었다. …… 인간이 자기 자신에게 접근할 수 있는 유일한 길은 신을 통하는 것이다. 신을 숭배함에 있어서, 인간은 그가 투사로 인해서 상실했던 자신과의 접촉을 시도한다. …… 그러나 자기 자신의 능력으로부터의 소외는 인간으로 하여금 신에게 노예처럼 종속된 느낌을 갖도록 만들 뿐만 아니라 인간을 나쁘게도 만든다. 인간은 동료 혹은 자신에 대한 신뢰나 그 자신의 사랑, 이성적 능력에 대한 경험이 없어도 한 인간이 될 수 있다. 그런 결과로 신성한 것과 세속적인 것 사이에 분리가 일어난다. 자신의 세속적인 활동 속에서는 사랑 없이 살아간다. 그러나 이 때문에 종교생활에서는 죄의식을 느끼게 된다(사랑 없이 살아가는 것은 실제로 그는 죄인이다). …… 동시에 인간은 자기 자신의 무력함과 가치 없음을 강조함으로써 용서를 얻으려고 한다. 그리고 이와 같이 용서를 얻으려는 시도는 그의 죄가 유래하는 바로 그 태도를 오히려 활성화시키는 결과를 낳는다.……인간이 신을 찬미하면 할수록 그는 더욱 공허하게 되고 더욱 죄의식을 느끼게 된다. 그가 죄의식을 느낄수록… 점점 더 자신을 회복할 수 없게 된다.[3]

프롬은 많은 인간들에게서 기독교는 단지 권력이나 성공, 시장권위에 대한 우상숭배를 은폐하는 보호막이거나, 아니면 당파나 종교 내지 종속집단 혹은 민족국가에 대한 집착을 숨기는 가리개 역할을 한다는 사실을 분명하게 한다. 현대 우상숭배의 역동성에 관한 프롬의 통찰들은 심리치료시나 사회 속에서 접하게 되는 성장을 방해하는 많은 종교적 믿음과 종교행위, 종교제도 등을 설명해 준다.
   그의 저서「정신분석과 종교, 그리고 정신분석과 선불교」[4] (*Psychoanalysis and Religion and Psychoanalysis and Zen Buddhism*)에서 그는 성장을 가능케 하는 종교에 대한 그의 이해를 분명히 설명한다. 그것은 본질적으로 인간이 자신의 힘과 자유를, 위에서 언급한 사람들처럼 외부의 신이나 우상숭배에게 넘겨 주지 않는 그런 종교이다. 그것은 이성적이며 권위적이지 않은 종교이다. 권위 중심의 종교와 그 종교의 윤리체계에 대한 프롬의 분석을 모든 종교지도자와 목회상담자들은 진지하게 받아들여 이를 자신들이 관계하는 종교의 성장 방해적인 믿음이나 행위를 일소하는 데 활용해야 한다. 누구나 그의 기초가 되는 무신론적 형이상학적 가정에 반드시 동의하지 않더라도 그의 비판으로부터 배우는 바가 있을 것이다.
   점점 더 많은 사람들이 옳고 그름, 진실과 거짓에 대한 낡은 권위중심적 규범들을 배척하고 있는 때에, 인본적이며 심리학적인 바탕이 깔려 있는 윤리(이는 그의 저서「그 자신을 위한 인간」〈*Man for Himself*〉에 상술되어 있다.)에 대한 프롬의 기여는 성장작업을 위한 가치 있는 자원을 제공한다. 권위의 외적 원천으로부터 훌륭한 삶의 기준을 구하는 접근방법과는 다르게 프롬은 인간과 사회의 심층에서 그 기준을 찾는다. 그는 성장 중심의 윤리에 대한 중요한 질문을 한다—어떤 윤리적 지침이 창조적인, 애정적인, 생산적인 사람들의 성장에 기여하는가? 선은 인간의 완전한 가능성을 전개하는 데 기여하는 개인들과 사회제도 속에 있는 선으로 규정된다. 악은 완전한 인간으로 향하는 성장을 저해하는 모든 것이다. 낡은 권위 중심적 가치제도들의 대량 붕괴는 오늘날 인류에게 도덕적으로 성숙한 전례 없는 기회와 필요성을 제공한다. 이것은 우리가 개인들의 완전한 잠재력을 극대화시키는 데에 도움을 주는 자아를 정당화하는 윤리적 지침을 개발할 때에만 일어날 수 있다. 윤리에 대한 프롬의 이해는 보편성을 지니는 성장윤리가 어떻게 개발될 수 있는가에 관한 가치 있는 통찰들을 제공해 준다. 그는 오늘날 우리의 도덕적 문제는 우리가 진실한 자아로부터 소외되어 왔다는 것, 우리가 우리 자신을 사물로서 취급하고 그럼으로써 다른 사람들마저도 사물처럼 취급한다는 점을 분명히 밝힌다. 윤리적으로 말해서, 우리 시대는 '끝이면서 또한 새로운 가능성을 잉태한 시작'[5]이기도 하다. 이 변화의 시대가 어떤 유산을 남길 것이냐는 인간들이 잠재적인 자아—애정적, 창조적, 생산적인—로 되려는 용기를 가지느냐에 달려 있을 것이다.

　인간의 악에 대한 프롬의 이해는 교육과 심리치료에 대한 잠재력 접근법들이 피상적인 낙관주의를 피하는 데 도움을 준다. 자신의 저서 「인간의 마음」(*The Heart of Man*)과 뒤이은 「인간 파괴성의 해부」(*The Anatomy of Human Destructiveness*)에서 그는 감상적 낙관주의와 인간이 본래부터 악하다는 견해 모두를 거부한다. 그는 우리 시대 최대의 난제는 인간의 개인적, 집단적 파괴성이며, 따라서 그 해결방법을 찾아내는 것이 매우 중요함을 지적한다. 그는 개인 속에 있는 다양한 유형의 파괴성과 사회 속에 있는 그것을 동일시한다. 본질적으로 파괴적인 것에 의한 것이 아닌, 교묘한 표현에 의하여 유발된 **놀이 같은 공격성**이 있다. 개인적 혹은 집단적 생활, 자유, 재산 또는 존엄이 위협받을 때, 두려움에 의해 유발된 **반동적인** 또는 **방어적인 폭력**이 있다. 대부분의 이러한 유형의 파괴성은 가족, 씨족, 문화, 민족에 대한 종족 유대로부터 유래한다. 만약 그러한 제한된 집단의 관심사에 대한 자기 도취가 위협받고 상처입는다면 방어적

폭력이 발생한다.

 현대 사회에 만연되어 있는 또 다른 폭력 형태는 '낡은 신념' 체계의 파괴로부터 유발된다. 그리고 '보상적'인 폭력 형태도 있다. "창조할 수 없는 인간은 파괴를 원한다. 그는 자기를 부정하는 생활에게 복수를 한다."[6] 보상적 파괴는 세상에 창조적인 영향을 끼치는 것에 대한 부정적 대체이다. 이런 형태의 악을 치료하는 유일한 방법은 사랑과 이성, 자율성과 창조성을 보다 충분히 계발시키는 것이다.

 파괴와 폭력에는 새디즘에서처럼 **적의성**이 있다. 우리 인간은 분명 자기 종족을 해치고 괴롭히고 죽이고 싶은 **욕망**에 충동받는 유일한 동물이다. 오늘날 이러한 형태의 폭력은 바로 그 인류의 생존을 위협하고 있다. 그것은 프롬에 의하면, 실존적인 불안을 극복하려는 하나의 방법으로서 빗나간 종교적 욕구나 다른 존재에 대한 절대적인 지배욕구에서 비롯된다. "다른 존재에 대한 절대적 지배나 전능을 경험하게 되면, 인간 존재의 한계성을 초월할 수 있으리라는 환상을 가지게 되며, 특히 생활에서 생산성과 기쁨을 상실한 사람은 더욱 그러하게 된다. 새디즘은…… 무기력을 전능의 경험으로 바꾸려는 변태이다. 그것은 육체적 불구자의 종교이다."[7] 악의 있는 파괴성의 극단적 형태를 프롬은 '시간증'(necrophilous)이라 불렀다. 시간증 환자는 죽음과 파괴의 애호가이다. 히틀러는 군대, 기계, 살인, 그리고 죽음에 열정적으로 매료된 완전한 시간증 환자였다.

 다른 어느 심리치료자들 이상으로 프롬은 인간 문제의 역사적, 사회적 근원을 낳는 심층심리학의 핵심을 잘 간파했다. 「건전한 사회」(*The Sane Society*)와 그 밖의 다른 저서에서, 그는 인간을 자신의 힘과 잠재력으로부터 광범위하게 소외시키는 사회적 요소들에 관해 서술한다. 그는 인간 가능성이 극대화될 건전한 사회에 대한 자기의 비전을 제시한다. 그러한 사회에 이르는 길은 "모든 노동자가 적극적이고 책임 있는 참가자가 되는 경제제도를 창조하는 것이며, 그 곳에서의 노동은 매혹적이고 의미 있을 것이며," 그 곳에서는 모든 노동자가 경영과 의사결정에 참여할 것이다.[8] 그 건전한 사회는 모든 인간의 기본적인 욕구―상관성과 사랑, 동질적인 소속감, 창조성, 의미 있는 틀, 헌신할 만한 만족스런 대상―에 부합하는 사회이다.

성장 관점에서 볼 때, 프롬의 접근방법에는 몇 가지 결점이 있다. 무신론적 신념체계로 인해 그의 종교적 정향은 2차원적으로 표현된다. 그는 인간 내부에 있기도 하고 인간을 **초월한** 곳에 있기도 한 영감과 창조성의 원천에 대한 의식이 부족하다. 오직 그러한 의식이 있을 때만이 프롬이 말한 소위 인간의 '정향의 틀, 그리고 헌신의 대상'에 보다 높은 차원의 의미를 부여할 수 있다. 비록 나는 우리가 인간 경험 속에서 자기를 정당화하는 도덕적 표준을 발견해야만 한다는 의미에서 설득력이 있는 권위 중심적 윤리에 대한 그의 비판에 동조하지만, 여기에서의 그의 정향은 역시 2차원적인 것 같다. 인간의 잠재력 계발을 극대화시키는 요소가 궁극적인 영성적 실체에 의해 지탱되고 있다는 사실은 간과되고 있는 것이다.

프롬은 대체로 권위를 악으로 취급하는 경향이 있다. 이러한 경향은 부분적으로는 '합리적 권위', 즉 보다 인간화된 사회에서, 기존의 지위나 신분 등의 귀속권위를 대체할 수 있는 능력 등의 비귀속권위에 대한 필요성을 그가 인식하고 있다는 것에 의해 상쇄된다. 나는 권력과 의사결정 분배의 극대화가 바람직하고 또한 성장촉진적이라는 점에는 동의하지만, 일부 구조화된 권위 또한 모든 사회제도에 필수적인 요소라고 생각한다. 그러나 만일 그 권위의 행사에 강력한 견제책을 마련하고 그것을 제도한다면, 그러한 권위는 그다지 강압성을 띠지 않을 것이다.

여권주의 치료법의 관점에서 볼 때, 프롬도 대부분의 심리치료자들과 마찬가지로 인간 억압의 기본 형태인 성차별주의의 구심성에 대한 충분한 인식이 부족하다. 또한 급진치료법의 관점에서 볼 때에는, 그는 변화하는 제도에 수동적으로 얽매이는 것이 억압받는 사람들을 위하여 어떤 식으로 개선되고 성장지향적으로 바뀔 수 있는가에 대한 방법을 제시해 주지 못한다. 병리현상의 사회적 근원에 대한 탁월한 통찰에도 불구하고 그의 치료이론은 근본적으로 개인주의

3. 에릭 프롬, 카렌 호니, 해리 스톡 설리반   83

의 틀을 벗어나지 못했다.

호니 치료법의 자원들

호니(Karen Horney)는 1885년 독일 함부르크에서 태어났다. 그녀의 아버지는 엄격한 노르웨이인 선장이었고, 그녀의 어머니는 아버지에 비해 사고와 태도에 있어 훨씬 더 개방적인 네덜란드인이었다. 그녀는 베를린대학에서 의학교육을 받았고, 베를린정신분석연구소에서 심리치료 훈련을 받았다. 훈련 후에는 그 곳에서 강사가 되었다. 또한 그녀는 유럽에서 매우 유명한 훈련분석가인 칼 아브라함(Karl Abraham)과 한스 삭스(Hans Sachs)의 지도를 받았다. 1932년에는 알렉산더(Franz Alexander)의 초청으로 미국에 가서 시카고정신분석연구소의 부소장이 되었다. 그러다가 1934년 뉴욕으로 이사하여 뉴욕정신분석연구소에서 강의하였다. 정통 정신분석에 대한 불만이 늘어나면서, 그녀는 비슷한 견해를 가진 사람들과 함께 미국정신분석연구소를 창립하였다. 그녀는 1952년 죽을 때까지 이 연구소의 소장으로 있었다.

정통 프로이트 학설을 교육받았음에도 불구하고 호니(Karen Horney)는 인간과 심리치료를 매우 성장지향적으로 이해하게 되었다. 호니의 저서들은 내가 상담자-치료자 훈련을 받은 수년 동안 나의 사고에 중대한 영향을 주었다. 나는 그녀가 현대의 치료법에 끼친 영향에 관한 아래의 평가에 동의한다. "인간에 대한 그녀의 생각과 이해는 오늘날에도 그녀가 처음 저서를 통해 제시했던 때 만큼이나 생생하게 살아 있다."[9] 폴 틸리히(Paul Tillich, 호니는 한 때 그를 치료한 적이 있다.)는 그녀의 장례식 때 그녀 인간성의 동적인 자질을 다음과 같은 감동적인 말로 묘사했다. "한 인간이 우연히 만난 사람들 중에서 그녀만큼이나 자기 존재에 대해 그렇게 확신을 가지고, 그래서 충만한 기쁨을 가지고 삶을 살아가고, 자신을 믿고, 자신을 초월해서 쉼없이 창조해 나갈 수 있는 사람은 거의 없을 것이다."[10]

인간 성격의 왜곡과 가능성을 보다 깊이 이해하려는 호니의 탐구는 프로이트 사상의 많은 부분에 대한 의혹에서 시작된다. 1941년 4월, 그녀는 '가라, 모세'라는 노래를 부르면서 뉴욕정신분석협회를 탈퇴했는데, 당시에 그녀는 자신의 견해가 심리치료 이론과는 동떨어진 것이라는 비판을 받고 있었다. 바로 이런 점에서 당시의 획일적인 심리치료 이론에 도전하는 용기를 지닌 그녀의 매력이 돋보이는 것이다.

호니의 저서들은 성장지향적 상담자, 치료자, 그리고 교사들에게 가치 있는 통찰들을 풍부하게 제공한다. 프롬(그와는 베를린과 뉴욕정신분석연구소에서 동료간이었다.), 아들러, 랭크, 그리고 설리반 등과 같이 그녀는 인간의 성격을 구분된 갈등 중심적이고, 생물학적으로 환원된 모델로 보는 프로이트의 견해를 거부하고 관계적 맥락에서 전체로서 기능하는 자아를 강조했다. 그녀는 통합적이고 능동적인 중심 성격의 개념이, 인간이 그들의 상황에 의도적으로 반응하는 어떤 자유를 갖고 있다는 견해에 필수적이라고 보았다. 호니와 프롬은 개인의 성장을 특별한 가족적, 문화적 배경을 가진 인간들의 상호 영향 속에서 집중되는 것으로 보았다. 두 심리치료자는 사회학적 요소들이 성장을 방해하는 또는 가능케 하는 환경을 어떻게 창출하는가에 대한 이해에 관심을 같이했다. 둘 다 그들의 체계가 정신분석학적 사고의 일반적인 구조틀 속에 해당한다고 보았지만 "둘 다 인간 발달의 본질이 생물학적 충동과 욕구에서 생기는 작용이다."라는 프로이트의 기본적인 가정은 거부했다.

호니는 인간이 온전성을 위한 필수적인 자원들을 가졌다고 보았다.

당신들은 도토리가 자라서 떡갈나무가 된다고 가르칠 필요도 없고, 사실 가르칠 수도 없다. 그것은 기회가 주어진다면 내재적 잠재력이 발달되어 당연히 그렇게 될 것이기 때문이다. 마찬가지로 인간에게도 기회가 주어진다면 자신의 독특한 잠재력을 계발하려는 경향이 있다. 그때 그는 자신의 진정한 자아의 독특한 활동력—감정이나 사상, 소망, 관심 ; 명료성과 심층성, 자신의 자원을 계발하는 능력과 강한 의지력;그가 가지고 있는 특별한 능력이나 재능; 자신을 표현하거나 자발적으로 타인과 교류하는 것—을 발달시킬 것이다. 이 모든 것은 인생에 있어서 그로 하여금 일련의 가치와 목표를 적시에 찾을 수 있게 해줄 것이다. 간략히 말해서, 그는 실제로 일관성 있게, 자아실현을 향해서 성장할 것이다.[11]

호니에 의하면, 치료는 자기 인식과 자각을 향상시키는 것을 목표로 한다. 따라서 통찰은 본질적으로 그 자체가 하나의 목적이 아니라 단지 '잠재력을 충분히 계발하도록 성장력을 발현시키는 수단'[12]이다. 건강한 인간은 느낌이 자발적이고 자기 자신의 삶을 적극적으로 책임지고 상호 의존관계 속에 있는 서로간의 의무를 인정하고, 감정적인 허식이 없으며, 그들에게 중요한 노동, 신념, 관계 등에 성의껏 열중할 수 있다. 그녀는 완전성을 향하는 성장은 사랑과 존경의 관계 속에서 일어나고 어린이들이 그들의 관계 속에 이러한 필수적 자질을 결여했을 때 신경증적 성격 유형을 갖는다고 보았다.

호니는 잠재적 자아—이는 인간이 발현시킬 수 있는 모든 내부적 능력을 말한다—를 의미하는 **진정한 자아**라는 말을 사용한다. 이에 비해서 **실제적 자아**는 인간이 현재 가지고 있는 모습의 자아이다. 한층 예리한 비교로서, **이상화된 자아**는 인간이 자신에 대한 가치감을 유지하기 위해 가지게 되는 과장된 자아이다. 이러한 완전론적 자아상을 유지하는 것은 막대한 정력을 낭비한다. 그런데 그 정력은 진정한 자아를 실현하는 방향으로 성장에 이용될 수 있다. 이런 이상화된 이미지는 진정한 자아존중의 대용으로 기능하고, 자아 우상숭배(자아도취)를 만들어 내고, 엄격한 관계유형을 요구하며, 끊임없이 자신을 타인과 비교할 것을 요구한다.

인간 성장에 관한 그녀의 이해에서 호니는 다른 분석가들처럼 생의 초기 6년간의 관계가 이후의 성장에 미치는 지속적인 영향을 강조하였다. 그러나 그녀는 형성기의 경험들은 단지 심한 정서적 박탈감을 경험한 인간들에게만 결정적 원인으로 작용한다고 보았다. 정서적으로 심하게 손상을 입어 심리장애를 일으킨 아동은, 그 후의 관계뿐만 아니라 학교 경험도 그들의 병리를 조장하는 가족관계의 재정립으로 변화시킬 것이다. 이에 비하여 비교적 건강한 어린이는 학교관계와 그 후의 경험에 적절하게 반응하는 경향이 있다. 아들러와 같이 호니는 6살 이전뿐만 아니라 **그 후의** 성장 경험의 중요성을 강조한다. 합리적인 성장 속에 유년 시절을 보낸 사람은 이후의 삶의 압박과 가능성에 직접적이고 적절하게, 그리고 자유롭게 대응한다. 호니치료법의 1차적 초점은 문제의 싹을 발견하는 데 있다기보다는 인간이 현재 직면하고 있는 상황과 현재 행동의 기능에 맞추어져 있다. 우리들 중 성장집단을 지도하고, 교육과 주로 성인의 치료를 행하고 있는 사람들에게 이것은 가치 있고도 유용한 강조이다.

과로한 불안과 낮은 자아존중이 어떻게 성장을 억누르는가에 대한 호니의 통찰들은 고통스럽게 방해받는 성장을 연구의 대상으로 할 때에 유용하다. 그녀는 그 싹이 심하게 잘린 성장(신경증)의 중심부에 있는 깊은 감정을 의미하는 '**근본적 불안**'이라는 말을 사용한다. 근본적 불안은 '어린이가 잠재적으로 적대적인 세계 속에서 가지는 고립되고 무력한 느낌'이다.[13] 관계에 대한 신경증 유형은 자신을 이런 매우 고통스러운 느낌에 압도당하지 않게 하려는 필사적인 시도이다.

호니는 세 가지 주된 신경증 성격유형을 확인하였는데, 그 중 둘은 점감(漸減)하는 성장에서 유래하는 것이며, 또한 성장을 더욱 점감시키는 유형이다. 이들 각각은 위협, 고립, 무력감의 느낌에 대한 방어이다. 나는 이 간단한 도식은 우리 인간들이 관계 속에서 우리의 성장을 방해하는 주된 방법을 확인하는 데에 유용하다는 것을 안다. 방어의 첫째 유형은 **순응형** 인간(이는 프롬의 수용형 인간에 해당된다.)에게서 나타나는 유형이다.[14] 순응형 인간들은 남의 말을 잘 듣고, 의존적이고, 복종적이다. 이들은 다른 사람들로부터 끊임없는 승인을 추구함으로써 근본적 불안에 대항해 스스로를 지키려고 한다. 그들은 공격에 대한 두려움 때문에 자율과 자기 주장의 욕구를 충족시키지 못한다. 그들은 수용과 사랑에 대한 그들의 과장된 욕구가 충족되는 한, 쾌활하고, 마음에 들고, 함께 지내기에 편하다. 그러나 이들 욕구가 충족되지 못할 때 그들은 매우 불안해진다. 이러한 사람들은 그들의 '허약한' 복종심을 이용하여 다른 사람들을 교묘하게 조종하려는 경향이 있다. 우리의 남성우월 사회에서는 사회적 조건이 많은 여성들로 하여금 순응형 방어를 사용하게 한다.

대항형 인간들(이는 프롬의 착취형에 해당된다.)은 극도의 자립성, 경쟁심, 공격성으로, 그리고 권력과 위신을 추구함으로써 불안에 대항하여 방어하고자 한다. 그들은 배우자와 자식들을 포함한 다른 사람들을 지위 추구와 권력 획득경쟁에 이용하며, 자기들의 기초가 되는 의존의 요구를 부정하려 한다. 우리의 경쟁사회는 많은 사람들로 하여금 이와 같은 성장 방해적인 방어를 택하도록 한다.

도피형 인간들은 멀리 떨어져 분리되어 있다. 그들은 친밀함에 대한 커다란 두려움을 갖고 있고, 그러므로 인간 접촉의 따뜻함에 대한 그들의 필요를 부정해야만 한다. 그러한 사람들은 본질적으로 혼자 있고 싶어하며, 멀리 떨어져 있음으로써 불안에 대항해 방어를 한다. 종종 그들은 그들의 노동에 매우 성실하다. 지적 능력이 뛰어난 사람들 중 많은 수는 만성적으로 신경을 다른 데 집중함으로써 자신과 타인의 감정으로부터 멀리 떨어져 있으려고 한다.

호니에 의하면 서로가 관계 있는 이 세 가지 경향들은 모든 사람에게 있다. 그러나 비교적 건강한 사람은 각각 다른 상황 속에서 이 세 가지를 적절히 배합하여 융통성 있게 대응하게 된다. 이에 비해서 심하게 성장이 감소된 사람은 모든 상황 속에서 단지 한 가지 유형의 반응만 고집하게 된다. 대부분의 사람들은 이 셋 중에서 어느 한 가지에 보다 강한 경향이 있다. 예를 들면, 나는 위협을 느낄 때, 대부분의 백인 남자나 상승욕구가 강한 남자들이 그렇듯이 대항방어를 흔히 사용한다. 그러나 나는 또한 다른 경우에도 비생산적인 도피방어나 순응방어를 사용하기도 한다.

호니는 많은 사람들이 치료나 성장집단에서 해야 하는 성장작업의 속성을 조명해 보는 방식으로 내부 갈등의 역학관계를 기술한다. 그녀는 우리의 갈등적인 사회에서는 내부 갈등이 불가피하다고 믿는다. 심하게 성장이 위축된 사람들에게 있어서는 이러한 갈등들이 창조적 삶을 마비시킨다. 그러한 사람들은 참호 속에서 포탄의 공격을 당하고 있는 병사들과 마찬가지이다. 방어막 내에 있는 한 그들은 안전하고 편안하게 살 수 있다. 그러나 이러한 상태는 그들의 가능성과 자유를 심각하게 제한한다. 이른바 신경증이 있는 사람들은 한 부분은 무시하고 다른 한 부분만을 지나치게 과장함으로써 자신들의 양면적인 욕구(이를테면 의존욕과 자율욕)간의 갈등을 해소하려고 한다. 32살의 비서인 메리는 특히 남자와의 관계에 있어서는 자신의 자율욕구와 자기 주장의 욕구를 포기하고 순응방어를 택한다. 그러나 남성으로부터 확인을 받고 인정을 받고자하는 그녀의 끊임없는 욕구는 과장되고 그칠 줄 몰랐기 때문에 오히려 남성들을 쫓아 버리는 꼴이 된다. 이러한 행동은 결국 그녀가 얻고자 했던 승인과 사랑을 빼앗아 버리는 결과를 낳는다. 그녀에 대한 치료에 있어서는 억압된 자기 주장을 인식하고, 평가하고, 사용하며, 좀더 자율적으로 사랑의 욕구를 조절하는 것을 익히도록 하는 데에 초점을 두었다.

개업치료자로서 호니는 인간의 파괴성에 대해서는 잘 알고 있었으나, 인간은 본질적으로 파괴적이라는 프로이트의 견해에는 반대했다. 자기도취는 불가피하고 본능적인 현상이 아니라, 권위주의적이고 면박을 주기 잘하며, 지나치게 야심이 많고, 자아 희생적인 부모와의 불쾌한 초기 관계의 결과로 나오는 것이다.

> 우리가 누구에게 해를 입히거나 죽이고 싶다는 생각을 하게 되는 것은, 우리가 그 때문에 위기감이나 모멸감, 학대감을 받거나 또는 부당하게 대우받거나 거부당하고 있다는 느낌이 들거나, 우리에게 매우 소중한 소망들이 그 때문에 성취되지 못하고 있다는 느낌이 들기 때문이다. 다시 말해서, 우리에게 파괴욕이 생기는 이유는 결국 우리 자신의 안전이나 행복 내지는 그와 같은 중요한 요소들을 지키기 위한 것이다. 일반적으로 말하면, 그것은 파괴를 위한 것이 아니라 삶을 위한 것이다.[15]

치료자로서의 경험을 통해서 호니는, 가장 강력한 형태의 분노와 죄의식은 위축된 성장과 같은 비정상적인 삶에서 나오는 분노와 죄의식이라는 사실을 알게 된다.

호니는 프로이트가 인간에게 잠재되어 있는 건설적인 힘을 명확하게 제시하지 못했고, 창조성과 사랑을 리비도의 차원으로 격하시켰으며, 자아도취와 같은 자아실현에의 욕구를 이해하지 못했다고 비판했다. 호니는 알버트 슈바이쳐(Albert Schweitzer)의 '낙관주의적', '비관주의적'이란 용어들('세계와 삶의 긍정'과 '세계와 삶의 부정'을 의미)을 인용하여 자신의 철학을 다음과 같이 묘사했다 : "신경증은 그 속에 내재해 있는 모든 비극적인 요소에도 불구하고 여전히 낙관적인 것이다."[16]

치료자를 위엄 있는 공적인 존재로 보았던 프로이트와는 달리, 호니는 치료자를 개인적 관심과 동정, 애정과 환자에 대한 존중을 표하는 친밀감 있고 능동적인 사람으로 평가한다. 이런 방식으로 치료자는 환자의 공포와 증오들은 어느 누구와도 관계가 없다는 사실을 밝혀 줌으로써 '개인이 타인들에 대한 그의 신뢰를 되찾게 하는 데'[17] 도움을 준다.

호니가 소녀 시절이었던 19세기 말 당시의 여권신장론자들은 여성에 대한 교육을 강조하고 있었다. 어머니와 친구 몇 명의 도움으로 그녀는 아버지의 반대에도 불구하고 김나지움에 가서 의학교에 진학할 수 있었다. 이후 그녀는 뜻을 굽히지 않고 연구와 활동을 계속하여 현대 여권주의 치료자들의 선구자적인 역할과 업적을 남겼다. 현재의 여권주의 치료자들보다 30여 년 앞서, 그녀는 이미 당시에 지배적이던 프로이트의 가부장적 전제들에 대해 분명하게 정면 도전을 하는 논문들을 써 냈다. 프로이트의 많은 개념들과 도구를 사용하면서 그의 성차별주의적 맹점들을 간파하고, 여성에 대한 새로운 심리학의 필요성을 지적했을 뿐만 아니라, 여성의 관점에서 이해를 하였다. 그녀는 프로이트가 전적으로 신경증이 있는 여성만을 토대로 하여 '남근 선망 이론'을 이끌어 내었으며, 이와는 반대로 남성에게 있는 '자궁 동경 욕구'는 무시하고 있다고 지적했다. 그녀는 여성들은 우리 사회에서 불이익을 당하는 집단이며, 이러한 문화적 현실은 여성들의 개인적인 심리문제를 낳는 중요한 원인이 된다고 보았다.

그녀는 남성과 여성간의 광범위한 불신을 조사하면서, 구약성경의 가부장적인 내용이 어떻게 여성불신과 남성우위에 대한 정당화를 제공해 주는지를 보여 주었다. 남성과 여성간의 불신은 그들 사이의 힘의 불균등한 분배에 뿌리를 두고 있다는 사실을 그녀는 정확하게 간파했다 : "어떤 시대이든 강한 쪽은 자신의 지위를 유지하고, 약한 쪽을 보다 잘 설득하여 다스리기 위해 적당한 이데올로기를 만들어 낸다.…… 욕구의 존재를 부인하거나 은폐하는 것이 바로 그러한 이데올로기의 기능이다."[18]

결혼문제에 대한 논쟁에서 그녀는 바람직한 결혼생활을 하는 부부가 드문 이유는, 부부 각자가 자신들이 성장하면서 가지게 된 갈등들—예컨대 남자의 경우는 어머니에 대한 의존욕, 여자의 경우는 남자에게 복종해야 하고 남자보다 열등하다고 교육받은 결과인 불안감과 자기 존중감의 결여 등—이 해소되지 않고, 결혼생활에서도 그대로 나타나기 때문이라고 주장했다.[19] 또한 새로운 생명을 잉태하고 출산하고 양육하는 능력에 있어서 여성들이 가지는 실제적인 심리학적 우월감을 지적하여, 얼마나 많은 남성들이 이런 능력을 부러워하는지를 보여 주었다.[20]

목회상담자로 일하면서 나는 호니의 개념들이 영성적 성장을 촉진시키는 데 매우 가치가 있음을 알게 되었다. 그녀는 병리현상을 낳고, 성장을 저해하며, 죄의식과 공포감을 증가시키는 종교—기쁨, 자유, 영적 창조성을 부정하는 신념, 가치, 그리고 종교적 관행들—의 역동성을 조명해 준다. 많은 사람들이 그러한 경직되고 권위주의적인 종교적 성향들에 매력을 느끼는데, 그 이유는 그것들이 자신들의 근본 불안을 방어해 주는 것처럼 보이기 때문이다. 초자아개념도 이런 점에서 하나의 종교와 같은데, 그것은 죄와 벌에 대한 공포를 통해서 사람들(자신과 타인들)을 조종함으로써 이상적인 상이라는 마비된 완벽주의를 만들어 내는 것이다. 사람들을, 호니가 소위 '의무와 당위라는 군주에 의한 지배'로 표현한 것의 포로로 만드는 것이다.

호니는 어렸을 적에는 아버지의 엄격하고 교조주의적인 종교관에

3. 에릭 프롬, 카렌 호니, 해리 스톡 설리반

반감을 가졌다. 그러나 17살이 되었을 때는 영성에 대해 관심을 갖게 되었다. 그 어린 나이에 그녀는 벌써 내적인 자유와 삶의 목적, 그리고 전지전능한 존재에 대해 알고 싶은 욕구를 한 편의 시로 만들어 자신의 일기장에 써 놓았다. 그녀의 딸인 에카르트(Marianne Horney Eckardt) 역시 심리분석가였는데 그녀는 그 시를 이렇게 서술하였다 :

> 시는 끊임없는 자유에 대한 갈망과, 그녀가 천 년 동안이나 갇혀 있던 돌로 된 성채에서 빠져 나오기 위해 토굴을 파는 모습으로 시작이 된다. 그러다가 그 성벽이 무너져 그녀는 그 밑에 깔리게 된다. 그러나 그때 그녀의 힘이 다시 살아나서 시는 다음과 같이 계속된다. "강렬한 갈망이 …… 만유를 보고 즐기고 알도록 방황케 하는구나. 그리하여 나는 헤메었노라. ─끊임없이 끌리어 …… 굴에서 빠져 나와 이제 자유와 빛을 따라 흥거운 어조로 인생의 오랜 노래를 즐거이 부르노라─그러나 한 가지 떨쳐 버릴 수 없는 의문이 있노라 : 내가 가는 끝은 정녕 어디뇨? …… 난 숲의 웅성거림에서 그 해답을 들었다고 믿노라 : 끝은 감방의 벽에서나 존재한다고……. 불만은 마음 속 깊이 감추고 조심스레 찾아보느라 때로는 피로감이 엄습하기도 하지만 결코 그만두지 않노라. 그것이 인생이라. 그리하여 그렇게 사노라."[21]

바로 이러한 자유로운 정신은 그녀의 일생을 통해 호니를 특징지워 준다. 폴 틸리히는 조사에서 그녀의 영성적 여행을 다음과 같이 서술하고 있다 :

> 카렌 호니는 우리가 영원의 목소리에 귀를 기울이지 않으면 자신은 물론 타인의 소리도 들을 수 없다는 것을 점차로 깨닫게 되었다. 그녀가 귀를 기울인 것은 전통적 종교의 목소리가 아니요, 인간의 경험의 소리요, 자연과 시의 소리이다. 최근에는 동양종교의 소리에 관심을 가졌었는데, 이는 그녀의 마음을 사로잡고, 그녀로 하여금 속세의 존재의 한계는 우리 존재의 한계가 아니며, 비록 우

리의 오관으로는 한 쪽밖에 인식할 수 없더라도 우리는 엄연히 두 질서에 속해 있다는 것을 느끼게 해주었다. 그리고 그녀가 볼 수 없는 질서를 나타내는 상징으로서 부활이라는 개념을 사용한 것은 삶에 대한 그녀의 불굴의 확신을 보여 주는 것이다. 그녀는 젊은 시절보다는 최근에 들어서서 이 영원의 소리를 명확하게 듣게 되었다. 그러나 영원의 권능은 언제나 그녀에게 작용하고 있었다. 영원의 빛과 사랑의 현시는 그녀 인생의 전 시기에 걸쳐 그녀의 내부에, 그녀를 통해 작용하였기 때문이었다.

그녀는 인간 영혼의 암흑을 알았다. …… 그러나 그녀는 영혼이 빛의 운반자도 될 수 있다고 믿었다. …… 그녀는 그 빛을 믿었으며 수많은 사람에게 빛을 부여할 능력도 지녔었다. …… 영원성은 오직 사랑이 수반되어야만 제대로 작용하는 것이다. 그리고 그녀에게는 이 양자가 조화롭게 작용했다. …… 통찰은 사랑과 결합되어야만 그 치료효과가 있는 것이다. 그녀에게서 그리고 그녀의 통찰과 사랑에서 방사되어 나오는 빛을 느끼는 많은 사람들은 영성적으로, 육적으로 치유되었다.[22]

작가이자 하바드대학의 아동정신병 치료의사인 콜스(Robert Coles)는 그가 의대 학생이었을 때, 당시 사망을 며칠 앞두고 뉴욕 시 병원에 입원해 있던 호니와 몇 차례 대화를 나눈 적이 있다. 호니는 자신이 죽어간다는 것을 알고 있었다. 그녀가 의학부 클래스에 여성들이 몇 명이냐고 묻자, 그는 학생 백 명 중에 겨우 세 명 뿐이라고 대답했다. 그녀는 왜 사정이 그렇게 되었는가 묻고 그들은 결혼과 어머니의 역할과 의학공부를 결합하는 것(이는 실제로 그녀 자신이 겪었던 것이기도 하다.), 많은 의사들이 지니고 있는 여성 반대현상, 그리고 사람들을 돌보는 그런 직종에 남성들이 압도적으로 많이 구성되어 있다는 아이러니에 대하여 이야기를 나누었다. 결국 마지막이 된 대화를 마치고 그가 나올 때 그녀는 원기가 있고 희망에 찬듯이 보였으며, 자신과 대화해 준 데 대해 그에게 감사의 표시를 했다. 그리고 미래에 대해 다음과 같은 이야기를 했다 : "당신은 젊군요. 그래 아마 당신이 내 나이쯤 되면 세상이 굉장히 바뀌겠군요."[23]

호니는 여러 모로 심리분석적 사고를 보다 성장지향적으로 만드는 데 기여했다. 그러나 성장의 관점에서 보면 그녀의 접근법에도 몇 가지 결점이 노출된다. 개인의 병리와 건강의 관계적, 사회적인 근원을 가지고 있음을 예리하게 인식했음에도 불구하고, 그녀의 치료법의 초점은 개별적이며, **심리내부**의 수준에 머물렀다. 그녀는 결혼에 있어서의 문제점을 야기시키는 **심리내부**의 요인들을 탐구했다. 그러나 그 심리내부의 유형들을 강화하고 영속화하는 똑같이 중요한 **개인 상호간**의 역동성은 그다지 강조하지 않았다. 내가 알기로는 그녀는 그러한 개인 상호간의 체계들(결혼이나 가족 등과 같은)에 대해서는 직접적으로 연구하지 않았다. 그녀는 개인문제에 사회적 요소들이 영향을 준다는 점은 인식했지만, 그렇다고 해서 이러한 개인 내지는 관계적 문제들을 증대시키는 병리적인 사회제도를 변화시키는 사회적, 정치적 행위의 중요성에 대해서는 강조하지 않았다. 분석가로서 그녀는 자신의 여권주의적 주장 때문에 당시로서는 매우 급진적인 편에 속했으나, 오늘날의 급진적인 여권주의 치료자들이 강조하듯이 치료시에 개인의 문제들을 야기시키는 사회-정치적 원인들을 변화시키려는 권능을 사람들에게 부여해야 한다는 필요성은 별로 인식하지 못했다. 결국 그녀의 사상에서 영성에 대한 인식이 그녀의 인생 후반기에 특히 증가함에도 불구하고, 모든 인간성장에 있어서 영성 가치의 문제가 중심점이라는 점은 그녀의 치료체계에서 명백히 드러나지 못했다.

설리반의 성장자원들

설리반(Harry Stack Sullivan)은 정신의학의 인간관계 교실의 창시자로서, 1892년 뉴욕의 북부 지방에서 탄생했다. 그는 어린 시절을 부모의 농장에서 비교적 외롭게 보냈는데, 이때 그의 어머니는 그의 민족 아일랜드의 이야기를 들려 주곤 했다. 그 중 가장 매혹시킨 것은 미래를 맞기 위해 태양의 떠오름을 향해 달리고 있는 한 마리의 말로 묘사된 서풍이 그의 조상 중 하나라는 이야기였다.[24]

설리반은 1917년에 시카고 의과대학에서 의학박사 학위를 받았다. 그는 존스 홉킨스에서는 아돌프 메이어(Adolf Meyer)와, 워싱턴 D. C. 의 성 엘리자벳 병원에서는 W. A. 화이트(William Alanison White)와 정신의학 연수를 받았다. 호니와 프롬이 뉴욕으로 건너왔을 때 설리반은 그의 생각이 그들과 공통점이 많다는 사실을 발견했다. 그들은 모두 문화가 어떻게 개인의 발달에 영향을 미치는가에 대해 강한 관심을 지녔다. 그 세 사람은 몇 년 동안 같이 일했다. 결국 이들은 많은 유사점들을 유지하면서 분명히 구분된 접근 방법을 발달시켜 나갔다. 설리반은 인류학자인 R. 베네딕트(Ruth Benedict)와 M. 미드(Margaret Mead), 그리고 호니, 프롬 등과 매우 밀접한 관계를 유지하면서 기존의 고전적인 정신분석 이론이 가지고 있는 부적절한 본능적, 생물학적 전제들에 도전해 나갔다. 1923년에 설리반은 매릴랜드 의과대학에서 강의를 시작하고 연구를 하였다. 1936년에는 워싱턴 정신의학교를 창립하였으며, 거기에서부터 뉴욕의 W. A. 화이트 정신의학연구소가 성장한 것이다. 그의 최대관심사 중의 하나는 심리치료에 관한 통찰들을 사회문제 해결에 적용시키는 일이었다. 그는 세계정신건강연합을 발족시키는 데 적극적으로 활동했다. 그는 1949년 국제갈등의 심리학적 요인들을 탐구하려는 유네스코(UNESCO) 사업계획의 일환으로 파리에 체제하고 있을 때 사망했다.

설리반은 내가 1940년대 후반에 화이트정신의학연구소에서 훈련을 받을 때에 몇 번 만났었는데, 그때 그의 인상은 마치 먼 할아버지뻘 되는 듯한 느낌을 주었다. 그는 그 때도 가끔 강의를 했으며, 그 곳의 교사들은 그의 사상의 영향을 많이 받은 듯했다. 그 결과로서, 그의 생각은 내가 사람들과 치료에 대한 이해를 발달시켜 나가는 방향에 상당한 영향을 끼쳤다. 설리반은 똑똑하지만 특이한 사람으로 보였다(그에게는 개가 다섯 마리 있었는데 항상 그의 사무실을 들락거리고 있었다). 그는 일생 동안 정서장애와 대인관계의 문제로 고민했다. 이러한 자신의 문제점에 대한 인식이 정신장애자들에 대한 그의 통찰과 감정이입, 그리고 모성적인 연민을 심화시키는 데 기여한 것은 분명하다. 그는 또한 젊은 분열증 환자들을 효과적으로 치료한 것으

3. 에릭 프롬, 카렌 호니, 해리 스톡 설리반 95

로 유명하다. 그의 동료들이 사후에 그의 강의내용들을 모아 출판한 것을 보면 당시에 받았던 그의 명성을 짐작할 수 있다.

치료체계를 만드는 사람으로서, 설리반보다 뛰어난 사람은 프로이트밖에 없다. 그는 근본적으로 자신의 최대관심사—정신장애자들을 돕는 방법—에 대해 그가 연구한 것을 치료자들이 이용하도록 제공해 주는 임상가였다. 그의 강의를 회고해 보면, 그의 말에는 전문용어가 많았고, 그의 생각은 압축되어 있고 복잡하였다. 그의 의사표현이 역동적이고 감동적인 경우는 단지 특정한 환자들을 대상으로 한 자신의 연구결과를 설명할 때 뿐이었다. 그의 강의가 출판된 이후(1953-1956), 그의 공적은 점점 더 인정을 받아 왔다. 오늘날 그는 심리치료를 실제에 적용하는 일에만 아니라 장이론(field theory), 사회학, 사회심리학에도 중요한 공헌을 했다고 인정받고 있다.[25] 그의 이론은 어떻게 특정한 문화가 그 문화에 속한 사람들의 성격을 형성하는가 하는 것을 보여 주려 하였다. 선구적 이론가로서 그가 세운 이론은 나중에 심리치료에서의 상관접근법과 체제접근법이 되었다. 사람들에 대한 그의 이해는 참신하고, 혁신적인 시각을 제공해 주었다. 그는 자신이 '제대로 잠재력이 발견되지 못한' 것이라고 표현한 방해받은 성장에 일차적인 초점을 두었다. 그러나 그는 자신의 임상경험으로부터 성격 이론을 이끌어 냈는데, 이는 개인이 건전하게 성장하는 데 도움을 주는 요인들을 제시해 주는 것이었다.

설리반 사상의 중심 주제는 **대인관계론**—성격은 근본적으로 그리고 필연적으로 대인관계의 문제라는 확신이었다. 인간의 모든 경험은 아무리 개인적인 것으로 보이는 것일지라도 본질적으로는 대인관계와 관련된 것이다. 보트를 타고 혼자 낚시를 하는 사람이라도 큰 고기를 낚았을 때는 즉시 누구에게 알릴까, 자신의 쾌거에 남들이 어떤 반응을 보일까 등을 생각한다. 설리반은 개인의 영역 **안에서의** 일은 다른 이들과의 **사이에서** 진행되는 일과 항상 관련된다는 것을 알았다. 가장 추상적인 수준의 일이 아니면 개인적인 것과 상호적인 것은 불가분의 관계에 있다. 설리반의 견해로는 욕구나 충동 등과 같은 개인들의 심리적인 특성을 마치 고립적인 것처럼 정의하려는 것은 소득 없는 일이다. 그렇게 하려는 것은 단지 우리들의 개인적인 사고 패턴과 언어의 부정확함을 나타낼 뿐이다. 우리가 개인의 심리라고 부르는 것은 사실은 그가 다른 사람들과 상호작용하는 패턴—과거, 현재, 그리고 상상 속의 미래에서—을 묘사한 것이다. 사람들을 이해하고, 또 그들이 변화할 수 있도록 돕는 가장 효과적인 방법은 그들을 **관계 속에서의 자아**들로 파악하고 그들에게 접근하는 것이다. 그들을 이렇게 대인관계의 측면에서 지각해야만 그들의 건설적인 변화를 가장 잘 도와 줄 수 있다.

사람들이 상담을 하려고 또는 치료를 받으러 왔을 때, 상호관계라는 시각에서 보면 그 사람에게 무엇이 문제인가 하는 것을 잘 알게 되는 경우가 자주 있다. 이러한 시각은 개인들의 인간관계의 그물망(network)의 중심이 된다는 사실 ; 현재의 그들은 현재나 과거의 그들에게 가장 중요했던, 또는 중요한 인간관계들의 특징적 표현이라는 것 ; 그들은 자신들 내부에 과거의 관계들로부터 받은 상처를 지니고 있다는 것 ; 현재 그들의 관계 형태는 그들의 억제된 성장을 지속시키고 또 강화한다는 것 ; 그들이 받은 상처는 다만 앞으로 그들이 보다 건전한 인간관계를 맺기만 하면 치유된다는 것 등을 일깨워 준다. 설리반보다 체계치료법에서 더 강조하고 있듯이, 심리내부의 성장은 대인관계의 건설적인 변화에 의해 가장 잘 유지된다.

아들러, 호니, 프롬, 앗사지올리와 마찬가지로 설리반도, 자아를 모든 행위를 조직함에 있어서 중심적인 역할을 하는 것으로 생각하였다. 설리반이 '자아체계'라 부른 것은 어릴 때 자신의 요구를 충족시켜 주었거나 또는 요구를 박탈했던 어른들이 아동 자신에 대해 내린 평가를 회고하는 어린이의 경험에서 생긴다. 자아체계는 두 가지의 근본적인 인간 욕구—**육체적 욕구**(음식, 수면, 성, 친밀함)—를 충족시키도록 도와 주는 데 영향력 있는 역할을 맡는다. 자존감은 어릴 때 그 자신에게 중요했던 사람들의 자신에 대한 평가가 내면화된 것과 자신의 기본적인 욕구를 만족시킬 수 있는 능력의 발달로부터 나온다. 상처받은 자존감으로 고통을 받고 있는 사람들을 다룸에 있어서 설리반의 통찰은 특히 유용하다. 그런 사람들은 어릴 때 어른들로부터 받은 부정적 평가의 부담을 아직 지고 있다. 자신이 가치 있다는 생각은 자신에게 의미 있는 사람들로부터의 존중을 경험하고, 이를 내면화하며, 자신의 기본적인 욕구를 처리할 수 있는 능력과 힘을 증대시킴으로써 고양될 수 있다.

설리반도 호니처럼 불안을 유용한 주요 개념으로 사용하였다. 불안은 항상 인간관계와 관련된 현상이다. 그것의 본질은 비난에 대한 공포이다. 유아는 이 고통스러운 공포를 덜 받기 위해 자동적으로, 그리고 감정이입적으로 부모의 가치를 받아들인다. 불안은 나쁘게든 좋게든 어릴 때 성격의 기본적 윤곽을 형성시키는 주 요인이다. 어린이들은 부모들의 가치에 구현되어 있는 문화적으로 용인된 가치에 어긋나는 행위를 할 때 불안을 느낀다. 어린이들은 문화적으로 용인된 가치에 따라 자신의 욕구를 충족시킬 수 있는 행위들을 배우고 그럼으로써 깊은 안정감과 소속감을 느낀다.

불안, 문화가치, 그리고 자존감에 대한 설리반의 통찰은 부모들의 훈련과 성장경험에 있어서 특히 유용하다. 대부분의 부모들은 건설적인 가치와 강한 자존감을 갖도록 자식을 교육하려고 한다. 자녀들의 자존감이 부모들의 자녀들에 대한 평가로부터 어떻게 영향을 받는가, 또 자녀들의 가치가 어떻게 상당한 정도로 부모들의 가치에 의해 결정되는가를 알면 부모들의 이러한 욕구를 충족시키는 데 도움이 될 것이다.

설리반은 분열증과 같은 이상 행위를 과도한 불안에 대치하려는 것이긴 하지만 부적합하고 비효과적인 반응 패턴으로 이해하였다. 이것은 혼란스럽고 일관성 없는 관계에서 비롯된 것인데, 그 안에서 어린이들은 자신을 내리누르는 불안을 피할 방법을 배우지 못한다. 불안감이라는 무거운 짐에 비효과적으로 대처함으로써 인식, 사고, 감정, 관계가 심하게 왜곡된다.

어린이가 보이는 자기 성격규정의 세 가지 반응 형태는 유아기 때 그가 맺은 관계들로부터 발달된다. '**훌륭한 나**'라는 느낌은 그 관계 안에서 자신의 행위가 만족과 안정감을 가져다 줄 때 알게 된다. 이에 반하여 '**형편없는 나**'라는 느낌은 불안을 야기시키는 상황에서 알게 된다. 이와 같은 '훌륭한 나', '형편 없는 나'라는 인격화가 자기체계가 되는 것이다. 이 중 어느 쪽이 지배적인가는 어릴 때 맺는 관계들의 욕구를 충족시키는 특질에 달려 있다. **자기 부정**의 느낌은 '원초적인 불안', 말로 표현할 수 없는 공포와 혐오감을 경험하는 데서 비롯한다. 설리반은 '나쁜 짓을 하는 꿈'을 건설적인 것으로 보았는데, 이는 그 꿈을 꾸지 않았으면 무거운 짐이 되었을 충동을 그 꿈이 해소시켜 주기 때문이다. 우리들 대부분은 훌륭한 나와 형편없는 나의 양쪽을 다 경험한 적이 있다.

온전성에 대한 설리반의 견해는 프로이트와 마찬가지로 근본적으로는 그것이 단계적으로 발달한다고 한다. 삶을 연속된 여러 개의 단계로 나누는 그의 도식은 각 단계를 내면의 본능적인 발달보다는 관계에 있어서의 주요 변화를 기준으로 정의하고 있다. 그의 여섯 단계 접근법은 심리 내적인 면에 초점을 맞춘 프로이트의 발달도식을 보완하고 바로잡는다. 제 1 단계 : **유아기**는 출생으로부터 언어의 발달(다른 사람과의 관계에 큰 변화를 준다.)까지로 잡는다. 이 첫 단계에서 사람은 훌륭한 나, 형편없는 나라는 느낌을 강하게 받는다. 제 2 단계 : **유년기**는 같은 또래의 놀이친구들에 대한 욕구와 그들과 어울릴 수 있는 능력이 성숙하는 시기이다. 제 3 단계 : **청소년기**는 동년배 친구와의 친밀한 관계에 대한 욕구, 능력이 성숙되는 시기이다. 어린이는 학교에 가서 같은 또래의 아이들과 경쟁, 협동하는 것을 배우며, 가족 외의 권위(예 : 선생님)와 관계하는 것을 배운다. 아들러, 호니, 그리고 프롬이 그랬던 것처럼 설리반은 자아체계가 불안 때문에 왜곡되어 현실과의 접촉이 거의 불가능해지지 않는 한, 성격은 유년기 초에 결정되지는 않는다고 보았다. 제 4 단계 : **사춘기**는 동성 친구를 사귀는 시기인데, 이때 남녀 각자의 생식기능이 성숙한다. 제 5 단계 : **청년기**에는 성적인 친밀함과 안전에 대한 욕구를 만족시키기 위한 행위를 처음으로 모방한다는 점이 두드러진다. 청년기 후기는 자기의 상대가 자신 만큼이나 중요시되는 친밀한 사랑의 관계를 확립하는 시기이다. 제 6 단계 : **성인기** · 이 시기는 단계적 발달과정의 최종목표로서, 이로써 사람은 성인 문화에 동참하게 된다. 설리반은 청년기를 거쳐 성장단계를 성공적으로 마친 건강한 성인을 거의 이상하리만치 행복에 찬 말로써 설명하고 있다:

> 그러한 사람은 어떤 상황에서도 적합한 자존감과 이 당당한 자존감에 따른 타인에 대한 존중, 훌륭한 인격의 높은 성과를 도와주는 위엄, 그리고 자신이 속한 사회의 질서를 특징짓는 환경에 개인적인 처지를 별 어려움 없이 합치시킬 수 있게 하는 개인의 주체성이라는 자유를 가지게 된다.[26]

성장을 대인관계의 시각에서 보는 설리반의 설명은 어린이와 청년들의 최적 발달을 도와 주려는 사람들에게 가치 있는 통찰을 제공해 준다.[27]

설리반의 발달도식에 있어서 한 가지 심각한 결점은, 성인기에도 성장을 계속할 수 있다는 사실에 대한 인식이 부족하다는 것이다. 프로이트와 같이 설리반은 청년기 마지막 부분에서 주사위는 던져지며, 그리하여 그 이후에는 오직 강력한 심리치료로만 성격의 변화가 가능하다는 잘못된 가정을 세웠다.

설리반이 심한 정신질환자를 포함해서 모든 사람이 인간임을 강조한 것은 지극한 인간애의 발로였다. 정신질환에 대해 논하면서 그는 "우리는 다른 무엇보다도 훨씬 더 인간적이다."[28]라고 하였다. 그는 치료자는 '참여 관찰자'가 되어야 한다고 생각하였다. 성장을 도와주기 위해서는 **그 곳에 있어야** 하고, 건전한 인간으로서 치료상의 인간관계에 참여하여야 한다. 그러나 치료자는 또한 무엇이 잘못되어 있는가를 알고, 그리하여 그 사람 자신과 그 사람 외부와의 사이에서 일어나고 있는 바를 보다 선명히 이해할 수 있도록 도와 주는 관찰자라야 한다고 생각했다. 즉 치료자는 이 두 가지를 동시에 담당해야 하는 것이다.

자기 치료력에 대한 설리반의 믿음은 치료에 대한 다음의 언급에서 드러난다: "우리(치료자)가 할 수 있는 일은 효과적인 관계가 되도록 장애를 제거해 주는 것 뿐이다. 그 나머지는 스스로 알아서 일어난다. 나는 한 번도 누군가를 '치료해' 달라고 부탁받은 적은 없다고 생각한다."[29] 분명히 설리반의 자기 내적 문제점에 대한 인식은 그로 하여금 환자들에게 베푸는 태도를 취하지 않게 하였다. 그의 기본적인 치료상의 태도는 다음의 말에서 잘 나타난다 : "나의 피할 수 없는 정서적 장애와 성격상의 결함에도 불구하고 나는 정신장애자들이 보다 나은 관계를 맺고 내적인 힘을 얻을 수 있도록 도울 것이다. 우리 양자(나와 환자)가 이렇게 하는 동안 함께 배우고 성장할 것으로 희망한다."[30]

설리반이 사회적인 문제를 심리학적인, 그리고 정신의학적인 이해를 이용하여 해결하려고 한 것은 성장지향적인 '사회 내부의 관계에 포함된 인간'이라는 접근법에 커다란 기여를 하였다. 그는 원자시대가 시작되고 몇 해 안 되어서 죽었지만, 모든 인간의 역사를 끝장낼 수 있는 우리의 새로운 능력에 큰 관심을 가지고 있었다. 그는 선교사와도 같은 열의로써 정신이 건강한 사회를 회복시키기 위해 유네스코와 세계보건기구의 이면에서 일하였다. '지속적인 평화와 사회의 진보를 위한 재편성'[31]이라는 제목 하의 논문에서는 정신건강을 회복하는 일의 긴박함에 대한 자신의 생각과 우리가 인류의 새 시대를 개척하는 데 사회과학과 심리치료가 도움을 준다는 확신을 피력하고 있다. 설리반도 심리학과 심리치료의 직업에 종사하는 사람들을 미래의 개척자들 가운데 속한다고 보았다.

성장 관점에서 보면 설리반의 생각에는 몇 가지 한계가 있다. 그는 정신질환자들의 내부에도 버려진 긍정적 잠재력이 있다는 사실을 인식하고는 있었으나, 그에 대한 치료의 이해에 있어서는 철저하고도 분명하게 성장이라는 시각에 기초하지는 못하였다. 심한 정신질환자들로부터 얻어낸 그의 이론도 임상학적인 냄새가 풍긴다. 그의 성격 이론이 비록 대인관계의 문제를 깊이 다루고는 있으나, 치료에 있어서는 특정환자 개인에 대한 설명 이상의 수준을 보여 주지 못했다. 그는 그와 견해를 같이하는 치료자들로 하여금 나중에 대인관계의 체계를 직접적으로 연구하게 하는 새 날을 여는 시각을 가지고 있었다. 그러나 그 자신이 이 위대한 치료상의 발걸음을 시작한 것은 아니었다. 설리반은 단지 그의 몇몇 이론에만 기초하여 복잡한 인간의 반응을 과도하게 일반화하고 지나치게 단순화된 설명으로 만들었다. 예를 들면, 그는 불안을 전적으로 인정받지 못하면 어쩌나 하는 공포에서 나온 것으로 생각하였다. 이것이 물론 불안의 주요 원인이기는 하나, 불안의 원인은 그것만이 아니라 이 외에도 여럿이 있는 것이다. 내가 알기로는, 설리반은 영성의 성장을 도와 주는 데는 관심이 없었다. 이러한 약점에도 불구하고 설리반의 체계는 성장중심의 상담자와 치료자들이 기초로 삼을 가치 있는 통찰을 제공한다. 미래를 건설하고자 하는 치료자였다는 점에서 그의 이름이 돋보이는 것이다.

프롬 이론의 성장자원에 관한 참고문헌

Fromm, Erich. 「자유로부터의 도피」(*Escape from Freedom*). New York : Rinehart and Co., 1941. 이 책은 어떻게 해서 자유가 위협받게 되며, 동조와 권위주의에로의 도피가 일어나는가에 대해 연구한 것이다.

─── . 「자율인 : 윤리심리학에 관한 연구」(*Man for Himself : An Inquiry into the Psychology of Ethics*). New York : Rinehart and Co., 1947. 이 책은 정신분석에 기초하여 인간 윤리의 문제와 가능성을 논한 것이다.

─── . 「정신분석과 종교」(*Psychoanalysis and Religion*). New Haven : Yale Univ. Press, 1950. 이 책에서는 보편적인 인간의 종교에의 욕구에 대한 자신의 견해와 프로이트와 융의 종교관, 그리고 영혼치료자로서의 정신분석가에 대해 순차적으로 설명해 나가고 있다.

─── . 「건전한 사회」(*The Sane Society*). New York : Rinehart and Co., 1955. 이 책에서는 우리 사회의 병리현상에 대해 살펴보고, 나아가 인간의 욕구가 성취될 수 있는 사회상을 제시하고 있다.

─── . 「사랑의 기술」(*The Art of Loving*). New York : Harper, 1956. 이 책에서는 사랑이 붕괴되는 사회의 본질과 실상이 어떤 것인가에 관해 재미있게 서술하고 있다.

─── . 「인간 파괴성의 해부」(*The Anatomy of Human Destructiveness*). New York : Holt, Rinehart and Winston, 1973. 이 책에서는 인간의 파괴성에 관한 주요한 이론들을 심층적으로 연구했으며, 아울러 여러 유형의 공격성에 관한 프롬의 개념들을 제시하고 있다.

호니 이론의 성장자원에 관한 참고문헌

Horney, Karen.「우리 내부의 갈등, 신경증에 관한 건설적인 이론」(*Our Inner Conflicts, A Constructive Theory of Neurosis*). New York: W. W. Norton, 1945. 이 책에서는 관계에 대한 세 가지의 방어법 및 이상화된 이미지를 포함하여 호니 자신의 주요한 이론들을 설명하고 있다.

─── .「신경증과 인간 성장」(*Neurosis and Human Growth*). New York: W. W. Norton, 1950. 이 책에서는 자신의 초기 연구들을 다시 정리하여 편집하였으며, 인간 성장의 동기에 대해 강조하고 있다.

─── .「여성심리학」(*Feminine Psychology*). New York: W. W. Norton, 1967. 이 책은 여성과 성차별주의 사회의 심리학에 관한 호니의 개척자적인 논문들을 모은 것이다.

Kelman, Harold.「인간을 돕는 법 : 카렌 호니의 정신분석 접근법」(*Helping People : Karen Horney's Psychoanalytic Approach*). New York: Science House, 1971. 이 책에서는 호니의 치료개념과 도구들을 체계적으로 제시하고 있으며, 앞의 두 개의 장은 호니에 대한 전기로 꾸며져 있다.

설리반 이론의 성장자원에 관한 참고문헌

Chapman, A. H.「설리반, 그의 삶과 업적」(*Harry Stack Sullivan, His Life and His Work*). New York: Putnam's, 1976. 이 책에는 설리반의 전기와 성격발달과 심리치료에 대한 그의 견해가 수록되어 있으며, 아울러 설리반의 이론이 현대의 사회적 딜레마를 해결하는 데 어떻게 도움이 되는지를 보여 주고 있다.

Mullahy, Patrick, ed.「설리반의 업적」(*The Contributions of Harry Stack Sullivan*). New York: Science House, 1967. 이 책은 C. 톰슨과 G. 머피의 논문들을 포함하여, 사회과학과 정신의학에서의 대인관계 이론에 관한 심포지움 내용을 수록한 것이다.

Sullivan, Harry Stack.「연구총서」(*Collected Works*), 2 vols. New York: W. W. Norton, 1965.

─── .「정신의학의 대인관계 이론」(*The Interpersonal Theory of Psychiatry*). New York: W. W. Norton, 1953. 이 책에는 발달단계에 관한 설리반의 설명이 수록되어 있다.

─── .「정신의학적 면담법」(*The Psychiatric Interview*). New York: W. W. Norton, 1954. 이 책에는 정신의학적인 면담의 구조와 과정이 서술되

3. 에릭 프롬, 카렌 호니, 해리 스톡 설리반   103

어 있다.
―――.「인간화 과정으로서의 분열증」(*Schizophrenia as a Human Process*). New York : W. W. Norton, 1965. 이 책은 분열증에 관한 설리반의 통찰력 있는 연구서이다.

4
전통적인 심리치료법에서의 성장자원들
칼 융, 실존주의자들, 칼 로저스

칼 융의 성장자원들

칼 구스타프 융(Carl Gustav Jung)은 1875년 스위스의 콘스탄스 호수가 있는 케스빌에서 태어났다. 그의 아버지는 목사였다. 칼은 매우 조숙해서 6세에 라틴어 책을 읽었다. 그는 고독감과 부모간의 갈등을 피하기 위해 자신이 직접 나무를 파서 말을 만들어 그 위에서 혼자서 놀곤 했다. 외부세계로부터의 고립감을 느끼면서, 그는 자신의 꿈, 환상과 사고 같은 내부의 세계에 몰입했다.[1] 그는 바젤대학에 입학해 의과를 선택했고, 나중에는 정신의학을 전공했는데, 이것은 그 원리들이 그의 주된 관심인 과학과 인간성을 잘 조합시키는 것으로 보였기 때문이다.

25세에 융은 당시 유럽에서 가장 진보적인 정신병원 중의 하나였던 취리히에 있는 브루겔쯔리 정신병원의 수련의가 되었다. 이 후로 그는 취리히를 떠나지 않고 살았다. 30세에는 취리히 의과대학의 임상과장이 되었으며, 그 학교에서 정신의학 강의를 했다. 그는 정신분열증에 관한 연구서를 냈으며, 단어연상 검사를 개발하고 '내성적'(intravert), '외향적'(extravert)이라는 용어를 도입했다. 융은 엠마 라우쎈바하(Emma Rauchenbach)와 결혼하여 5명의 자녀를 두었다. 그의 아내는 심리학 교육을 받았고, 1948년에 설립된 융연구소에서 강의했다.

융이 많은 프로이트의 사상의 타당성을 확인하고, 그에게 글을 써서, 자신의 정신분열증에 관한 연구서를 동봉하여 보냈다. 이를 보고 프로이트는 융을 비엔나로 초청했고, 그들이 처음 만났을 때는 거의 13시간 동안을 쉬지 않고 얘기했다. 그들은 곧 친밀해지기 시작했으며, 한동안 프로이트는 융을 그의 논리적 계승자로 여겼다. 그러나 융은 모든 정신병의 근원을 성적인 것으로 보는 프로이트의 환원주의와 고집을 수용할 수 없었다. 한편으로 프로이트도 종교에 대한 융의 관심과 시각을 못마땅하게 여기고 있었다. 그들의 관계는 마침내 융이 리비도(libido)가 항상 성적이기보다는 근본적으로 일반화된 삶의 에너지라는 시각을 발전시켜 1912년에 책을 발간했을 때 깨지고 말았다. 그들 관계의 결별은 두 사람 모두에게 고통이었다. 이후 3년 동안 융은 우울증세를 보여 자신이 미쳐 가고 있다는 느낌을 받았다. 겉보기에는 인정받는 개업의로서, 유능한 대학교수로서, 그리고 대가족의 가장으로서 존경받는 정신의학자였으나, 그 이면에서 융은 점점 현실감을 잃어 갔고 삶의 의미를 상실해 가고 있었다. 그는 가르칠 수 없다고 느꼈기에 교수직도 사표내고 저술도 거의 하지 않았다. 자신의 문제를 좀더 지적으로 이해하여 해결하려던 그의 모든 시도는 별로 소용이 없었다. 절망감 속에서, 그는 결국 무의식의 충동에 따르기로 결정했다. 그래서 그는 작은 돌들로 모형 마을을 만들어, 자신이 어렸을 때 그랬던 것처럼 벽돌을 가지고 놀았다. 이러한 놀이치료법은 그가 처한 위기를 결정적으로 바꾸어 놓는 계기가 되었다. 그는 '자신의 어린 시절이 여전히 자신의 뇌리 속에 강하게 자리잡고 있다'는 것을 알았다.[2] 돌로 만든 마을을 가지고 놀면서 그는 자신의 심리내부의 이미지를 좇아 2년간 무의식세계로의 오랜 탐험을 했다. 그가 무의식 속에서 발견한 것은 거두한 '용암의 흐름 같은 것이었고, 그 열기가 그의 인생을 재조형했던 것'이다.[3] 이 같은 외상적인 중년기의 위기를 통해 융은, 그의 인생의 새로운 중심과 의미를 알게 되었고, 그가 '분석심리학'(analytic psychology)이라 부르는 성격에 대한 새로운 이해법을 개발했다. 그는 점차로 신화, 상징, 예술, 민담, 꿈과 환상 등에 나타나는 무의식의 자원들에 초점을 맞추게 되었다. 그는 또한 뉴멕시코로 가서 푸에블로 족 인디언의 상징과 신화를 연구하기도 했다.

그의 나이 69세 때 치명적인 심장마비에서 회복한 뒤, 융은 이후 일련의 새로운 시각을 갖게 된다. 이것은 이후 그가 매우 독창적이고 참신한 내용의 저서들을 펴내는 계기가 된다. 이러한 자신의 경험에 대해 융은 "나는 단지 사물을 있는 그대로 확인하려 했을 뿐이다. 즉 아무런 주관적인 저항을 하지 않고, 무조건적으로 긍정했을 따름이다. 그래서 내가 사물을 보고 이해한 그대로를 수용했을 뿐이며, 나 자신의 문제에 있어서도 느껴지는 그대로의 나의 본질을 받아들였을 따름이다."라고 쓰고 있다.[4] 이후 융은 놀라울 정도로 왕성한 저술과 치료활동을 하다가 1961년에 86세의 나이로 사망했다.

융의 통찰 중 몇 가지는 형태심리학이나 정신통합 치료법과 유사하다. 이제 내가 강조하고자 하는 자원은 성장촉진 작업에 유용하다고 여겨지는 것들이다.

랭크와 마찬가지로 융도 창조성을 모든 인간의 잠재력의 중심에 두었다. 그러나 그는 대부분의 사람들에게 있어서 그것이 어떻게 무용화되는지를 예리하게 인식했다 : "인생이라는 예술은 모든 예술 중에서 가장 뛰어나고 진귀한 것이다. …… 너무나 많은 사람들이 사는 것 같지 않게 살아가고 있다. …… 그래서 그들은 기껏 옛날이나 그리워하면서 불만족스럽게 살다가 어느덧 노년의 문턱에 접어들게 되는 것이다."[5] 융 이론의 성장 중심성은 명백히 프로이트 이론의 병리지향성을 비판하는 데서 출발한다. "환자를 오로지 부정적인 시각으로만 보는 프로이트의 견해는 명백히 잘못된 것이다. 나는 그 보다는 오히려 인간을 그에게 잠재되어 있는 건강함과 건전성의 관점에서 보는 것이 훨씬 낫다고 생각한다. 프로이트의 가르침은 단지 신경증 환자에게만 있는 심리상태를 지나치게 일반화한 것으로서 편파적인 것이다. 그렇기 때문에 그의 이론은 신경증 환자들에게만 타당한 것이다. …… 결국 프로이트의 심리학은 건강한 심리상태를 가진 사람과는 아무 관계가 없는 것이다."[6] 그는 정신병을 인간에게 잠재되어 있는 자원들이 제대로 개발되지 않았기 때문에 생기는 것으로 보았다. "신경증의 이면에는 미개발된 인성이 있다. 즉 어떤 이유로 건강한 삶과는 반대되는 체념이나 고통, 등등을 짊어질 수밖에 없었지만, 그 한 구석에는 가능성이라는 진귀한 부분이 있는 것이다. 신경증의 부정적인 요소들에만 집착하는 심리학은 마치 목욕하는 아이를 목욕물에서 빼내어 보는 것과 같은 것이다."[7] 그는 모든 인간에게는 전인성에로의 귀소 본능과 충동이 있으며, 바로 이 점은 치료시에 간과해서는 안 될 중요한 요소라고 보았다 : "충동은 본질적으로 자아실현에의 욕구이다."[8] 치료는 단순히 이 같은 자연적인 발달과정을 촉진시키고 가속화시키는 하나의 방법이다.

융은 전인성으로 향하여 움직이는 과정을 '개체화'(individuation)라고 불렀다. 그는 "개체화는 유일하고 동질적인 존재로 되는 것을 의미한다. 그리고 '개체성'(individuality)이 자신의 가장 깊은 곳까지도 인정되고, 남들과는 현격히 다른 독특성이 부여되면 그 때는 자신만의 자아가 되는 것을 의미한다. 그러므로 우리는 개체화를 '자아가 되는 것' 또는 '자아실현'으로 해석할 수 있다."[9]

융은 **자아**(ego)를 의식세계의 중심으로 보고, **자기**(self)는 전체 성격의 잠재적인 통합 중심으로 보아 양자를 구별한다. 전인성의 과정에는 성격의 모든 면의 조화로운 통합과 의식적인 자아로부터 자기에로의 중심 이동이 포함되는데, 이 때에 의식적인 성격자원과 무의식적인 성격자원이 통합되게 된다. 전인성에는 그 반대되는 것들의 결합도 포함된다. 전인적 인간은 4가지 심리적 기능—사고, 감정, 감각, 직관—을 균형 있게 갖추고 있으며, 비록 한 가지의 기능이 지배적이더라도 필요할 때에는 이들을 적절히 배합하여 사용할 수 있다.

비록 각 사람의 개체화 과정이 독특하다 할지라도, 그 과정에는 4가지 일반적인 차원들이 있다. 첫 번째는 **페르조나**(persona)를 벗기는 것으로, 이것은 우리가 세상과 관계하고 자신을 표현하는 사회적 역할에 의한 가면이다. **페르조나**는 건설적이고 파괴적인 양쪽 가능성을 모두 갖는다. 자신의 사회적 역할과 지나치게 동일시되고 바깥 세상에서 자신들이 하는 일에 대해 지나치게 도취되는 사람들은 그들의 **페르조나**의 경직성과 무게를 줄이도록 치료적 도움을 받아서 그들의 창조적 에너지를 소모시키지 않게 해야 한다. 그러나 건강한 **페르조나**는 우리를 사회적 태도와 힘의 큰 충격에서 보호해 주는 데 필요하다.

개체화의 두 번째 단계는 우리의 **그림자**(shadow), 즉 열등하고 **페르조나나** 규준, 이상 등과 마찰을 빚기 때문에 무의식세계에로 억눌러 버렸던 성격의 부정적인 측면들과 직면하는 것이다. 융은 억압된 기억과 소망들이 그림자 주위로 결합되어서, 숨겨진 부정적인 자기를 형성하는데, 이것이 우리의 자아(ego)의 그림자가 된다고 주장한다. 그림자가 억압되고 인식되지 않는 한 그것은 타인들에게 투사되고(희생양을 처리하듯이) 우리가 그것을 인식하지도 못하는 사이에 우리를 지배하는 경향이 있다. 비록 꿈 속에서 그림자가 종종 어둡고, 원시적이고, 불쾌한 모습으로 나타나지만, 그것은 자발성과 본능적 에너지, 창조성의 잠재적 원천이 된다. 이러한 그림자를 치료과정에서 인식하게 되면, 우리 자신의 거부된 부분들을 되찾게 되어서 우리 내부의 삶에 대한 그것의 지배력과 위험한 성질의 많은 부분을 줄일 수 있게 된다.

개체화의 세 번째 성장단계는 개인의 '원상'(soul image)인 **아니마**(anima)나 **아니무스**(animus)와 직면하는 것이다. 융은 여성들의 무의식 속에 아니무스가 있고, 남성에게는 아니마가 있다고 주장했다. 아니무스는 남성적인 성향과 경험으로 이루어져 있는 심리구조이고, 아니마는 여성적인 성향과 경험으로 이루어진 심리구조로서, 이 양자는 서로 정반대의 성의 특질을 내포하는 심리구조이다. 무의식 중의 일부분인 이것들로 꿈 속에서는 자신과 정반대의 성으로 나타난다. 이 같은 구조가 무의식으로 남아 있는 한, 사람들은 그것을 반대의 성에게 투사해서, 그 투사된 것을 좋아하든가 싫어하든가 하게 된다. 결혼생활 문제 상담시에 부부에게 자신들의 부질없는 갈등의 대부분이 자신들 각자가 수용할 수 없는 부분들을 상대방에게로 투사시키기 때문에 생기는 것이며, 그것은 심리내부의 양면성 탓이라는 사실을 조금이라도 일깨워 준다면 매우 도움을 줄 수 있다. 예를 들면 매우 '야성적인' 남자와 지나치게 '여성적인' 여자는, 자신들의 문화권 내에서 엄격하게 규정된 성 역할에 위배되는 감정이나 성향이 자신들에게 있는 것에 대해 두려워하고, 그래서 이를 억누르고 상대방에게 투사하게 된다. 만일 남성이 그의 거부된 **아니마**를 되찾게 되고 여성 또한 마찬가지로 **아니무스**를 되찾게 된다면, 그들은 전인적이고, 양성적인(androgynous) 사람이 될 것이다. 만일 그러한 남자가 그의 부드럽고, 순하고, 감성적인 면을 되찾고, 여성이 그의 이성적, 주장적, 분석적인 면을 증진한다면, 그들은 더이상 서로가 갖고 있는 자신의 일면에 대해 숭배하거나 싸울 필요가 없어질 것이다.

개체화의 네 번째 단계는 의식과 무의식으로 구분되는 전체 인성을 통합시키는 핵인 진정한 자기를 발달시키는 것이다. 자기에 있어, 심리적 반대편은 보충적인 결합과정에서 조화될 수 있다. 자아(ego)는 여전히 의식의 중심이나, 자기(self)는 전체 인성의 중심이 된다. 자기는 신성한 불꽃으로서, 각각의 사람 속에 있는 신의 형상이다. 그래서 융은 다음과 같이 쓴다. "나는 내 속에 있는 **하나님의 형상**(imago Dei)을 경험하도록 허락받았기에 신에게 매일 매일 감사한다."[10] 자기는 꿈 속에서 종종 신성의 몇몇 상징인 만다라나 원으로써 나타난다. 융의 자기 개념은 앗사지올리의 '보다 높은 자기'(higher Self) 개념과 매우 유사하며, 기독교 전통에서의 영혼 사상과도 맥락을 같이한다. 이들 각각은 인간에게는 초월적인 차원이 존재하며, 이러한 차원이 인간성의 중심이 될 때에만 우리는 전인적일 수 있다는 중요한 진리를 같이하고 있다.

융은 무의식(이것은 정신의 90%이다.)이 전인성으로 향해 움직이는 데 필요한 주된 자원을 제공한다고 믿었다. 무의식은 주로 상징을 통해서 표현된다. 프로이트의 견해와는 반대로, 그는 무의식을 선하게도 악하게도 사용될 수 있는 '창조성의 위대한 저장고'로써 이해했다. 개체화과정이 일어나기 전에는 그림자, 아니마, 자기는 모두 무의식적인 존재이다. 그들을 의식세계로 가져올 때, 그리고 개인의 자기 지각이 성장할 때, 그들은 인성의 차원을 매우 풍부히 한다.

인성의 가장 깊은 수준인 **집단무의식**(the collective unconscious)은 오랜 진화과정의 소산인 심리적 유산이다. 그것은 또한 현재에 있는 모든 것과도 연결되는 것이다. 집단무의식의 원형적 이미지(archetypal images)는 인간 공통의 경험을 나타내는 보편적인 상징으로 이해된다. 그것들은 개인의 꿈과 환상에서 뿐만 아니라 민담, 전설, 설화 등 세상의 많은 부분에서 보여진다.

비록 문자 그대로 집단무의식에 관한 융의 견해를 모두 취하지는 않는다 하더라도, 적어도 우리의 깊숙한 내부에는 전 인류나 역사, 자연과 공통적으로 관계되는 그 무언가가 있다는 점은 명백한 것 같다. 집단무의식이라는 융의 개념을 과일 열매에 빗대어 보면 불완전하나마 이해하기가 쉬울 것이다. 각각의 나무는 개별적인 삶과 독특한 정체성, 공간을 가지고 있다. 그러나 모든 나무들은 같은 토양 속에 뿌리를 박고, 같은 물줄기와 토양분의 흐름을 경험하고, 같은 공기, 태양과 상호작용하면서 살아간다. 각각의 나무는 그 자신의 본성과 잠재성을 표현하는 독특한 방식을 가지고—예 : 사과나무는 사과 열매를 맺고, 배나무는 배를 생산한다—그 환경과 상호작용한다. 우리 인간들도 마찬가지이다. 우리 각자는 독특하고 자율적이다. 그러나 가장 심층적인 부분에서 우리 모두는 생명체들의 거대한 상호 의존체계 속에서 서로 관련을 맺으며 민감성과 배려를 갖고 살아가는 것이다. 우리 자신들을 이 같은 초개인적인 차원으로 개방시킨다면, 전체 생태계와 의미 있는 관련을 맺는 감각을 고양시킬 수 있다. 이것은 우리가 집단적인 생존을 이 지구라는 공간에 잘 의존하려는 생태적 의식과 배려에 대한 기초를 제공할 수 있다.

무의식으로부터의 주된 의사소통의 형태인 꿈은 프로이트식 치료법에서와 마찬가지로 융주의자들에게도 결정적인 역할을 한다. 그러나 융은 꿈을 프로이트와는 매우 다르게 이해했다. 그는 꿈을 전인성을 향하도록 우리를 유혹하는 무의식세계로부터의 메시지로 보았다. 꿈을 분석하기보다는 '꿈과 친해져서'[11] 꿈이라는 메시지를 이해하게 되는 것은 성장 방해요소들을 제거하고 무의식세계에 있는 성장자원들을 찾아내는 데 매우 중요하다. 놀라는 꿈은 우리가 거부했던 측면들의 반영이며, 이런 것들이 성장을 방해하는 '악마'로 상징되어 나타나는 것이다. 우리 자신의 이러한 측면들이 친해지고 재통합될 때, 그들은 성장에 장애가 되기보다는 자원이 된다. 무의식은 종교적 경험의 원천이다. 융식의 목회상담자 중의 한 사람 샌포드(John A. Sanford)는 이러한 개념을 기초로 하여 꿈은 '잊혀진 신의 언어', 즉 방언이라 하였다. 이러한 견해는 성경에 나오는 꿈에 대한 이해와 매우 흡사하다.

융은 마틴 부버(Martin Buber)의 대인관계주의와 매우 유사하게 전인성을 본질적으로 관계적인 것으로 본다. 여기에 대해 융은 다음과 같이 말한다 :

> 관계를 맺지 않는 인간은 전인성이 결여된다. 왜냐하면 인간은 단지 영혼을 통해서만 전인성을 달성할 수 있는데, 그 영혼은 '타인'(You) 속에 존재하는 그것의 다른 면이 없이는 존립할 수 없기 때문이다.
>
> 개체화는 두 가지 중요한 면들을 갖는다. 한 편으로 그것은 내부적이고 주관적인 통합의 과정이지만, 다른 한 편으로는 객관적인 관계가 형성되는 필수적인 과정인 것이다. 때때로 이 중 어느 한 면이 지배적이긴 하지만, 다른 면이 완전히 결여되어 있으면 나머지 한 면도 성립할 수 없는 것이다.[12]
>
> 삶의 생생한 신비는 바로 이 양자에게 내재되어 있으며, 그것은 단순히 말이나 논쟁에 의해 생기거나 없어지지 않는 진짜 신비이다.[13]

융은 인간과 그 잠재성에 대해 프로이트보다 훨씬 더 희망적이고 낙관적으로 보았다. 그러나 그는 또한 성장에 대한 강력한 장애와 저항이 있다는 점도 예리하게 인식했다. 그는 "사람들은 자신의 영혼과 직면하는 것을 피하는 길이라면, 아무리 불합리한 일이라도 서

슴없이 할 것이다."라고 썼다.[14] 개체화의 각 단계에는 각각의 위험과 난관이 있다. 심리적 관계라는 관점에서 결혼에 대해 토의할 때, 그는 "고통 없는 의식의 탄생은 없다."라고 주장했다.[15]

융은 인간의 파괴성과 악을 이해하는 데 지속적으로 관심을 두었다. 세상을 돌아보면서 그는 "오늘날 우리는 전에 없이, 우리의 내부에서 우리를 유혹하는 악이라는 위험요소를 경계해야만 한다. …… 심리학은 악의 실체를 주장하고 규명해야 하며, 그것이 중요하지 않다거나 실제로 존재하지 않는다고 여기는 어떤 정의라도 거부해야만 한다."라고 경고했다.[16] 사람은 그들 속의 서로 반대되는 것들, 즉 의식과 무의식, 내향성과 외향성, **페르조나**와 그림자 등이 서로 소외될 때 파괴적으로 된다. 무의식은 의식으로부터 차단되어 억압될 때에만 파괴적으로 된다. 한 개인이 점차적으로 무의식의 거부된 차원들을 회복하여 발달시키고 이것들을 의식과 함께 균형 있는 면으로 통합시킬 때, 회복된 차원들의 파괴성은 변형되어서 개인의 내적 삶의 창조성을 배양시키게 되는 것이다.

융은 문화가 어떻게 개체화를 방해하는지에 대해 탁월한 감각이 있었다. 그는 현대 서구사회가 개성과 신화적, 상징적인 것들을 상실시키고, 대신에 이성적, 분석적, 기계적인 삶의 측면들을 지나치게 강조하고 있다고 보아 이를 비판했다. 결국 사람들이 자신의 무의식세계의 자원들로부터 소외되므로 마치 늪지에서 모기가 번식하듯이 현대 사회는 심각한 심리적인 문제들을 양산하고 있는 것이다.

융은 영성성장을 전인성으로 향하는 모든 움직임에 필수적이고 중심적인 차원이라고 믿었다. 그는 인류의 종교적 욕구를 아주 보편적이고 강력한 것으로 보아서, 그것을 모든 인간 속에 내재된 본능으로 여겼다. "이상하게 들릴지 모르지만, 경험에 의하면 신경증 중 상당 부분은 사람들이 맹목적으로 종교에 의해 고무당하기 때문에 생기는 것으로 보인다. …… 오늘날의 심리학자들은 더이상 종교 교리나 강령이 문제되는 것은 아니라는 사실을 이번 만큼은 깨달아야 한다. 종교적 태도가 심리생활의 중요 요소라는 점은 아무리 강조해도 지나치지 않는 것이다."[17] 융은 정당한 의미를 찾아내는 것이 인간의 성장과 건강에 필수적이라고 믿었다. "우리를 자유롭게 할 수 있는 것은 의미뿐이다."[18] 오늘날의 많은 고통과 문제는 사람들이 삶에서 의미를 찾지 못한 직접적인 결과이다. "인간은 자신의 삶에 의미를 주고 우주 속에서 자신의 위치를 찾을 수 있게 하는 보편적인 확신과 사상을 필요로 한다. 인간은 의미 있는 일이라고 느끼면 거의 믿기 어려운 고난도 참아 낸다. 그러나 그가 자신의 모든 불행의 절정에 있으며, 바보가 말한 이야기에 속고 있다고 느끼면 그 순간 무너져 버리게 된다. 그것은 인간의 삶에 의미를 주는 종교적 상징의 역할이다."[19]

융은 위대한 동양의 심원한 정통 속에 있는 풍부한 영성에 깊이 감동을 받았는데, 그는 이것이 서양의 종교적 전통을 균형잡고 보완하는 것으로써 보았다. 그에 따르면, 치유와 성장을 만들어 내는 것은 바로 종교의 비이성적, 신화적, 상징적이고 신비적인 면들이다. 완전히 탈신화적인 종교는 풍부한 무의식의 자원을 사용하는 데 필요한 통로로서의 기능을 상실한다. 종교의 신비하고 신화적인 측면은 오늘날 '획일적인 대중정신'이라는 우리 문화의 위기를 극복하기 위하여 필요되어지는 것이다. 모든 것을 '객관적인 것'으로 만드는 과학적 합리주의는 한계가 분명한 지식들을 유일한 영적 권위로 삼게 만들어 결국 획일적인 대중정신을 조장하는 결과를 빚는다. 이것은 '사물을 구별짓는 것은 그들의 개체성'이라는 사실을 망각하게 한다.[20] 초월의 내적 경험은 대중 속에서 우리의 개체감 상실을 방지할 수 있는 최선의 방어책이다. 융에 의하면, 종교는 우리가 현실의 풍부하고도 비합리적인 측면들과 접촉할 수 있도록 해주고, 과학적 합리주의가 초점을 맞추는 사회와 모든 통계적인 일반화를 초월하는 관점을 우리에게 제공해 주어 우리가 객관적인 '이성'과 외부세계로부터 지나치게 영향받는 것을 바로잡아 준다고 한다. 프로이트는 종교의 오랜된 오만함을 보고 반발했지만, 융은 과학의 새로운 오만함을 보고 이에 반발했던 것이다.[21]

성장에 대한 융의 접근은 특히 인생의 후반기의 성장과업에 풍부한 자원을 제공한다. 그는 프로이트와 아들러의 접근법은 35세 이전까지의 성장과업, 즉 주로 외부세계에 건설적으로 대처하는 법을 익히는 데 도움이 되는 것이라고 믿었다. 그러나 인생의 후반기에 이르면 성장과 치료의 목적은 급격히 변하게 된다. 융은 그것은 "우리는 인생에 있어 아침의 심리학과 오후의 심리학을 구별해야만 한다."라고 표현했다.[22] 융은 중년의 위기를 다음과 같이 서술했다 : "많은 악성 신경증들이 인생의 중반에 나타나게 되는 것은 이상할 것이 없다. 그 시기는 일종의 제2의 사춘기이자 또 다른 '질풍노도기'로서, 이 시기에는 흔히 폭풍우와 같은 열정이 수반되는 위험한 시기이다. 그러나 그 나이에 갑자기 발생하는 문제들은 기존의 낡은 처방으로는 더이상 해결되지 않는다. 왜냐하면 시계의 바늘을 거꾸로 되돌려 놓을 수는 없기 때문이다."[23]

인생의 후반기의 성장작업은 내부지향적이어야 한다. 인생 전반기에 외부세계에서 발견하던 의미를 이제는 자신의 내부에서 찾아야만 한다. 중년의 위기는 본질적으로 영적인 위기이다. 만일 개인이 자신이 현재 안고 있는 문제에 대처하고 후반기의 잠재력을 개발하려면, 자신이 인생의 전반기에 가졌던 가치나 의미, 영적인 경험들을 수정하고 심화시켜야만 한다. 융은 "인생 후반부에 있는 나의 모든 환자들 중에서 그들의 문제가 인생에서 종교적인 조망을 발견하는 것이 아닌 사람은 한 사람도 없었다. 따라서 그들은 각 시대의 종교가 그 추종자들에게 부여하는 것을 가지지 못했기 때문에 병에 걸렸으며, 삶의 후반기에도 종교적인 조망을 되찾지 못했기 때문에 치료될 수 없었다고 보는 것이 보다 확실할 것이다."[24]라고 말한다.

많은 사람의 경우에, 인생 후반기에서의 성장작업에는 자신의 '다른 면'인 **아니마나 아니무스** 속에 방치되어 있던 자원들을 되찾고, 인생의 전반기에 무시되는 4가지 심리기능 중 어느 것이라도 우선 개발시켜 나가는 것이 포함된다. 나처럼 인생의 전반기에 주장적이고, 합리적이고, 외부지향적인 면들이 지나치게 발달한 사람은 중년에는 부드럽고, 직관적이고, 관계적이고, 감성적인 면들을 발달시켜서 전반기에 발달한 것과 균형을 이루도록 해야 한다. 마찬가지로 집안살림을 하던 시기에 지나치게 감정적이고, 배려적, 관계적인 면에 편중했던 여성은 그 동안 무시되었던 이성적이고 주장적인 면(아마도 집 밖의 직장에서 표현되는)을 발달시킬 필요가 있다. 물론 여성과 남성이 생의 전반부에 균형잡힌 인성을 개발시키면 더 좋다.

한 가지 내가 일에 빠져 있는 사람의 성장을 촉진시키는 데 유용하다고 느낀 것은 '쾌락의 원리'에 대한 융의 확신이다. 전인성의 정도에 따라, 우리는 풍부하고 다양한 수준의 심리세계에 존재하는 심리적이고, 대인관계적이고, 영적인 쾌락들을 즐길 수 있다. 프로이트가 이성과 자아(현실 원리에 의해 지배되는)에 의한 쾌락 원리 통제를 전적으로 신봉한 반면, 융은 경험의 비합리적, 신비적, 예술적인 면들을 신봉했다. 그는 합리성이 그 다른 면과 절연되면 오히려 인간과 사회에 해를 끼친다고 보았다. 나에게 자유를 느끼게 하고 힘을 주는 융의 이러한 사고방식에는 긍정적인 그 무엇이 있다. 그가 치료시에 '적극적인 상상'과 예술을 사용하고, 환상을 가치 있다고 본 그의 시각이 다음과 같이 영혼을 표현한 것이다 :

> 진실로 말하자면, 나는 환상에 대해 높이 평가한다. 나에게 있어서 그것은, 실제로 남성적인 영혼 내에 있는 모성 같은 창조적인 면이다.…… 모든 인간의 업적은 창조적 환상에 그 기원을 갖는다. …… 상상의 창조적 활동성은 인간을 '별 것 아니라'(nothing but)는 속박에서 풀어 주고, 그 곳에 있는 **영혼의 활동**을 자유롭게 해준다. 쉴러(Schiller)가 말하듯이, 인간은 다만 그가 활동할 때만 완전한 인간이 되는 것이다.[35]

융이 치료에서 직관적이고 활동적인 양식의 사용을 강조한 것은 이같은 접근법의 효율성을 부여하는 하나의 이유가 됨은 명백하다. 이러한 활동들은 아마도 내담자와 치료자 모두의 오른쪽 뇌의 자원을 활성화시킴으로써 변화를 만들 것이다. 이러한 강조는 합리적, 분석적(이는 좌반구의 작용임.) 양식들을 보완하고 균형을 잡히게 하는데, 이 좌반구는 대개 전통적 치료들을 지배해 온 것이다.

융은 **성장치료자들 자신도** 지속적으로 성장해야 한다는 점을 강조했다. 정신분석가나 분석을 받는 사람은 둘 다 심리내부의 여행을 함께 하는 동반자이며, 이 과정에서 분석가 또한 마음을 열고 변화하려는 노력을 해야 하는 것이다. 이론을 중시했음에도 불구하고, 융은 "심리치료에 있어서 하나의 주목할 만한 점은 치료 효과는 단지 그 초점을 잘 맞출 때에만 기대할 수 있다는 점이다 ; 그 초점이란 다름아닌 인간을 심리적인 전체로 이해하고, 어디까지나 '인간' 이라는 점을 의식해야 하며, 모든 이론을 제쳐 놓고 환자가 말하는 한마디 한마디를 주의 깊게 듣는 것이다."26)라고 설파하고 있다. 나의 수년간의 상담관계에서의 우여곡절을 회상하면, 치료자와 내담자가 둘 다 변하고 성장해야 효과적인 치료가 된다는 융의 관찰에 나는 공감을 할 수 있다.

융은 유능한 치료자는 세상의 삶을 함께 하고 그 속에서 늘 무엇인가 배우려고 하는 그런 사람이라고 믿었다 :

> 사회적이나 정치적인 위기상태는 개인의 정신생활에 막대한 영향을 미치기 때문에 의사는 그 영향을 평소보다 더욱 주의해 보아야 한다.…… 그는 평화스러운 섬으로 가서 방해받지 않고 과학적 작업을 할 여유가 없으며, 지속적으로 세상사와 부대끼면서 상충되는 열정과 의견들을 헤쳐 나가야 한다. 만일 그가 혼잡을 피해 멀리 떨어져 지낸다면, 그것은 단지 재난에서 조금 더 떨어져 있다는 것 뿐이며, 그 때는 환자의 고통을 들을 수도 이해할 수도 없게 될 것이다. 그는 자신의 고립성 때문에 어떻게 환자를 도울지를 몰라 당황할 것이다.27)

그러므로 인간 정신을 알고자 하는 사람은 누구나 세상을 도외시해서는 안 되며, 그 속에서 세상사와 부대끼면서 인간의 마음을 탐구해 나가야 하는 것이다. 즉 치료자는 공포스러운 감옥이나 정신병원 내지 일반병원, 변두리의 빈민가, 도박과 노름방, 우아한 살롱, 증권거래소, 사회주의 모임, 교회, 재활 모임 등에서 사랑과 증오, 온 몸으로 느끼는 열정의 경험을 통해서만이 1피트 두께의 책이 가져다 주는 것보다 훨씬 풍부한 산지식을 쌓아 갈 수 있는 것이다. 그리고 그래야만 치료자는 인간 영혼에 대한 진정한 이해

를 갖고 환자를 치료해 갈 수 있는 것이다.[28]

  비록 융의 사상이 무한한 성장자원을 제공하기는 하지만, 총체적인 성장치료법으로서의 그의 체계에는 많은 한계점들이 있다. 내가 말하는 '신비한 측면'이라는 개념은 융의 비교적(秘敎的)인 이론들과 유사한 점이 많다. 그러나 융의 사고의 이런 면에 대한 위험은 자칫 잘못하면 치료자 하나의 신비종교처럼 되어 버릴 수 있다는 점이다. 융은 일부 매우 현명하고 성장적인 것들에 관해 말하지만, 때때로 필요없이 복잡하고 추상적인 방식으로 말한다. 그의 사고의 기초를 이루는 추상적인 이론들은 종종 불필요해 보인다. 많은 그의 사상은 그 자체로서 타당하고 유용할 뿐이지 이론들과는 별 관계가 없다.
  나의 경험으로 보자면, 융의 체계의 중심 내용은 내성적인 사람보다는 외부지향적이고 외향적인 사람들의 성장에 유용하다. 우리 중 많은 사람은(우리의 사회 속에서, 외향적이라 평가받는 사람들) 모든 문화권의 예술가나 신비론자들이 이미 섭렵했던 내부세계의 풍부한 자원들을 무시한다. 방대한 심리내부의 세계에 대한 융의 관심은, 내부세계를 잘 알지 못하는 사람들에게 그들이 외부세계와 내부세계에 대한 인식을 균형 있게 하도록 도울 수 있다. 그러나 이미 지나치게 내부로 돌아선 사람은 융주의자들보다도 더 많이 엄청난 에너지를 아마도 끝이 없을 내적 진실의 탐구에 허비한다. 그러므로 치료자가 융체계의 쓸모 있는 자원들의 효능을 제고시키기 위하여는, 강한 현실 치료법을 배합하여 균형을 맞추어야 한다. 그러한 이중적 힘은 보다 수월하게 내부와 외부간의 균형을 만들어 낼 것이다(이 점이 바로 융에 있어서의 전인성의 내용이기도 하다).
  여권주의 심리학자나 치료자의 관점에서 보면, 융의 이론에는 각각 장단점이 있다. 그는 소위 정신의(신에게도 역시) '여성적인 면'을 인식하고 이를 가치 있는 것으로 보았는데, 이것은 프로이트가 잘못 이해하고 무시했던 면이다. 그는 또한 남성과 여성 모두에게 전인성이 성격의 소위 남성적이고 여성적인 면 둘 다를 어떻게 통합하는가를 보여 주었다. 그러나 두 가지 면에 있어서 융은, 우리 문화의 성차별주의에 도전하기보다는 오히려 이를 인용하고 강화했다. 정신세계에는 '남성적인 면'과 '여성적인 면'의 양면성이 있다고 고집함으로써, 그는 뜻하지 않게 우리 문화의 정형을 오히려 강화하는 비생산적인 이론을 만들어 냈다. 부드럽고, 양육적이고, 감성적인 면과 주장적, 이성적, 분석적인 면은 양성 모두에게 있는 **인간적** 능력이다. 여성에 관한 그의 저술을 통해서 볼 때, 그는 여성의 전통적인 가정 중심의 역할을 잘못 이해했으며, 그러한 역할들이 여성의 본질적인 생물학적 요구에 부응하는 것이라는 잘못된 견해를 갖고 있음이 명확히 드러난다. 융식의 치료법으로 교육을 받은 나오미(Naomi Goldenberg)는 이에 대해 다음과 같이 비판하고 있다 : "아니마/아니무스 모형과 양자의 통합이라는 목표는 여성에게보다는 남성에게 보다 잘 작용한다. 그 모형은 오히려 여성에게 엄청난 불이익을 가져다 주는 이 사회의 변화를 방지해 주는 역할을 하여, 결과적으로 남성적인 것과 여성적인 것에 대한 전형적 개념들을 옹호하는 것이다."[29]

융의 치료법은 전통, 현대를 막론하고 대부분의 치료법들이 그렇듯이 본질적으로 탈정치적이었다. 즉 그는 치료의 가치를 이해하지 못했으며, 명백히 억압된 사람들의 경우에 치료관계를 통해서 그들에게 자신들의 성장을 억압하는 사회체계를 변화하도록 하려는 힘과 동기를 부여할 필요를 깨닫지 못했다. 그는 현대 사회를 탁월하게 비판했지만, 그의 치료법은 단순한 초개인적인 수준을 벗어나지 못했다.

실존적 치료자들로부터의 성장자원들

한 젊은 여성은 그녀가 어떤 좋지 않은 일의 결과로 태어난 사생아라는 사실을 알고서는, 치료시에 늘 수치감과 불안감으로 괴로워하며, "나는 살 권리가 없다고 느낀다!"고 슬퍼했다. 그녀가 직면하고 있는 문제들은 바로 실존적 치료자들이 모든 치료에서 매우 중요하다고 여기는 문제, 즉 개인의 기본적 정체감의 상실과 개인의 본질과 존재를 확인받고자 하는 욕구의 불충족에서 나오는 실존적인 불안감이다. 그러한 기본적 인간 문제들이 치료자에 의해 무시될 때, 치료의 성장촉진 효과는 감소된다. 실존적 치료법의 독특성은 그 방법론에 있는 것이 아니라 그것의 기초가 되는 철학적 가정들에 있다. 다양한 치료적 접근들은—루드비히 빈스바그너(Ludwig Binswanger)의 정신분석적 접근에서부터 빅토 프랭클(Viktor Frankl)의 신(新)아들러의 방법론에까지—철학에서의 실존주의적 입장과 연관되어 있다.[30] 실존적 치료자들은 인간 상황에 대한 치료자의 기본적인 철학적 가정들이 치료시에 그들이 하는 모든 것—어떻게 그들이 지각하고 내담자와 관계를 맺는가, 어떻게 그들이 인간 문제의 원인들을 이해하는가, 어떻게 그들이 특별한 기술들을 사용하는가, 어떻게 그들이 위기적 상황에서 내재된 성장 가능성을 이해하는가—에 심오한 영향을 미친다고 주장한다.

이제 나는 내가 초기에 주장했던 견해에 대해 보다 자신감을 갖고 피력할 수 있다.

> 목회상담자의 효율성은 만일 그가 심리치료시에 실존주의적 관점을 견지한다면 보다 증가될 것이다. 가치, 인식, 창조성, 자유(선택과 책임), 확실성, 실존적 불안(그리고 실존적 죄책감과 기쁨), 존재, 자아실현, 조우(遭遇), 확신, 대화와 의미에 대한 실존적 관점의 강조는 모두 인간의 종교관과 양립하는 것이다.[31]

실존적 치료법의 기본적 철학과 그것의 인간 성장의 본질에 대한 이해는 또한 성장지향적인 상담자와 치료자들에게 무한한 가치가 있다.

인간 상황에 대한 실존적 시각은 상담과 치료에 대한 나의 생각과 수행에 많은 영향을 주었으며, 또한 풍부한 자원을 제공해 주었다. 내가 처음으로 실존적 철학의 영향을 받은 것은 유니온신학교에 다닐 때 폴 틸리히의 강의를 들으면서였다. 당시 그의 종교심리학과 그 기초가 되는 실존철학은 나에게 많은 감명을 주었으며, 특히 그가 나의 박사학위 지도교수로서 충고한 내용들은 내게 매우 유용한 것들이었다. 또한 나는 롤로 메이(Rollo May)와의 이따금씩의 만남(이는 주로 화이트정신병연구소와 콜롬비아대학의 종교와 건강에 관한 연구모임에서였다.)을 통해 심리치료와 실존적 시각과의 관련성에 대해 인식할 수 있었다. 보다 최근에는, 빅토 프랭클과 제임스 버젠탈(James Bugental)의 치료 이론들을 접하면서 나의 사고의 실존적 입장들을 보다 공고히 할 수 있었다. 이제 나는 성장상담의 기초 이론을 실존적 주제에 관한 하나의 변인으로써 이해할 것이다. 이 장에서 나는 사람들의 성장작업의 심도와 효율성을 증가시키는 데 유용한 실존적 치료들로부터 나온 기본적 개념들 몇 가지를 논의할 것이다. 이러한 주제들을 살펴 나가면서 융이나 펄스, 앗사지올리, 로저스 등 몇몇 치료자들의 치료법에 실존적 입장이 두드러지게 나타나고 있음이 분명해질 것이다.

실존주의적 치료법의 지도 동기는 모든 인간에게 있는 독특한 인간성—예 : 자유, 선택, 가치, 인식, 창조성—그리고 각 개인의 구별성을 강조한 것이다. 치료의 목적은 사람들 자신이 확실히 이 세상에서 존재하도록 발달시키는 것이다. 이러한 치료법들의 작업개념들은 모두 위의 기본 주제에 관한 변인들이다.

사람들이 치료를 원하는 문제들은 본질적으로, 실존적 불안을 해결하려는 비건설적인 방식들의 소산이다.

> 일반적으로 불안은 인간 유기체가 자신의 안전이나 복지에 필수적인 것으로 여기는 것에 대한 위협으로서 지각되는 어떤 것에 대한 반응이다. 병리적인 (신경증적) 불안은 상반되는 충동, 소망이나 욕구가 동시에 시끄럽게 표출 혹은 만족을 요구할 때 생긴다. 즉 그것은 내부갈등의 결과이다. 그리고 그것은 억압된 자기 형상을 만족시켜 줄 만한 소재들을 유지시켜 주는 기능을 한다. 이와는 대조적으로, 실존적 불안은 비병리적이거나 정상적인 불안이다. 그것은 인간 존재의 바로 그 본질로부터 생기는 것이다.[20]

우리 인간은 죽는다는 것을 아는 동물이다. 우리는 본질적으로 나이들고 병들고 결국은 죽는 그런 존재이다. 이 같은 실존적 현실은 우리 자신이 살아가면서 죽어 가는 피조물이라는 점을 어느 정도 자각하고 있기 때문에(대개 의식적은 아니지만) 더욱 고통스러운 현실이 되는 것이다. 우리는 어제보다 오늘이 죽음에 더 가까운 날이라는 사실을 안다. 유한성을 자각하는 것은 마치 여러 악보에서 끊임없이 연주되나, 대개 의식적으로 듣지는 않는 배경음악 같은 것이다. 비록 우리가 무수한 방법으로 유한성을 무시하거나 의식하지 않으려 해도, 그것은 우리가 느끼고 생각하는 모든 것을 윤색(潤色)하게 된다. 우리가 결국 죽는다는 사실과 살아 있어도 사는 것 같지 않은 느낌(예컨대, 무의미감)은 우리의 의식과 관계, 창조성과 우리 삶의 모든 다른 측면들에 영향을 끼친다.

정신병리와 신경증적 불안은 실존적 불안에 대처하는 데 실패한 시도들이다. 틸리히의 통찰을 부연하자면, 신경증은 자신의 비존재감을 부인함으로써 존재감을 찾으려는 비효과적인 시도이다. 또는 호니가 지적했듯이, 신경증적 문제들은 자신이 진정으로 살아 있다고 느끼지 않으려고 함으로써 죽음의 공포를 피하려는 매우 소모적인 노력이다. 예를 들어, 내가 나 자신을 어느 정도 우울하게 만들고(형태치료자가 말하듯이) 살아 있다는 느낌이 덜 들도록 하면, 그 때는 죽어 보았자 잃을 것이 별로 없기 때문에 죽음의 공포가 매우 감소하는 것이다. 그러나 그 같은 실존 불안에 대한 회피반응은 이러한 불안에 건설적으로 대처하는 유일한 방식인 삶에의 긍정을 배제하는 것이기 때문에 아무 쓸모 없는 해결책이다.

실존적 불안에 대해서는 심리학적이나 심리치료적인 해결책이 없다. 또한 그것을 지울 방법도 없다. 그것은 자기 인식적인 피조물로서의 우리 인간 경험에 본질적으로 내재되어 있다는 의미에서 '실존적'인 것이다. 그것을 부정하고 거기에서 도망치려는 헛된 시도는 우리를 더욱 파괴적으로 만들 뿐이며(심지어는 '사악하게'), 잠재적인 창조적 힘을 낭비하고 우리의 자각감과 생존감을 감소시킬 뿐이다. 그러나 실존적 불안은 우리의 성장을 무능화시킬 수도 있지만, 한편으로는 우리의 성장활기를 배양하는 가장 심층적인 원천이 될 수도 있는 것이다. 실존적 치료법들은 사람들이 그들의 실존적 불안에 직면해서 이에 건설적으로 대처토록 함으로써, 이러한 실존적 불안을 그들의 창조성과 성장의 동기와 에너지의 원천으로 사용할 수 있도록 돕고자 하는 것이다. 롤로 메이가 언급했듯이, "치료의 목적은 환자를 불안으로부터 해방시키는 것은 아니다. 그것은 오히려 환자가 정상적인 불안에 건설적으로 대처토록 하게 하기 위하여 신경증적 불안만을 제거시키는 것이다. **전자(불안으로부터의 해방)를 달성할 수 있는 유일한 방법은 바로 후자(불안에 건설적으로 대처하는 것)를 이루는 것이다.** 정상적 불안은······ 성장 및 창조성과 불가분의 관계에 있는 것이다."[33]

현대 실존주의의 선조인 키에르케고르는 실존적 불안을 마치 하나의 '학교'[34]와 같은 것이라고 했다. 신뢰와 의미의 맥락에서 그것은, 우리가 우리 자신과 사소한 가치와 의미에 굶주린 삶의 양식에 직면토록 해주는 '선생님'이 된다. 그래서 실존적 불안은 '알고자 하는 욕구의 어머니'[35]가 되고, 우리의 잠재성을 충분하고 확실한 인간성으로 개발하는 힘의 원천이 되는 것이다. 단지 신경증적 불안에만 초점을 두고, 그 이면에 있는 실존적 불안을 무시하는 어떤 치료법도 신경증적 불안을 해결하는 기본적 방식―실존적 불안에 직면해서 이를 형성에너지로 변형시켜 나가는―으로부터 사람들을 차단시킨다.

치료를 요하는 문제들을 보면 대개는 신경증적 불안과 실존적 불안이 뒤얽혀 있다. 앞에서 예를 든 여성의 경우에도, 자신이 축복받지 못한 사생아라는 사실을 알게 되면서 실존적 불안에 휩싸이게 되고, 이것이 심화되면서 실존적 불안과 성, 분노, 기쁨, 자기 주장 등과 같은 죄의식에 가득 찬 신경증적 갈등이 서로 얽힌 것이다. 그녀가 도움을 요청했을 당시에 두드러지게 나타나는 문제는 죽음에 대한 강렬한 공포였는데, 이는 죽음에 대한 신경증적 불안(그녀는 분노감과 '더러운' 성적 환상 때문에 자신이 살 가치가 없다고 생각하고 있었음.)과 실존적 불안이 서로 섞여 있는 것이다. 틸리히가 관찰했듯이, "의미감을 상실한 사람들은 쉽게 신경증적 불안의 희생물이 된다." 그리고 신경증적 불안이 높은 사람은 실존적 불안에 자기 파괴적인 방식으로 반응하기 쉽다.[36] 치료관계에서, 치료자가 실존적 불안의 존재를 자각하는 것은 내담자의 신경증적 불안에서 실존적 불안을 분리시킨 다음, 이를 점차로 변형시켜서 신경증적 불안을 키우지 않도록 하는 데 결정적으로 중요하다.

실존적 치료법에서는 생명력 있는 인생철학과 가치체계를 실존적 불안을 변형시키는 필수적인 요소로 여긴다. 빅토 프랭클은 마치 전염병과도 같은 실존적 신경증을 낳게 하는 우리 사회 속의 집단적인 '가치진공'을 지적한다. 많은 사람들의 내적 공허감은 그들의 왜곡된 가치, 우월성과 신념들에 의해 생기는 것이다. 메이는 다음과 같이 자문하고 있다 :

> 세상에 대한 환자의 왜곡된 시각이 때때로 그의 근본적인 문제들을 낳는 것이 아닐까? 그의 삶에 대한 효과적인 동기는 전체적으로 왜곡된 외양에 있는 것이 아닐까? …… 점점 더 우리는 인지할 수 있는 조건들을 동기로 삼으려 한다. 환자의 현상적인 시각은 단지 부분일 뿐이고, 결국은 왜곡된 시각이 모든 문제를 낳을 것이다. 즉 처음부터 끝까지……[37]

> 개인의 가치체계의 건강함과 그의 불안 사이에는 역관계가 있다. 즉 가치가 더 확고하고 융통성이 있을수록, 더욱 불안과 건설적으로 대처할 수 있을 것이다. …… 결국 건전한 가치에 도달하는 것이 치료적 과정의 종착역이 될 것이다.[38]

치료의 효과와 성장촉진성을 재고시키기 위하여는, 개인의 가치체계가 자신에게 의미 있는 인생철학이나 종교 등의 튼튼한 기반 위에서 있어야 한다. 프랭클은 그의 죽음의 캠프 학습을 통해 다음과 같이 결론지었다 : "어떤 의미에 대해 지나칠 정도로 믿는 것도—그것이 형이상학적 개념이든 종교적 신의 섭리를 느끼는 것이든 간에—치료와 인간 정신에 매우 중요한 영향을 미친다. 진정한 신념이 내부 역량에서 나오듯이, 그러한 믿음은 헤아릴 수 없을 정도로 인간의 생명력을 배가시켜 주는 것이다."[39] 생명력 있고, 진정한 종교는 (이러한 종교는 프랭클이 말한 소위 의미에 대한 의지를 만족시켜 주는 것이다.) 전인성을 향한 성장에 강력한 자원이 된다. 틸리히가 '신성의 힘'으로 표현한 것은 우리가 유한성에 직면하여 이를 변형시켜 나가는 것을 가능하게 한다.

내가 나 자신의 실존적 불안과 죄의식(이는 사는 것 같지 않은 삶을 살고 있다는 데 대한 죄책감이다.)을 나의 삶을 보다 고양시키는 방식으로 해결하려고 애쓰는 동안, 나는 때때로 **실존적 수용**이 가지는 힘을 인식하게 되었다. 나는 이러한 경험이 모든 사람에게 유용하리라고 믿는다. 우리가 기꺼이 이러한 경험을 받아들일 때, 우리는 마치 삶의 근원이자 원천인 애정에 가득 찬 영혼이 우리를 감싸는 것 같은 편안함을 느낄 것이다. 조용한 자기 확신의 느낌―단순히 자기 자신이 되는 것에서 오는―은 이와 같은 경험으로부터 나오는 것이다. 실존적 수용은 실존적 불안과 죄책감에 건설적으로 대처하는 데 중요한 자원이다.

실존적 치료자들이 명백히 밝힌 바와 같이, 영적인 문제와 가치 문제들은 치료과정에서 **확실히** 다루어져야만 한다. 영적 성장은 전인성으로 향하는 모든 사람들의 전체 성장에 열쇠가 되기 때문에, 모든 상담자들과 치료자들은 보다 효과적인 **영적 성장**이 이루어질 수 있도록 하는 기술을 지녀야 한다. 그러나 불행히도 영적 성장 문제를 효과적으로 다루는 데 있어서 정규적인 학문, 임상훈련을 받은 치료전문가는 목회상담자들뿐이다.

실존적 치료자들은 실존적 불안과 성장의 상호 연관성의 복잡함을 강조한다. 존재에의 용기도 진정으로 **형성**(become)에의 용기이다. 우리가 계속 살아 있으려고 할 때만(이것은 우리의 잠재성을 지속적으로 개발하는 것을 의미한다.) 실존적 불안과 죄책감을 변형시킬 수 있을 것이다. 메이의 말로는 :

'존재'는 바로 도토리가 자라 참나무가 되게 하거나, 우리가 점차로 진정한 자신이 되게끔 하는 잠재성이다. …… 우리는 타인이 무엇을 향해 나아가고 있으며, 무엇이 되어가고 있는지를 알 때에만 진정으로 그를 이해할 수 있게 된다. 또한 우리의 잠재성을 행위로 투사시킬 때에만 진정한 자기 자신을 알게 되는 것이다. 그러므로 인간에게 중요한 시제는 미래인 것이다. 다시 말하자면, 중요한 문제는 내가 무엇을 향해 가고 있으며, 무엇이 되어가고 있는가이다.[40]

그러나 새로운 가능성들이 나타날수록 실존적 불안은 증가되기 때문에 '형성'에는 용기가 필요한 것이다.

불안은 인간이 자신의 실존을 충족시킬 수 있는 잠재성이나 가능성을 느끼게 될 때 생겨난다. ; 그러나 이러한 가능성은 일단은 자신의 현재의 안정감을 파괴하기 때문에, 인간은 이러한 새로운 가능성을 부정하려 하게 된다. …… 만일 인간에게 발현시킬 잠재성이 하나도 없다면, 당연히 실존적 불안도 경험할 수 없게 되는 것이다.[41]

보다 충실히 생존해 감으로써 실존적 불안을 변형시켜 나가려는 과정에는 본질적으로 실존적 불안이 내포되어 있다. 그러나 그 과정에서 성장이 가능하려면, 개인은 드러나는 자신의 잠재성을 깊이 신뢰하고 낡은 안정감을 버려야만 한다.

미래의 잠재적인 힘에 대한 실존주의자들의 강조는 희망이 인간의 변화에 동기를 부여하는 엄청난 힘을 갖고 있다는 인식과 매우 밀접한 관련성이 있다. 새로운 미래에 대한 현실적인 희망을 인식하는 것은 성장을 촉진시키는 데 필수적인 역동이다.[42] **생동하는 미래─**상상 속에서 살아 있는 희망적인 미래─에의 지향은 창조적 변화를 위한 강력한 자원이다. 개인의 진정한 잠재력 계발에 영향을 끼치는 목표를 확인하는 것은 자신의 미래를 창조하는 첫걸음이다. 그러나 자신이 소망하는 미래상을 지속적으로 간직해 나가지 못한다면, 그러한 목표에로 향하는 노력은 종종 수포로 돌아간다. 융과 앗사지올리가 분명히 밝혔듯이, 그러한 노력을 격려하는 자신의 모습을 상상하는 것은 잠재력 계발로 나아가는 데 용이할 것이다.

실존적 치료법의 또 하나의 주목할 만한 주제는 **자유**인데, 이는 **선택, 책임**과 상호 관련성이 있다. 실존주의 입장에 있는 치료자들은(프로이트와 스키너의 것들을 포함하는) 모든 형태의 결정주의(determinism)를 거부한다. 실존주의 입장에서 보면 이러한 시각들은 인간 성장에 필수적인 자유와 책임으로부터 인간이 도피하는 데 이용되는 타당성이 없는 방식으로 보여진다. 제임스 버젠탈이 주장했듯이, 실존적 치료법의 주요 과제는 실존적 불안에 대한 자각을 차단하려는 데서 오는 인간 자신과 타인에 대한 왜곡된 인식을 바로잡는 것이며, 그럼으로써 '이 세상에서의 진정한 존재가 되는 책임과 기회를 수용하도록 돕는 것이다.'[43] 성장은 일련의 계속되는 선택들을 포함하는 개념으로 이해된다. 이에 대해 메이는 "실제로 현실 생활에서 새로운 수준의 통합에 이르는 것은 장기적으로 상승하는 성장의 문제이다—성장은 자동적인 과정이 아니라 새로운 통찰을 찾고, 자기 의식적인 결정을 하며, 그럼으로써 '때때로 혹은 자주 기꺼이 자신의 갈등에 직면케 하는 재교육이다.'[44]라고 쓰고 있다. 실존적 치료법의 목적은 사람들이 **삶을 선택하도록**—즉 진정으로 충실하고 확실하게 살아가는 것을—고무하는 것이다. 사람들은 자신이 삶에 대해 어떤 선택을 하지 않았을 때나(그냥 흘러가는 대로 사는 것), 선택했더라도 그것이 최선의 충실하고 진정한 삶이 아닐 때 뿐만 아니라, 그런 것들이 얼마나 소모적인가를 깨달을 때에야 비로소 삶의 선택 이전의 결정이 얼마나 긴급하고 중요한 것인지를 알게 된다. 실존적 치료자들도 성장과 변화에의 **전념**(commitment)이 심층에 관한 통찰과 창조적 변화의 선행조건이 된다고 보았다 : "환자는 그가 인생의 결정적인 방향을 취하고 그 길을 따라서 예비적인 결정을 하려는 준비가 될 때까지는 변형시키는 데 도움을 줄 만한 통찰이나 지식을 얻을 수 없을 것이다."[45]

나의 경험으로 보면, 실존적 관점은 특히 위기상담시에 가치가 있다. 모든 중요한 위기는 잠재적인 영적 성장의 기회이다. 질병, 상실과 사별의 경험은 우리의 대부분이 입고 있는 사이비 신의 약한 껍질에 금이 가게 하고, 우리 삶의 유한성과 연약함에 직면하게 하는 것이다. 이와 같은 위기로부터 나오는 실존적 불안은 우리 삶에 대한 투자계획을 대폭적으로 재구성하려는 동기를 유발시킨다. 정면으로 죽음을 보는 것은(이런 경우는 사람이 의학적으로 위기를 겪거나 사별을 경험하는 때이다.) 오히려 삶을 증진시킬 수 있다. 나는 몇 년 전에 예상치도 않게 병원에 입원해 있는 동안, 나 자신의 연약함과 죽음의 공포에 직면한 경험을 잘 기억한다. 내가 점차로 이 같은 실존적 위기로부터 빠져 나왔을 때, 나는 얼마나 생명의 귀중함을 느꼈는지 모른다. 하늘은 더 파랗고, 풀은 더 녹색으로, 사람들은 더욱 생생하게 보였다—이는 내가 지난 수년 동안 느꼈던 것보다 훨씬 더 살아 있다는 느낌을 강하게 받았기 때문이다. 롤로 메이는 이러한 위기에서 사람이 경험하는 것을 다음과 같이 기술한다 : "비존재와 직면하면, 존재는 생명력과 즉각성을 취하고, 개인은 자신, 세상과 주위의 타인들을 보다 강하게 인식하는 경험을 한다."[46]

실존적 치료법들이 성장을 가능케 하는 과정은 무엇인가? 제임스 버젠탈은 이러한 과정에는 두 가지 차원이 있다고 지적한다.[47] 분석적인 국면은 전통적인 치료법들이 초점을 맞추고 있는 보수와 재충전의 차원이다. 개체발생적 측면(나는 이것을 실존적 국면이라 부른다.)은 미래지향적인 잠재성, 의미의 성장 차원이다. 내 경험으로는, 이 두 차원들은 연속해서 하나가 다른 하나에 필수적으로 수반되는 것은 아니다. 오히려 성장의 장애를 제거하는 차원에 덧붙여 적극적인 성장과 영적 잠재력의 한 차원이 있다는 사실을 치료자가 자각하는 것이 이 과정을 보완적인 치료—성장 차원들 간에 앞뒤로 움직이게 할 수 있는 것이다. 버젠탈이 표현한 것처럼, '존재에 대한 축복'은 종종 개인이 자신의 독특한 잠재성을 더욱 계발시킬 때 경험되는 것이다.

빅토 프랭클은 사람들이 삶의 의미를 개발하도록 도울 수 있는 실용적인 방법들을 상당히 밝혀 냈다. 그의 견해에 의하면 사람들이 의미를 발견할 수 있는 가치에는 세 종류가 있다. 첫째, **창조적 가치**의 경우에 의미는 자신이 중요하다고 여기는 그 어떤 것을 할 때

생긴다 : "자기 앞에 자신이 해야 하는 과업이 있다는 확신은 심리치료와 정신위생에 매우 가치 있는 것이다.…… 삶 속에서 무엇인가 할 일이 있다고 의식하는 것보다 더 객관적인 장애나 주관적인 고통을 견디고 극복하게 해주는 것은 아무것도 없을 것이다."[48] **경험적 가치**의 경우에, 의미는 아름다움을 즐기거나 사랑을 받는 것과 같이 개인을 초월하는 그 어떤 것으로부터 나온다. **태도적 가치**의 경우에는, 인생(비록 그것이 절망적인 상황으로 가더라도)을 확신하는 태도를 선택하는 데서부터 의미가 나온다. 프랭클은 다음과 같이 회상한다 : "포로수용소에서 살았던 우리는 타인을 편안케 하려고 자신의 마지막 빵 조각을 타인에게 주고, 임시 막사 사이를 걸어가던 사람들을 기억한다. 그런 사람들은 비록 몇 명 되지는 않았지만, 이로 미루어 보건대 분명히 드러나는 사실은, 상황이 인간의 모든 것을 앗아갈 수는 있지만 단 하나 인간 자유의 마지막인, 어떤 상황에서든지 자신의 태도를 선택하고 스스로의 길을 선택하는 것은 빼앗아갈 수는 없다는 점이다."[49] 심지어 질병의 말기 상태에서도 태도적 가치들을 실현할 가능성은 있는 것이다 : "인간이 피할 수 없고, 빠져나갈 수 없는 상황에 직면하거나 또는 불치의 암에 걸렸을 때와 같이 바꿀 수 없는 운명에 직면할 수밖에 없을 때에는, 바로 그 순간이 자신의 최고의 가치를 실현하고 가장 심오한 의미인 고통의 의미를 충족시킬 마지막 기회인 것이다. 무엇보다도 중요한 것은 우리가 고통에 대해 취하는 태도이고, 그 태도는 자신에게 내려지는 고통을 받아들이는 것이다."[50] 프랭클의 접근에 따르면, 치료자의 역할은 사람들이 자신들의 구체적인 삶의 상황 속에 잠재적으로 나타나는 그들의 의미를 발견하도록 고무하는 것이다. 이런 것들은 종종 그들이 타인이나 인류의 선을 위해 할 수 있는 공헌을 찾아낸 데서 생기는 의미들이다. 프랭클은 개인의 의미의 골격에는 자기 초월성이 있다고 믿었다. 자아실현은, 만일 그것 자체만을 위해 추구한다면 자기 패배적인 것이다. 진정한 자아실현은 자기 초월을 내포하는 의미 충족의 부산물이다.

치료자를 하나의 **실존적인 상대자**로 이해하는 실존주의 개념은 그들이 성장촉진에 기여하는 바 중의 하나이다. '현대 문화의 비인간화와 분할화 속에서 보다 효과적으로 진정한 인간상을 되찾아내기 위하여'[51] 치료자들은 자신의 유한성을 자각하고 있어야 함은 물론, 충만한 인간애를 갖고 있어야 한다. '현존'(presence) 개념이 진정으로 의미하는 바는, 특정 개인이 자신의 독특성을 경험하면서 바로 그 순간에 타인과 함께 존재하는 것을 뜻한다. 치료자가 "현존적"일수록 성장은 보다 활성화된다. 현존적이 되려면, 우리는 사실상 내담자와는 별로 관계가 없고 오직 우리 자신의 실존적 불안을 무마하는 데 쓰였던 기존의 구태의연한 전문요법, 예컨대 상투적인 진단서나 환자에게 시술했던 심리역동적 이론들, 전문적인 역할과 지위의 상징들, 우리가 기계적으로 선호하는 기술들을 무시해야 한다. 치료기법들은 오로지 치료자가 진정으로 현존적일 때에만 그 치료와 성장배양의 효과가 있는 것이다. 그 때에는 특정 개인의 독특하고 변화하는 성장에의 욕구를 자각함으로써 이를 통해 치료기법들은 자연히 나오는 것이다. 두 사람이 서로 진정으로 현존적일 때, 이러한 만남이야말로 진정한 만남이 된다. 마틴 부버(Martin Buber)의 낯익은 표현을 빌리자면, 그들은 생동감 넘치는 '나-너 관계'를 경험하게 되는 것이다.

실존적 치료법들의 철학적 정향은 성장지향적인 상담과 치료, 교육에 무한한 자원을 제공한다. 이러한 정향은 인간에 대한 프로이트의 환원주의적이고 결정론적인 철학의 결점들을 바로잡아 준다. 실존적인 관점은 우리 인간이 우주의 '영혼'의 이미지대로 만들어졌다는 사실을 일깨워 준다. 이러한 철학과 치료법의 실용적인 가치는 그것이 실제적인 치료작업시에 얼마나 유용하게 쓰여질 수 있는가에 달려 있다. (빅토 프랭클의 경우에는 자신이 신봉했던 실존철학과 자신이 실제로 사용했던 방법론과의 사이에는 괴리가 있었으며, 심지어는 모순되는 면도 있었다.[52]) 나는 이미 다른 파트에서 실존문제와 영성성장 촉진에 관한 상담기법들을 상세히 논하였으므로,[53] 여기서는 더이상 그러한 상담과 치료의 기법들에 관해 언급하지 않겠다.

칼 로저스의 성장자원들

　칼 로저스(Carl Rogers)는 1902년 일리노이 주의 교외 오크 파아크에서 태어났다. 그의 양친은 모두 엄격한 정통 기독교 신자였다. 그 영향을 받아 로저스는 위스콘신대학교 2학년 때 목사가 되기로 결심하고 신학을 공부하기 시작했다. 그 이듬해에 그는 20세의 나이로, 북경에서 열린 세계기독학생연합회 주최의 집회에, 미국 대표의 한 사람으로 참가해 그 곳에서 6개월을 보냈다. 이 때의 경험이 서로 다른 지적, 문화적, 종교적 배경을 가진 다양한 사람들에 대한 로저스의 인간관을 크게 바꾸어 놓았다. 다른 나라에서 온 학생대표들과 교류하면서 로저스는 신앙에 대해 의문을 품기 시작하였으며, 결국은 종교적 굴레에서 벗어나서 자유로이 생각할 수 있게 되었다. 이 때의 심리적인 변화에 대해 그는 "나는 그 때부터 비로소 양친의 사상이자 나의 사상이기도 했던 편견들로부터 벗어나, 오직 나만의 목표와 가치, 목적, 철학 등을 만들어 나갈 수 있었다."[54]라고 술회했다.

　위스콘신대학을 졸업한 후, 로저스는 얼마간 뉴욕에 있는 연합신학교(Union Theological Seminary)에서 연구를 했다. 그리고 여기서는 존 듀이(John Dewey)의 성장 이론에 영향을 받은 사람들과 교류하기도 했다. 그러나 종교적인 구속함에 환멸을 느껴, 곧 콜럼비아대학의 사범대학으로 자리를 옮겨 그 곳에서 교육심리학을 전공해 교우인 쏜다이크(E. L. Thorndike)와 함께 박사학위를 받았다. 그 후 12년 동안은 뉴욕 로체스터에 있는 아동지도센터에서 일했는데, 이때 그의 치료법의 경향은 이전의 공식적이고 직접적인 요법에서 '내담자 중심요법'(client-centered therapy)으로 결정적으로 바뀌었다. 이러한 변화에는 그도 시인했다시피 오토 랭크의 이론이 많은 영향을 주었다. 그는 나중에는 오하이오주립대학, 시카고대학, 위스콘신대학 등에서 심리학을 강의했으며, 1963년에는 교수직을 그만두고 라졸라로 옮겨 가 동료들과 함께 인간연구소(Center for the Studies of the Person)를 설립해 여러 분야의 전문가들과 같이 연구하기도 했다. 그는 지금은 저술, 강연, 친지나 친구들과의 만남, 정원가꾸기 등으로 소일하고 있다. 그리고 특히 정원가꾸는 것에 대해서는 "내가 바빠서 정원을 손 볼 틈이 없는 날에는 혹시 나 자신을 기만하고 있지는 않나 하는 생각이 든다. 왜냐하면 정원의 경우에도 내가 일생 동안 찾고자 했던 '성장의 최적 조건은 무엇인가'라는 문제를 던져 주기 때문이다. 사람을 치료할 때와 마찬가지로 정원을 가꿀 때면 과연 이렇게 가꾸는 방법이 옳은 것인가에 대한 회의가 늘 마음에 찾아든다. 단지 차이가 있다면 그 방법이 성장에 미치는 결과는 사람보다는 훨씬 빨리 나타난다는 점뿐이다."[55] 라고 표현했다.

로저스는 미국인으로서는 최초로 심리치료법의 탁월성을 광범위하게 인정받은 사람이다. 그의 사상과 방법론은 상담과 치료에는 물론 미국의 교육과 산업, 집단치료작업, 목회심리학 등에 많은 영향을 주었다. 프로이트를 제외한다면 로저스 만큼 목회상담의 발전에 기여한 사람도 없을 것이다.

목회상담 훈련시 나를 처음으로 맡은 사람은 로저스 이론을 따르는 사람이었다. 나는 약 2년 조금 넘게 훈련을 받았는데 상담자는 주로 내담자 중심적인 요법을 사용했다. 그러나 생각해 보면 상담자가 좀더 능동적이고 대면적인 방법들을 사용했었더라면 나는 좀더 당시일 내에 많은 성장을 할 수 있었을 것이라는 생각이 든다. 거의 서정적인 산문으로 표현된 로저스의 성장에 대한 시각은 성장요법 탐구에 대한 나의 관심을 일깨워 주었다. 비록 목회상담을 위해 만든 나의 '수정모델'(revised model)[56]이 로저스와 프로이트 치료법의 결점을 극복하기 위한 것이지만, 그러한 모델의 성립에 양치료자가 많은 기여를 하고 있음은 부인할 수 없는 사실이다.

상담과 치료에 관한 로저스식 접근법의 네 가지 동기는 여전히 심리치료 분야에 많은 기여를 하고 있다. 그의 성장요법의 특징은 첫째, 좀더 대응적이고 수용적인 자세로 내담자의 말을 경청하는 것 둘째, 치료관계의 정서적인 질(quality)이 성장을 좌우한다는 사실을 인식하는 것, 셋째, 깊은 이론적이고, 체계적인 연구를 바탕으로 찾아내는 것을 거부하는 것 등으로 요약할 수 있다. 그의 저서를 읽어 보거나 강연하는 것을 들어 보면 그 성장 이론의 심오함과 넘치는 생동감에 감명을 받는다.
 로저스의 사상, 그 중에서도 특히 심리적인 성장에 관한 사고들은 성장지향적인 상담자나 치료자, 교사들에게 매우 풍부한 통찰을 제공한다. 그는 인간 내부에서 일어나는 창조적인 변화의 흐름과 방향에 대해 어떤 치료자들보다도 명확히 설명해 냈다. 그의 주요한 이론인「인간 형성에 관하여」(*On Becoming a Person*)에서, 그는 다음과 같이 말하고 있다 :

> 성장의 과정이란 인식하고 표현하는 과정 속에서 전체적인 유기체 반응과 일치하는 존재로 한 단계씩 나아가는 것을 의미한다. 키에르케고르의 좀더 미화된 표현을 빌리자면, 그것은 '진정한 자기가 되는 것'이다. …… 이러한 관점은 쉽게 일어나지도 않을 뿐더러 완성되는 것은 더욱 아니다. 단지 생을 통하여 지속적으로 나아가는 것일 뿐이다.[57]

 로저스 요법의 성장목표는 사람들이 '충분히 기능하는 인간'(fully functioning person)이 되도록 도와 주는 것이다. 이러한 개념은 매슬로우의 '자아실현 인'(self-actualizing person)의 개념과 매우 흡사한 데가 있다. 로저스의 이러한 성장목표는 다면성을 갖고 있다. 비록 사람들이 각자의 독특한 방식으로 생활하지만, 그는 이러한 과정 속에는 어느 정도 보편적인 방향성이 있다고 보았다. 예를 들어서, 지나치게 이상만을 추구하다가 이를 포기하고 보다 현실적이고 솔직하게 된다든가, 또는 자신의 내적 경험을 잘 인식하게 된다든가, 아니면 유기체의 지도(guidance)를 잘 이해하고 이를 신뢰하게 되고, 여지껏 '부정당해' 왔던 자신의 그런 측면들을 재발견하고 수용하게 된다든가, 혹은 현재에서 보다 충분히 기능하며 살 수 있는 방법을 배우게 된다든가 하는 것들은, 그 방식은 각각 다르지만 거기에는 동질적인 어떤 공통점이 있다는 것이다. 이 점에 대해 로저스는 다음과 같이 말하고 있다 :

성장의 과정이란 고착, 느낌과 경험에 대한 무감각, 자기 개념에 대한 엄격성, 대인 기피, 비인격적인 기능 등으로부터 이탈하여 유동성, 가변성, 경험이나 느낌에 대한 수용 내지는 민감성, 변화하는 경험이나 현실, 대인관계의 친밀화 속에서 변화하는 자기에 대한 발견, 통일적 내지 통합적인 기능 작용 등의 방향으로 나아가는 것이다.[58]

사람들이 자신들에 대해 좀더 많이 알게 될수록, 그들은 자신들이 알게 된 것을 더 신뢰하고 확신하게 된다. 이 점에 대해서도 로저스는 다음과 같이 언급하고 있다 :

내담자가 자신의 경험을 수용하려고 할 때에만, 그는 자신의 유기체를 보다 신뢰할 수 있게 된다.……그래서 유기체적인 수준에서 자신의 내부에 존재하는 복잡하고, 풍부하고, 다양한 부류의 감정이나 취향에 대해 신뢰와 애정이 자라나게 되는 것이다. 때문에 거의 그 긍정적인 면을 찾아보기 힘든 무의식 속의 충동을 감시하기보다는, 충동이나 감정, 사고 등이 들끓는 속에서도 확실한 전망을 제시해 줄 수 있는 의식을 자신감 있게 지도해서 보다 만족스러운 자기 지배적인 존재로 만드는 것이 훨씬 나을 것이다.[59]

로저스가 성장기세(growth elan)에 대해 확실한 신뢰감이 있었음은 다음의 언급으로 보아 명확하다 :

경험을 통해서 나는 점차적으로, 모든 인간에게는 성숙성을 추구하는 역량과 성향이 적어도 잠재적으로나마 존재한다는 사실에 대해 확신을 가질 수 있었다.……자아실현(self-actualization)에의 욕구는 삶의 주요한 동기가 되며, 모든 심리치료법들이 인정하는 인간의 성향이다. 그것은 모든 인간의 삶에서 명백히 보여지는 신장, 자율화, 발전, 성숙에의 강한 충동이며, 동시에 유기체의 모든 능력을 표출내지는 발현하고자 하는 성향이다.[60]

그러나 로저스는 성장과정이 비록 무의식적이고 자연스럽게 일어

나기는 하나, 결코 그리 쉽게 이루어지는 것은 아니라고 보았다 :

> 성장과정은 결코 소극적으로 안주하려는 식의 생활에서는 나타나지 않는다. 왜냐하면 성장과정에는 자신의 잠재력을 보다 계발, 확대시키려는 노력이 전제되며, 그렇기 위해서는 용기가 필요하기 때문이다. 이것은 마치 인생이라는 커다란 강에 뛰어들어 거슬러 올라가는 것과 같다. 그러나 인간의 위대한 점은 바로 인간은 자신이 내부적으로 자유로울 때 이러한 과정을 기꺼이 선택하려 한다는 것이다.[61]

로저스 이론의 기초를 이루는 개념인 현상학적 관점(the phenomenological perspective)은 인간을 이해하는 또 하나의 방법이다. 이에 의하면, 모든 인간은 각 개인의 특수한 경험세계인 '현상 영역'(phenomenal field)을 가지고 있는데, 이것이 각 개인의 행위를 결정한다고 한다. 또 이 영역의 속성들 중 비교적 안정되어 있다고 느껴지는 속성들이 자아개념(self-concept)을 이룬다고 한다. 그리고 자신이 인식할 수 있는 한도 내에서 지각하는 자기의 윤곽만이 자아개념의 일부를 이룬다고 한다. 로저스식 치료법의 목적은 바로 이러한 자아개념을 위에서 설명한 방식으로 변화시키는 데 있다.

로저스에 있어서 **존재**(being)와 **형성**(becoming)의 관계는 후에 형태치료법으로 이어진 역설적인 변화 이론과 맥을 같이한다. 여기에 대해서 그는 다음과 같이 말한다 : "역설적으로 보일지 모르지만 흥미를 끄는 사실은 내가 현재의 나 자신을 수용할 때에만 비로소 변화가 일어난다는 것이다. 나는 내담자나 나 자신의 경험을 통해서, 변화란 우리가 현재의 우리 자신을 철저히 수용할 때에만 일어나지, 그렇지 않은 경우에는 어떠한 기대도 할 수 없다는 사실을 알았다. 그리고 그때 변화는 우리가 거의 알지 못하는 사이에 찾아온다."[62]

로저스는 성장을, 치료법에서 소위 '자연출산'(natural childbirth)이라 불리는 그런 식으로 이해했다. 여기에 대해 그는 아래와 같이 말한다 : "내가 설정한 모든 가설들은 하나의 문장으로 뭉뚱그릴 수 있다. 그것은 내가 내담자에게 어떤 유형의 관계를 제공했을 때, 그가 그러한 관계를 이용해서 내부에서 성장과 변화를 위한 역량을 찾아내고 그럼으로써 성격발달이 이루어지게 된다."[63] 그리고 바로 이러한 관계를 제공하는 것이 치료자의 유일한 역할이다 : "나는 내가 새로운 성격의 탄생에 산파역을 할 수 있는 특권을 가지고 있다는 점에 대해 몹시 자랑스럽게 생각한다. 그리하여 인간이 새롭게 변화하는 것을 지켜볼 때에는, 마치 나의 기여가 바탕이 되어 하나의 생명이 탄생할 때와 같은 경외감을 느끼게 된다."[64]

로저스에 있어서 성장촉진을 위한 여섯 가지의 심리적인 필요충분조건은 다음과 같다.

① 내담자와 치료자 사이에 대면하고 있다는 심리적 접촉감을 느끼는 것
② 내담자에 대한 불일치감
③ 치료자에 대한 일치감
④ 내담자에 대한 무조건적인 긍정적 존중
⑤ 내담자에 대한 감정이입적 이해
⑥ 내담자가 치료자의 긍정적 존중을 지각하고 감정이입적으로 이해하는 것
〈로저스식 치료법에서는 진단이나 전문지식이 그다지 필요하지 않으며 오히려 방해가 될 뿐이다.[65]〉

치료관계가 얼마나 성장지향적인가는 주로 치료자가 얼마나 내담자에게 신뢰를 부여할 수 있고, 또 성장요소들을 발현해 낼 수 있느냐에 달려 있다. 이 점에 대해 로저스는 "내가 얼마나 고립된 개인으로서의 타인의 성장을 촉진시킬 수 있는 관계를 만들어 냈느냐는 곧 나 자신이 얼마나 성장했는가에 대한 평가의 척도가 되기도 한다. 이러한 사고방식은 어떤 면에서는 좋지 않게 보일지 모르지만, 오히려 미래를 기약하고 의욕을 불러일으키는 긍정적인 것이다."[66]

로저스는 초기에는 심리내부에 초점을 두어 연구했지만 후에 가서는 성장지향적인 관계를 만들어 내는 데 보다 깊은 주의를 기울였다. 자신의 저서인 「훌륭한 파트너가 되는 법 : 결혼과 그 대안」

(*Becoming Partners : Marriage and Its Alternatives*)에서, 그는 다음의 4가지가 배우자들이 서로의 성장을 오랫동안 지속시킬 수 있는 기본 요소라고 결론지었다. (1) 성장하기를 원하는 자신들의 사랑과 삶을 형성해 주는 관계를 상호 대등하게 유지시켜 나가는 것 (2) 마음을 열고 상대방의 감정을—좋은 것이든 싫은 것이든—충분히 받아들이는 것 (3) 타인의 역할이나 기대에 좌우되지 않는 것 (4) 상호 성장하되, 각 개인이 잠재적으로 갖고 있는 독특한 방향으로 성장하는 것. 이러한 관계 하에서만이 각자는 아래와 같은 자각을 갖고 살아갈 수 있다.

　　아마 나는 현재의 자신을 상당히 포용력 있고 유연한 사람이라고 생각해도 될 것이다. 그리고 이런 인간상에 좀더 가까이 갈 수도 있을 것이다. 그래서 문득 문득 생기는 사랑과 분노, 자비의 느낌을 보다 자유롭게 표현할 수 있을 것이다. 그 때쯤이면 나는 진정한 파트너 관계의 일원이 될 수 있을 것이며, 진정한 인간으로 향하는 길목에 있을 것이다. 지금 나는 내가 함께 나누길 원하는 자신만의 길을 나의 동반자가 걸어갈 수 있도록 격려할 수 있다니 흐뭇하다.[67]

여권주의 치료자들처럼 로저스도 상호 지향적인 어떠한 관계도 근본적으로 대등성을 유지해야 한다고 주장했다.

그는 대부분의 교육자들이 지적 기술들만 지나치게 강조하고 전인학습(whole-person learning)에 미치는 직관적이고 정서적인 차원의 중요성은 등한시했다고 비판했다. 그에 의하면 교사들은 미리 짜여진 것들을 강제로 주입하려 하거나, 학생들을 단순히 교사가 전해 주는 '지식'을 받아들이는 수동적이고 의존적인 피동자(recipient)로 파악함으로써 유일한 진정한 학습인 자기-학습(self-learning)을 몰락시키고, 창조성을 말살시켰다는 비난을 면하기 어렵다. 여기에 대한 반증으로 로저스는 대학원 교육의 감살효과(deadening effects)에 관한 어떤 사람의 견해를 인용한다 : "그러한 강제는 몹시 나를 지치게 했다. 그래서 마지막 시험을 치른 후 1년 동안은 꼬박 어떤 문제에 대해서도 흥미가 가지 않았다."[68] 이 인용문의 주인공은 바로 그 유명한 아인슈타인(Albert Einstein)이다.

내가 전통적인 교육방법이 낳은 부정적인 결과에 환멸을 느끼고 있을 때, 로저스의 이론은 내가 맡고 있는 학급들을 보다 성장지향적으로 만들 수 있는 방법을 찾게끔 자극했다. 지난 10년 동안 나는 점차적으로 경험적인 교육법을 사용하여 왔는데, 이에는 학생들에게 자신들이 수강할 과목이나 실습을 통해 얻고자 하는 학습 예정표를 짜 보라고 한다든가, 혹은 통찰들을 좀더 체계적으로 공유하게끔 하기 위해 번갈아 가면서 교습을 시킨다든가, 아니면 나 자신의 갈등이나 모호성, 결정 등을 노출시키거나, 나 자신의 교수법을 포함해서 과목 전반에 관해 익명으로 평가하도록 함으로써 학생들의 느낌이나 반응, 욕구 등을 파악하는 방법이 포함된다.

그러나 성장에 대한 로저스의 이러한 선구자적인 기여에도 불구하고 그의 접근법에는 몇 가지 중요한 결점들이 있다. 비록 그는 프로이트 이래로 대부분의 전통 심리치료법들을 지배했던 병리학적 모델을 거부하고 이에 도전했지만, 그도 당시의 치료법들이 안고 있었던 최대의 단점인 성장약화를 초래하는 **심리 내부에의 치중**의 수준에서 벗어나지 못했다. 로저스의 이러한 연구 시각은 소집단이나 혼인과 같은 밀접한 관계, 집단 상호 간의 관계 등에 관한 저술에서는 어느 정도 탈피하는 면이 보이지만, 이러한 관계에의 관심은 상담자—내담자의 일 대 일 관계에서 나오는 원리를 외삽(外揷)한 것에 불과했다. 그는 가족이나 산업, 학교, 정치·경제적 체계 등과 같은 사회 조직들이 성장에 기여할 수 있는 특별한 역량을 그 내부 혹은 상호 간에 갖고 있다는 사실에 대해서는 과소평가했다. 비록 그는 집단에 대해 많은 관심을 두었지만, 모든 개인의 문제는 근원적으로 사회적 맥락에 그 뿌리를 두고 있다는 사실은 깨닫지 못했다. 또한 그는 남녀를 막론하고 사람들이 제도—사회적인 성차별주의에 의해 잠재력 계발을 얼마나 방해받을 수 있는가를 알지 못했으며, 사회·정치적인 개혁을 통하여 성장을 조직적으로 억압하고 있는 요인들을 제거함으로써 사람들이 공존하여 살아갈 수 있게끔 할 수 있다는 사실을 인식하지 못했다. 결국 로저스는 전인 성장을 위해 필요한 여섯 가지 차원[69] 중에서, 심리내부의 성장과 관계 성장이라는 두 가지 차원에만 온 신경을 쏟았지 나머지 네 개의 차원은 등한시했던 것이다.

　로저스의 또 하나의 단점은, 아들러나 급진 심리학자들이 중요하다고 정확히 지적해 냈던 성장의 **역동성**에 대해 무관심했다는 점이다. 물론 그가 성장촉진을 위한 근본적인 요소로 보았던 치료관계의 긍정적인 면들이 중요하다는 데 대해서는 대부분의 치료자들이 동의할 것이다. 또한 찰스 트루어(Charles Truax)나 로버트 카커프(Robert Carkhuff) 같은 이들은 자신들의 연구에서, 감정이입적 이해, 긍정적인 존중, 일치감 등의 치료관계의 3요소는 치료자의 개념적 바탕이 무엇이든 간에 치료 효과의 증대와 밀접한 관련을 갖는다고 보고하고 있다.[70] 그러나 반면에 이러한 세 가지 요소가 모든 유형의 사람들을 효과적으로 치료할 수 있는 방법의 전부다라고 말할 치료자는 하나도 없을 것이다. 로저스의 접근법은 치료—성장관계를 확립시킨 점에 있어서는 탁월했지만, 그의 방법에 의하면 이러한 관계가 설정된 **이후** 결과를 좌우하는 것은 전적으로 치료자의 손에 달려 있게 된다. 자기 부정이나 죄의식 등으로 성장에 방해받고 있는 사람들에게는 무조건적인(치료자도 유한한 인간인데 어떻게 '무조건적'으로 수용하고 존중해 줄 수 있을지 의문이 가기는 하지만) 긍정적 존중이 그들의 치료와 성장에 꼭 필요한 것일지도 모른다. 그러나 그는 많은 사람들을 상대로 성장지향작업을 할 때의 근본적인 요소인 건설적 '직면'에의 여지를 거의 남기지 않았다. 예를 들면, 우리 병리상담건강센터에 도움을 청하러 온 사람들 중 많은 숫자는 자기들에게 '애정에 찬 진실'을 말해 줄 수 있는 용기와 배려를 지닌 상담자를 찾고자 필사적이었다. 적극적인 생활방식을 갖고 있는 사람들은 치료자가 진실을 말하는 것에 대해 수동적일 때, 이를 설득해서 말하게 할 수도 있을 것이다. 그러나 나약하고 혼란된 의식을 갖고 있는 사람이나 심리내부의 고통을 자신과 타인에게 해가 되는 식으로 표출하는 사람의 경우에는 치료자가 먼저 나서서 그들과 솔직하게 대면해서 그들 행위의 결과를 깨우쳐 주어야 한다. 그리고 그 길만이 치료자가 할 수 있는 최선의 방법이다. 만일 그들의 그러한 파괴적 행위를 깨우치고 제지시키지 못한다면, 그들에게 어떠한 변화도 기대할 수 없다. 로저스의 접근법은 앞에서 제시한 성장공식의 일부분밖에 충족시키지 못한다.[7] 현실에 대한 대면 없이 단지 배려와 수용 만으로도 치료적 변화는 만들어 낼 수 있다고 믿음으로써 그는 성장에 대한 확실한 전망을 제시해 주지 못했다.

로저스의 치료법에 있어서 또 하나의 결점은 인간에게 잠재되어 있는 성장에의 저항력을 인식하지 못했다는 점이다. 수용-배려-진실한 관계만 형성된다면 성장은 그 속에서 자연히 이루어질 것이라는 그의 믿음은, 자기 파괴와 자기 기만의 방어기제로써 자신을 폐쇄하여 변화를 거부하는 환자들을 치료할 때는 별 효과가 없다. 그는 프로이트나 다른 심층 심리학자들이 명쾌하게 설명한 인간의 어두운 면이나 무의식적인 파괴성, 비극적인 올가미 등은 무시했다. 그 이유는 아마도 그가 도덕적인 근본주의에서 탈피하는 과정에서, 인간의 병리나 악, 파괴성 등에 대한 심층적인 이해의 필요성은 미처 생각해 내지 못했기 때문일 것이다. 만일 당신이 정신병에 걸려 여러 해 동안 **성장기운**이 얼어붙어 있는 환자를 만나게 된다면, 그렇게 기형적으로 왜곡된 인격을 지닌 사람들에 대한 로저스의 이해가 부족했다는 점을 실감할 수 있을 것이다.

로저스의 산파모델(midwifery model)만을 사용하게 되면, 좀더 능동적이고, 구조적이고, 교육적인 치료법을 필요로 하는 사람들에게 부응하는 다양한 방법론을 개발하기는 어렵다. 모든 치료자들은 사람들에게 잠재해 있는 **성장기운**을 존중해야 하며, 그러한 중요한 에너지가 활성화 될 때에만 성장이 이루어진다는 사실도 알아야 한다. 그러나 그렇다고 해서 치료과정의 방향성이나 속도, 내용 등에 대한 책임을 전적으로 치료자들에게만 전가시킬 수는 없다(즉 치료법은 환자의 유형에 따라 달라진다). 내 경험에 의하면 똑똑하고, 말 잘하고, 변화에 강한 동기를 가진 환자들에게는(아마 로저스의 내담자들이 대부분 이러했을 것이다.) 내담자중심 치료법이 효과적이다. 그러나 자학적인 유형의 환자들에게는 그것보다는 보다 능동적이고, 직면적이고, 재교육적인 방법들을 치료과정에서 적절히 배합해서 사용하는 것이 훨씬 효과적이다. 로저스는 스키너에서와 같은 행동주의적 방법들에 반대했고, 그렇기 때문에 능동적이고 의도적인 재교육이(물론 이 재교육은 인지적이고, 관계적이고, 행동주의적이다.) 어떤 부류의 사람들에게는 그들의 생에 보다 잘 대처해 나갈 수 있도록 하는 좋은 방법이 된다는 사실을 알지 못했다. 많은 사람들은 치료자가 자신의 성장여행을 이끌어 주는 창조적인 교육자이자 지도 내지 안내원이 되어 주기를 바라고 있다. 알콜중독자가 그 한 예인데, 그렇기 때문에 이런 내담자에게 치료자가 수동적인 태도를 취하면 치료의 효과는 잘 나타나지 않는다.

 로저스의 현상학적 관점은 그것이 인간을 이해하는 유일한 방법이었다는 점에서 중대한 한계성을 가진다. 무의식에 대한 정신분석을 통해 보여지는 인간 심리의 심층성과 신비성을 그는 과소평가했다. 그리고 이런 점들이 로저스식 치료법의 효용성을 반감시키는 주관적인 극단적 개인주의(hyper-individualism)를 낳게 했다. 로저스의 다음 표현은 이런 면을 분명하게 드러낸다 :

> 개인은 점차적으로 결국 판단은 자기가 하는 것이라고 느끼게 된다. 그래서 삶의 기준이나 결정, 선택의 문제 등에 대해 이제는 더 이상 남에게 물으려 하지 않는다. 이러한 인식이 있게 되면 남은 문제는, 어떻게 하면 자신을 보다 깊이 만족시키고 진정으로 표현할 수 있는 삶을 살아가느냐에 대한 해답을 구하는 것 뿐이다. 내가 생각하기에는 이것은 창조적인 인간이 되기 위해 매우 중요한 문제이다.
> …… 여러분 자신이 가치 있다고 느끼는 것이 바로 가치 있는 것이다. [72]

 타인의 가치나 요구, 기대 등을 맹목적으로 따르는 사람들에게는 로저스의 주장처럼 자신의 느낌이나 욕구에 대해서 신뢰감을 갖는 것이 좋은 처방이 될 수도 있다. 그러나 인간관계가 복잡하고 모호하기 때문에, 실제로 많은 경우에 있어서는 유사하거나 상충되는 생활 내지 욕구를 가진 사람들과 대화하거나 협의해서 결정하는 것이 더 나은 방법이 된다. 더군다나 이러한 로저스의 주장은 이해심 많은 부모 밑에서 자라 절제성이 없는 사람이 자신의 '자기주의'(me-ism)를 합리화하는 핑계거리가 될 수도 있다.

로저스의 치료법에는 능동적으로 영성적 성장을 촉진한다든가 명확한 가치 기준을 재설정한다든가 할 여지가 거의 없다. 명백히 그는 위의 두 가지 요소를 성장의 본질적인 면으로 파악하지 않았다. 폴 틸리히와의 대화로 미루어 볼 때, 그가 영성의 차원에는 별로 관심이 없었음이 확연히 드러난다.[73] 내담자에 따라서는 로저스의 치료철학에 내조되어 있는 가치들—느낌, 내부의 자유나 자율성, 자아 일체감, 각 개인의 특유한 성장요법이나 성장방향에 대한 감정이입적 이해와 존중 등이 가지는 가치—이 적용되는 사람도 있을 것이다. 그러나 가치 혼란이 내담자의 주된 문제일 때에 잘못된 믿음체계는 오히려 내담자의 성장을 말살시킬 수 있으므로, 이 때에 치료자는 적당한 순간에 시각을 바꾸어 다루어 나갈 줄 아는 능력을 발휘해야 한다.

융 이론의 성장자원에 관한 참고문헌

Goldenberg, Naomi. 「신의 변모, 여권주의와 전통적 종교의 종말」 (*Changing of the Gods, Feminism and the End of Traditional Religions*). Boston : Beacon Press, 1979. 이 책의 제 5 장에서는 종교에 관한 융의 심리학을 예리하게 비판하고 있다.

Hanna, Charles B. 「심층에의 직면 : 융의 종교에 관한 사상」(*The Face of the Deep : The Religious Ideas of C. G. Jung*). Philadelphia : Westminster Press, 1967. 이 책에서는 신과 무의식, 원죄와 죄의식, 영혼의 심리학, 현재의 영적 위기 등에 관한 융의 사상을 다루고 있다.

Hillman, James. 「탐구 : 심리학과 종교」(*Insearch : Psychology and Religion*). New York : Scribner's, 1967. 이 책은 융이 분석심리학과 목회상담에 관해 목사들에게 강연한 내용을 기초로 하고 있으며, 종교의 여성적 기반에 관해 논의하고 있다.

Jung, Carl G. 「기억, 꿈, 회상」(*Memories, Dreams and Reflections*). New York : Random House, 1961. 이 책은 융이 강력하고도 솔직하게 자신의 주요 사상들을 자전적으로 서술한 것이다.

―――.「융의 연구총서」(*Collected Works of C. G. Jung*), ed. H. Read, M. Fordham, G. Adler. Princeton : Princeton Univ. Press, 1967. 이 책은 융의 거의 모든 논문들을 모은 것이다.

―――.「영혼을 추구하는 현대인」(*Modern Man in Search of a Soul*). New York : Harcourt Brace, 1933. 이 책에서는 인간의 영적인 욕구의 본질과 현대 사회에서 그것이 어떻게 좌절되는가를 논하고 있다.

Sanford, John. A. 「꿈, 신의 잊혀진 언어」(*Dreams, God's Forgotten Language*). Philadelphia : Lippincott, 1968. 이 책에서는 융 이론을 추종하는 목회 상담자들이 꿈을 어떻게 이해하는가를 서술하고 있다.

Singer, June. 「영혼의 한계 : 융 심리학의 실천」(*Boundaries of the Soul : The Practice of Jung's Psychology*). Garden City, New York : Doubleday, 1972. 이 책에서는 융의 이론과 치료법을 명확하게 설명하고 있다.

Ulanov, Ann, and Ulanov, Barry. 「종교의 무의식」(*Religion and the Unconscious*). Philadelphia : Westminster Press, 1975. 이 책에서는 인간 정신에 있어서의 종교의 기능, 신화와 종교적 경험, 융의 관점에서의 고통과 구원의 의미 등에 관해 논하고 있다.

실존적 치료법들의 성장자원에 관한 참고문헌

Boss, Medard. 「정신분석과 존재분석」(*Psychoanalysis and Daseinsanalysis*). Ludwig B. Lefebre 역. New York : Basic Books, 1963. 이 책은 저자가 실존주의 입장에서 기존의 자신의 심리분석 이론과 시술을 수정하여 펴낸 개정서이다.

Bugental, James F. T. 「확실성을 찾아서」(*The Search for Authenticity*). New York : Holt, Rinehart and Winston, 1965. 이 책에서는 매슬로우와 틸리히, 메이 등의 견해를 반영하여 실존적-분석적 접근을 제시하고 있다.

Clinebell, Howard. 「목회상담의 기본 유형」(*Basic Types of Pastoral Counceling*) 중의 제 14 장 '종교적-실존적 문제에 관한 상담' (Counseling on Religious-Existential Problems)

―――.「성장상담」(*Growth Counseling*) 중의 제 4 장 '영성성장-모든 성장

의 열쇠'(Spiritual Growth-The Key to All Growth)

─────.「계간 알콜중독 연구」(*Quarterly Journal of Studies on Alcohol*). 1963년 가을호 중 pp. 473-88의 '병원학과 알콜중독 치료에 있어서의 철학적 -종교적 요소'(Philosophical-Religious Factors in the Etiology and Treatment of Alcoholism)

Frankl, Viktor E. 「인간의 의미추구 : 이성치료법의 소개」(*Man's Search for Meaning : An Introduction to Logotherapy*). New York : Pocket Books, 1963. 이 책에서는 저자 자신의 '죽음의 캠프' 경험담을 상술하고, 이성치료법에 관해 간략하게 언급하고 있다.

─────.「의사와 영혼 : 이성치료법의 소개」(*The Doctor and the Soul : An Introduction to Logotherapy*). New York : Alfred A. Knopf, 1962. 이 책에서는 이런 유형의 실존적 치료법의 기본 철학과 방법론을 서술하고 있다.

May, Rollo, et al., eds. 「실존, 정신병과 심리학의 새로운 차원」(*Existence, A New Dimension in Psychiatry and Psychology*). New York : Basic Books, 1958. 이 책은 메이, 엘렌 버거, 루드비히 빈스바그너 등의 실존적 심리치료법에 관한 논문들을 모은 것이다.

May, Rollo, ed. 「실존주의 심리학」(*Existential Psychology*). New York : Random House, 1961. 이 책에는 메이의 논문 2편 외에 매슬로우, 로저스, 올포트 등의 논문들이 실려 있다.

May, Rollo. 「자신을 추구하는 인간」(*Man's Search for Himself*). New York : W. W. Norton, 1953. 이 책은 독자들이 인간의 궁지상태에 대한 이해를 쉽게 하고 자신을 되찾는 데 도움이 되도록 실존적 치료법의 내용들을 예를 들어가면서 설명하고 있다.

─────.「심리학과 인간의 딜레마」(*Psychology and the Human Dilemma*). Princeton : Van Nostrand, 1967. 이 책은 현대의 상황, 불안, 실존적 심리치료, 자유, 책임 등에 관한 에세이집이다.

Tillich, Paul. 「존재에의 용기」(*The Courage to Be*). New Haven : Yale Univ. Press, 1952. 이 책은 실존적 불안과 병리적 불안의 관계를 신학적, 심리학적으로 연구한 것이다.

칼 로저스 이론의 성장자원에 관한 참고문헌

Hart, J. T., and Tomlinson, M. E., eds. 「내담자중심 치료법의 새로운 방향」(*New Directions in Client-Centered Therapy*). Boston : Houghton Mifflin,

1970. 이 책은 여러 분야의 뛰어난 인물들이 로저스 이론을 치료와 교육, 연구에 어떻게 응용해 왔는가를 설명하고 있다.

Rogers, Carl. 「내담자중심 치료법」(*Client-Centered Therapy*). Boston : Houghton Mifflin, 1951. 이 책은 로저스가 자신의 성격과 치료 이론을 처음으로 공식적으로 언급한 저서이다. 근자에 들어 로저스는 이 책의 내용이 너무 경직성을 띠고 있다고 말하지만, 여전히 우리에게 시사하는 바가 크다.

─────. 「인간 형성에 관하여 : 심리치료에 대한 한 치료자의 견해」(*On Becoming a Person : A Therapist's View of Psychotherapy*). Boston : Houghton Mifflin, 1961. 이 책에서 로저스는 자신의 주요 개념들을 지극히 개인적인 방법으로 상술하고 있다.

─────. 「학습에의 자유」(*Freedom to Learn*). Columbus : Chas. E. Merrill, 1969. 이 책에서 로저스는 기존의 교육자들을 비판하며 그들은 오히려 진정한 학습에의 의욕을 꺾고 있다고 주장한다.

─────. 「집단 감수성훈련 그룹에 관하여」(*Carl Rogers on Encounter Groups*). New York : Harper, 1970. 이 책은 로저스가 소규모의 성장집단을 통해서 발견한 것들을 기록한 것이다.

─────. 「훌륭한 파트너가 되는 법 : 결혼과 그 대안」(*Becoming Partners : Marriage and Its Alternatives*). N. Y. : Harper, 1972. 이 책에서는 결혼에 관한 다양한 접근법들을 살펴보고, 장기적으로 성장지향적인 관계를 만드는 데 필요한 요소들을 기록하고 있다.

5
행동—행태치료법의 성장자원들

　행동치료법 또는 행태치료법(behavior-action therapy)이란, 치료를 받기 위해 오는 이들이 안고 있는 문제가 본질적으로 그릇된 학습에서 비롯된 비건설적인 행동일 따름이라는 믿음을 공유하는 여러 가지 치료법들을 말한다. 이 부류의 치료법에서 사용되는 기술들은 치료법마다 가지각색이지만, 이들 모두는 사람들이 기존의 부적합한 행태를 잊고 그 대신에 보다 건설적인 행동을 학습하도록 학습 이론의 기초 원리들을 응용하는 것이다. 행동치료법은 '행태치료법'이라고도 불리는데, 그 까닭은 내담자로 하여금 새로운 행동을 학습토록 하는 데 있어서 직접적인 행태지향적 방법들의 사용을 강조하기 때문이다. 이 부류의 치료법들은 프로이트에 연원(淵源)을 둔 모든 '통찰치료법들'과 사뭇 대조적인데, 행동치료법과 달리 통찰치료법에서는 행동의 변화를 포함한 치료상의 변화를 일으키는 일차적 수단을 태도, 감정, 자기 인식 따위의 내면적 변화로 본다.

　행동치료법의 초석을 놓는 것은 금세기 초에 이루어졌던, 러시아의 생리학자 파블로프(Pavlov)의 동물 조건반사 실험이었다.[1] 1920

년 무렵에 행동심리학자 존 왓슨(John B. Watson)과 그의 문하생들은 간단한 조건반사 처리로 아동들에게 공포증을 유발할 수 있으며, 나아가 이미 공포증에 걸린 아동들은 역조건반사 처리로써 치료할 수 있다는 사실을 발견하였다. 1930년대에 심리학자 호바트 마우러(O. Hobart Mowrer)는 야뇨증 치료를 위한 조건반사 방법을 개발하였는데, 이 방법은 효과가 입증되어 고전적 방법으로 되었다. 그는 아이가 요를 적실 때 울리도록 되어 있는 종과 기저귀를 사용하였다. 1950년 무렵 당시 남아프리카의 정신과 의사였던 요셉 볼프(Joseph Wolpe)는 '체계적 탈민감화'(systematic desensitivation)라 불리는 역조건반사 방법을 개발해 냈는데, 그는 이 방법으로 많은 환자의 신경증적 불안을 비교적 짧은 시일에 제거할 수 있음을 발견했다. 정신분석학적 치료법으로는 비교적 치료하기 어렵다고 여겨지던 각종 공포증과 성적인 무기력을 치료하는 데 그는 놀라운 성과를 거두었다.[2] 1950년대 중반 무렵에 행동심리학자 스키너(B. F. Skinner)의 일부 제자들은 하버드대학을 중심으로 해서, 그가 무려 25년 동안이나 동물을 주요 대상으로 한 실험실 연구를 통해 개발한 도구적 조건반사 방법과 조작적 조건반사 방법[3]을 인간에게 적용하기 시작하였다. 볼프가 과거의 부적합한 행동을 소멸시키는 데 치중했던 반면에, 스키너의 제자들은 적극적인 강화작용을 통하여 새로운 건설적 행동을 형성시키는 데 주력하였다. 정신병원에서 환자가 건설적인 현실지향적인 행동을 보일 때, 이에 대하여 단순히 보상만 해주는 방법(이는 소위 '명목경제'〈token economy〉법이다.)만으로써도 재래식 치료법으로는 효과가 없던 숱한 정신병 환자들의 그러한 '미치지 않은' 행동을 크게 배양시킬 수 있다는 사실을 그들은 알게 되었다.

    1960년 이후로 행동치료법의 수문은 활짝 열렸다. 학습 이론의 원리들은 여러 유형의 생활문제에 적용되었다. "그 가운데 가장 중요한 것들로는 지체아교육, 성적 장애의 제거, 성인의 정신병적 행동의 대규모 치료, 자폐아교육, 비행청소년 재교육,…… 결혼상담, 체중조절, 그리고 흡연감축 따위에 응용된 예들을 들 수 있다."[4]

    스키너의 연구에서 유래된 행동치료법들은 순전히 겉으로 드러나 있고, 측정이 가능한 행동을 변화시키는 데에만 치중한다. 반면에 인식—행동치료법들은 범위를 넓혀 신념, 기대, 개념, 감정 따위의

5. 행동-행태치료법의 성장자원들

'감추어져 있는 행동'의 변화까지도 노린다. 아론 베크(Aaron Beck)의 '인식치료법'[5]과 알버트 엘리스(Albert Ellis)의 '이성적 정서치료법'[6]은 부적합한 행동을 유지, 변화시키는 데에 생각과 신념이 결정적 구실을 한다는 점을 중시한다. 알버트 반두라(Albert Bandura)의 치료법은 행동의 변화를 위하여 고전적이고 조작적인 조건반사법을 사용하기는 하지만, 목적하는 변화를 촉진, 유지하는 데 인식과정이 지니는 중요한 역할을 강조하는 사회적 학습 이론의 틀 속에서 그것들을 활용한다.[7] 행동을 외부의 사회환경에 의한 조건반사의 산물로 보는 스키너와는 달리, 인식행동 치료자들은 자신의 행동을 자신의 주도 아래 변화시킬 수 있는 인간의 능력을 중시한다. 그래서 그들은 인간이 자신의 삶에 대한 자기 조절능력과 지배력을 증대시키도록 돕는 일에 힘을 쏟는다. 행동치료법들 중에서도 이 인식행동 치료법은 현재로서는 가장 쓸모가 많은 성장자원을 제공하고 있다.

학습 이론의 원리들은 앞으로 4년 내에 훨씬 다양한 개인, 가족, 사회의 문제에 응용될 것이다. 행동주의는 대다수 심리학과의 주류를 이루고 있다. 그러므로 이 방면의 치료법을 한층 풍부하게 하는 일에 동원될 수 있는 엄청난 양의 지식과 전문가가 이미 갖추어져 있는 셈이다. 심리학에서 주류를 이루고 있는 경험적 연구의 성과들이 인간의 숱한 문제를 해결하는 데 응용되고 있는 오늘의 상황은 참으로 바람직하다. 학습의 일반원리들을 정상인들의 성장작업에 응용하는 일은 이 행동-행태치료법의 자연스러운 확대인 동시에 풍부한 결실을 기약할 수 있는 확대일 것이다.

필자의 경험으로는, 행동-행태치료법의 많은 작업개념과 기술들은 변화와 성장을 촉진하는 데 효과적이다. 성장 관점에서 보면 이 치료법들이 누구에게나 효과 있는 치료법이 되는 것은 아니다. 그러나 이들 치료법의 특징은 바로 다른 치료법의 성장촉진 자원들에 다양한 개념적, 실용적 도구들을 제공해 준다는 점이다. 본장에서 필자는 나름대로 유용하다고 생각하는 행동-행태치료법의 성장자원들을 살펴보고자 한다. 또 통상 행동치료법이라는 이름으로 불리지는 않더라도, 그 일차적 목적을 드러난 행동과 숨겨진 행동의 변화에 초점을 두는 몇몇 치료법들의 성장자원도 아울러 서술하고자 한다.

행동치료법의 원리와 방법

각종 행동치료법들이 공유하는 작업 가설들은 다음과 같다.[8] 그리고 각 가정에 덧붙인 괄호 속의 내용은 전통적인 정신분석 지향적 치료법들의 가설을 대비한 것이다.
 (1) 행동치료법에서는 사람들이 도움을 호소하는 고통스런 '증상' 자체를 해결되어야 할 진짜 문제로 본다.(전통 치료법에서는 증상을, 대개는 보다 심층적인 곳에 감추어져 있는 원인의 피상적 표현일 뿐이라고 본다.) (2) 행동치료법에서는 생활과 성장을 방해하는 문제들을 그릇되고 부적합한 학습의 결과로 보고 다룬다.(대부분의 전통 치료법에서는 의학을 그대로 본떠서 정신적, 정서적, 관계적 문제들은 치료되어야 할 '질병'으로 이해한다.) (3) 행동치료법에서 치료의 일차적인 초점을 행동—드러난 것이든 감추어진 것이든 또는 양자 모두이든—을 변화시키는 데 둔다. 전반적인 목표는 생활 파괴적인 행동을 배제하고 생활 향상적인 행동을 학습하도록 돕는 것이다. 개선된 행동은 일반적으로 감정의 개선을 초래한다.(전통 치료법에서는 파괴적 감정, 태도, 자기 인식 따위를 통찰을 통하여 변화시키는 데 초점을 두며, 행동상의 변화는 이 통찰로부터 초래된다고 가정한다.) (4) 행동치료법에서는 치료자를 효과적 행동을 가르치는 교사로 본다.(전통 치료법에서는 치료자를 단순히 병 고치는 이, 또는 내면의 성장을 촉진시키는 이로 본다.) (5) 행동치료법은 현재 지향적이다. 그러한 행동을 생겨나게 한 근원은 치료상의 변화나 성장과는 별 관련이 없다고 본다.(전통 치료법에서는 과거에 만들어진 문제의 근원들을 다시 되새기게 함으로써 불완전한 성장이 그만 이루어지도록 하는 데 초점을 둔다.) (6) 행동치료법에서는 문제가 되는 행동을 촉발시키는 자극과 그러한 행동을 자꾸 반복하게 하여 습관화시키는 보상기제(적극적 행동 강화요인들)를 규명하여 이를 변화시키고자 한다.(전통 치료법에서는 무의식을 통하여 지금도 계

속 영향을 끼치고 있는 숨겨진 과거의 '원인'을 찾아내어 변화시키고자 한다.) (7) 대부분의 행동치료법에서는 측정가능하고 제한된 특정의 행동변화 목표를 설정함으로써 치료의 효과를 경험적으로 확인할 수 있도록 하는 일이 중시된다.(전통 치료법에서는 치료목표를 보다 총괄적이고도 주관적으로 설정하는 편이어서 그 효과를 경험적으로 측정하기란 불가능하지는 않다 하더라도 극히 곤란하다.) (8) 대부분의 행동치료법에서는 온정과 신뢰의 치료관계를 매우 중요시하는데, 그 까닭은 이러한 치료관계가 학습을 촉진시킨다고 보기 때문이다. 스키너의 이론에 바탕을 두고 있는 치료자들은 일반적으로 치료자-내담자의 관계가 치료상의 변화에 거의 아무 의미도 갖지 못한다고 생각한다.(전통 치료법에서는 치료관계의 정립이야말로 치료상의 변화가 발생하는 기본적인 장이므로 필수적인 요소라고 생각한다.) (9) 행동치료법에서는 그 목표가 제한되고 구체적이며, 따라서 그 방법도 특정한 학습을 촉진하기 위한 것들로 설정되기 때문에 치료기간이 짧은 편이다.(전통 치료법에서는 치료기간이 긴 편이다.) (10) 행동치료법에는 기존에 학습된 것은 잊혀질 수 있다는 믿음, 그리고 누구에게나 새로운, 보다 건설적인 행동을 학습할 능력은 어느 정도 있기 마련이라는 신념에 근거한 희망의 분위기가 존재한다.(일부 전통 치료법에는 심각하게 손상된 성장은 단지 부분적으로만, 그것도 지리하고 비용이 많이 드는 과정을 통해서만 겨우 회복될 수 있다는 느낌이 존재한다.)

행동치료의 한 예

인식-행동치료의 과정과 방법을 보여 주는 한 예로서, 29세의 파트타임 사서인 S부인의 경우를 소개해 보자.[9]

    치료를 받으러 온 이 부인은 자신이 쓸모없는 인간이라는 느낌, 불안하고 우울한 느낌에 깊이 휩싸이면서 긴장과 두통과 불면증으로 시달린다고 말하였다. 의사가 준 신경안정제도 도움이 되지 않는다는 것이었다. 남편이 "정신적으로 문제가 있는 것이 아니냐."

고 다그치면서 이혼하겠노라며 힐난을 하는 바람에 치료를 받으러 오게 된 것이었다. 처음 과정에서 치료자는 고통을 호소하는 그 여인의 말을 경청함으로써 신뢰와 협동의 관계를 정립하는 데 주력하였다. 다음 과정에서 치료자는 S부인의 상황을 행동론적으로 분석하여 그녀에게 고통을 초래하고 있는 지나친 행동들—가령 자주 화를 낸다든지 하는 따위의 행동—과 모자란 행동들—가령 결단성이 부족하여 우물쭈물하는 행동—을 가려내고자 하였다. 치료자는 부인에게 매일 있었던 일들과 그 일들에 대한 그녀의 반응을 꼬박꼬박 일지에 적어 두라고 하였다. 이렇게 자기 점검을 한 덕에 S부인과 치료자는 그녀가 고통을 초래하는 행위를 저지르는 시기와 빈도를 알 수 있게 되었다. 5~6회의 분석과정을 거친 후에 치료의 목표로 될 행동상의 문제들이 뚜렷이 드러났다. 이 부인이 지닌 행동상의 문제는 결단성 부족, 자신의 감정을 제대로 표현하지 못함(이 때문에 결국 분노와 원한과 거기에 대한 죄책감이 쌓여 갈 뿐이라고 치료자는 해석하였다.), 성행위시 한 번도 절정감을 느껴 보지 못하였다는 사실, 그리고 자기를 신통치 못한 사람으로 여기는 태도(이러한 태도는 자기를 비하하는 숨겨진 행동에 의하여 강화되고 있었다.) 따위였다.

 행동분석을 하는 동안에 치료자는 이 부인의 고통스런 행동과 감정을 변화시키는 데 도움이 됨직할 몇 가지 치료수단을 잠정적으로 작정해 두었다. 문제의 대부분이 부부관계에 집중되어 있었으므로 S부인의 동의를 얻어 남편과 함께 치료하기로 하였다. 치료자는 부인이 긴장될 때마다 자유자재로 긴장을 풀 수 있도록 긴장풀기 훈련부터 시작하였다. 이것은 불면증, 두통, 불안을 줄이는 데 효과적인 수단이 되었다. 동시에 치료자는 결단성 훈련을 시작하여, 이전이라면 지나치게 순종적으로 행동하였을 상황에서 보다 결단성 있게 반응하도록 하였다. 치료의 세 번째 국면은, 성적 절정감을 갖지 못한다는 문제의 해결을 위해 일종의 매스터즈 존슨(Masters and Johnson)식의 접근법을 시도하는 일이었다. 남편의 보조와 협력으로 몇 주 안 되어 그녀는 여러 차례의 절정감을 체험하게 되었다. 이러한 성공결과, S부인의 한결 개방적이게 된 행동 때문에 이들의 부부관계의 질은 향상되었다. 그녀의 자기 비하적 사고방식을 근절하기 위하여 치료자는, 나는 쓸모없는 인간이라는 근거 없는 느낌과는 상반되는, 진실에 근거한 긍정적인 자아상을 몇 개의 문장으로 만들어 되풀이 다짐하라고 권하였다. 4개월 가량의 치료를 마친 후에 S부인은 드디어 우울증과 자기 비하와 불안을 놀라우리만큼 줄일 수 있었다. 새로 얻은 정서적 해방감과 자신감을 바탕으로 그녀는 대학원에 진학하여 다시 공부하기로 결심하였다. 이 사례는 인식-행동치료법이 어떻게 사람들로 하여금 자신의 역량을 주장, 계발하고, 관계를 윤택하게 하며, 직업상의 지평을 확대하게 하는 데 도움을 줄 수 있는지를 보여 주고 있다.

부부상담에서의 행동치료법

행동-행태치료법은 여타의 관계에 관한 상담이나 치료에는 물론이고 부부관계 상담에도 다양한 자원을 제공해 준다. 행동치료자의 관점에서 볼 때에 부부의 행복이란 서로의 요구를 만족시키는 특정한 행동에 의하여 산출되는 것이다. 모든 부부는 각자의 상대편에 대하여 학생인 동시에 선생이다. 그들은 상대편에게서 욕구충족 행태가 발생할 확률을 끊임없이 증가시키거나 감소시키고 있다. 부부행동 치료자인 데이빗 녹스(David Knox)의 말에 따르면, "무릇 모든 행동 주체가 그러하듯이 부부라는 행동 주체도 그들의 행동이 빚은 결과에 따라 학습, 아니 훈련된다. 행동을 강화시키는 요인은 결국 특정한 행동이 재발할 가능성을 높게 하는 바로 그 결과일 뿐이다."[10] 상담이란 결국 어떤 부부를 만족시키는 행동과 그들을 좌절하게 하는 행동을 구체적으로 찾아내고, 학습원리를 활용하여 욕구충족 행동의 빈도는 늘리고 욕구좌절 행동의 빈도를 줄이는 일이다.

나는 부부상담이나 부부치료를 할 경우에 부부들로 하여금 그들의 문제를 각자의 입장에서 상대가 덜 해주었으면 싶다든지, 아예 말아주었으면 싶다든지, 혹은 바꾸어 주었으면 싶다든지, 더 자주 해주었으면 싶다든지, 아니면 더욱 계발해 주었으면 싶다고 여겨지는 행동들을 중심으로 해서 이야기해 보도록 하는 일이 유용함을 알게 되었다. 이러한 작업을 통하여 부부는 그들의 관계를 보다 만족스럽고 즐거운 것으로 만들기 위해 지향해야 할 구체적 목표를 설정할 수 있게 된다. 이러한 목표란 특정한 행동들로 구성되므로 부부 쪽에서나 상담자 쪽에서나 그들이 목표를 향하여 진보하고 있는지 여부를 알아차릴 수 있다.

부부상담과 가족상담에서는 다음 세 가지 행동치료법이 특히 효과적이다. 그 첫 번째는 **선택적 행동강화법**(selective reinforcement)인데, 이것은 부부나 가족 구성원들로 하여금 그들 자신이 원하거나 원하지 않는 행동 각각에 대하여 어떻게 반응하는지를 찾아내게 한 후에, 원하는 행동은 한층 강화시키고 원하지 않는 행동은 더이상 강화되지 못하도록 학습시키는 방법이다. 이 방법은 부부가 피차 싫다고 느끼는 그 행동에 대하여 무의식적으로 보복을 함으로써 결과적으로 '함께 탄 배를 침몰시키고 있다.'는 진상을 깨닫게 하는 데 큰 도움이 되는 경우가 많다. 예컨대, 잔소리란 부정적 행동에 대하여 일일이 보복을 하는 경우로서, 이는 오히려 그러한 행동을 강화시키는 경향이 있다.

어떤 유형의 관계상담에도 유용한 두 번째 행동치료법은 **교환 계약법**(exchange contracting)이다. 이 방법은 양편의 사람들이 변화시키기를 바라는 행동들을 조목조목 찾아내게 한 다음에, 한 쪽이 이러이러하게 행동을 바꾸는 대신 다른 한 쪽은 이러이러한 행동을 중지하고, 저러저러한 행동은 강화시킨다는 내용을 명시한, 쌍방이 만족할 만한 계약을 체결하도록 도와 주는 방법이다. 이와 관련된 또 하나의 행동치료법은 **관계 재형성법**(shaping)이라 불리는 것으로서, 이 기술은 혼자 힘으로 변화를 도모하는 데 유용하다. 관계 재형성법에서는 가령 부부관계와 같이 복잡하게 뒤얽힌 일련의 행동들을 소단위의 요소들로 쪼개고, 한 번에 한두 개의 요소만 집중 강화함으로써 부부가 그들의 관계를 점차 재형성하도록 한다. 행동치료법들은 모든 부부상담 방법들이 그러하듯이 쌍방이 그들의 관계를 개선하는 데 열의를 보일 만큼 자신들의 부부관계에 가치를 두고 있을 때에만 유효하다.

행동치료법들이 종래의 역할─관계 상담방법들과 어떻게 통합될 수 있는지를 구체적으로 보이기 위하여 부부상담 과정에서 흔히 발

생하는 몇 가지 단계를 서술하겠다.[11]

제1단계—부부가 상담소를 찾아와서까지 도움을 받으려 하는 고통스런 문제를 번갈아 가며 설명하는 동안 상담자는 온정과 공감을 갖고 경청함으로써 양쪽 모두와 신뢰의 관계(rapport)를 정립한다. 상담자가 그들의 말을 세심하게 듣고 적절한 질문을 정중하게 제기해 나감에 따라, 부부 각자가 부정적 상호 교류의 악순환에서 벗어나지 못한 채로 행동하고 있는 진상이 보다 명확히 드러나게 된다.

제2단계—행동변화 방법과 교환 계약법이 부부의 고통을 줄이고 만족감을 늘이는 데 어떤 도움이 될 수 있는지를 상담자가 설명한다. 분노와 상심이 다 표출되고 그리하여 그러한 감정이 사그러들면(이렇게 되면 부부는 한결 명석하게 듣고 생각할 수 있게 된다.) 상담자는 다음과 같이 말한다 :

이제까지 두 분께서 저에게 들려 주신 이야기를 보면, 두 분은 각기 부부관계에서 큰 고통을 느끼는 반면, 만족감을 그리 느끼지 못하고 있다는 것이 분명합니다. 두 분은 서로에게 해를 주는 일종의 악순환에 걸려 있습니다. 자기가 당한 고통 때문에 두 분은 모두 상대방의 상처를 한층 가중시키는 식으로 반응하고 있습니다. 두 분의 부부관계에서 이러한 악순환이 어떻게 일어나는지 예를 하나 들어 볼까요?—예를 든 후—이처럼 자기 파괴적인 악순환을 중단시키고 부부관계에서 두 분 모두가 더 깊은 만족을 얻는 방법을 배우라고 권하고 싶습니다. 그 방법이란 두 분이 모두 흔쾌히 실행할 만한 계약을 매번 오실 때마다 작성하고 그 주간에 한 편이 다른 편을 편하게 해주기 위해 행동을 바꾸는 대신, 이 쪽에서도 저쪽을 위하여 그렇게 하는 것을 말합니다.

제3단계—양쪽에서 동의하면 각자 상대편이 고쳐 주기를 바라는 행동들을 그 정도가 가장 약한 것부터 가장 강한 것까지 순서대로 낱낱이 적도록 한다. 이 작업은 '숙제'로 내줄 수도 있다.

제4단계—이번에는 각자가 적은 상대편의 싫은 행동에 대해서 자신이 어떻게 반응하는가를 낱낱이 기록하고, 그러한 행동에 그들이 어떻게 무의식적으로 보복을 해 왔는가를 알아보게 한다.

제 5 단계-다음으로 각자가 상대편에서 더 늘리거나 추가해 주었으면 하고 바라는 욕구충족적 행동들의 목록을 작성하도록 한다. 이 목록에도 역시 순위를 매긴다.

제 6 단계-이러한 몇 가지 목록들을 토대로 하여 부부가 간단하면서도 실천가능한 '교환 계약'을 체결하도록 한다. 이 계약에는 상대편이 싫어하는 행동을 줄이거나 근절하고 대신에 그것을 상대편이 바라는 행동으로 대체하기로 하는 약속을 담게 한다. 계약의 이행을 촉진하기 위해서는 상대편이 실천하기로 약속한 일의 명세가 낱낱이 규정되어야 하는 것은 물론이고, 그러한 약속이행 때문에 각자에게 돌아올 결과들도, 가령 잔소리를 하게 된다 / 안하게 된다, 골프를 친다 / 안 친다 식으로 분명히 정해 둘 필요가 있다. 상담자는 부부가 보다 공정하고 실천가능한 상호 교환계약을 체결하는 데 긴요한 기술을 차츰 익혀갈 때, 이에 대해 그들에게 확신감을 부여함으로써 의사소통의 촉진자이자 중재자의 구실을 한다. 초기의 행동변화 계획이 제대로 이행될 확률을 높이려면, 부부가 작성했던 목록 가운데 우선순위가 상대적으로 낮은 항목, 위험도가 낮은 항목부터 시작하도록 해야 한다.

제 7 단계-상담자는 부부가 내담하러 오는 사이의 기간에 교환계약을 잘 이행하도록 격려하고, 상대편의 나쁜 행동이 좋은 행동으로 바뀔 때마다 그것에 대하여 긍정적 반응(=긍정적 강화)을 하도록 부부에게 권한다. 또한 상대편이 싫은 행위를 하더라도 이에 대한 시시콜콜한 반응을 자제하여 그러한 행동이 강화되지 못하도록 일러둔다. 부부 사이에 서로 만족을 주는 행동이 조금이라도 증가하면 그것은 스스로 강화되는 경향이 있다. 그 이후의 수주일 동안 부부는 새로운 계약을 맺어 보다 우선순위가 높은, 따라서 한층 어려운 욕구로 나아가게 된다.

제 8 단계-자기 행동을 바꾸고자 힘쓰는 동안에 부부 각자는 자신과 상대편이 성취한 것을 세밀하게 기록하게 된다. 그리고 이 기록을 상담시간에 가져오게 하면 내담자와 상담자는 함께 그것을 통하여 부부관계가 행동적 측면에서 어떻게 변화했는지를 구체적으로 점검할 수 있게 된다.

부부는 각기 상대편의 행동에 아무리 사소한 것이라도 새로운 행동양식을 향한 진전이 보이면, 그 때마다 가령 "당신이 옷을 걸어 줘서 정말 고마워요, 여보" 하는 식으로 그 진전을 격려해 주고, 아직 바뀌지 않은 싫은 행동에 대해서는 이를 짐짓 무시함으로써 바람직한 새 행동양식을 '형성'하도록 해야 한다. 또 부부 각자는, 예컨대 "나는 주 중에 아이들과 일정한 시간을 함께 지내는 경우에만 내가 좋아하는 텔레비전 프로그램을 시청하겠다."라는 식으로 자기 자신과의 '조건부 계약'을 맺어 자신이 부부 양쪽이 모두 바라는 어떤 행위를 하였을 경우에는 스스로 보상하는 방법을 배워야 한다.

행동 변화과정의 처음부터 끝까지 상담자는 부부가 바람직한 새 행동을 배울 적마다 아무리 사소한 것일지라도 그것을 긍정함으로써 긍정적 행동강화의 본을 보여 주어야 한다. 부부들이 그들의 교환 계약을 이행하고 부부 사이의 갈등과 위기를 해결하는 데 필요한 새로운 상호충족적 행동들(여기에는 보다 효과적인 소통기술도 포함된다.)을 익힐 수 있도록 상담과정에서 상담자는 **행동시연법** (behavioral rehearsal)으로 부부를 지도할 수도 있다. 예를 들어, 상담자는 "두 분 사이에 원한이 쌓이는 것을 막기 위하여 어떤 의사소통 계획이 마련되어 있는지 알려 주시겠습니까?"라는 질문을 할 수도 있다.

이러한 행동 교환과정은 실제로는 위에서 요약된 내용보다는 훨씬 복잡하다. 이 기술의 실효성은 다른 치료법들이 지닌 통찰과 방법을 병용하면 뚜렷이 증대될 수 있다. 예컨대 의사거래분석법에서 활용되는 구조분석은 부부들이 '보다 능동적인 어른상'(Adult)을 유지하도록 하여, 그 부부는 한층 상호충족인 결혼계약을 맺고 그 계약을 이행할 수 있게 하는 데에 도움을 준다(의사거래분석법에 관해서는 제 6 장을 참조하라). 행동치료의 여러 방법들은 융통성 있게 활용되어야 하며, 변화를 방해하는 느낌과 태도들을 직접 다루는 전통의 치료법에서 사용되는 각종 기술과 병용되어야 한다.

성기능 장애의 치료와 촉진에 이용되는 인식행동치료법들

성기능장애와 성기능 감퇴에 대한 최신의 치료법들은 학습원리의 치료적 가치를 잘 보여 주는 예이다. 전래의 정신분석 치료자들은 고질적인 성기능장애를, 심리성욕의 발달이 심리내부 깊숙이 고착화됨으로써 생기는 내면의 갈등과 불안이 표면에 나타난 증상이라고 본다. 문제를 이런 식으로 이해하고 나면 회복의 유일한 희망은 오직 장기간의 정신분석 치료법밖에는 없게 된다. 그러나 성기능 장애의 치료에 대한 이 치료법의 전반적인 효과는 썩 좋은 편은 아니었다.[12] 이 치료법과는 아주 대조적으로 윌리엄 매스터즈(William H. Masters)와 버지니아 존슨(Virginia E. Johnson)이 창안한 단기간의 성기능장애 치료법은 인식-행동치료법을 구사함으로써 괄목할 만한 치료결과를 얻는 경우가 허다했다. 인식-행동치료법에서는 갖가지 성기능장애들을 심리성욕의 발달 부진에서 생긴 내면의 병에 기인하는 것이 아니라, 첫째, 성에 대한 긍정적 느낌과 태도를 학습하기는커녕 오히려 부정적 느낌과 태도를 학습하고, 둘째, 부부가 각자의 상대편에게 즐거움을 주고, 그래서 보다 충만한 성의 기쁨을 누리는 행동상의 기술을 습득하지 못하였다는 두 가지 점에서의 그릇된 학습 때문에 발생한 것으로 이해한다.

그러므로 이 치료법에서의 치료는 엄밀하게 전통적 의미로 볼 때에는 '치료'라기보다는 그저 태도와 행동의 재교육에 지나지 않는다. 치료자의 긍정적 인식과 태도에 부부가 점차 동화됨에 따라, 그리고 치료자의 지도와 실습을 통하여 부부가 서로에게 즐거움을 주는, 억지가 아닌 새로운 기술을 학습함에 따라 부부에게는 차츰 성에 대한 긍정적 태도와 느낌이 생겨나게 되며, 많은 성기능장애와 성기능감퇴의 원인이 되고 있는, 멋지게 치뤄내야 한다는 불안과 실패하면 어쩌나 하는 불안은 서서히 사라진다. 이러한 결과는, 가령 오르가즘 따위의 어떤 목표를 정하고 '기필코' 거기에 도달하겠다는 식의 의도나 강박관념을 버리고 자기 나름의 고유한 즐거움을 누리는 성감증진방법을 집중적으로 연습함으로써 얻어진다. 억지없이 즐거움을 누리는 훈련은 이렇다 할 큰 성적 기능장애는 없지만 자신의 성적 잠재력을 개발하고자 하는 부부들에게도 또한 유용하다는 사실이 판명되었다.

행태론적 성기능장애 치료술의 효과는 정신역학적인 통찰과 치료법, 그리고 부부치료법의 여러 자원들을 병용하면 증대된다. 헬렌 싱어 카플란(Helen Singer Kaplan)의 방법은 이 세 가지 치료법의 자원을 두루 활용한다.[13] 불안과 내면의 갈등 때문에 행동치료법의 효과가 뜻대로 나타나지 않을 경우에는, 그 불안과 내면의 갈등을 해소하기 위하여 전통의 정신분석법을 사용한다. 정상적인 성적 감응을 방해하고 행동변화 훈련을 저해하는 상호간의 분노와 갈등을 해소하는 데에는 부부치료법을 활용한다. 여기서 특기해 두어야만 할 사실은, 부부관계에서는 성적인 소통과 그 밖의 소통 형식 사이에는 양(+) 또는 음(-)의 상관성이 존재한다는 점이다. 부부관계가 돈독해지면 성관계도 따라서 향상되고 또 그 역의 상관성도 성립한다. 즐거움에 대한 불안이나 실패에 대한 불안 때문에 최초의 행동치료로 변화가 없는 사람이나 원하는 만큼의 성적 흥분상태에 이르지 못하는 사람들에게는 상담자의 안내 아래 이루어지는 각종 상상기법도 유익하다.[14] 행동론적 성기능장애 치료법의 필요에 따라서 정신역학 치료법과 부부치료법을 보완하면 성기능장애 치료에는 종래의 그 어떤 치료법보다도 월등히 높은 효과를 보인다는 사실은 이미 증명된 바 있다.

현실치료법의 성장자원

정신과 의사인 윌리엄 글래서(William Glasser)에 의하여 창안된 현실치료법은 사람들의 행동을 변화시킴으로써 타인의 욕구충족을 박탈하지 않는 방식으로(이것이 글래서가 말하는 '책임성'의 의미이다.), 기본적 욕구들(즉 사랑을 주고받는 욕구와 자신과 남에게 가치 있는 존재로 인정받고픈 욕구)을 현실세계에서 충족시킬 수 있게 하는 것을 목표로 삼는 행동지향적 치료법의 일종이다.[15] 글래서는 자신의 치료법을 인식-행동치료법의 일종이라고 언명하지 않고 있지만 그 효과는 행동치료법에서와 같이 학습원리와 행동론적 개념으로 잘 설명된다.

글래서는 전통의 심리치료법이 지닌 병리학적 모형을 거부한다. 왜냐하면 심리적 문제나 관계상의 문제를 안고 있는 사람들에게 '병자'라는 낙인을 찍는 것은 그들로부터 행동의 변화를 시도할 책임성을 박탈하는 일이요, 현재의 모습 그대로 지낼 구실을 마련해 주는 꼴이라고 그는 믿기 때문이다. 그는 종래의 치료법들은 과거의 일과 무의식적인 것에 치중하고, 파괴적 행동의 변화를 중시하기보다는 **먼저**, 태도를 변화시키거나 통찰을 습득하는 것을 중시한다고 비판한다. 사람들은 누구나 마음만 먹으면 자기 행동을 변화시킬 능력을 지니고 있다고 가정하며 그는 다음과 같이 단언한다. "태도가 바뀌기를 기다리고만 있는 치료법은 결국 진퇴유곡에 빠질 따름인 반면, 행동의 변화를 유도하는 치료법은 행동의 변화가 곧 태도의 변화를 초래하고, 태도의 변화는 다시 욕구의 충족과 나아가 보다 나은 행동을 결과한다."

현실치료법으로 보면 치료자는 본질적으로 이하의 세 단계의 성장과정을 활용하여 사람들이 보다 욕구충족적인 삶을 살 수 있도록 가르치는 일종의 '교사'이다:

제1단계는 개입이다 : 치료자는 환자에게 깊숙이 개입하여 환자로 하여금 현실을 직시하게 하고, 그의 행동이 얼마나 비현실적인가를 깨닫게 한다. 제2단계로 치료자는 비현실적인(무책임한) 행동 자체는 거부하면서, 그러나 환자 자체는 계속 감싸면서 관계를 유지시켜 나간다. 마지막 단계에서는 …… 치료자는 환자에게 현실의 범위 안에서 자신의 욕구를 충족시키는 보다 적절한 방법을 가르친다.[16]

제2단계의 핵심은 행동의 파괴적 결과에 환자를 계속 대면시키는 일이다. 내담자의 무책임한 욕구박탈 행동에 대해서 상담자는 어떤 '변명'도 시도하거나 용인해서는 안 된다. 상담자는 내담자들로 하여금 그들이 회피하고 있는 현실, 곧 그들의 행동이 빚어내고 있는 자기 파괴적 결과를 포함한 그들의 실상에 직면하도록 적극적으로 노력해야 한다. 가령 상담자는 다음과 같은 물음을 던질 수 있다.

"그런 식으로 하면 과연 당신이 진정으로 바라는 것을 얻을 수 있을까요?" "만약 그렇지 않다면 당신이 바라는 결과를 얻기 위해서 어떻게 해야 할까요?" 치료자가 그의 내담자들에게 끊임없이 도전함으로써 내담자들은 책임 있는 행동을 택할 것인지 아닌지를 끊임없이 결정하지 않으면 안 되게 된다. 무책임한 행동 때문에 초래되는 부정적 결과들을 피해야 되겠다고 마음먹기만 하면 보다 만족스러운 결과를 낳을 책임 있는 행동을 학습하기가 한결 수월해진다.

현실치료자들이 관심을 집중하는 일은 사람들로 하여금 그들의 일상적 행동과 관계를 검토하게 하여, 그들의 기초적 욕구를 만족시키는 보다 효과적인 행동방식과 관계방식을 학습시키는 것이다. 현실치료자는 그 자신이 현실을 존중하는 굳건한 지표이자 모범역할을 하여야 한다 : "치료자는 반드시 매우 책임 있는 인간, 즉 강인하고 매사에 흥미를 느끼며 인간답고 민감한 사람이어야 한다. 그는 자기 자신의 욕구를 충족시킬 줄 알아야 하고, 또 자기 자신의 고투를 들려 줄 용의가 있어서 책임 있게 행동한다는 것이 때로는 어렵지만 가능하다는 사실을 환자에게 환히 보여 줄 수 있는 이여야 한다."[17] 치료자는 내담자의 행동에 대한 그의 태도와 반응을 통하여 현실에 근거한 책임 있는 행동을 강화한다.

글래서의 총체성장 관점으로부터의 접근법이 지닌 가치의 하나는, 현실치료법의 철학과 원리를 제도적─사회적 체계에 적용하였다는 데 있다. 예를 들어 그의 저서 「낙제 없는 학교」(*Schools Without Failure*)에서 그는 보다 실력 있고 책임 있는 아동과 청년을 육성하는 학교의 능력을 신장시키는 데 자신의 접근법을 활용하고 있다.

치료수단의 하나로서 현실치료법은 그 작업개념이 그리 복잡하지 않고 또 극히 짧은 기간의 상담으로도 실효를 보인다. 이 치료법이 특별히 효과를 발휘하는 대상은 말썽꾸러기 청년, 자기 문제를 자신과 남에게 파괴적으로 표현하는 성인, 자기 방해적이고 충동적인 행위를 일삼는 성인, 알콜중독자들, 그리고 의식이 제대로 개발되지 않고 왜곡되어 있기 때문에, 행동을 보다 견고하고 건설적으로 통제할 필요가 있는 사람 등이다. 현실치료법은 위기에 제대로 대처하지 못하는 모든 사람에게 단순하지만 유용한 도구를 제공해 준다. 그러나 이 치료법이 왜곡된 의식이나 피해의식을 갖고 있는 사람들, 심각한 내면의 갈등으로 고통받는 사람들, 건설적인 행동변화를 방해하는 삶의 의미문제로 고민하는 사람들에게 효과를 발휘하려면 필히 다른 치료법들이 병행되어야 한다. 그러나 오늘날의 우리 사회와 같이 사랑과 존중, 의미에 굶주린 사람들이 파괴적이고 무책임한 방식으로 이를 표현하는 사회에서는 글래서의 치료법이 매우 가치 있는 성장자원이 됨은 분명한 사실이다.

위기상담의 성장자원

지난 40여 년간 발달되어 온 위기개입 방법들은 자기 자신과 타인들로 하여금 발달상의 위기나 우연한 위기에 대해 성장적으로 대처할 수 있는 자원들을 제공해 준다. 하버드대학의 에릭 린드만(Erich Lindemann)과 제럴드 카프란(Gerald Caplan)에 의해 처음 시작된 연구는 매우 다양한 상실과 위기상황을 사람들이 어떻게 대처해 나가는가에 대한 이해를 증대시켜 주었다. 이러한 연구들의 성과는 위기개입 기법들(이는 현실요법이나 자아분석가들의 접근과 많은 유사점이 있다.)의 발달에 굳건한 개념적 기초를 제공해 주었다. 이제 위기개입 이론의 작업개념들을 요약해 보기로 하겠다.[18] 이러한 원리들을 경험적으로 '내면화'하려면, 당신 자신이 현재 직면하고 있거나 최근에 직면한바 있는 위기들에 이 방법들을 한번 적용시켜 보라.

　(1) 위기란 외부적인 것이 아니라 우리의 내면에서 생기는 것이다. 위기의 핵심은 강압적이거나 정서적으로 위험하게 느껴지는 상황에 대한 우리의 반응이다. 위기는 본질적으로 내면의 경험이기 때문에, 우리는 이에 대해 우리의 대처 자원을 활성화시키는 식으로 반응할 수도 있다. (2) 내면의 위기를 야기시키기 쉬운 삶의 상황은 우리의 삶에 중요하다고 여겨지는 그 무엇인가를 잃게 되거나 잃게 될 위험을 경험하게 되는 그런 상황이다. 슬픔, 불안, 혼란, 무력감, 우울, 분노, 산만, 내면의 마비감 등과 같은 고통스런 감

정들은 이러한 위기경험의 본질을 이룬다. 이러한 감정들은 상실 위에 찾아드는 심리적인 욕구를 이전의 낡은 대응기술로는 제대로 충족시킬 수 없기 때문에 생기게 된다. (3) 스트레스, 변화, 상실, 위기 등이 단기간에 생기게 되며, 이는 누적되는 경향이 있다. 토마스 홈즈(Thomas Holmes)의 연구에 의해 입증된 바와 같이, 단기간 내에 일련의 주요한 변화들을 경험하게 되면 심리적 내지는 정신신체나 인간관계상의 문제들이 야기되기 쉽다.[19] 따라서 복합적인 변화나 상실을 경험하고 있는 사람들에게는 따뜻한 배려와 지시를 해주는 것이 매우 중요한 요소로 된다. (4) 위기란 마치 성장이라는 길에 놓여진 분기점과 같은 것이다. 심각한 위기나 일련의 지속적인 위기에 대해 건설적으로 대처할 수 있게 되면, 장래의 위기에 대해서도 잘 대처해 나갈 수 있는 새로운 기술을 배울 수 있게 된다. 인간의 성격은 근육과 같은 것이다. 그래서 우리가 그것을 어려움에 대처하는 데 자주 활용하다 보면 더욱 강해지게 된다. 그러나 우리가 그것을 쓰는 대신 다양한 회피기제를 이용하여 피해 나간다면, 반대로 점점 약해지게 된다. (5) 우리들 대부분은 위기를 다루는 데 유용하게 사용할 수 있는 다양한 자원들을 잠재적으로 갖고 있다. 그러나 우리는 강압적인 환경이 그런 것들을 발견하게끔 만들기 전까지는 대개 이러한 내부의 역량이 있는지도 잘 모른다. 그런 이유로 위기란 잠재적인 성장기회가 될 수도 있는 것이다. (6) 위기상담의 목표는 사람들의 '고통 작업'(grief work : 고통스런 감정들을 표현하고 다룸으로써 궁극적으로 이를 해결하는 작업)을 도와 주고, 새로운 대응기술을 학습하는 것을 포함하여 대응잠재력들의 발현을 도와 줌으로써 보다 강하게 성장할 수 있도록 해주는 데 있다. (7) 위기에 대한 부적절한 반응의 근원을 찾으려는 시도는 대응능력을 향상시키는 데 별 도움을 주지 못한다. 윌리엄 메닝거(William Menninger)가 잘 표현했듯이 "불을 끄기 위하여 발화 원인을 찾을 필요는 없는 것이다." 위기상담의 초점은, 일반적으로 행태치료법이 그러한 것처럼, 현재에 좀더 효과적으로 행동할 수 있게끔 학습시켜 주는 데 있다. (8) 위기에 의해 외상을 입을 때 변화에의 희망이라는 에너지를 경험하게 되면, 내면의 자원을 활성화시키는 데 필수적인 능력을 가질 수 있게 된다. 희망이란 어려운 삶의 상황에 대한 대응방식을 결정해 주는 바로 매우 중요한 변인이다. 그렇기 때문에 희망을 일깨워 주는 사람으로서의 상담자의 기능은 위기개입 작업시에 매우 중요한 요소가 되는 것이다.[20] 현실적인 희망은 다양한 수단에 의해 일깨워진다. 상담자가 내담자의 잠재적인 대응능력을 확인하고 이를 따뜻하게 지지해 줄 때 내담자는 희망을 가지게 된다. 그리고 이러한 희망은 내담자가 건설적인 행동을 점차로 익혀감에 따라 더욱 강해지게 된다. (9) 위기에 대응하는 하나의 주요한 자원은 인간관계상의 상호지지체계의 강도와 질이다. 위기상담은 내담자에게 관심을 보이고, 믿고, 솔직하게 대하는 타인들에게 내담자도 마찬가지로 그렇게 할 수 있도록 도우려고 한다. (10) 과중한 스트레스나 상실, 약점 등을 건설적으로 다루는 기술은 유사한 위기에 직면하고 있는 사람들에게도 유용할 수 있다. 위기작업시에는 유사한 위기를 맞고 있는 타인들을 깊은 이해와 배려로써 포용할 수 있게끔 북돋아 주는 것이 중요하다. AA와 같은 자기 치료집단의 독특한 효과라 할 수 있는 상호성장의 경험은 많은 위기상담에도 쓸모있게 활용될 수 있는 하나의 역동적인 실례를 보여 주고 있다.

우리 인간들에게 있어서는 삶의 마이너스 요소들을 최소한 부분적으로나마 플러스 요소가 되게끔 바꾸는 것은 얼마든지 **가능하다**. 기꺼이 고행의 길을 택해 그 속에서 뜻하지 않게 새로운 가능성들을 찾아내고, 성장을 이루어 내는 사람들을 보라! 인간이 이 얼마나 경외로운 존재인가! 심각한 위기를 잘 **대처해 낸** 사람들에게 다음과 같은 질문을 해보라. "그런 고통스런 상황에서 배운것이 무엇입니까?", "그런 비참한 상황을 통해 뭔가 좀 긍정적인 것을 얻었습니까?" 그 사람들이 주는 해답은, 그들이 위기를 해결하려는 부단한 노력을 통해 어떻게 성장해 왔는가를 알 수 있게 해줄 것이다.

합리적-감정적 치료법의 성장자원들

심리학자인 앨버트 엘리스(Albert Ellis)에 의해 창안된 합리적-감정적 치료법(Rational-Emotive Therapy : 이하 RET로 약함.)은 행동치료법이라기보다는 인지치료법에 가깝다. 이는 비효과적인 행동의 인식결정 요인들에 초점을 맞춤으로써 행동치료법들을 보완해 준다. 엘리스에 의하면, 사람의 건강과 성장은 필수적이고 상호의존적인 인간의 4가지 작용, 즉 지각하고, 느끼고, 행동하고, 사고하는 것을 어떻게 활용하느냐에 따라 결정된다고 한다. 다음과 같은 비합리적이고 쓸데없는 사고나 믿음들은 느낌이나 지각, 행위의 교란에 지대한 영향을 미치게 된다 : [21]

- 내가 그러리라고 굳이 생각하지 않더라도 나는 틀림없이 매우 뛰어나고, 능력 있고, 성공적인 사람일 것이다.
- 내가 아는 거의 모든 사람들은 틀림없이 내가 아는 모든 것들을 인정하고 어여삐 봐 줄 것이다.
- 내가 좌절감을 느끼거나, 남에게 부당하게 취급되거나 거부되면, 나는 틀림없이 나 자신과 모든 것들을 비참하고 비관적으로 보게 될 것이다.
- 나의 감정적인 고통은 외부적인 압력 때문에 생긴 것이다. 그렇기 때문에 내 힘으로는 내 감정을 통제하거나 바꿀 수 없다.
- 위험하거나 무서워 보이는 것들에 대해서는 늘 경계해야 한다.
- 내가(혹은 타인이) 중대한 실수를 하거나 일을 잘못했다면, 나는 나 자신(혹은 타인)을 질책해야 한다.
- 만일 내가 살아가면서 냉혹한 현실의 문제를 완벽하게 풀어가지 못한다면, 이는 엄청난 비극이다.
- 어려움에 부딪칠 때는 굳이 자기 책임 내지는 자기 훈련을 통해서 이를 극복하려 하기보다는 피하는 게 상책이다.
- 존경받는 사람들이 갖고 있는 모든 신념이나 우리 사회의 모든 믿음은 다 정확한 것이며 의문의 여지가 없다.

RET에 따르면 방해가 이루어지는 과정은 3단계로 구성된다. A : **원인사건의 단계**—누군가가 우리를 몹시 거칠고 부당하게 비판한다. B : **믿음체계의 단계**—자신의 가치는 남에 의해 인정받느냐 못받느냐에 달려 있다는 비합리적인 믿음이 그 사건을 곡해하여 바라

보게 한다. C : **감정이 나타나는 단계**—그 결과로 마치 커다란 재앙이라도 일어난 것처럼 우울하고 열등한 느낌을 갖게 된다.

이러한 느낌들을 바로잡는 과정은 두 개의 단계로 이루어진다. D : **비합리적인 믿음을 바로잡는 단계**—이 단계는 자신의 사고와 믿음이 비합리적이었음을 확인하고 이러한 자기 손상적인 내면의 믿음을 바로잡는 단계이다. E : **사건이 재평가되는 단계**—원인되는 사건은 "나는 자존심을 세우려고 굳이 모든 사람에게 인정받을 필요는 없다."라는 합리적이고 쓸모있는 사고의 관점에서 재평가된다. 이러한 합리적인 믿음으로부터 건설적인 감정과 행태들이 나오게 된다.

RET치료자들은 내담자들의 비합리적인 생각이나 기대, 믿음에 매우 적극적으로 도전한다. 그들은 내담자들도 스스로 그렇게 하도록 가르치며, 그럼으로써 비합리적인 믿음을 합리적이고 자기 수용적인 생각들로 대치시켜 이 불완전한 세상에서 필연적으로, 누구나 겪기 마련인 불가피한 좌절경험에 잘 대처해 나가도록 한다. 엘리스는 그가 내담자를 어떻게 다루어 나가는지를 다음과 같이 설명한다 : "나는 여러 가지 방법을 써서 하나의 일관된 목표를 달성하려 한다. 그 목표란 다름아니라 가능한 한 빠른 시간 내에 내담자가 현재 자신의 태도가 얼마나 자신을 괴롭히고 있는가를 깨닫고, 이 괴로움에서 빠져 나오려면 어떻게 해야 하는지를 알게 해주는 것이다."[22]

RET의 기초 이론은 사람들이 은연 중에 자신에게 배어 있는 분열적인 믿음—느낌—행태의 악순환을 인식하고 이를 중단하도록 도와 주는 데 유용하게 쓰여질 수 있다. 대부분의 심리치료자들은 관념이나 믿음은 감정적인 고통과 왜곡된 행태의 생성과는 별 관계가 없다고 믿는다. 이와는 달리 RET치료자(내지는 이와 유사한 치료자들)는 우리가 안고 있는 문제와 우리의 성장 양자에 인지적인 차원이 커다란 영향을 미친다고 본다.

인지치료법은 성장을 감소시키는 종교적인 믿음을 고치려는 사람들에게도 매우 가치 있는 자원을 제공해 준다. 많은 개인과 가족의 엄격한 종교율은 완고한 가치관과 생활양식을 낳고 강화시키게 되어, 결국 그들의 성장과 자유가 억압받게 된다. 이 경우에 RET접근처럼 그들이 갖고 있는 방어적이고 안정감을 주는 믿음체계에 직접적으로 도전하게 되면 오히려 역효과가 나게 된다. 그러나 목회상담자나 치료자들은 그러한 믿음이 어떻게 부정적인 느낌과 행동을 조장하고 부추겨 나가는가를 잘 알아야 한다. 환자가 병의 원인이 되는 그러한 믿음을 재평가하고 바꾸도록 치료자가 온화하면서도 직접적으로 노력하게 되면, 환자는 자신의 성장을 제약하는 이러한 믿음체계를 방어적으로 고집하는 데에서 점차로 풀어질 수 있다. 이와 같은 '종교치료법'(theotherapy)은 대개 시간이 많이 걸리지만, 개인이나 가족이 갖고 있는 잠재력을 영적 내지는 기타의 방향으로 성장시키는 데에는 매우 효과 있는 방법이다.[23]

행동치료법의 몇몇 결점들

전인적 인간과 성장이라는 관점에서 볼 때, 행동치료법에는 장점도 있고 단점도 있다. 모든 사람은 마치 과거의 경험이라는 자료가 입력된 컴퓨터처럼(최소한 어느 정도는) 기능한다는 행동치료자들의 견해에는 타당성이 있다. (정신병자와 같이 성장이 심하게 차단된 사람들의 경우에는 성격 중의 자동장치 같은 면들이 그들 행동의 상당 부분을 지배한다.) 행동치료자들이 주장하는 바와 같이, 행동치료법의 근거가 되는 학습원리들은 또한 다른 치료법을 써서 생긴 변화가 어떻게 일어나는지를 설명해 준다. 그릇된 학습을 교정시켜 주는 기법들 — 일례로 성치료법에 의해 개발된 것들이 있다 — 은 확실히 모든 사람들의 정신건강에 가치 있는 도구가 될 수 있다.

그러나 고전적인 행동주의의 기초가 되는 성격철학은 편협하기 때문에 그 자체만으로는 인간에 대한 완전한 이해가 되지 못한다. 스키너와 같은 급진적인 행동주의자들은 인간의 행동을 격하시켜, 이를 전적으로 환경에 의해 지배된다고 본다. 그는 다음과 같이 주장한다 : "우리가 환경이 미치는 영향을 좀더 알게 된다면, 더 이상 인간 행동의 자율성 운운하는 그릇된 이유는 달지 못하게 될 것이다."[24] 그러나 이와 같은 견해는, 모든 인간의 내면에는 자기 결정적인 차원이 있으며, 이는 비교적 전인적이거나 '건강한' 사람에게는 더 두드러지게 나타난다는 사실을 전혀 무시하고 있다. 또한 이러한 견해는 인간의 자유, 선택, 의도성의 여지를 말살시킨다. 급진적인 행동주의자들은 단지 외부적이고 눈으로 볼 수 있는 행동만을 대상으로 삼았기 때문에 모든 치료적 변화도 측정가능하다고 보았지만, 그들은 인간의 내면에는 풍부하고도 선택 가능한 차원들이 있다는 점을 간과하고 있으며, 인간 존재의 복잡성과 신비함을 알아차리지 못했던 것이다. 그러한 견해는 또한 초월적 자아인 영성의 차원을 전혀 무시하고 있다.

다행스럽게도, 대부분의 행동치료자들은 스키너의 성격모델인 엄격한 S-R(자극-반응) 이론에 입각하고 있지는 않다. 대신에 그들은 S-O-R(자극-유기체-반응)모델을 도구로 삼고 있는데, 이는 대부분의 사람에게는 환경을 어느 정도 지배(환경에 의해 영향을 받으면서도)할 능력이 있다는 점을 인정하는 이론이다. 인지-행동 치료자들은 외부로 표출되는 행동은 물론 내면의 보이지 않는 믿음과 감정을 변화시키는 데 치료의 초점을 둠으로써 스키너식의 인간관을 상당히 바로잡아 놓았다.

분석주의 입장에서 인간 행동의 심층적인 역동성을 강조하는 것과 행동주의 입장에서 행동의 '증상들'이 현실문제임을 강조하는 것은 둘 다 치료적인 타당성이 있다. 행동치료법이 주장하는 바와 같이, 치료시에는 잘못 학습된 행동들에 많은 주의를 기울여야 한다. 알콜중독은 '도피증상'의 생생한 예이다. 궁극적으로 알콜중독을 낳는 과도한 음주는 아마도 처음에는 심리내면의 불안과 갈등이 동기가 되었을 것이다. 그러나 자기 처방적인 고통감소 방법으로 술을 마시게 되면 과음 뒤에 심리적, 생리적 고통이 따르게 되고, 또 이 고통을 없애기 위해 술을 더 마시게 되는 '도피증상'이 생겨나게 된다. 처음에는 단순히 피상적인 증상이었던 것이 나중에는 치료를 요하는 심각한 문제로 된다. AA에서 보여진 바와 같이, 이러한 습관적인 과정의 악순환이 중단되지 않는다면(불안과 갈등이 있더라도 아예 술을 마시지 않음으로써), 술을 끊는다는 것은 불가능한 일이며, 심리적인 문제들은 더욱 치료하기가 어렵게 된다. 그러나 일부 알콜중독자들은 술을 끊었을 때 더 나아진다는 느낌을 받기는커녕 오히려 더 악화되는 느낌을 받는다. 금주상태를 지속적인 것으로 만들려면 갈등, 죄의식, 불안의 심리적인 근원들을 치료해야 한다. 이러한 원리는 알콜중독자가 아닌 많은 사람들에게도 적용된다. 좀더 건설적으로 행동하는 것을 학습함으로써 파괴적인 감정을 변화시킬 수도 있다. 그러나 이러한 행동상의 변화를 영구적인 것으로 만들려면, 치료를 통해 내면의 과격한 감정들을 해결해야 한다. 전인적 인간 접근은 치료시에 외부적인 행동과 내면의 감정, 가치, 태도, 개념, 믿음(은폐된 행동)의 양자를 동시에 변화시키는 것을 초점으로 한다. 이는 종종 행동방법들을 사용하면서 심층치료법의 방법들로 보완하는 식으로 이루어진다.

행동-행태치료법의 발달에 많은 기여를 한 심리학자인 페리 런던 (Perry London)은 다음과 같이 관찰한다 :

> 사람들이 치료를 호소하는 문제들을 전부 기능장애와 관련된 것들이라고 쉽게 말할 수는 없을 것이다. 그리고 설사 그렇다 하더라도, 내담자의 의미체계에 급격한 변화가 오지 않고도 언제나 기능을 회복할 수 있다고 할 수도 없을 것이다. 공포증은 기능이 상실되고 또 직접적으로 회복될 수도 있는 증상의 좋은 예이다. 그리고 마찬가지로 우리는 많은 다른 심리적인 문제들도 학습된 불안에 근거하고 있다고 생각할 것이다. …… 그러나 그 누구도 아내에 대해 만족감을 못 느껴 급기야는 상담을 청해 온 남편들의 기능장애나, 불안하고 어두운 미래에 대한 두려움과 그 속에서 사랑하며 살아갈 생각에 눈앞이 캄캄한 젊은이나, 지나간 일에 대한 회한과 앞날에 대한 두려움으로 남에게 의지하고 위안을 받고자 하는 노인들이 안고 있는 문제들에 대해 자신 있게 말할 수 없을 것이다.[25]

현대 사회에서는 도움을 청하러 오는 사람들이 안고 있는 많은 심리적, 정신신체적, 행동적, 인간관계적인 문제들을 야기시키는 의미상실이라는 전염병과도 같은 증상이 무시될 수 없다. 행동방법들은 명백히 행동상의 기능장애를 일으키고 있는 사람들에게는 매우 효과적이다. 그러나 그것들은 의미상실이 원인이 된 문제들을 안고 있는 사람들에게는 별로 쓸모가 없다.

　인본주의 입장에서는 행동치료법을 '정신조작'이니 '치료적 세뇌'니 하는 식으로 비판해 왔다. 학습이론 기법들이 변화의 대상인 사람들에게 고지하지 않고, 또 그 사람들의 동의도 얻지 않고 일방적으로 제도장치를 설정하는 조작적인 방식으로 오용되어 왔다는 데에는 명백한 증거가 있다. 행동요법들이 이러한 형태의 조작적이고 은폐적인 오용을 어느 정도 묵인하고 있다는 것은 아마도 사실일 것이다. 그러나 그렇다고 해서 행동요법들이 전혀 무가치하다고까지는 말할 수 없을 것이다. 유익한 모든 치료법들이 그런 것처럼, 치료의 대상인 내담자는 어느 정도 자신이 변화해 나갈 목표를 선택할 수 있어야 한다. 그 선택은 물론 치료자의 협력 하에 이루어지지만, 내담자가 바라는 변화의 방향은 대개 전적으로 존중되어야 한다. 이런 점에서 행동요법들은 좀더 개방적으로 쓰여져야 하며, 그 요법을 썼을 때 일어날 수 있는 효과는 내담자에게 고지되어야 한다. 유아나 현실감각이 전혀 없는 정신질환자처럼 스스로 결정할 능력이 결여된 사람들의 경우에는, 굳이 그들의 동의를 받을 필요 없이 타인들이 그 변화의 방향을 선택해야 할 것이다. 그러나 자기 결정이라는 기본 원리의 예외에 해당되는 그러한 사람들을 다룰 때에는 이미 확립된 보호규약에 입각해서 매우 조심스럽게 접근해야 하며, 또 그러한 예외도 선택의 능력이 전혀 결여된 사람에만 한해 좁게 인정해야 할 것이다. 성장의 관점에서 볼 때, 행동요법들의 궁극적인 목표는 문**제를 안고 있는 사람들에게 자기 치료 도구를 제공해 주어** 그들이 자기 결정과 삶의 효율성을 증진시켜 나갈 수 있도록 해주는 것이다. 이는 바로 많은 인지행동치료법들이 현재 사용하고 있는 바이다.

　행동치료법을 조직지향적(이는 9장과 10장에서 서술할 것이다.)으로 사용하는 것은 매우 중요하다. 그렇지 않으면 행동요법들은 다른 개체주의적 치료법들처럼 사람들로 하여금 질병을 낳는 인간관계, 제도, 문화에 적응하도록 만들어, 결국 오용되는 결과를 빚게 되기가 쉬울 것이다. 이렇게 되면 결국에는 인간의 충분한 성장이 차단되는 불행한 일이 초래될 것이다.

마지막으로 행동요법을 쓸 때에는 부드럽고 딱딱하지 않게 사용하는 것이 중요하다. 아래의 일화는 이러한 접근의 중요성을 생생하게 보여 주는 일례가 될 것이다 :

> 쥐를 연구하는 유명한 심리학자가 수년에 걸쳐 쥐의 I.Q.를 높일 수 있는 방법을 개발하기 위해 실험을 해 왔다. 그는 인내 있게 이런저런 실험장치를 써 보기도 하고, 다양한 교육환경을 만들어 보기도 하였지만 별 효과가 없었다. 마침내 그는 아주 최근에 다음과 같은 요지의 글을 발표했다 : 10년간에 걸친 실험을 통해서 내가 발견한 유일한 것은, 쥐의 I.Q.를 조금이라도 높이려면 쥐가 넓고 다채로운 환경에서 마음대로 돌아다니도록 놔두어야 한다는 사실이다.[26]

이러한 사실이 쥐에게마저도 타당할진대 하물며 인간에게는 얼마나 타당하겠는가 !

행동—행태치료법의 성장자원에 관한 참고문헌

Beck, Aaron T. 「인지치료법과 감정적 혼란」(*Cognitive Therapy and Emotional Disorders*). New York.: International Universities Press, 1976. 이 책에서는 인지적 접근과 행동적 접근을 통합하고 있다.

Clinebell, Howard. 「성장상담 : 위기에의 건설적 대응」(*Growth Counseling : Coping Constructively with Crises*). Nashville : Abingdon Press, 1974. 이것은 8개의 위기상담 훈련과정 시리즈를 강사의 해설과 함께 카세트 테이프에 담은 것이다.

Dustin, Richard, and George, Rickey. 「행동변화를 위한 행위상담」(*Action Counseling for Behavior Change*). Cranston, R.I.: Carroll Press, 1977. 이 책에서는 학습 이론과 행위상담을 개인과 집단에 활용하는 법에 관해 논하고 있다.

Ellis, Albert, and Harper, Robert A. 「합리적인 삶에의 안내」(*A. Guide to Rational Living*). Englewood Cliffs, N. J.: Prentice Hall, 1961. 이 책에서는 합리적-감정적 치료접근을 삶의 문제에 적용하는 법에 대해 설명하고 있다.

Foreyt, John P., and Rathjen, Dianna P., eds. 「인지행동치료법, 연구와 응용」(*Cognitive Behavior Therapy, Research and Application*). New York: Plenum Press, 1978. 이 책은 인지행동 방법들을 다양한 유형의 문제들에 활용하는 법에 관한 연구서들을 모은 것이다.

Glasser, William. 「현실치료법 : 정신병에의 새로운 접근」(*Reality Therapy: A New Approach to Psychiatry*). New York: Harper, 1965. 이 책은 현실치료법의 이론과 시술법을 소개한 소개서이다.

―――.「낙제 없는 학교」(*Schools Without Failure*). New York: Harper, 1969. 이 책은 현실치료 원리들을 교육의 향상에 응용하는 내용을 담고 있다.

Kaplan, Helen Singer. 「성치료법의 삽화편람」(*The Illustrated Manual of Sex Therapy*). New York: The New York Times Book Co., 1975. 이 책은 부부를 소재로 하는 삽화를 실은 성치료법 편람이다.

―――.「새로운 성치료법 : 성적인 기능장애의 능동적 해결」(*The New Sex Therapy : Active Treatment of Sexual Dysfunction*). New York: Brunner / Mazel, 1974. 이 책은 학습 이론과 동적인 심리치료법, 부부치료법 등의 방법들을 통합하는 Kaplan의 성치료법의 이론과 시술법을 설명한 책이다.

Knox, David. 「*Knox* 박사의 부부운동법」(*Dr. Knox's Marital Exercise Book*). New York: David Mckay, 1975. 이 책은 의사소통, 성행위, 음주, 친구, 부모, 자녀, 금전 등과 관련된 문제들을 해결하는 데 활용하도록, 부부가 행동요법들을 스스로 할 수 있게끔 자세히 설명한 안내서이다.

―――.「행복한 결혼생활 : 상담에의 행동적 접근」(*Marriage Happiness, A Behavioral Approach to Counseling*). Champaign, Ill.: Research Press, 1971. 이 책은 부부상담과 치료에 행동기법들을 매우 가치 있게 응용할 수 있는 법을 소개하고 있다.

Levis, Donald J., ed. 「치료적 행동변화를 위한 학습접근」(*Learning Approaches to Therapeutic Behavior Change*). Chicago: Aldine, 1970. 이 책은

행동요법의 역사와 원리, 이론을 연구한 논문들을 시리즈로 펴낸 것이다.

London, Perry. 「심리치료의 유형과 장단점」(*The Modes and Morals of Psychotherapy*). New York: Holt, Rinehart and Winston, 1964. 이 책에서는 이론 위주의 치료법과 행위 위주의 치료법을 대비하고 있으며, 일부 주요한 행동치료 접근들에 대해 서술하고 있다.

Mash, Eric J.; Hardy, Lee C.; and Hamerlynck, Leo A. 「훌륭한 부모를 위한 행동수정 접근법들」(*Behavior Modification Approaches to Parenting*). New York: Brunner / Mazel, 1976. 이 책은 부모를 대상으로 하여 훈련시에 이용될 수 있는 행동요법들을 설명한 책이다.

Stone, Howard. 「위기상담」(*Crisis Counseling*). Philadelphia: Fortress Press, 1976. 이 책은 위기개입 방법들을 간결하게 소개한 것이다.

───. 「목회상담시의 행동요법 이용법」(*Using Behavioral Methods in Pastoral Counseling*). Philadelphia: Fortress Press, 1979. 이 책은 행동요법의 이용에 관한 실용적인 안내서이다.

Stuart, Richard B., and Davis, Barbara. 「날씬한 몸매를 가꾸는 법」(*Slim Chance in a Fat World*). Champaign, Ill.: Research Press, 1972. 이 책은 비만을 극복하는 행동요법을 소개한 책이다.

Switzpr, David K. 「위기상담자로서의 사명」(*The Minister as Crisis Counselor*) Nashville: Abingdon Press, 1974. 이 책은 위기개입 이론과 목회상담자들이 이를 이용하는 법을 서술하고 있으며, 아울러 고통과 가족위기, 이혼에 대해서도 다루고 있다.

Wolpe, Joseph; Salter, Andrew; and Reyna, L. J. 「조건반사 치료법들」(*The Conditioning Therapies*). New York: Holt, Rinehart and Winston, 1964. 이 책은 기존의 정신분석 이론에 도전하는 다양한 조건반사 치료법들에 대해 설명하고 있다.

Yates, Aubrey J. 「행동요법」(*Behavior Therapy*). New York: Wiley, 1970. 이 책은 행동요법을 다양한 인간의 문제에 어떻게 적용하는가를 설명하고 있다.

6
의사거래분석법의 성장자원들

　　의사거래분석법(Transactional Analysis, 이하 T.A.로 약함.)을 개발한 에릭 번(Eric Berne)은 정신치료자로서, 1910년 캐나다의 몬트리올에서 태어났다. 그는 맥길대학에서 의학을 공부한 뒤, 뉴욕 정신치료병원에서 정신치료 훈련을 받았다. 뉴욕과 샌프란시스코의 정신분석연구소에서 폭넓은 훈련을 거친 후, 정신분석협회에 가입하여 정신분석가 자격을 취득하려 했으나 거절당했다. 이 사건은 이후 번이 성격, 관계, 치료에 대한 자신만의 사상을 개발하려고 분발하는 계기가 되었다.[1] TA는 1964년에 「사람이 하는 게임들」(*Games People Play*)이 출간되기 전까지는 크게 주목받지 못했다(이 책은 3백만 부가 넘게 팔렸다). 번은 카멜과 캘리포니아 양도시에서 주로 살았고, 이 양도시를 오가면서 정신치료를 하고 책을 썼으며, 샌프란시스코에서는 TA 훈련집단을 이끌기도 했다. 그는 타인뿐 아니라 자신과 관계 있는 사람과도 상당한 거리를 두는 부끄럼이 많은 사람이었다. 그는 장난을 좋아하는 아이와도 같은 사람들을 사랑하고 칭찬했고, 항상 세미나 훈련이 끝나면 파티를 마련하기도 했다. 그는 1970년에 심장마비로 사망했다.

　　나는 에릭 번과 두 번 만나[2] 간단하게 이야기를 나눈 적이 있는 데, 이때 나는 그의 사상이 매우 참신하고 또 내가 하는 일과 많은 관련성이 있다는 점에서 감명을 받은 바 있다. 내 경험으로는, TA는 형태치료법, 심리통합, 여권주의 치료법과 더불어 성장지향적인 상담, 치료, 교육에 매우 유용한 4가지 자원을 구성한다. 나는 TA의 개념 도구들을 교육과 성장집단, 상담과 치료에 정규적으로 이용한다. TA의 개념은 배우기가 쉽고, 그 용어들은 위압적이지 않고, 심지어는 무슨 놀이 같기도 하다. 그 개념과 방법들은 자가 치료수단으로 사용될 수도 있다. 또한 TA의 관계지향성은 부부문제 상담시에 특히 유용하다. 그리고 그 체계는 형태치료법과 같은 상보(相補)적인 접근법들과 병용되어 이용될 수도 있다.

TA의 성장에 대한 이해

TA는 성장의 본질과 목표에 대해 매우 이해하기 쉬운 개념을 제시한다. 그 성장 이론은 성격의 3구조설에 바탕을 둔다. 모든 사람의 성격에는 세 가지 차원, 또는 어버이─어른─어린이(PAC)의 세 가지 자아상태가 있다. 어버이 자아는 생애 초기 동안에 경험한 부모나 선생과 같은 권위적인 인물들의 태도, 감정, 행동유형 등이 내면화된 것이다. 내면의 어버이 자아는 양면성을 갖고 있는데, 그 하나는 돌보고 사랑하는 **양육적인 어버이 자아**이고, 다른 하나는 '의무'와 '당위'만을 요구하는 **편견적인 어버이 자아**이다. 어린이 자아는 우리도 한때 경험한 바 있는 어린 소년·소녀의 감정, 태도, 행동유형으로 이루어져 있다. 이 자아 또한 양면성을 갖는데, **자연적 어린이 자아**는 자발적이고, 명랑하고, 창조적인 면이며, **순응적 어린이 자아**는 내면의 어버이 자아에 의해 억눌려 버린 부정적인 면이다. 어버이와 어린이 자아는 비록 생애 초기에 형성되지만, 현재의 행동과 관계 속에 계속 활발히 기능한다. 어른 자아는 성격의 현재 지향적, 현실 대처적인 면이다. 각각의 자아상태는 충만한 삶에 필수적이다. 어린이 자아는 개인의 삶에 창조성, 직관, 자발성과 즐거움을 가져다 준다. 어버이 자아는 개인이 아동을 잘 보살피는 훌륭한 부모가 될 수 있게 한다. 이러한 경험들이 자연스럽게 축적되기 때문에 어른 자아는 굳이 길을 건널 때 양쪽을 살피는 것과 같은 매일매일의 수많은 결정을 할 필요가 없는 것이다. 어른 자아는 현실에 건설적으로 대처하는 데 필수적이다.

 TA의 면에서 볼 때, 건강하며 성장하는 사람은 '어른 자아가 주도적으로 어버이 자아, 어린이 자아, 어른 자아를 잘 배합해 나가고 있는 상태'[3]에 있는 사람이다. 그런 사람들은 자유롭고 효율적인 어른 자아가 외부 현실세계와 어버이 자아, 어린이 자아로부터 정보를 취해서 건설적인 방향으로 움직이게끔 결정한다. 사람들은 어른 자아가 어버이 자아나 어린이 자아의 통제로부터 자유로운 정도로만 의도적으로 기능할 수 있다. 그렇게 해서 자유로워진 어른 자아는, 어버이 자아의 지도를 받는 것은 언제가 적당하며, 장난을 좋아하고 자연적인 어린이 자아를 자유롭게 풀어 놓는 것은 언제가 적당한가 등을 선택할 수 있게 된다. TA치료법의 궁극적인 목표는 '자율성'인데, 이는 자각성, 자발성, 친밀성이라는 세 가지 능력을 회복하는 데에서 얻어진다. 자각은 현재의 생동감을 즐기도록 해주며, 자율성은 선택의 자유와 조작적인 게임을 강제당하는 데서 벗어나는 것을 의미한다. 친밀성은 자각 있는 사람이 게임에서 벗어나 자신을 개방하는 것이다.

 TA는 본질적으로 성장-희망 중심적인 접근이다. 다른 치료법으로는 별 효과를 보지 못한 '퇴행된' 정신병 환자들을 자신의 방법으로 치료하면서, 에릭 번은 놀라운 결론에 도달했다. 그는 모든 사람들, 심지어는 '악성' 정신분열증 환자에게도 완벽한 어른 자아가 잠재적으로나마 존재한다고 확신하게 되었다. 바로 이점에서, 전통적인 정신과 진단으로 "희망없다"고 낙인 찍힌 사람들에게조차도 성장의 가능성은 여전히 있는 것이다. 치료에서 중요한 문제들은 오래 무시된 이러한 어른 자아를 어떻게 활성화시키는가이다. 그것은 에릭 번이 지적했듯이, "라디오는 항상 있다. 그러나 문제는 어떻게 그것을 플러그에 꽂아 방송이 나오게 하느냐이다."[4]인 것이다. 소위 '미성숙한' 사람들이란 그들 내면에서 어린이 자아가 부적절하고 비생산적으로 지나치게 지배적인 위치를 차지하고 있는 사람들이다.
 번은 치료에서 소위 '피그말린 효과'(Pygmalion effect)라고 불려지는 것을 예리하게 인식하고 있었다. 그는 사람들을 다루는 데 있어서 약점이나 '병리'의 측면에서보다는 능력과 가능성의 측면에서 다루는 것이 중요하다는 사실을 인식하고 있었다. 이 점에 대해 그는 "만일 어떤 환자가 '약한 자아'를 가진 것처럼 취급받는다면, 그는 그렇게 반응할 것이다. 그러나 만일 그가 활성화되지 않았을 뿐이지, 내면적으로는 매우 훌륭한 자아를 가진 듯이 취급되면 …… 그는 외부세계와 자신에 대해 더욱 이성적이고 객관적이 될 것이다."[5] 라고 언급하고 있다.
 번은 자발성과 자각, 친밀성의 획득을 매우 어렵게 만드는 게임과 각본이 가지는 현실적인 힘을 인식하고 있었기에, 그의 성장지향성은 단순한 피상적 낙관주의로 흐르는 오류에서 벗어날 수 있었다. '게임'은 두 사람간의 전형적이고, 반복적이고, 상호 조작적인 상호작용이다. 번은 이를 "게임은 의도적으로 어떤 결과를 낳으려는 일련의 상보적인 암시적 의사거래이다."[6]라고 정의하고 있다. 게임은 또한 자기 부정의 느낌에서 벗어나려는 '방어기제'이기도 하다. 모든 게임은 힘만 들 뿐, 양자 모두에게 좋지 않은 결과를 초래하며, 게임은 개방적이고, 진실하고, 사랑하고, 성장하는 관계와는 정반대의 것이다.
 아이들은 부모들의 게임을 관찰함으로써, 장차 그들의 자아상태나 인간관계를 지배하게 될 게임을 배우게 된다. 게다가 아이들은 더 나아가 무의식적으로 생활계획이나 생활 '각본'까지 짜서 이를 실행하려고 한다. 이러한 막연한 욕구가 제대로 하지도 못하면서 자신들의 각본을 실행하게끔 만드는 것이다. 이렇게 무의식적으로 게임과 각본을 수용할수록, 점점 더 어린 시절의 어버이 자아와 어린이 자아가 보고 배운 대로 느끼고 행동하게 한다. 이렇게 되면, 자율과 자유와는 거리가 멀어지게 되며[7] 성장가능성은 희박해지게 된다.
 그러나 이 같이 어린 시절의 기억이 깊게 각인되어 있더라도, 어른 자아에는 여전히 변화의 힘이 있다. TA치료의 목적은 바로 이러한 어른 자아를 부추겨서 어린 시절의 기억대로 반응하는 데에서 탈피하여 각각의 상황에서 보다 자발적이고, 적절하고, 건설적인 반응양식을 보이도록 변화시키는 것이다. 여기에 대해 번은 "모든 사람은 처음에는 각본대로 이 세상을 살아가지만, 인류의 위대한 희망과 가치는 바로 어른 자아가 그러한 충동(각본대로 살고자 하는 것)을 불만족스럽게 여길 수도 있다는 점이다."[8]라고 표현하고 있다. 사람들이 자신들의 게임과 각본을 자각하게 되고, 그 게임과 각본이 낳는 파괴적인 결과를 인식함에 따라 변화하고자 하는 동기는 더욱 커지게 된다. 변화의 동기는 사실상 그들이 어느 정도 변할 수 있다는 것을 발견할 때 가속화된다! 비록 번은 TA치료를 받아 효과를 본 몇몇 운 좋은 사람들에 대해서는 매우 희망을 가졌으나, 치료효과의 상당한 일반성 여부에 대해서는 비관적이었다.

 TA개념들은 다소 장애 있는 사람으로부터 매우 건강한 사람에 이르기까지 모든 사람들의 전인적 향상에 유용한 성장도구이다. 적당하다고 판단되면, 나는 상담 초기부터 기본적인 PAC법을 제시하고 내담자에게 그 사용법을 가르쳐 준다. 물론 TA접근법이 효과를 보지 못하는 사람들도 있다. 그러나 어느 정도 건강한 사람에게 TA요법을 사용하면 그들은 종종 자신들의 내면의 반응양식을 금방 알고 이를 바꾸어 인간관계를 변화시킨다. TA가 종종 단 한번의 상담만으로도 사람들이 자신들을 자유롭게 하는 통찰을 익히도록 하는 것은 그 이점 중의 하나이다. 심리장애가 있는 사람에게는, 그들이 TA법을 혼자서도 쓸 수 있는 기술을 익힐 때까지 TA도구사용법을 상담 기간 내내 '가르쳐야' 한다.

성장—지향적 상담에서의 구조분석

 TA치료과정에는 4가지 단계가 있는데, 각각은 성장작업의 중요한 차원을 나타낸다. 앞의 3가지 단계는 단기적인 위기상담이나 성장집단, 부부문제 상담에 유용하다. 네 단계 모두는 장기 치료에 효과가 있다. 첫째 단계는 **구조분석**(structural analysis)으로, 이는 사람들로 하여금 내면에서 특정한 자아상태가 주도적인 위치를 차지하는 때를 인식하도록 도와 준다. 그 목적은 어른 자아를 자유롭게 하여 행동을 지도하게 하고, 어버이 자아와 어린이 자아를 활성화시키는 것은 언제가 적당한가를 선택할 수 있도록 하는 것이다.

상담이나 성장집단 훈련시에 나는 종이 한 장에 도표를 그리고, 내가 쓸데없이 어버이 자아나 어린이 자아를 표출하는 한두 경우를 예로 제시함으로써 PAC접근법을 소개한다. 그리고 나서 나는 내가 소개한 것이 지금까지 우리가 토의해 온 감정과 문제들을 해결하는 실마리를 제공해 주지 않는가를 묻는다. 이에 대해 어떤 내담자는 즉각 반응을 보이면서, 어떻게 그들의 어린이 자아나 어버이 자아가 표출되는가를 예로 들기도 한다. 그러면 나는 그들에게 그들 자신이 싫어하는 반응양식들을 자각하도록 하면서 그것들을 고쳐 나가는 것이 좋은 것이라고 이야기한다. 내면의 어버이―어린이 자아의 반응양식들에 주의를 기울임으로써, 어른 자아를 훈련시키고 강화시켜 나갈 수 있는 것이다. 만일 상담이나 성장집단 훈련시에, 어떤 사람이 어린이 자아나 어버이 자아를 보이게 되면 나는 "당신의 어떤 부분이 지금 나타나고 있습니까?"라고 물어 본다. 이러한 질문은 종종 그 사람이 어른 자아를 자각하게 하여, 다른 반응양식을 택하게끔 해준다.[9]

번은 다음과 같은 압축된 문장으로 자신의 주장을 표현한다 :

> 행동주의는 구조분석의 본질적인 특징이다. 어른 자아는 운동을 하면 그 힘이 강해지는 근육과 같은 것이다. 일단 어른 자아의 정화와 정결이라는 예비단계가 잘 진행되면, 그 환자는 어른 자아를 조절할 수 있을 것으로 기대된다. 그는 어른 자아가 비교적 오랜 기간 동안 활동할 수 있게 해야만 한다.…… 어린이 자아의 표출시기를 보다 효과적으로 결정하는 것은 어린이 자아가 아니라 그 자신이다.[10]

구조분석은 위기상담시에 공포와 마비의 악순환, 즉 놀란 어린이 자아로 인해 부적절한 행동이 야기되고 이로 인해 다시 공포감과 무기력감이 증가하는 것을 단절시키는 데 특히 유용하다. 위기상담자의 과제는 진정한 배려와 따뜻한 감정이입을 보임으로써 그들이 양육적 어버이 자아를 쓸 수 있게끔 하는 것이다. 이 같은 양육은 놀란 어린이 자아를 진정시키고, 어린이 자아상태에 묶여 있던 힘을 자유롭게 하여 대응적인 어른 자아가 그 힘을 사용할 수 있도록 해준다. 그러나 이 같이 양육적인 지지를 하는 동안에 상담자는 현실문제들을 제기하여 어른 자아가 활성화될 수 있도록 해야 한다. 나는 사람들의 어른 자아를 활성화시키기 위해 4종류의 질문을 한다 : 이는 첫째, 이러한 위기상황에서 당신이 다루어야 하는 중요 요소들은 무엇인가? 둘째, 그러한 요소들을 향상시키기 위하여 당신은 위기의 어느 부분을 다루고자 하는가? 셋째, 이 같은 건설적인 행동을 위해 당신의 구체적 계획은 무엇인가? 넷째, 이 같은 행동계획을 실천하기 위해 당신은 자신의 내면과 타인관계에 있는 어떤 자원들(영적인 자원을 포함하여)을 도구로 사용할 수 있겠는가? 이다. 번은 감정들은 행동이 변화되어야만 바뀔 것이라고 확신했다. 위기시에 사람들이 어른 자아를 사용하여 미미(微微)하지만 중요한 방식으로 그들의 상황을 변화시키면, 그들의 자신감, 희망, 현실 대응력은 점차로 커지게 된다.

　구조분석은 우리같이 '일 중독'에 걸린 사람에게도 유용한데, 이는 과도한 일에 대한 우리의 탐닉을 깨닫게 해주어 거기서 좀 벗어날 수 있게 해준다. 이 경우에 요구적인 어버이 자아가 순응적인 어린이 자아에게 계속 보내고 있는 메시지의 내용은 분명히 다음과 같다 : "계속 일해라! 그래서 무엇인가를 계속 성취하라! 그렇지 않으면, 나에게 인정받을 생각을 아예 하지도 마라!" 명랑한 어린이 자아가 요구적인 어버이 자아의 지배로부터 벗어나려면, 어른 자아가 자신의 이러한 장난을 좋아하고 창조적이고, 자발적인 부분들을 즐길 수 있게 되어야 한다.

성장—지향적 상담에서의 의사거래분석

　TA성장작업의 둘째 단계인 **의사거래분석**(transactional analysis)은,

사람들로 하여금 타인과의 의사거래를 지배하고 있는 어버이-어린이 자아를 인식하고 통제할 수 있도록 도와 주는 것을 목표로 한다. 예를 들면, 부부들이 상담시에 제기하는 상호 해악적이고 악순환적인 문제들을 보면, 그 중 많은 수는 어버이-어린이 자아의 의사거래에 관한 것들이다. 한 예로 늦게 귀가한 남편은 왜 늦었느냐는 부인의 어른 자아의 물음에 대해 비판적인 어버이 자아를 끌어들여 다음과 같이 방어적으로 답할 것이다(이는 그의 목소리가 꾸짖는 듯하면서도 근엄하며, 단지 말로만 한다는 점에서 어버이 자아의 표현임이 명백하다.) : "만일 당신이 그렇게 잔소리만 늘어놓지 않더라도, 아마 집에 더 빨리 오고 싶을 거요! 당신 한 번이라도 그것을 생각해 본 적이 있소?" 이때 아내는 흐느끼면서도 화난 어린이 자아의 음성으로 다음과 같이 항변할 것이다 : "당신이 그렇게 지독히 이기적이고 나에 대해 무관심한데도 나는 불평 한 마디 할 수 없단 말이에요?" 이러한 순환적인 P-C 논쟁은 서로에게 해를 주고 거리를 멀어지게 하나, 결코 두 사람간의 기본적 문제는 해결하지 못한다. P-C 싸움은 단지 한쪽 편의 어른 자아가 활성화되고 다른 편의 어른 자아가 수그러져야만 끝이 난다. 이러한 비생산적인 논쟁이 상담 기간이나 부부집단 훈련시에 생기면, 상담자는 "당신들은 지금 당신들 사이에 무엇이 일어나고 있는지를 아나요?"라고 묻는다. 몇몇 경우에는, 이 같은 질문을 하면 어른 자아가 활성화되어 그들은 쓸데없는 이러한 P-C 순환을 알게 된다. 그리고 나서는 어른 자아와 어른 자아간의 협상을 통해서, 그들은 각자가 접한 욕구를 건설적으로 타협하여 갈등을 해결해 나가게 된다.

TA의 독특한 이점 중 하나는 개인의 **내부**에서 일어나는 것과 **인간관계에서** 일어나는 것의 상관성을 발견하는 데 개념적 도구를 제공한다는 점이다. TA는 이와 같이 심리내부와 대인관계의 역동을 관련짓기 때문에 특히 인간관계 상담에 효과적인 기능을 한다. 상담시에 각 개인의 세 가지 자아상태간의 상호작용에 초점을 두는 구조분석과 인간관계에서 이루어지는 것에 초점을 맞추는 의사거래분석을 번갈아 사용하게 되면, 종종 삶의 이러한 두 가지 차원이 분명히 밝혀지게 된다.
 건강한 부부생활을 위한 강습회에서, 각 쌍들에게 그들 갈등의 부정적인 악순환을 멈추게 하는 유용한 도구로서 구조분석과 의사거래분석을 가르치면 큰 도움이 된다. 좀더 생생하게 가르치기 위해 이 장의 마지막에 있는 연습법을 쓸 수도 있고, 또는 한 쌍의 부부에게 그들이 최근에 비생산적인 논쟁을 한 것을 재연해 보도록 할 수도 있다. 그러한 재연은 대개 어버이-어린이 자아간의 상호작용을 시범 보이는 것이다. 이 같은 접근법을 사용할 때는 참여한 사람들에게 어떤 느낌이 드는가를 기록하게 하고, 그들에게 서로를 좌절시키는 P-C 상호작용을 피할 다른 의사소통법을 제시하고, 한번 그렇게 해보라고(역할극을 통해서) 한다. 이런 식으로 상담자는 어른 자아 대 어른 자아의 의사소통을 하도록 함으로써, 그들이 갈등을 효과적으로 해결하는 방식을 경험하게 한다.
 부부문제를 상담할 때 중요한 것은 그들이 양육적 어버이 자아의 면들을 활성화해서 우리 모두에게 필요한 따뜻한 감사와 확신의 표현 같은 긍정적인 '자극들'을 서로에게 줄 수 있도록 도와 주는 것이다. 서로를 박탈하는 악순환은 각 쌍들이 서로에게 긍정적인 '자극'을 주고받아서 상호 양육적인 순환을 시작할 때 감소될 수 있다.
 구조분석과 의사거래분석은 청소년 상담과 10대 성장집단에 유용한 도구이다. 많은 청소년들이 안고 있는 주된 성장과제는 어떻게 그들의 어른 자아를 계속해서 주도적인 위치에 앉혀, 내면의 어린이 자아에 의해 지배받는 비생산적 행동으로 미끌어지는 것을 피하고, 반면에 명랑한 어린이 자아가 인생을 즐기도록 하게 하느냐이다. 많은 10대들은 TA개념을 쉽게 이해하고 자신과 타인들의 게임을 '알아내는' 즐거운 경험을 한다. 그들의 어른 자아를 이런 식으로 연습시킴으로써, 어른 자아가 인생에서 보다 주도적인 위치를 유지하도록 할 수 있는 것이다.
 TA과정의 세 번째 단계인 **게임분석**(game analysis)은, 사람들이 무의식적으로 타인과의 관계에서 반복적으로 행하는 자기 파괴적인 게임을 인식하고 이를 중단하도록 도우려는 것이다. 물론 이것은 어렵지만, 많은 사람들의 경우에 오랫동안 반복해 온 게임을 인식하고 이를 중단하는 효과를 볼 수도 있다. 또한 누군가가 편견적인 어버이 자아의 이미지로 대할 때 예전같이 순응적인 어린이 자아의 태도로 대응하지 않게 될 수도 있다. 어른 자아가 이러한 조작적인 게임을 중단시켜야만, 진실되고 친밀한 인간관계가 형성될 수 있다. 대부분의 부부에게는 그들의 상호작용을 지배하는 한두 가지의 게임이 있기 마련이다. 몇 가지 흔한 예를 들어 보면, "당신이 없었더라면"(이는 어떤 일의 잘못됨을 상대의 탓으로 돌리는 것이다.), "소란"(이는 성적으로 친밀해지는 것을 불안하게 느껴 이를 피하기 위해 시비를 거는 것이다.), "이렇게 하지—예, 하지만"(이는 쓸데없는 P-C간의 충고를 주고받는 것이다.), "나는 단지 당신을 도우려 했을 뿐이다"(이는 조작적인 행위를 합리화하기 위한 것이다.), "나를 걷어차라"(이는 복종적인 사람이 왕왕 쓰는 말이다.), "보십시오. 내가 얼마나 잘해 보려고 노력했는지"(이는 상담자에게 자신이 상대를 위해 열심히 했지만 결국 상대방에게 피해를 본 사람이라는 사실을 확신시키기 위해 쓰는 말이다.) 등이다. 게임분석을 하면, 게임을 통해서 각자가 얻으려는 것과 게임을 중지했을 때 잃게 되는 '보상'을 알 수 있게 된다. 게임을 통해 얻으려는 것은 종종 두려움과 자기 부정의 느낌을 해소시키고자 하는 것이다. 그러나 이렇게 얻는 면이 있다 하더라도 그 대가로 개방적이고 애정에 찬 친밀한 인간관계는 사라지기 때문에 게임은 좋지 않은 것이다. 부부간의 게임을 중단했을 때 얻어지는 중요한 보상은 바로 아이들이 자신들이 게임을 더이상 보고 배우지 않게 된다는 것이다.

TA의 네 번째 단계는 **각본분석**(script analysis)이다. 이것은 사람들이 무의식적으로 이루고자 하는 생활계획을 지각하도록 돕는 것을 목적으로 한다. 어떤 사람들은 무의식적으로 비극적인 각본에 따라 살아가는데, 그래서 마치 '상실자'처럼 무기력하고 재미없게 인생을 살아가는 것이다. 비극적 각본의 한 예로, 아버지가 알콜중독자인 한 여성의 경우를 들 수 있다. 그녀는 무의식적으로 자신이 어머니처럼 알콜중독자를 남편으로 두었더라도 어머니보다는 훨씬 잘 할 수 있을 것이라는 각본을 갖게 되었고, 또 이를 입증하려 하게 되었다. 결과적으로 그녀가 상담을 하러 왔을 때는 이미 알콜중독자들과 결혼하여 세 번이나 이혼을 한 후였다. 각본분석의 목적은 사람들로 하여금 각본을 인식하고, 성인 자아가 보다 가능성 있는 생활계획을 선택하도록 하여 각본에 의한 통제로부터 벗어날 수 있도록 돕는 것이다.

TA는 우리가 우리 문화권에서 어렸을 적부터 내면화해 온 성장 제약적인 성역할 관념에서 벗어나는 도구로 이용될 수 있다. 호기 와이코프(Hogie Wyckoff)는 다음과 같이 지적한다 :

> 남성과 여성으로서 우리는 성격의 특정 부분을 발달시키고 나머지 부분의 발달은 억제하는 식으로 사회화된다.…… 성역할 각본은 우리의 일상생활의 모든 영역을 지배한다.…… 남성은 합리적이고, 생산적이며, 열심히 일하는 존재로 '생각되며', 정서적이고 풍부한 감정을 갖고, 애정이 넘치는 존재와는 거리가 먼 것으로 여겨진다. 반면에 여성은 비합리적이고, 낭비가 심하며, 연약한 존재로 여겨진다.
>
> 남성−여성 역할훈련시에 나타나는 특히 좋지 않은 결과는, **전인적** 인간이 되려는 그들의 잠재성을 제한하는 결점들이 사람들에게 생긴다는 점이다. 여성과 남성에게 흔히 드는 느낌은 이성인 파트너가 없을 때의 불완전감이다. 그래서 그들은 계속해서 파트너에게서 충족감을 찾으려고 한다.[11]

우리 문화권에서 남성은 그들의 양육적 어버이 자아와 자유로운 어린이 자아의 충분한 발달을 억제당함으로써 삶과 인간관계를 메마르게 하는 각본에 따르도록 압력을 받는다. 즉 그들은 문화적으로 정의된 남성 각본에 따라 늘 강하고 합리적인 어른 자아를 갖도록 강요당한다. 삶을 왜곡하는 전형적인 남성 각본은 '훌륭한 아빠', '바람둥이', '사기꾼' 같은 것이다. 여성들의 경우에는 문화적인 각본에 따라 양육적인 '어버이' 자아는 지나치게 개발되고(그래야만 남편과 자식들을 돌보고 기쁘게 하므로), 잠재적인 어른 자아의 개발을 억제당해 무력감이 들도록 조장당한다. 여성들의 잠재력 계발을 억

6. 의사거래분석법의 성장자원들   183

제하는 각본으로는 'Mother Hubbard'*(자신을 제외하고 모든 이를 돌보는), '가련하고 왜소한 나', '간호원', '여왕벌' 같은 것들이 있다.[12] 여성들의 해방을 위해 TA사용을 지도함에 있어서 도로시 종워드(Dorothy Jongeward)와 드루 스코트(Dru Scott)는 다음과 같이 지적하고 있다.

> 여성이 따르도록 짜여진 메시지의 부정적이거나 파괴적인 요소들을 깨닫게 되면, 자신도 어떤 권리가 있음을 알게 된다. ……그녀는 더이상 집단적인 압력에 의해 설정된 범주에다 자신의 성장을 묶어 두지 않는다. 어린 소녀가 자신의 생에 영향을 미칠 결정을 생의 초기에 하듯이, 여성은 인생의 방향을 좀더 긍정적으로 돌리는 재결정을 할 수 있다. 그녀는 내부의 어린 소녀를 도와서 승리자가 되는 것을 선택할 수 있다.[13]

남성과 여성이 문화적 조건을 깨고 나와서 자신들의 충분한 자아를 되찾는다면, 그들은 서로가 동등한 지위에서 다양하게 서로를 만족시키는 방식으로 관계를 맺을 수 있다. 예를 들면, 어른 자아 대 어른 자아(현실문제를 함께 해결할 때)로서, 혹은 쾌활한 어린이 자아 대 어린이 자아(예컨대, 만족스러운 성 행위시)로서, 아니면 양육적 어버이 자아 대 어린이 자아(한 사람이 생의 위기를 맞거나 아플 때 상대방이 돌보아 주는 것)로서, 또는 양육적 어버이 자아 대 양육적 어버이 자아(서로 확신을 주고 배려할 때)로써 관계를 맺을 수 있는 것이다.

성장 지향적인 치료법으로서 TA는 본질적으로 자아치료적인 접근법이다. 치료자의 역할은 단지 가능케 만들고, 가르치고, 지도하는 것 뿐이며, 그들의 과제는 사람들의 어른 자아가 자신의 성장을 감소시키는 게임과 각본을 중단시키는 것을 배우도록 도와주는 것이다. TA치료자의 목표는 내담자들이 어른 자아 대 어른 자아를 활성화시키거나 반대로 누그러뜨리도록 하는 것이다. 그들은 종종 내담자에게 공개적으로 그들이 치료에서 무엇을 왜 하는가를 말한다. TA상담자들은 내담자에게 그들의 어른 자아를 활성화시키는 데 필요한 기본적인 도구들을 가능한 한 빨리 가르침으로써 자신의 일에서 벗어나려 한다.

TA는 친밀한 관계를 넘어서는 더 넓은 체계를 변화시키는 데 전념하는 성장 지향적 상담자들에게 자원을 제공한다. 우리 시대의 중요한 요구는 어른 자아의 행동을 격려하고 지지하는 제도를 개발하는 것이다. 권위 중심적이고, 위대한 어버이 자아적인 제도와 정부는 사람들의 내부의 삶에서 계속해서 복종적인 어린이 자아의 면들을 유지시킨다. 이와 같은 제도는 수백만의 사람들의 성장을 감소시킨다.[14]

교회들은 특히 위대한 어버이 자아적인 제도의 일례이기 십상이다. 만약 그렇다면 교회는 그 존재 목적인 영적 성장을 통한 전인성의 완성에 기여하기는커녕 오히려 이를 저해하고 있는 것이다. 「애정 있는 삶을 위하여」(*Born to Love*)라는 저서에서 무리엘 제임스(Muriel James)는 교회의 삶을 증진시키는 데 TA를 어떻게 이용할 수 있는가를 보여 주었다. 이 책에서 그녀는 신학적 개념들을 토의하고, 위원회의 역동을 이해하고, 임원이나 집회를 편성하고, 합창을 위한 곡을 선택하고, 개인적 성장과 상담집단에서 뿐만 아니라 설교하고 가르칠 때, 어떻게 TA의 개념들을 사용할 것인가에 대해 논의한다.

영적 성장을 위한 TA의 자원들

비록 번 자신은 종교에 관해 거의 언급하지 않았으나, 이후 토마스 해리스(Thomas Harris), 무리엘 제임스(Muriel James), 톰 오딘(Tom Oden)은 TA를 종교적이고 윤리적인 성장에 탁월하게 응용해 왔다. 해리스는 다음과 같이 지적한다 : "대개의 서양 종교들이 어버이-어린이 자아적인 면을 갖고 있다는 사실은, 대부분의 존경받는 종교지도자들의 개혁적인 영향은 그들이 용기 있게 어버이 자아적인 제도들에 도전하고, 굳건한 어른 자아를 바탕으로 지속적으로 진리를 추구해 나간 결과라는 사실을 상기해 보면 명확해진다. 경험을 통해

추론된 것이 교리가 되기까지는 불과 한 세대가 걸렸을 뿐이다."[15]
목회자들은 종종 영적 성장을 방해하는 자기 부정적인 어린이 자아를 조장함으로써 사람들을 통제한다. 자유롭고, 활기 있는 내면의 어른 자아가 없다면, 편견적인 어버이 자아와 지나치게 과욕적인 어린이 자아는 신에 대한 신념, 가치와 경험을 단지 왜곡시킬 뿐이다. 어버이 자아적인 종교는 유아기적 소망들을 영적 실체로 인식하는 식으로 투사시킬 뿐이며, 그래서 진정한 영적 경험을 방해하게 된다. TA는 종교적 태도와 믿음에서 이러한 어버이 자아적인 요소를 제거해 주어, 사람들이 영적으로 '유치한 짓을 그만두게끔 하는 데' 유용한 도구이다. 이러한 과정을 통해 사람들은 자신의 추구와 발견에 기초하여 자유로이 어른 자아적인 믿음을 공고히 해 나가게 된다. 편견적인 어버이 자아식의 태도를 신에게 투사하는 것을 중지함으로써, 사람들은 자유로이 신의 영혼이 가지고 있는 양육적이고 애정있는 어버이 자아의 면과 현실 자각적인 어른 자아의 면을 경험하게 된다.

TA는 윤리와 가치의 영역에서 성장을 촉진시킬 수 있다. 개인의 행동이 낡은 기억(P-C 게임과 각본)에 의해 통제되는 한, 자유로운 선택이란 있을 수 없다. 그러므로 진정한 윤리적 행동도 생길 수 없는 것이다. 영적 성장작업을 통해서 사람들은 어린 시절의 의식 속에 내면화되었던 자신의 낡은 윤리적 기억을 버리고, 어른 자아의 경험 속에서 만들어진 자신만의 윤리가치를 가질 수 있다. 사람들이 부모로부터 내면화한 간접적인 가치 기준만에 입각해서 살아가는 한, 그들의 행동은 늘 윤리적으로 모순되고 자기 퇴보적인 것이 될 것이다. 자신의 어른 자아적인 가치를 개발해야만 진정으로 자신의 생활양식을 그 가치에 부합시킬 수 있을 것이다.

무리엘 제임스와 루이스 사바리(Louis Savary)는 '영적 자아'에 대한 논의를 통해 또 하나의 중요한 차원을 TA에 덧붙였다. 그들은 이것을 세 가지 자아상태를 통합하고 거기에 생명력을 부여하는 우리 존재의 가장 핵심적인 부분으로 보았다. 그들은 종교적 경험이란 "내면의 핵심을 관통하는 힘을 인식하는 것이며, 그러한 힘이 어버이 자아와 어른 자아, 어린이 자아 속으로 흘러들어가 궁극적으로 신과의 관계 속에서 표출된다."[16]고 보았다. '내면의 힘'은 사람의 영혼을 새롭게 경험하는 것이다. 이러한 힘이 어린이 자아 속으로 흘러들어갈 때 신과의 관계나 타인과의 관계는 보다 신뢰적이고 애정적이 된다. 또한 그 힘이 어버이 자아 속으로 흘러들어가면 자신의 욕구와 타인의 욕구에 대해 능동적으로 반응할 힘을 얻게 된다. 그리고 그것이 어른 자아 속으로 밀려들면, 정확한 현실 인식에 기초하여 보다 책임 있는 결정을 할 수 있게 된다.

성장상담의 측면에서 본 TA의 한계점들

성장상담의 관점에서 보면, TA는 시사하는 바가 크다. 그러나 반면에 약점과 한계점들도 있다. TA는 본질적으로 이성에 입각한 치료법이기 때문에 그것은 보다 심층적이고, 감성적 수준의 방법들에 의해 보완되어야 한다. 예를 들면, 어떤 형태치료법은 성장을 방해하는 어버이-어린이 자아의 기억을 효과적으로 변화시키는 수단을 제공하여 TA를 보완해 준다. 제임스와 도로시 종워드의 「성공적인 삶을 위하여」(Born to Win)와 리차드 레서(L. Richard Lessor)의 「사랑과 결혼, 그리고 각인제거」(Love and Marriage and Trading Stamps)는 TA와 형태주의식 접근을 통합한 책이다.

TA의 또 다른 결점은 PAC 자아상태의 서술방식이 지나치게 단순하다는 점이다. 나는 임상경험을 통해 생애 초기의 각 단계마다 각기 다른 어린이 자아의 면들이 있다는 사실을 분명히 알았다.[17] 어버이 자아의 면도 단지 한 개만 있는 것이 아니라, 생애 초기의 각 단계에서 우리가 경험한 어머니, 아버지나 다른 권위적인 인물들을 나타내는 몇 개의 상이 있는 것이다. 이러한 내면의 어버이 자아는 종종 서로 모순되기도 한다. 또한 내면에는 우리가 10대들과 관계를 맺을 때 활성화되는 청소년 자아도 있다.[18] 청소년 자아에 내면화된 어버이 자아는 어린이 자아에 내면화된 그것과는 내용이 다른데, 그 이유는 부모들이 통상 우리가 어릴 때와 좀 컸을 때는 달리 반응하기 때문이다. 인생의 각 단계마다에서 내면화된 자아들은 현재의 우리의 삶에 여전히 영향을 끼친다. 과거로부터 누적된 내면의 관계는 단순한 PAC 도식이 암시하는 것보다 훨씬 더 풍부하고 복잡하다. 성장작업을 할 때에는 어른 자아가 이렇게 과거로부터 누적된 자아들을 잘 알아야 하는 것이 중요한 문제가 된다. 예로서, 내면의 청소년 자아를 알고 좋아하게 되면, 우리는 10대들과 더욱 건설적으로 관계를 맺을 수 있게 된다.

톰 오딘은 번이 충만한 삶을 저해하는 주범으로서 어버이 자아를 혹평하고 자연적인 어린이 자아를 옹호하는 경향이 있다고 지적한다.[19] 물론 많은 사람들의 자발성과 창조성이 엄격하고, 통제적인 내면의 어버이 자아에 의해 감소된다는 것은 의심할 바 없다. 우리 중 많은 사람은 자신 속에 있는 그와 같이 억압적인 어버이 자아의 영향에서 **벗어나고 싶어한다.** 그러나 오늘날의 많은 젊은이들은 그렇게 까다로운 어버이 자아상태를 내면화하지 않는다. 그들의 부모들은 정서적으로 메마르거나 윤리적으로 혼동스러워서 의지할 만한 근거를 제시해 주려고도 하지 않는다. 그런 젊은이들은 건설적인 내면의 규준을 개발하여 책임감 있고, 상호 배려적인 관계를 맺도록 할 수 있는 '새로운 어버이 자아'를 설정하고자 한다. 번은 자연적인 어린이 자아를 지나치게 과대평가했기 때문에, 상호 성장계약에 대한 자기와 타인간의 약속에의 욕구를 과소평가하는 초개인주의로 흐르는 오류를 범했다. 성장작업시에 TA를 사용할 때는 제임스와 오딘같이, 번의 단점들을 극복하고 TA의 한 부분으로서 대인관계와 사회적 책임감을 강조한 사람들의 이론을 사용하는 것이 중요하다.

「탈 게임」(*Game Free*)이라는 저서에서 오딘은 '인간관계의 친교에 관한 신학 이론'을 발전시켰는데, 이것은 TA의 유용성을 증가시키는 것이다. 기독교 신앙 속에는 궁극적 실체 자체가 우리의 '승인감'(Okay-ness)을 뒷받침해 주고 확신시켜 준다는 인식이 있다. 이같은 인식은 사람들이 자기 거부에서 탈피해 자기 수용을 하게끔 도울 수 있다. 오딘은 이를 다음과 같이 지적한다. "신은 우리가 죄 지었음에도 불구하고 무한히 용서하는 사랑의 힘으로 수용되고, 승인되고, 포용된다는 사실을 역사적인 사건들을 통해 알게 된다."[20]

어버이―어른―어린이―청소년 자아를 경험하는 법

이 연습의 목적은 성격의 많은 가치 있는 차원들 중 몇 가지를 경험하게 하기 위해서이다. 이 연습은 상담이나 성장집단 훈련시의 다양한 상황에 사용될 수 있다. (당신 자신이 할 경우에는 지시문을 읽어 내려가면서 빗줄표에서 끊어 제시된 내용을 수행하시오. 만일 성장집단에 사용할 경우에는 구성원 중 임의의 사람에게 지시문을 읽게 하고, 충분한 시간을 주어 각 빗줄마다의 과제를 완성시키게 하시오.)

적어도 20~30분간 방해받지 않을 편한 장소를 찾으시오. / 몸을 쭉 펴서 편하게 앉으시오. / 눈을 감고 숨을 몇 번 깊이 들이쉬고 내쉬어서 긴장을 푸시오. / 이제, 마음 속에 지금 살고 있는 집이나 아파트를 그려 보시오. 가능한 한 생생하게, 그것의 색깔, 소리, 냄새와 그 밖에 중요하다고 생각하는 집의 특징을 그려 보시오. / 그 집에 혼자만 있다고 생각해 보시오. 무엇을 하고 있나요? 느낌은 어떤가요? / 이제는 현재 같이 살고 있는 누군가와 같이 있다고 생각해 보시오. 혼자 있을 때에 비해 감정이 어떻게 달라지는가를 예의 주시하시오. / 이제는 기억 속으로 돌아가서 어렸을 때 살았던 첫 번째 집을 가능한 한 기억하여 그려 보시오. / 당신 자신이 그 집에서 가장 좋아하는 방 속에 홀로 있는 어린아이라고 생각해 보시오. / 무엇을 하고 있나요? 그 집에서 사는 느낌은 어떤가요? 한동안 그 아이로 있어 보시오. / 부모 중 한 사람을 방 속으로 데려와 보시오. / 당신들은 무엇을 하고 있나요? 당신들 각자는 서로에 대해 어떻게 느끼나요? / 부모 중 나머지 한 사람을 마저 방으로 데려오시오. 당신들 세 사람에게 무슨 일이 생기는가요? / 당신들 각자의 느낌은 어떤가요? / 부모가 심하게 벌 주거나 야단치던 때를 회상해 보시오. 마음 속으로 그 경험을 충분히 다시 느껴 보시오. / 당신의 부모가 따뜻하고 사랑스럽게 대했을 때를 회상해 보시오. 그 경험을 다시 느껴 보시오. / 그 집에서 같이 살던 다른 사람들(형제, 친척, 애완동물)을 한 번에 한 명씩 데려와 보시오. 당

6. 의사거래분석법의 성장자원들 189

신들 간에 그리고 당신의 감정변화를 예의 주시하시오. / 이제 집을 나오시오. 이웃과의 관계에 대해서는 어떻게 느끼는가를 생각해 보시오..: 학교에서 / 교회에서 / 다른 친척들과 / 이제는 어렸을 때 가장 행복했던 날들을 회상해 보시오. 여전히 그것에 대해 느끼고 있는 좋은 감정들을 음미하면서, 그 날을 다시 느껴 보시오! 어렸을 때 가장 불행했던 날을 생각해 보시오—그 시간은 당신이 가장 비참하고, 낙망하고, 거부받던 때였다. 당신이 여전히 그것에 대해 느끼고 있는 고통스러운 감정들을 재경험하면서 그 날을 떠올려 보시오! 내면에 있는 어린 시절 당시의 어린이 자아와 현재 어른의 입장에서 관찰하는 어른 자아를 인식해 보시오. 어른 자아가 내면의 어린이 자아에 대해 따뜻하게 배려하고 존중하도록 해보시오. 내면에 있는 손상된 어린이 자아를 편하게 하고 달래 주시오. / 어린이 자아에게 "사랑해"(이름을 부르면서) 하고 말한다. 그 어린이 자아가 당신의 사랑과 양육에 어떻게 반응하는가요? / 이제 청소년일 때 살던 집이나 아파트를 그려 보시오 / 그 집에서 당신이 10대라고 생각하시오. / 한동안 10대로 있어 보시오. 느낌이 어떤가요? 생활에 대해서는? / 어린 시절에 했던 것처럼 한 번에 한 사람씩 부모나 기타 중요한 사람들을 밖으로 데려오는 경험을 되풀이해 보시오. 어린 시절에 느꼈던 것과 비교하여 느낌이 어떻게 다른가요? / 청소년기에 부모에게 받은 야단이나 벌을 떠올려 보시오. / 칭찬받고, 사랑받고, 존중되던 경험을 떠올려 보시오. / 이제 집 밖으로 나와서 10대 친구들과 어울리시오. / 그들과 함께 무엇을 하는가요? 전에 비해 감정이 달라졌는가요? / 성에 대한 감정은 어떤가요? 자위행위에 대해서는? / 종교에 관해서는? / 정의와 불의는? / 교회는? / 성장에 대해서는? / 집을 떠나던 때를 되살려 보시오. 가족에게 작별인사를 하시오. 그때 당신과 가족들의 느낌은 각각 어떤가요? / 10대였을 때의 자신을 관찰하는 어른 자아를 인식해 보시오. / 어른 자아가 내면의 10대의 자아를 존중하고 사랑하도록 하시오. / 눈을 뜨기 전에, 내면의 어린이 자아와 10대 자아를 어떻게 경험했는가를 생각해 보시오. / 자신의 이러한 내적 부분들이 현재의 감정과 관계에 어떻게 영향을 주는가요? / 준비가 되면 눈을 뜨시오. / 당신의 경험을 신뢰하는 친구와 토의해 보시오. /

이 같은 연습을 통해, 나는 당신이 내면에 현재 지니고 있는 어버이 자아는 물론 어린이-청소년 자아와도 접촉하기를 바란다. 어른 자아는 현재의 시각에서 무엇이 일어났는가를 지켜본 당신의 일부였다. 어른 자아가 내면의 어린이 자아와 10대 자아에게 따뜻한 사랑과 존경을 표현하도록 하는 경험은 '자신의 어버이 자아를 재정립시키는' 한 형태이다.[21] 이것은 당신 자신이 훌륭한 양육적 어버이 자아를 갖추게끔 배려하는 가치 있는 방식이다. 어른 자아의 힘과 따뜻함을 이용하여, 당신은 당신 부모의 부적절한 점들(이는 모든 부모가 갖고 있다.)을 이해하고, 보다 배려적인 내면의 어버이 자아를 재정립할 수 있는 것이다. 나는 부모가 돌아가셨을 때, 나 자신 내면의 어린아이인 어린이 자아를 붙잡아 진정시키는 것이, 어린이 자아를 편하게 하는 데 도움이 된다는 사실을 알았다.

만일 이 같은 연습이 도움이 된다면, 같은 식으로 인생의 다른 각 단계를 떠올려서 경험하는 접근법을 사용하는 것이 좋을 것이다(예컨대, 아동기나 청년기, 성년 초기 등을 떠올리는 것). 이것을 신뢰하는 친구나 성장-지지 소집단에서 해보시오. 만일 당신이 인생의 어떤 단계에서 강하고 고통스런 누적된 감정들과 만나게 된다면, 그 때는 전문적 치료자의 도움을 필요로 할 것이다. 오랫동안 계속 누적되어 온 고통과 차단된 성장을 치료를 통해 해결한다면, 과거는 더이상 영향력을 미치지 않게 되어 보다 자유롭게 생명력을 현재의 창조적이고 열정적인 삶에 쏟아 넣을 수 있을 것이다.

의사거래분석에 관한 참고문헌

Berne, Eric. 「사람들이 하는 게임들」(*Games People Play*). New York : Grove Press, 1964. 이 책은 인간관계에서 행해지는 많은 유형의 게임을 개관한 것이며, 1장에서는 전반적인 TA체계에 대해 요약하고 있다.

――――.「집단치료의 원리」(*Principles of Group Treatment*). New York : Oxford Univ. Press, 1966. 이 책에서는 성장과 치료그룹에 TA를 사용하는 법을 서술하고 있다.

――――.「심리치료에 있어서의 의사거래분석」(*Transactional Analysis in*

Psychotherapy). New York : Grove Press, 1961. 이 책은 TA의 원리에 대해 가장 포괄적이고도 전문적으로 서술한 책이다.

―――.「조직과 집단의 구조와 역학」(*The Structure and Dynamics of Organizations and Groups*). Philadelphia : Lippincott, 1963. 이 책은 집단의 역학에 대한 TA의 접근법을 소개한 것이다.

―――.「당신은 여보세요? 라고 말한 다음에 무슨 말을 하는가」(*What Do You Say After You Say Hello?*). New York : Grove, 1972. 이 책은 '각본'에 대해 상세하게 논의한 것이다.

Campos, Leonard and McCormick, Paul.「TA이용법」(*Introduce Yourself to TA*). Stockton : San Joaquin T. A. Institute, 1974. 이는 쉬운 말로 TA를 요약하고 개관한 가치 있는 팜프렛이다.

Harris, Thomas A.「자기 긍정—타인 긍정」(*I'm OK-You're OK*). New York : Harper, 1969. 이 책은 TA의 용도를 일반화하여 윤리, 종교, 조직체에 적용되는 예를 제시한 것이다.

James, Muriel.「애정 있는 삶을 위하여 : 교회에서의 TA법의 적용」(*Born to Love : TA in the Church*). Reading, Mass. : Addison—Wesley, 1973. 이 책은 TA원리들과 신학과의 관련성, 교회의 제 문제에의 적용들을 논한 것이다.

―――. et al.「심리치료자와 상담자를 위한 의사거래분석술」(*Techniques in Transactional Analysis for Psychotherapists and Counselors*). Reading, Mass. : Addison—Wesley, 1977. 이 책은 TA의 철학, 원리, 방법론, 적용 등과 다른 치료법과의 관계에 관한 43편의 논문으로 엮어져 있다.

James, Muriel, and Jongeward, Dorothy.「성공적인 삶을 위하여 : TA와 형태실험」(*Born to Win : TA with Gestalt Experiments*). Reading. Mass. : Addison—Wesley, 1971. 이 책은 TA의 골격과 형태치료법의 방법론을 통합시킨 책이다.

James, Muriel, and Savary, Louis M.「새로운 자아」(*A New Self*). Reading. Mass. : Addison—Wesley, 1977. 이 책은 TA를 자가요법으로 이용하는 법을 소개해 볼 만한 책이다.

―――.「원천이 되는 힘 : TA와 종교적 경험」(*The Power at the Bottom of the Well : TA and Religious Experience*). New York : Harper, 1974. 이 책은 영적 자아를 세 가지 자아상태의 힘이자 통합적인 중심으로 파악하고 연구한 것이다.

Jongeward, Dorothy. 「모든 이의 성공을 위하여 : TA의 조직체에의 적용」 (*Everybody Wins : TA Applied to Organizations*). Reading, Mass. : Addison-Wesley, 1976. 이 책에서는 TA를 조직과 제도에 대한 이해, 변화와 관련지어 설명하고 있다.

─────. and Scott, Dru. 「승리자로서의 여성 : 개인 성장을 위한 TA」 (*Women as Winners : TA for Personal Growth*). Reading. Mass. : Addison-Wesley, 1971. 이 책은 여성이 새롭고 적극적인 정체감을 갖도록 TA와 형태치료법의 이용법을 소개하고 있다.

Lessor, Richard, and Acton, Clare C. 「사랑, 결혼, 각인제거 : 결혼에 대한 TA와 형태접근법」(*Love, Marriage and Trading Stamps : A TA and Gestalt Approach to Marriage*). Chicago : Argus Communications, 1971. 이 책은 부부생활의 향상을 위하여 부부가 TA와 형태치료법을 이용하는 법을 서술하고 있다.

Oden, Thomas C. 「탈 게임 : 친밀성의 의미」(*Game Free : The Meaning of Intimacy*). New York : Harper, 1974. 이 책에서는 TA를 신학적으로 논하고 비평하고 있다.

Reuter, Alan. 「누가 자기 긍정을 해주겠는가? TA의 기독교에의 응용」 (*Who Says I'm OK? A Christian Use of TA*). St. Louis : Concordia, 1974. 이 책은 TA를 신학, 성서적으로 논하고 비평하고 있다.

Steiner, Claude. 「알콜중독자들이 하는 게임들 : 생활각본의 분석」(*Games Alcoholics Play : An Analysis of Life Scripts*). New York : Grove Press, 1972. 이 책에서는 알콜중독자들과 그 주변의 인물들 간에 이루어지는 게임에 대해 논하고 있다.

─────. 「사람들의 생활각본」(*Scripts People Live*). New York : Bantam Books, 1974. 이 책에서는 생활각본과 이를 변화시키는 법에 대해 논하고 있다.

7
형태치료법의 성장자원들

　형태치료법(gestalt therapy)의 창안자는 정신치료자인 프레드릭 펄스(Fredrick Perls)이다. 그는 1893년 베를린에서 태어나서, 정신분석교육을 받은 후 한동안 남아프리카의 의학단체에서 일했다. 그러는 사이 펄스는 점차로 정신분석에 의문을 갖기 시작하였으며, 1947년에는 프로이트의 기본 이론들과 방법들을 비판하는 저서를 출간했다.[1] 1952년에 미국으로 건너간 펄스는 뉴욕에 정착했고, 그 곳에서 형태치료를 위해 연구소를 만들었다. 1960년대 초반에는 캘리포니아로 이사해서 1966년까지 그 곳의 이살렌(Esalen)연구소에서 주로 일했다. 그 곳에서 치료자로서의 그의 카리스마적 성격과 기술은 젊은 치료자들은 물론, 인간의 잠재력 계발에 관심이 있는 많은 사람들에게 영향을 끼쳤다. 펄스는 뱅쿠버 섬에 형태치료법 중심의 치료조직을 설립하던 중 1970년에 죽었다.[2]

　그는 평생에 걸쳐 형태치료법을 만들어 나가면서 정신분석, 형태심리학, 생체에너지학(이것은 후에 빌헬름 라이히〈Wilhelm Reich〉가 분석했다.) 심리극, 실존철학, 도교, 선종, 골드슈타인(Kurt Goldstein)의 사상 등 다양한 철학적, 치료적 접근법들을[3] 섭렵했다. 그의 사망 이후 그의 사상은 치료법에 크게 영향을 주어 본격적인 형태치료 훈련연구소가 설립되기 시작하였으며, 그의 독창적인 공식을 수정·보완하는 내용의 서적들이 대량으로 출간되기 시작하였다.

형태치료법은 가장 현실적인 치료법들 중의 하나로서 오늘날에도 쓸모있게 이용되고 있다. 그것은 성장지향적 상담자들, 치료자들, 교사들과 집단치료자들에게 중요한 자원을 제공한다. 그리고 그 기초가 되는 철학은 통전적이고 성장 중심적인 실존주의이다. '게스탈트'(gestalt)라는 말은 '형상 형성'(figure formation), 즉 모든 부분들을 내포하는 전체의 윤곽을 의미한다. 형태치료법은 특히 정상인의 자각을 높이고 타인과의 관계를 심화시키는 데 다른 성장지향적 치료법들, 특히 TA나 정신통합법과 상호 보완하는 방식으로 병용될 수 있다. 최근에는 나 자신도 이 치료법의 도움을 많이 받고 있다.[4]

성장의 본질에 대한 통찰들

형태치료법이 성장지향적임은 명백한 사실이다. 그것은 내면의 죽음과 같은 현대인들이 안고 있는 중요한 문제들을 밝혀 준다; 그리고 그 목적은 전인성의 성장을 촉진시켜서 심리적 생동감을 증대시키는 것이다. 치료자들을 위해 개설한 훈련강습회에서 펄스는, "우리는 성장과정을 증진시키고 인간 잠재성을 개발하기 위해 여기 있는 것이다."[5]라고 말했다. 그는 또한 자신을 포함하여 치료자들은 더이상 의학상의 모델에 대해 환상을 가져서는 안 된다고 주장했다. 그는 신경증을 매슬로우(Maslow)식의 용어를 빌어 '성장장애'라고 표현했는데, 이는 기존에는 의학상의 문제였으나 점차로 교육과 재교육의 문제로 되고 있다고 보았다.[6] 성장이란 다름아닌 개인의 심층적인 창조욕구의 충족이다. 어떤 형태치료자가 서술하듯이 "창조행위는 숨쉬고 사랑하는 것 만큼이나 기본적인 것이다. 우리 모두에게는 창조욕이 있게 마련이다."[7]

인간에 대한 펄스의 이해에는 급진적인 통전주의적인 면이 있다.

치료의 초점은 유기체를 전체로서 보고 사람들이 그들의 각 구성요소들의 단순한 합(合) 이상인 본질적인 통일체를 실현하도록 하는 데 두어진다. 펄스는 정신과 육체, 유기체와 대인관계 환경을 각각 분리해서 고찰하는 많은 철학 사조와 심리학, 심리치료법에 반대했다. 전인적이거나 건강한 사람은 그들 자신의 내부나 환경과의 상호 작용이 모두 유기적으로 통일되어 있다. 건강한 사람의 경우에는 유기체와 환경간의 '접경'(contact boundary)이 보다 투과적이고 탄력적이다. 바로 이러한 성질 때문에 건강한 사람은 자유자재로 필요하면 타인과 관계를 맺을 수도 있고, 또 프라이버시가 요구되면 타인과의 관계를 멀리할 수도 있는 것이다. 유기체와 대인관계 환경간의 경계선이 비탄력적이고 불투과적이면, 행동 또한 고지식해지고 정형화되어서 사람들은 계속 변하는 관계들로부터 필수적인 심리적 영양을 받지 못하게 된다. 자각이란 유기체와 대인관계 환경과의 접견선상에서 생긴다. 접촉이 건강하면 성장은 왕성해지며, 자각을 갖고 타인과 관계할 수 있게 되어 성장효과는 배가 된다. 치료의 목적은 바로 이러한 접촉의 질을 높이는 데 있는 것이다.

펄스는 "인간이나 식·동물들은 모두 그 자신 그대로를 실현한다는 단 한 가지의 생래적인 목적을 갖고 있다."[8]라고 단언했다. 형태치료법은 '유기체의 지혜'를 깊이 신뢰한다. 인간은 누구나 자신의 욕구를 충족시켜 성장할 수 있는 능력을 갖고 있다. 치료의 과제는 "인간의 거부되거나 부인된 측면인 성격의 구멍을 메꾸어서 인간을 다시 전인적인 존재로 만드는 것이다."[9] 사람들이 과거로부터 지녀온 불완전한 경험들을 보완하게끔 해주어 이런 경험들의 형상이나 형태를 완성시키는 것이다. 이런 식으로, 미완성된 형태 속에 묶여져 있던 힘이 자각과 인간관계를 통해 활성화되는 것이다. 이 같은 과정을 통해 사람들은 타인들에 의해 진행되고 통제되던 상태에서 스스로 지탱하고, 자신의 욕구를 만족시키는 식으로 타인과의 관계를 자유로이 선택하는 방향으로 나아가는 것이다.

성장에는 상호 의존적인 두 개의 지표, 즉 자신의 전체적인 정신—신체 유기체에 대한 자각과 접촉의 증대 및 타인과 세상(이는 자신의 환경이다.)에 대한 자기 자각과 접촉의 증대가 있다. 타인과의 접촉이 증대하느냐의 여부는 자기 자각과 자기 지지가 얼마나 증대하느냐에 달려 있다. 타인과 자신과의 관계가 보다 긴밀하고 확실하게 되려면, 먼저 자신과 자신의 내부 중심과의 관계가 그렇게 되어야 한다. 자신의 내면에 있는 상반되는 요소들—예컨대, 친절함과 잔인함, 우월성과 열등감 등—을 알게 되면, 이렇게 외관상으로는 서로 모순되는 것처럼 보이는 요소들을 통합시킬 수 있게 된다.

자각에는 세 가지 영역 내지는 차원이 있다. 첫째는 유기체와 그의 욕구를 내면적으로 인식하는 것이며, 둘째는 오관에 의해 경험되는 외부세계에 대한 인식이고, 셋째는 펄스가 소위 DMZ대라 부르는 중간 영역인데, 이는 환상, 상상, 기억, 신념, 해석, 편견과 주변의 문화적인 요소들로 짜여진 사회적 태도들로 구성된다. 펄스는 프로이트가 이 중간 영역을 지나치게 강조하여 실제로 나머지 두 영역을 무시했다고 비판했다. 프로이트가 이성의 훈련(통찰을 생기게 하는)에 의한 학습을 강조했던 것과는 대조적으로, 펄스는 환경과 유기체에 대한 직접 경험을 통해 이해를 도출해 내는 식의 학습을 강조했다.

중간 영역은 창조적인 활동작용처럼 건강하고 건설적인 방식으로 **기능할 수도 있다.** 그러나 종종 유기체와 유기체의 외부세계 양자에 대한 인식을 방해하고 지각을 왜곡시키기도 한다. 예를 들어, 어떤 사람이 거미 한 마리를 우연히 보았다고 하자. 그러면 이 사람은 실제로 이 거미가 해충을 잡아먹는 유익한 거미임에도 불구하고, 중간 영역에서 일어나는 지각의 왜곡 때문에 모든 거미는 모두 해롭다는 기존의 기억과 그릇된 믿음만 생각하고 제대로 살펴보지도 않고 무작정 놀라게 된다. 치료의 목적은 중간 영역을 분명히 밝힘으로써 유기체와 세상 둘 다를 보다 정확히 인식할 수 있도록 해주는 것인데, 예를 들자면, 사람들로 하여금 위험한 거미와 유익한 거미를 구별하지 못하는 부정확한 믿음을 갖고 있다는 사실을 깨닫도록 해주는 것이다.

형태치료법은 그 종류를 막론하고 모두, 인간이 도처에서 경험하는 것들을 제대로 자각하지 못한다는 점을 성장방해의 주요 원인 중의 하나로 꼽는다. 이러한 불충분한 자각은 시시각각 변하는 상황에 대한 정확한 인식과 생동감 있는 느낌을 방해할 뿐만 아니라, 이에 대한 자유롭고 책임 있는 대처를 불가능하게 한다. 펄스는 DMZ에 자신과 타인에 대한 자각과 접촉을 위축시키고, 그럼으로써 성장을 차단하는 다음과 같은 네 가지 심리기제가 있다고 주장한다 : 첫째, **주입**(introjection). 대개 부모나 권위적인 인물이 보이는 태도나 신념, 가치, 당위, 의무를 그 옳고 그름을 따지지 않고 통채로 기억 속에 받아들인 것이다. 이런 식으로 내면화된 정보들은(이는 TA치료법에서는 어버이 자아의 내용에 해당된다.) 사람들로 하여금 자신이 진정으로 느끼고, 원하고, 바라는 것과 타인이 자기에게 그렇게 느끼고 행동해 주었으면 하고 바라는 것을 구별하지 못하게 한다. 둘째 **투사**(projection)는 자신의 감정과 환상, 충동과 욕망들을 타인에게 전이시켜 자신이 아닌 타인을 통해서 그것들을 느끼고 보는 것이다. 투사는 타인에 대한 지각을 왜곡시키고, 자아의 거부된 면이 가지고 있는 힘과 잠재적 자원들을 빼앗아간다. 셋째, **반전**(retroflection)은 타인에게 표현하고 싶어하는 것을 자신의 내부로 돌리는 것이다. 예컨대, 어떤 여성이 남편이 자신의 욕구를 무시하기 때문에 남편에 대해 불안과 분노감을 느낀다고 하자. 그러나 이 여성은 자신이 학습한 성차별주의 관념인 "훌륭한 여성은 화를 내서는 안 된다."라는 중간 영역상의 잘못된 믿음 때문에 남편에게 화를 내지 못하고 마음 속에 묻어 둠으로써 결국 두통에 시달리게 되는 것이다. 우울증과 많은 심리신체적 문제들은 반전된 분노의 결과로 생긴다. 모든 투사와 반전의 이면에는 자신의 감정표현을 억누르고, 가치 있는 잠재된 부분의 활용을(예컨대, 화가 날 때 화를 내어 자신을 표현해 버리는 것) 방해하는 '주입'이라는 내면화된 정보가 있다. 네 번째의 성장방해 기제인 **합류**(confluence)는 유기체와 환경간의 경계를 명확히 인식하지 못하는 것이다. 이렇게 정체감이 산만해지면 융통성 있게 타인과 관계를 맺고 끊을 수가 없게 된다. 이러한 네 가지 심리적 기제들은 자신과 타인에 대한 자각을 위축시킬 뿐만 아니라, 잠재적인 역량을 박탈하여 개인의 독립적인 성장과 효과적인 기능을 방해하게 된다.
　아동이 타인으로부터 충분한 수용이나 지지, 양육을 받지 못하거나, 자신의 내면에 있어서도 자기 지지나 양육이 불충분할 때, 그는 타인을 조종하여 자신의 욕구를 충족시키려 한다. 그는 미련하고, 무력하고, 복종적이거나 약한 척하면서, 또는 타인을 기쁘게 하거나 웃기거나 다른 거짓놀이를 하여 타인을 조종하려 한다. 또한 그는 타인의 기대에 부응하기 위해 자기 향상 게임을 하여 자신을 조종하려 하기도 한다(이는 소위 '당위-집착'(should-isms)이라 불린다). 그러나 이러한 모든 조작적인 방법은 자신과 자신의 역량에 대한 자각과 접촉을 위축시킬 뿐이다. 치료의 또 하나의 목적은 바로 이와 같은 성장방해적이고, 자기-타인 조작적인 방법을 쓰지 못하도록 하는 것이다.
　미리엄 폴스터(Miriam Polster)는 여성들을 치료한 경험을 바탕으로 우리의 성차별 사회가 많은 여성들을 자신들의 힘으로부터 소외시키고, 진정한 감정을 반전토록 하며, 자신들의 욕구를 충족시키기 위해 남성들을 조종하도록 조장한다고 지적하면서 다음과 같이 언급했다 : "이런 사회에서 자라 온 여성은 거의 예외없이 모든 여성을 불구나 기형아로 만드는 심리적 찌꺼기만을 가지게 된다.…… 우리 사회는 여성이 전통적이고 전형적으로 여성의 미덕이라 여겨지는 의존적이고, 착취적이고, 방어적인 행위만을 하도록 조장한다.…… 때문에 많은 여성들이 이에 대한 대항을 포기하는 것은 하나도 이상스러울 게 없다."[10]
　형태치료법에서의 성장의 목표는 궁극적으로 지속적인 변화가 이루어지는 **방향**이다. 예술가이자 치료자인 조셉 징커(Joseph Zinker)는 이러한 성장의 '방향성'을 한 개인에 대한 기원문의 형식으로 다음과 같이 예술적으로 요약했다.

　　　자신과 자신의 육체, 감정, 환경을 더 많이 자각할 수 있는 방향
　　으로 움직이시오 ; 자신의 경험을 타인에게 투사하기보다는 자신이
　　소유하도록 하시오 ; 자신의 욕구를 인식하고 그 욕구를 타인을 해치

지 않으면서도 만족시킬 수 있는 기술을 개발하시오 ; 자신의 감정에 보다 솔직해지고, 자신의 모든 면을 음미할 수 있도록 냄새 맡고, 맛보고, 만지고, 듣고 보도록 하시오 ; 환경으로부터 지지를 얻기 위해 울거나 욕하거나 죄를 짓기보다는, 자신을 지지하는 힘과 능력을 경험할 수 있도록 하시오 ; 민감하게 환경에 대응하시오. 하지만 파괴성이나 독성이 잠재해 있는 상황에는 조심하시오 ; 자신의 행동과 그 결과에 책임을 지도록 하시오 ; 자신의 상상 속의 삶과 그 표현을 느끼게 되더라도 마음을 편히 가지시오.[11]

성장의 과정

펄스는 자유로이 선택할 수 있는 능력(choicefulness)을 모든 성장의 원천으로 보았다. 사람들이 스스로의 힘과 책임감-즉 유기체의 진정한 욕구에 대한 **반응을 선택하는 능력**-을 느끼게 되기 전에는, 어떤 창조적인 변화도 있을 수 없다. 사람들은 매순간마다 자신의 선택에 의해 이루어지는 삶에 대해 책임을 져야 한다. 치료는 사람이 보다 자각할 수 있도록 도움으로써, 그들이 더욱 잘 선택하고, 자유로이 자신이 선택한 방향으로 성장할 수 있도록 해준다.

형태치료법의 이론 중의 하나인 '역설적인 변화 이론'[12]에 의하면, 사람이 '현재'(now)를 진정으로 자각하게 될 때, 비로소 변화가 일어난다고 한다. **현재**에 보다 충실할 때만이 성장의 방향이 분명하게 드러나는 것이다. 개인이 성장해 나갈 수 있는 유일한 터전은 바로 지금 자신이 실제로 존재하고 있는 '현재'이다. 그래서 미래나 과거에 얽매여 살게 되면, 개인의 의도적인 성장은 차단되는 것이다. 미리엄과 어빙 폴스터(Erving Polster)는 이를 다음과 같이 멋지게 표현했다 : "현재 자신의 내부에서 무엇이 일어나고 있는지를 잘 알게 되면, 방향감각이 생겨 그 다음에 무엇이 일어날지는 자동적으로 알 수 있게 될 것이다."[13]

자각을 증진시키는 것은 성장의 목표이자 수단이다. 자각은 잠재된 힘을 찾게 해주고, 자신의 '중심'을 활성화시켜"[14] 자기 지지력을 증대시킨다. 타인과 얼마나 적절한 관계를 맺을 수 있느냐는 전적으로 자신과 자신의 내면과의 접촉(자각)이 얼마나 잘 이루어지느냐에 달려 있기 때문에, 타인과의 관계를 통해 욕구를 충족시키려면 먼저 자기 자각의 증대가 선행되어야 한다. 자각이 증대하면 새로운 행동을 통하여 성장이 촉진되며, 이러한 성장은 다시 자각을 증진시켜 자각과 성장이 순차적으로 확대되어 나가게 된다.

형태치료법은 비분석적이고 통합적이다. 분석적 치료법의 주요한 방법인 해석은 형태치료법에서는 '현재'에 대한 충분한 경험을 회피하려는 치료자와 내담자 사이의 역생산적인 심리게임(mind-game)으로 보여지기 때문에 거부당한다. 치료의 중심 초점은 "지금 여기에서 무엇이 어떻게 되고 있나"에 둔다. 펄스는 모든 통찰지향적인 치료법들의 중심과제인 행동의 **원인**에 대한 연구를 쓸데없는 시간낭비라고 혹평했다. 모든 행동에는 많은 원인들이 있으며, 이 원인들 또한 각각 그 배경이 되는 원인들이 있게 마련이다. 때문에 이러한 과거의 원인을 규명하려는 시도는 성장을 촉진하는 데 전혀 도움을 주지 못한다. 그러한 노력들은 다만 성장할 수 있는 유일한 시간인 현재에 대한 자각을 점점 더 멀어지게 할 뿐이다.

성장이 차단된('신경증이 있는') 사람들은 현재를 자각하며 살아갈 수 없다. 그들은 자신들의 에너지를 잊혀지지 않는 과거의 경험에서 오는 죄책감과 미래의 재앙에 대한 불안감을 쫓기 위해 광적으로 계획을 세우고 이를 반복하여 시도해 보는 데 허비한다. 그래서 결국 현재의 삶을 즐기며 살아갈 수 있는 에너지와 자각이 부족하게 되고, 자신이 생동감 있고 자각 있는 사람이 될 수 있는 유일한 기회인 '현재'를 놓치게 되는 것이다. 포스터 부부가 주장하듯이 "훌륭한 삶이란, 단지 일시적인 것에 지나지 않았던 과거의 경험에 얽매여 영원히 바보로 낙인찍혀 살아가는 것이 아니라, 자신이 현재 가지고 있는 가능성을 늘 발현시키며 살아가는 삶이다."[15] 치료 중에 환자가 현재 자신이 경험하고 있는 것들을 몹시 꺼려하면, 과거의 굴레에서 벗어날 수 없게 된다. 이 때에는 과거의 굴레로 인해 환자가 보이는 행태와 그것이 현재의 자각에 미치는 악영향을 주의 깊게 살핌으로써, 환자가 과거의 경험들로부터 벗어나고 자신의 에너지를

'현재의 삶'에 쓸 수 있게끔 할 수 있다. 치료자는 성장을 저해하는 요소들을 제거해 주려 하기보다는, 환자가 용기를 내서 이러한 저해요소들과 직면해서 이를 파헤치고, 그 속에 내재해 있는 성장력을 자신에게 유용하게 활용할 수 있도록 해주어야 한다.

펄스에 따르면 사람들이 죽음 같은 삶에서 생동감 있는 삶으로, 과거의 굴레에서 벗어나 자유로운 삶으로 가려면 다음과 같은 5단계를 거쳐야 한다고 한다 : (1) **전형적 단계**(cliche layer)는 타인들과 피상적으로 접촉하는 단계로, 예를 들면, "좋은 날씨군요. 그렇지요?" 하는 식으로 상대방과 의례적인 관계만 맺는 것이다. 이 수준에서는 명목적인 관계만이 존재할 뿐이다. (2) 허위의 **역할―수행단계**(role-playing layer)는 욕구를 만족시키기 위해 공연히 서로가 서로를 조종하려는 게임을 하는 단계이다. (3) **두려움의 단계**(impasse or phobic layer)는 위와 같은 조종시도에 따르는 공허감이나 허망감으로 인해 두려움을 느끼는 단계이다. 이런 두려움은 치료시에 치료자가 방어적인 '주지화'(intellectualizing)와 같이 남을 조종하려는 게임을 하지 못하도록 할 때에도 생긴다. (4) 만일 사람들이 전 단계의 두려움에 대해 이를 피하지 않고 기꺼이 감수하려 한다면 네 번째 단계인 **내파 혹은 죽음의 단계**(implosive or death layer)에 이르게 된다. 자신이 여지껏 해 왔던 조종적인 게임을 그만두게 되면, 절망감과 공포감이 엄습해 오고, 자신의 내부가 마비되는 듯한(파열되는 듯한) 느낌이 들게 된다. (5) 깊은 절망감을 느끼고 나면, 다음에는 마지막 단계인 **외파단계**(explosive layer)에 이르게 된다. 이 단계에서는 억압된 분노, 끝없는 슬픔, 성적 오르가즘(이는 성적인 장애가 있는 사람들에 한한다.), 기쁨과 웃음(펄스는 이를 '삶의 기쁨'이라 불렀다.) 등의 4가지 유형의 감정 속에 잠재되어 있는 창조적 에너지가 굴레에서 풀려나는 듯한 재탄생의 경험을 하게 된다. 이 단계에 이르면 사람은 좀더 진실해지며, 비극과 기쁨, 고통과 웃음을 경험할 수 있게 되고, 자신의 미래를 더욱 창조적으로 펼쳐 나갈 수 있게 된다. 치료의 과정에 투쟁과 고통, 절정, 절망과 재탄생이 포함된다는 점은 명백하다. 이에 관해서는 펄스의 다음의 언급이 종종 인용된다 : "절망의 고통을 겪고 재탄생한다는 것은 쉬운 것이 아니다."[16]
　내가 수년 전에 참가했었던 형태치료 강습모임에서도 나의 개인적인 성장은 이러한 과정의 기본적인 흐름에 따라 이루어졌다.[17] 나는 그 곳에서 직업명이나 지도자나 선생이라는 지위 따위의 보호막 없이 오직 순수한 나 자신으로서 관계를 맺어야만 했던 상황에 직면했다. 그 상황에서 나의 게임들은 우선 치료자들과 자각 있는 집단 성원들에게, 그리고 점차로 나에게까지 고통스럽게도 명백히 노출되었다. 나는 목소리와 몸이 오랜 시간 동안 절망감에 빠져 있는 것을 느꼈으며, 다음의 것들을 분명하게 알게 되었다 : ① 교묘한 술수들과 주지화 게임들이 나의 분노를 심화시키고 사탕발림식으로만 해결하려 했다는 점. ② 회피하려 함으로써 에너지가 차단되어 왔다는 점. ③ 나의 힘은 타인에게 주어 버리고, 타인을 조종하여 그의 힘을 얻으려 했다는 점. ④ 타인에게 인정받기 위해 늘 무엇을 말할까에만 신경을 씀으로써 에너지를 쓸데없이 낭비해 왔다는 점. ⑤ 웃고, 즐기고, 비난당할 만한 측면들을 노출시키지 않음으로써, '듬직한' 사람으로 보이려 했다는 점. ⑥ 나의 중심으로부터 거리를 두어 타인과의 깊은 접촉을 회피해 왔다는 점. ⑦ 늘 걱정하고 계획을 세움으로써 '남들보다 5마일 앞선 삶'을 살려 했다는 점. ⑧ 이 순간의 진정한 경험들을 맛보며 살아가기를 주저했다는 점. 형태치료에서 '성공적인' 환자가 되어야 되겠다는 강박관념은 자연적으로 좌절을 증가시켰고, 궁극적으로 절망감만을 안겨 주었다. 곧이어 죽음과도 같은 어려운 시기가 찾아왔다. 마침내 내가 광적으로 '해답'을 찾으려는 시도를 포기하고 동시에 나 자신과 타인을 조종하려 했던 헛된 시도에 웃음이 나기 시작했을 때, 에너지가 폭발하는 듯한 살아 있는 기쁨을 경험했다.
　성장과정에서 형태치료자의 역할은 '변화시키는 사람'이나 교사, 조력자가 아니다. 그 역할은 단지 성장의 환경이 될 만한 관계를 제공하는 것으로, 이 속에서 환자는 죽음과도 같은 절망감과 직면하고, 힘, 책임, 고통, 기쁨의 재탄생을 경험하게 된다. 치료자는 균형 있는 접촉(지금 여기의 사람을 지지적으로 인식하고 수용하는 것)과 개인의 생동감—회피 조작을 기술적으로 좌절시키려 한다. 펄스는 치료관계를 의사와 환자라는 하나의 변인이 아닌, 두 인간간의 진정한 만남으로 본다. 치료자들은 내담자와 융통성 있고 적극적인 상호관계를 맺는 진실한 인간으로서 현재에 머무르려 하며, 이러한 만남 속에서 치료자들은 즐겁고, 활동적인 차원을 만들 수 있다. 조셉 징커(Joseph Zinker)는 "피아노를 연주하는 것은 사랑을 하는 것과 같아서 늘 나를 기쁨으로 충만케 한다."라고 언급하는 아더 루빈스타인(Artur Rubinstein)과 유사하게 치료자를 창조적이고 애정 있는 만남 속의 예술가로 묘사했다.[18]

형태치료의 영성적 성장자원

형태치료법의 많은 통찰들과 방법들은 성장방해적인 종교체험에서 벗어나 성장배양적인 종교체험을 할 수 있게끔 도울 수 있다. 많은 전통 종교의 권위주의, 도덕주의와 율법주의는 사람들 자신의 영적 힘을 신성 속으로 **투사**하도록 하고(그래서 그들 내부의 삶을 메마르게 한다.), 자기—타인에 대한 존중을 위축시키는 자기—처벌의 신념을 **주입**하고, 생명력 있는 주장과 성적 에너지를 **반전**시켜서 영적인 각성을 무디게 만든다. 형태치료법은 종종 영적 실체에 대한 직접적이고 생명력 있는 경험의 대용물 역할을 하는 '삶의 궁극적 의미'와 관련된 끝없는 주지화의 '순환주의'(aboutism)에 도전한다.

비록 펄스는 자기 집안의 유대교적 전통에 반대했던 무신론자였지만, 유대—기독교적 전통과 형태치료법 간에는 중요한 유사성이 있다. 그 통전적 정향은 구약성경에서 엿보이는, 인간을 전인적인 존재로 이해하는 관념과 매우 흡사하다.[19] 펄스가 강조한 진정한 삶, 비옥한 공간과의 만남, 죽음과 재탄생, 자신의 잠재력과 힘에 대한 각성, 이 모든 것들은 유대—기독교 사상의 전인성 배양적인 차원과 깊은 유사성이 있다. 펄스의 사상이 동양철학에 영향을 받은 점은, 예컨대 "강물을 밀지 마라. 그것은 자연히 흐르느니라."[20]라는 도교식의 훈계나 역설적인 변화이론에서 잘 나타난다.

몇몇 영성 지향적인 형태치료자들은 이 같은 접근을 통해 내재된 영적 성장잠재력을 계발하려고 애써 왔다. 클라우디오 나란조 (Claudio Naranjo)는 동양과 서양의 종교적 전통과 형태치료간의 많은 유사점들에 대해 연구했다.[21] 징커는 관계적인 종교경험으로서의 창조적인 치료에 대해 다음과 같이 서술한다:

> 주어진 시간에 서로가 충분히 존재하는 것은……마치 서로를 숭배하는 것과 같다……. 우리가 자신을 뛰어넘어 타인의 삶으로 향하는 과정에서 자신의 중요한 내적 절정감을 맛본다는 사실은 흥미로운 역설이다……. 그와 같은 친밀한 의사거래가 있은 다음에야 비로소 좀더 승화된 종교적 의사거래를 할 수 있게 된다. 신과 이야기하려면 우선 개인적 도취감을 포기해야만 하고, 자기 도취감을 포기하려면 동료인 인간과 진실한 대화를 해야만 한다. 즉 신과 이야기하려면 먼저 인간과 진정한 교류가 있어야 한다.[22]

형태치료법의 약점들

성장상담의 측면에서 보면, 형태치료법에는 몇 가지 중요한 약점이 있다. 펄스의 사상은 그 환원주의적 요소로 인해 그 가치가 반감된다. 그는 성장 방해적인 도덕주의를 비판하면서 모든 가치들을 '당위주의'의 산물로 환원시켜 버렸으며, 진정한 가치들은 인간의 전인성에 필수적이라는 점을 간과하고 모든 가치들을 무시해 버렸다. 그는 무용한 주지화를 비판함에 있어서도 모든 지적인 활동을 심리게임으로 매도해 버렸다. 그는 치료에 있어서의 끝없는 분석이 별 효과가 없음을 잘 지적해 냈지만, 인지적인 이해와 자기 통찰이 자원들을 창조적인 변화를 위해 사용하는 데 유용하다는 점을 깨닫지 못했다. 또한 권위적인 종교를 비판함에 있어서도, 인간의 성장에 대한 전인성 배양을 위한 영성의 본질적인 역할을 이해하지 못했다. 그의 사상에는 인간에게 보다 한 차원 높은 '자아'가 있다라는 자각이 없다. 그는 자아의 개념을, 사실상 '우리가 영혼을 가졌던 시대 이래 유물'[23]로 무시해 버렸다. 이같은 결점들 때문에 전인적 성장효과를 극대화하기 위하여는 형태치료법만으로는 안 되고 심리통합과 같은 영성 지향적인 접근법이 보완되어야 하는 것이다.

공생적인 의존관계를 비판하면서 펄스 자신도, 자주 인용되는 다음과 같은 '형태 기도문'에서 엿보이듯이, 반대의 극단적인 초개인주의로 전락했다 : "나는 내 일을 하고 당신은 당신 일을 할 뿐이다. 내가 당신의 기대에 맞춰 살기 위해 이 세상에 존재하는 것은 아니며, 당신도 마찬가지이다. 당신은 당신이고 나는 나다. 그리고 만일 우연히 우리가 서로를 발견한다면, 그것은 아름다운 것이다. 그러나 그렇지 않더라도 그것은 어쩔 수 없는 일이다."[24]

물론 이 같은 문구는 기본적인 철학적 원리를 담았다기보다는 단지 교훈적 충고에 지나지 않는다. 그러나 지각 있는 형태치료자가 볼 때에는, 자신만의 것을 강조하는 것은 아무리 좋게 보려 해도 파괴적이고, 정신병리적인 행위를 정당화하는 데 이용될 소지가 다분히 있는 것이다.[25]

형태치료법의 극단적 개인주의는, 집단은 하나의 소우주이고, 사람들은 이 곳에서 각성을 확장시키고 새로운 행동을 수행할 수 있다는 펄스의 견해에 의해 특별히 상쇄(offset)되는 것처럼 보인다. 그러나 집단 상황에서 작업을 했을 때, 그는 그 자신에다 중심을 두고 전체 치료과정을 수행해 나갔다. 결과적으로 그는 치료나 성장집단의 고유한 힘—집단 중심의 상호작용을 통하여 그 집단 속에 있는 모든 사람이 자유롭게 성장하고, 서로가 상호 성장 촉진자가 되도록 개발하는 것—을 간과했던 것이다.

형태치료법의 또 하나의 약점은 진정으로 자유로워진 사람이 억압적인 사회구조를 변화시키려고 노력해야 하는 책임감을 과소평가했다는 점이다. 펄스는 위축된 성장의 사회적 원인을 날카롭게 간파했다. 위축된 성장은 우리가 죽음 같은 절망감을 주는 거짓 게임을 배우도록 조장하는 우리 문화로 인한 집단정신병의 결과이다. 그는 이 점을 잘 알고 있었으나 그가 이에 대한 대응책으로 제시한 것은 고작 자율적이고 자기 지시적인 개인상뿐이었다. 펄스의 사상에는, 자신의 삶을 충분히 책임질 수 있기 위해서는 정치·경제·사회적인 억압으로부터 어느 정도 자유로워야 한다는 점에 대한 인식이 결여되어 있다. 또한 개인의 전인성과 사회적 전인성 간의 상호 의존성을 간과하고 있으며, 개인의 치료-개발된 힘을 성장방해적인 제도적 불의와 억압을 극복하는 데 사용하자는 요구도 없다.

그러기 때문에 형태치료법과 관련되는 서적에서 제도적 성차별주의가 성장에 많은 악영향을 미친다는 점에 대한 언급이 보이지 않는 것은 그다지 놀랄 일이 못 된다. 또한 우리 사회가 여러 가지 방식으로 남녀의 온전한 형성을 제약하고 있다는 점도 별로 중요하게 취급되지 않는다. 단지 이러한 점에 대한 예외가 하나 있다면, 그것은 폴스터(Miriam Polster)가 통찰력 있게 써 내려간 "치료에서의 여성 : 형태치료자의 시각"(Women in Therapy : A Gestalt Therapist's View)이라는 책뿐이다. 형태치료법은 여성들이 자신의 힘을 남성이나 성차별적인 제도관행에 방치시키지 않도록 함으로써, 여성들이 성차별로 인해 입는 손상을 회복하도록 도울 수도 있다. 그러나 심지어는 자신에게 힘이나 책임감을 부여케 하려는 가치 있는 기법들조차도 오히려 여성이 이러한 사회제도에 도전하도록 하는 데 이용되기는커녕, 그 반대로 남성 지배적인 사회체계를 수용하도록 하는 데 이용될 수도 있다. 「치료법으로서의 여권주의」(Feminism as Therapy)의 저자들은 다음과 같이 쓰고 있다 :

> 내 여자 친구들은 종종 자신들이 안고 있는 문제를 사회체계와의 관련 하에 파악하는 형태치료 집단에서 생기는 일들에 관해 이야기하곤 하는데, 그 중의 하나는 그 집단에서 자신들의 문제 때문에 쓸데없이 외부 요소(사회체계 같은)를 비난하지 말도록 가르친다는 것이다.
> 전적으로 나의 투사에만 원인이 있는 것은 아니다. 내가 아무리 분명하고, 정상적이고, 공존적이고, 책임감 있게 되더라도 여전히 내가 통제할 수 없는 많은 것들이 남아 있게 된다.…… 여성들은 너무나 오랫동안, 근본적으로는 사회제도에 원인이 있는 삶의 난관들에 대해 마치 여성 자신들에게 책임이 있는 것처럼 취급되어 왔다. 이제는 그 책임의 일부를 억압적인 정치·경제 체계에 돌릴 때

가 되었다.[26]

　형태치료법의 철학이 사회의 책임을 거의 무시하고 있는 점은, 한 급진적인 치료법 잡지에 실린 형태치료법에 관한 문구를 보면 극명하게 드러난다 : "나는 내 일을 하고, 당신도 당신 일을 할 뿐이다. 내가 당신 기대에 맞추어 살기 위해 이 세상에 존재하는 것은 아니며 당신도 마찬가지이다. 너는 너이고 나는 나이다. 만일 우리가 우리 일만 했기 때문에 우리의 형제나 자매들이 노예화되거나 세상이 독재 치하에 있게 되더라도, 그것은 어쩔 수 없는 일이다."[27]

　펄스의 극단적 개인주의와 제도에 대한 인식의 결핍은, 그 자신이 나중에 자기의 이론을 보완해 나가고, 또 그의 사후에 다른 학자들에 의해 이론이 발달한 결과로 어느 정도는 상쇄되었다. 죽기 바로 전, 그는 치료는 다만 성장―지지적인 공동체 내에서만 그 효과를 충분히 나타낼 수 있을 것이라고 표명했다. 그가 뱅쿠버 섬에 형태치료조직이나 키브츠 같은 것(이는 그의 사후에 와해되었다.)을 설립하려고 한 것은 그가 점차로 공동체를 필요로 했다는 한 예가 된다. 단순히 개인에 대한 치료와 성장의 차원을 넘어서 새로운 공동체 환경[28]의 개발에 관한 연구논문을 발표한 바 있는 징커나 폴스터 부부의 관계성에 대한 인식은 좀더 체계지향적인 형태치료법의 일례이다. 이런 점들로 미루어 볼 때 형태치료법이 보다 체제 내지는 정치지향적인 치료법이 될 수 있는 가능성은 얼마든지 있는 것이다.

형태치료의 성장방법들

　형태치료법은 성장작업에 풍부하고 다양한 방법들을 제공한다. 모든 형태치료법의 방법들은 궁극적으로 각성을 고양시키는 데 그 목적이 있다. 이하에서, 나는 유용하다고 판단되는 몇 가지 형태치료접근법을 서술할 것이다. 당신은 타인들과 그것을 사용하기에 앞서 스스로가 그것들을 시도해 보라. 기법들을 소개하기 전에 한 가지 주의해야 할 점은 다른 치료법과 마찬가지로 형태치료법의 기법들도 제대로 훈련받지 못한 치료자가 남용할 경우에는 오히려 해가 될 수도 있다는 점이다. 핵심적으로 말해, 형태치료법은 어떻게 사람이 변하고 성장하는가에 대한 방향과 철학이다. 그것은 일련의 치료장치가 아니다. 구체적인 기법들은 치료자가 특정인의 성장욕구를 잘 이해하게 될 때 비로소 생긴다. 치료자는 형태치료법의 철학과 원리들을 이해해야만 무슨 기법을 사용할지를 결정할 수 있게 된다. 환자의 드러나는 욕구들을 잘 인식하려면 치료자는 환자를 대하기도 전에 미리 치료기법을 정해 놓는 식의 예단을 버려야만 한다.

1) **몸 전체의 상태를 파악하기**(Attending to the Whole Person)(자신의 몸 상태를 파악할 때) : 유기체의 단일성 때문에 우리가 하는 모든 것은 지금, 여기의 존재를 반영한다. 자세나 움직임, 목소리의 상태, 호흡, 근육긴장 등과 같은 신체의 메시지를 깨닫게 되면, 말로 왈가왈부할 때보다 성장장애에 대한 정보를 훨씬 많이 얻을 수 있게 된다. 이를 경험하려면, 눈을 감고서 지금 이 순간에 꽉 조여 있는 듯이 느껴지는 당신 신체의 어떤 부위를 인식하시오. 그 부분과 대화를 하시오. 그 부위와 '당신 자신'에게 큰 소리로 말하시오. 말을 전달하고 무슨 일이 생기는지를 보시오. 다시 눈을 감고 취하고 싶은 동작을 머리 속에 그려 보시오. 이제 실제로 그 동작을 해보시오. 그 동작을 몇 번 반복하고, 할 때마다 좀더 확실하게 취해 보려 하시오. 이를 하면서 당신이 느끼는 것을 말하고 표현하시오. 당신이 몸으로 표현하고 있는 메시지를 인식하시오.

성장집단에서, 다리를 꼬고 한 다리로 반복해서 가볍게 차는 동작을 하며 앉아 있는 한 남자가 있다. 이때 나는 그에게 그의 다리가 무슨 말을 하고 있는지를 알고 있는지 묻는다. 또는 그에게 "당신의 다리가 되어서 신체의 나머지 부분과 대화를 해보라."고 한다. 그의 인식 속으로 나타나는 것은 몸의 언어를 통해 그가 암암리에 발전시키고 표현한 좌절, 분노, 공격적인 감정이었다.

2) **지금 여기서를 그때 거기로**(From the Here-and-Now to the Then-and-There) : 지금—여기에 대한 자각을 높이려면 이 실험을 하시오. 당신이 현재의 환경, 관계, 생기는 일들, 냄새, 기온을 포함한 상황 속에서 어떻게 자신을 경험하는가를 인식하시오. 이제, 만

일 당신이 피곤하거나 지루해지면, 바로 지금 당신이 있고 싶은 과거의 즐거웠던 또 다른 상황을 생각하시오. 상상으로 그 곳에 가시오. 당신의 감정과 힘의 수준은 어떻게 변했나요? 당신의 마음 속에서, 현재의 상황과 또 다른 상황 사이로 몇 번을 왔다갔다 하면서, 그 둘간의 차이를 알아보시오. 이제, 당신은 지금 경험하고 있는 것을 좀더 생동감 있게 하기 위해, 그 다른 상황에서 생기는 힘과 감정을 현재의 상황 속으로 가져올 수 있나 보시오. 보다 편안함을 느끼게 되고, 지금 여기의 경험이 더욱 생생해질 때까지 과거와 현재의 상황을 몇 번이고 반복해서 생각해 보시오.[29]

3) 재연에 의한 각성 증진(Increasing Awareness by Enactment) : 이 접근은 한 개인의 삶의 다양한 모습들을 상담 기간이나 성장집단 속에서 극화(dramatization)시켜 사용하는 것이다. 여기에 포스터 부부가 이 방법을 어떻게 사용했는가가 있다 :

"그것은 그가 한 말이나 또는 동작에서부터 시작할 수 있다. 예를 들자면, 만일 그가 작은 동작을 한다면, 우리는 그에게 이 움직임을 더 충분히 확장하여 표현토록 요구한다. 만일 그가 이 동작을 웅크리고 앉아 있는 사자 같다고 한다면, 우리는 그에게 어떻게 느꼈는지를 묻는다. 그가 으르렁거리고 싶다고 말하면, 계속해서 으르렁거리게 놔둔다. 그는 으르렁거리면서, 방 주위를 돌아다니며 사람들을 할퀴기 시작한다. 이렇게 하면서 그는 사람들을 놀래키고, 웃기고, 기만하고, 스스로가 흥분에 사로잡혀 있다는 것을 발견한다. 이런 흥분은 그에게 그 자신이 힘이 있으며, 동물적인 면도 갖고 있고, 또한 활기 있게 타인과 접촉하려는 면도 있다는 새로운 사실을 보여 주며, 그래서 그는 자신의 삶 속에서 여지껏 놓치고 지냈던 어떤 것을 깨닫기 시작한다. 알맞은 시간, 적절한 순간에 재연된 이와 같은 성격 특징들은 개인의 행동체계에 스며들어서, 그에게 새로운 지평을 열어 주게 된다."[30]

이 같은 방법은, 예컨대 미완결되고, 에너지 소모적인 과거의 경험을 재연해 본다거나 혹은 자신의 삶의 극단적인 모습들, 즉 악마 같은 면과 천사 같은 면을 재연해 봄으로써 개인의 양면을 모두

'소유'하거나 통합하도록 돕는 데 사용될 수 있다.

이 같은 접근을 내면화하기 위해, 눈을 감고 당신이 되고 싶은 어떤 동물을 상상하시오. 이제, 눈을 뜨고서 몇 분간 그 동물이 되어 보시오. 자신이 적절한 소리와 행동을 하도록 놔두시오. 그렇게 다 되었다고 느낄 때까지 계속하시오. 어떤 감정이 느껴지던가요? 자신의 새로운 어떤 면들을 발견했나요? 당신의 경험을 친구와 함께 나누시오.

4) 힘과 반응능력을 회복하기(Take Back Your Power and Response-ability) : 형태치료법은 다양한 방법을 사용하여 사람들이 자신의 힘을 타인과 환경에게 주어 버리고 있음을 인식하고 이를 중단하도록 돕는다. 예를 들면, 당신이 앞으로 해야 될 일 때문에 불안하다면, 다음 문장의 말줄임 부분을 가능한 한 다양하게 채워 보시오. "지금 나는 …… 한 환상 때문에 놀라고 있다." 당신은 아마도 그 달성을 위해 최선을 다해 힘을 쏟아 버리고 있는 비극적인 환상과 타인의 기대를 발견할 것이다. 당신의 불안 속에서 이러한 환상을 떨쳐 버린다면, 당신은 자신의 힘을 실제 상황에서 효과적으로 다루어 나가는 데 사용할 수 있을 것이다. 다음과 같은 말로 시작해서 말을 계속 이어가 보시오. "나는 다음의 것들을 하고 싶다. 그러나 나는 …… 할 수 없다." 이 말 속에 있는 모든 '할 수 없다.'를 '하지 않을 것이다.'로 바꾸어 반복하시오. 이렇게 바꾸었을 때의 느낌이 어떤가를 체크해 보시오.

여기 힘-책임감(power-responsibility)을 되찾는 또 다른 접근이 있다. 눈을 감고서 당신이 치료에서 내담자로서 어려운 개인적인 문제와 씨름한다고 상상하시오. 치료자가 당신에게 "나는 당신에게 자문을 구하고 싶습니다. 이 상황에서 당신에게 도움이 될 만한 충고는 무엇입니까?"[31]라고 묻는다. 치료자가 당신의 잠재된 지혜를 확인하고 치료에 대한 책임을 당신에게 돌릴 때의 느낌을 인식하시오.

5) 빈 의자 대화기법(The Empty Chair Dialogue) : 이 접근은 상담과 성장집단에서 다양하고 넓게 사용된다. 이 방법은 고통스런 손실을 경험한 사람들을 개방된 곳으로 데려가, 그들이 에너지를 고갈시키는 내면의 대화(주로 죄의식이나 분노)를 그만두도록 함으

로써 '슬픔작업'(grief work)을 할 수 있도록 돕는 데 무한한 가치가 있다. 상상 속에서 해결이 안 된 감정을 갖고 있는 가공인물을 설정해서 빈 의자에 앉히고, 그 사람의 입장이 되거나 자신의 입장에서 이 의자에서 저쪽 의자로 왔다갔다 하면서 이야기하도록 한다. 내면의 평정이나 에너지의 증가와 같이, 그 가공인물이 어떤 해결되는 모습을 보일 때까지 이 대화를 계속하도록 용기를 북돋아 주는 것이 중요하다. 우리 중 많은 사람이 오랜 과거의 경험으로부터 파생되어 여지껏 해결되지 않은 감정이라는 '귀신'의 굴레를 벗어나지 못하고 있다. 이러한 감정들이 해결되면, 창조적 에너지의 흐름은 종종 극적으로 전환된다.

이 대화방법을 자기-도움 기법으로 사용하는 것도 가능하다. 나의 아버지가 돌아가셨을 때, 나는 홀로 묘지에 가서 아버지를 생각하며 죽은 아버지와의 관계에서 해결 안 된 슬픔, 분노, 죄책감과 사랑, 감사의 감정을 표현하는 폭넓은 대화를 했었다. 빈 의자기법은 또한 아직 살아 있으나 직접 만나는 것이 거의 불가능하거나 만나 보았자 별 효과가 없을 사람들—예로, 당신이 계속 다니길 원하는 직장의 엄격한 사장, 개방적인 대화가 이루어지지 않을 것이 뻔한 나이드신 부모님, 생각만 하면 분노감이 치미는 남편 등—에 대한 감정들을 처리하고 해결하는 작업에 도움이 될 수 있다.

빈 의자 작업은 사람들 자신의 '소외된' 부분을 재소유하게 도울 수 있다. 그것은 또한 성격의 각 면들 간의 갈등을 해결하는 데 도움을 줄 수 있다. 우리는 잠재적으로는 서로 보완적이지만 아직 제대로 계발되지 못해 서로 마찰을 빚고 있는 내면의 각 부분간의 내전에 삶과 힘의 상당량을 낭비하고 있다. 여기 당신이 그와 같은 대화를 실험해 볼 수 있는 각성 연습의 일례를 제시한다 : 눈을 감고 상상으로 의자를 하나 그리시오. 자신의 부분 중 약하고 부적절하고 비정상적이라고 느끼는 부분을 의자에 놓으시오. 그 사람이 의자에서 어떻게 느끼는가를 인식하시오. 이제는 반대로 강하고 능률적이고 유능한 자신의 다른 부분을 그리고, 그 사람이 의자에 앉아 있는 사람을 내려다보도록 서게 하시오. 이제는 서 있는 사람이 되어서, 앉아 있는 사람에게 그 사람이 좀 나아지도록 강의하시오. 말할 때는 감정을 넣어서 말하시오. 의자에 있는 사람이 어떻게 느끼고 반응하는가? 한동안 그 양자가 되어 대화하되 우선 먼저 사람이 되어 말하고, 이것이 다 끝나면 나중 사람이 되어 말하시오. 대화, 각각의 위치에서의 힘, 갈등으로 소모된 에너지, 증가하는 극단화에 의해 각각의 사람이 어떤 감정의 동요를 일으키는가를 인식하시오. 이제, 당신이 대화를 바꾸어서 당신 자신의 두 면을(펄스는 이것을 상전(under-dog), 하인(top-dog)으로 불렀음.) 화해시킬 수 있는지를 보시오.

6) 꿈작업(Dream Work) : 형태치료 이론에 따르면, 꿈은 인성 형태에 구멍이 생긴 것을 알리는 것이다. 꿈 속에서의 각 사람이나 사물은 꿈꾸는 사람이 소유하지 않은 부분이다. 사람들은 대개 꿈을 과거의 경험으로부터 파생되는 것이 아닌 현재의 입장에서 생기는 것으로 보며, 그래서 별 의미없는 개꿈으로 취급해 버린다. 여기에 펄스 자신의 성장작업에서 어떻게 꿈을 사용했는가를 제시한다 :

"형태치료법에서는 꿈을 해석하지 않는다. 우리는 그것을 가지고 좀더 재미있는 것을 한다. 꿈을 분석하고 더 나아가 난도질하는 대신에, 우리는 그것을 삶으로 이끌어 오고 …… 마치 그것이 지금 발생하고 있는 것처럼 재생시켜 본다.

당신은 혼자서도 꿈을 가지고 매우 유용하게 이용할 수 있다. 어떤 종류든지 오래 전에 꾼 꿈을 하나 떠올려 보시오. 꿈이 기억되는 한, 그것은 여전히 살아 있고 유용한 것이며, 거기에는 여전히 해결이 안 되고 융합이 안 된 상황이 함축되어 있는 것이다.

그래서 만일 당신이 꿈에 관한 작업을 하길 원한다면, 꿈을 글로 적고 꿈의 **모든** 내용들을 자세하게 표로 만들어 보시오. 꿈에 나오는 모든 사람, 모든 사물, 모든 분위기를 빠뜨리지 말고 체크해서 그들 각각이 되어 보시오. 꿈에 나오는 그대로를 해보려 하고 …… 정말로 그것이 **되어 보시오.** …… 끔찍한 개구리나 죽은 것, 산 것, 악마 등 거기 있는 어떤 것이라도 그대로 되어 보시오. 그리고 사고를 멈추시오. 이성을 잃고서 감각에 의존하시오. 아무리 사소하게 보이는 부분일지라도, 그것은 조각맞추기 퍼즐(jigsaw puzzle)의 조각 같은 것이어서 훨씬 큰 전체, 즉 훨씬 강하고, 즐겁고, 완벽한 **실제** 성격의 일부분을 이루는 것이다."

그리고 나서는 꿈의 서로 다른 각 부분들끼리 대화하도록 한다. "이러한 과정이 진행되면서 각 부분은 서로 배우게 되며, 그럼으로써 단일화되고 통합되어 간다.…… 그러면 내전은 비로소 종식되고, 그 때부터는 자신의 힘을 세상을 헤쳐 나가는 에너지로 사용할 수 있게 된다."[32]

형태치료법의 성장자원에 관한 참고문헌

Fagan, Joen, and Shepherd, Irma, eds. 「현재의 형태치료법 : 이론, 기법, 적용례」(*Gestalt Therapy Now : Theory, Techniques, Applications*). Palo Alto, Calif. : Science and Behavior Books, 1970. 이 책에는 프리츠 펄(Fritz Perls)과 로라 펄(Laura Perls) 등을 포함한 25명의 형태치료자들의 논문이 실려 있다. 이 책의 앞머리에 보면 "심오하면서도 늘 새로운 것을 찾고자 했던 프리츠 선생님께 이 책을 바칩니다."라는 증정본의 문구가 있다.

Hatcher, Chris, and Himelstein, Phillip, eds. 「형태치료법 편람」(*The Handbook of Gestalt Therapy*). New York : Jason Aronson, 1976. 이 책은 25개의 장으로 되어 형태치료법의 각종 기법들에 관해 상세히 설명하고 있다. 그 중 한 개의 절에서는 형태치료법과 TA생체에너지학, 정신안정법, 예술치료법 등 다른 치료법들 간의 관계에 대해 설명하고 있다.

Perls, Frederick S. 「자아, 허기와 공격성」(*Ego, Hunger and Aggression*). New York : Random House, 1947. 이 책에서는 형태치료법의 이론을 정신분석과 형태심리학에서부터 발달해 오는 과정을 통해 서술하고 있다.

―――.「형태접근 : 치료법의 목격자」(*The Gestalt Approach : Eyewitness to Therapy*). Ben Lomond, Calif. : Science and Behavior Books, 1973. 이 책은 펄스가 남긴 원고를 그의 사후에 책으로 엮은 것이다. 이 책에서는 형태치료법을 이론적으로 서술하고 있으며, 펄스가 치료자로 일

한 기간 동안의 치료일지도 실려 있다.

──.「형태치료법 상담기록」(*Gestalt Therapy Verbatim*). Lafayette, Calif.: Real People Press, 1969. 이 책에서는 GT의 원리에 관해 논의하고 있으며, 몇몇 치료기간의 기록도 실려 있다.

──.「쓰레기통의 안과 밖」(*In and Out the Garbage Pail*). Lafayette, Calif. : Real People Press, 1969. 이 책은 솔직하면서도 재미있고, 일화거리가 많은 펄스의 자서전이다. 이 책에서 그는 자신의 다채로운 성격들을 적나라하게 표현하고 있으며, 아울러 GT의 기원과 발달에 대해서도 서술하고 있다.

Polster, Erving, and Polster, Miriam. 「통합된 형태치료법 : 그 이론과 실제의 대강」(*Gestalt Therapy Integrated : Contours of Theory*). New York : Brunner / Mazel, 1973. 이 책은 GT의 주요 개념의 연구이다.

Schiffman, Muriel. 「형태자기치료법」(*Gestalt Self—Therapy*). Menlo Park, Calif. : Self Therapy Press, 1971. 이 책은 GT를 이용한 자기 성장을 위한 기술을 기록한 책이다.

Smith, Edward W. L., ed. 「형태치료법의 성장단계」(*The Growing Edge of Gestalt Therapy*). New York : Brunner / Mazel, 1976. 이 책은 GT와 융의 이론, 실존주의, 선종, TM, 도교 등의 다른 치료법과의 관계에 대해 연구한 것이다.

Stevens, John O. 「각성 : 연구, 실험, 경험」(*Awareness : Exploring, Experimenting, Experiencing*). Lafayette, Calif. : Real People Press, 1971. 이 책은 내면의 교류와 환상, 여정, 상호교류, 예술, 움직임 등에 초점을 맞춘 상호교류 연습법을 소개한 책이다.

Zinker, Joseph. 「형태치료법에서의 창조적인 과정」(*Creative Process in Gestalt Therapy*). New York : Brunner / Mazel, 1977. 이 책에서는 치료자가 어떻게 진정으로 예술가가 될 수 있는가를 보여 주고 있다.

위에 소개한 책들 외에 TA와 GT의 결합에 관해 논의한 Lessor와 James / Jongeward 등의 저서를 참고하라. 이 책들은 이미 6장에서 소개한 바 있다.

8
통전적 건강 이론, 정신안정법, 신체치료법의 성장자원들

만일 상담과 치료에서 전인적인 성장을 가능케 하려면, 치료자와 상담자들은 삶의 심리적 차원에 활기를 줄 뿐만 아니라 신체활력의 수준도 높일 수 있는 방법을 사용해야만 한다. 대개의 전통적 심리치료들은 단지 정신세계만을 치료의 대상으로 삼았다. 그래서 사실상 인간의 신체를 무시함으로써, 그들은 이중적인 정신-신체의 균열을 촉진시켜, 결국은 양자의 활력을 모두 떨어뜨리는 결과를 초래했다. 샘 킨(Sam Keen)은 다음과 같이 관찰했다 :

> 프로이트를 기점으로 발달되어 온 **정신치료** 방법은 반신체적이고 (antisomatic), 반애정적(antierotic)이다. 이는 강하고 현실적인 자아를 만들어 내는 데에만 관심이 있었기 때문에, 인간이 자유로이 사랑할 수 있게 만들었다기보다는 일에 얽매이도록 만들었다. 그리고 신체는 의사라는 직업을 가진 사람만이 다룰 수 있는 특수한 영역으로 여겨져 왔다. 이는 치료직업들의 분화를 통해 그런 식으로 굳어져 왔다.[1]

전통적인 심리치료자들이 해 온 직업구분과는 대조적으로, 전인성을 지향하는 상담자나 치료자들은 육체적 차원을 포함하여 삶의 모든 차원의 치료와 성장을 촉진시켜야만 한다.

본 장에서는 현대 건강치료 분야에서의 3가지 상호 관련된 이론들 —통전적 건강 이론, 정신안정법, 그리고 신체치료법—이 갖고 있는, 신체에 활력을 주는 자원들을 조명해 본다. 각각의 이론은 전인적인 인간으로 성장하는 데 필요한 생리적인 기초를 강화시킬 수 있는 통찰과 방법들을 제공한다.

통전적 건강 이론의 성장자원들

통전적 건강운동은 상담자와 심리치료자를 포함하여 건강을 다루는 직업을 가진 사람들에게 점점 더 큰 영향을 주고 있다. 특히 고도로 전문화된 기존의 의술효과에 대해 탐탁치 않게 생각하는 의료관계자들이 깊은 관심을 보이고 있다. 또한 이 운동은 비전통적인 치료방법에 흥미를 갖고 있는 많은 이들의 눈길을 끌고 있기도 하다. 이 운동은 전인적 인간 형성을 추구하기 때문에, 이의 성취를 위하여 다양한 분야에 종사하는 건강—배려 전문가들 간의 공동연구가 필요하며 이루어지고 있기도 하다. 때문에 성장지향적인 상담자나 치료자도 혼자서 전인적인 성장을 가능케 할 수는 없으며, 단지 전인적인 성장치료팀의 필수적인 일원으로 파악될 뿐이다.

통전적 건강 이론의 지도원리를 살펴보면, 기존의 전통 의학의 철학과 시술에 있어 약하게 다루어지거나 간과되고 있는 점이 강조되고 있다. 이 원리들은 다음과 같은 점에서 성장지향적인 상담과 치료의 기본 관심사와 일치를 보인다 : [2]

—건강하다는 것은 단순히 병들지 않았다는 소극적인 의미가 아니라, 보다 적극적으로 매우 양호한 건강상태가 **존재함**을 의미한다. 질병도 그 정도에 따라 여러 수준으로 나누어지듯이, 건강에도 그 정도에 따라 여러 수준이 있다. 상담자와 심리치료자는 물론 건강관계 전문가들은 병이 날 때를 기다려 이를 치료하려 하기보다는, 사

8. 통전적 건강 이론, 정신안정법, 신체치료법의 성장자원들   217

람들이 보다 높은 수준의 건강상태를 유지하도록 하는 데 신경을 써야 한다. 수술이나 좋은 약, 우주시대의 첨단기술로만 병이나 외상을 치료하려는 현대 의학의 기술은 개인의 건강 정도나 사회의 일반적인 건강 수준과는 별 관계가 없다.

―높은 수준의 건강을 이루는 데에는 삶의 상호 의존적인 모든 차원들 간의 균형적이고 통합적인 상호작용이 필수적이다. 통전적 건강은 육체적, 정신적, 정서적, 영적, 대인관계적, 그리고 환경적[3] 영역에서의 건강 수준의 증대에 관심을 두고 있다. 그러나 그 일차적인 초점은 이러한 다양한 면의 단순한 종합 이상인 전인적인 인간 형성에 있다.

―건강을 성취하고 유지하는 데 중요한 것은 건강 각성(wellness--awareness)과 자기 책임(self-responsibility)이다. 삶의 어떤 영역에서의 건강증진 행위는 다른 영역에서의 건강증진 행위를 유발시키는 경향이 있다. 일반적인 건강훈련으로 자신의 몸을 아끼고, 즐기며, 보살피는 사람들은 흡연, 만성적 과식, 또는 과음같이 자신을 해치는 행동을 덜 하게 된다.

―건강(또는 질병) 수준을 결정하는 두 가지 주된 요인은 개인의 **생활양식**과 **만성적 스트레스**의 정도이다. 생활양식을 건강하게 바꾸고 스트레스를 줄이게 되면, 생활 속에서의 만족은 커지며 질병에 걸릴 가능성도 줄어들게 된다. 도날드 B. 아델(Donald B. Ardell)은 건강한 생활 양식이 가져다 줄 잠재적인 보상을 다음과 같이 기술하였다 : "이 땅에 우리를 위한 흥분, 모험, 즐거움과 만족감이 있다. 물론 생활양식이 건강하다고 해서 반드시 이런 상태를 경험하게 되는 것은 아니지만, 적어도 그 가능성은 생활양식이 건강하지 않을 때보다는 비교가 안 될 정도로 커지게 된다. 최소한 건강한 신체와 정서적 안정, 활기찬 정신은 좋은 출발을 보장해 주는 것이다.…… 그러기에 늘 그런 신체와 마음을 가지도록 노력하라."[4]

여기에 상담자와 치료자들이 내담자의 건강 수준을 높이는 데 사용할 수 있는 7가지 상호 연관된 전략들이 있다 :[5]

(1) 전인성을 지향하는 상담자—치료자는 내담자들이 전체 건강과 생활양식을 위해 자기 책임감을 증진시키도록 격려해야 한다. 건강을 촉진시키는 사람들은 말이 아닌 일반적인 태도로써 내담자와 소통하는 것이 중요하다 : "당신의 삶을 책임지고 있는 사람은 바로 당신입니다. 건강 전문가나 상담자와 같은 타인들은 단순히 영향을 주거나 일을 보다 쉽게 또는 어렵게 만들 수는 있으나, 궁극적으로 선택은 자신이 해야 하는 것이며, 건강해지든 병이 나든 그 책임 또한 전적으로 당신 자신이 져야 하는 것입니다."[6] 이 같은 자기 책임에 대한 강조는 서구 사회에 만연된 비건강의 주요 원인, 즉 사람들이 자신을 수동적인 '환자들'로 보고 자신의 건강과 치료에 대한 일차적인 책임이 의사에게 있다고 보는 '의학모델'을 타파하고자 하는 것이다. 자기 책임은 우리 삶의 모든 영역에서 건강을 증진시킬 수 있는 해결의 열쇠이다. 심지어 개인으로서는 어찌할 수 없는 요인들에 의해 병이 생기더라도, 가능한 한 가장 건설적인 방법으로 이에 반응해야 할 책임은 여전히 개인에게 있다. 어떤 상담이나 치료의 경우에도 성장이 가능하려면 자기 책임에 대한 자각이 선행되어야 한다. 개인의 건강을 위한 자기책임은 아래와 같은 여섯 가지 전략들을 포함하는 많은 실제적인 분파를 갖는다.

(2) 전인성을 지향하는 상담자—치료자는 내담자들이 양육적인 자각을 증대시키고 건전한 양육을 훈련하여 높은 수준의 건강의 기초를 튼튼히 하도록 고무해야 한다. 많은 사람들의 삶에 있어서 그들의 정서적 문제들과 음식섭취, 음주, 흡연간에는 악순환이 작용한다. 많은 사람들은 자신들의 스트레스나 우울, 열등감 등을 풀기 위해 일종의 자가처방으로 헛되이 과식을 하거나(마약성 식품의 섭취를 포함하여) 과음, 흡연을 한다. 그러나 불행하게도 일시적으로 고통을 감소시키기 위해 자가처방된 마약성 식품이나 술, 니코틴 등은 결국에는 더 큰 고통을 초래하게 된다. 영양결핍이 많은 심리적, 정서적 문제를 야기시킴은 명백하다. 게다가 영양이 결핍되거나 음식과 술을 남용하게 되면 삶에서의 열정과 만족의 수준도 떨어지게 된다. 우리의 느낌과 먹고 마시는 것은 상호작용을 하는 것일진대, 많은

8. 통전적 건강 이론, 정신안정법, 신체치료법의 성장자원들   219

심리치료자들은 이 중 단지 한 가지 측면에만 치료노력을 집중한다. 이와는 대조적으로, 전인적 인간접근은 양면에 모두 치료노력을 기울이는데, 이는 양자 모두가 비건강의 수준을 결정하는 원인일 뿐만 아니라 결과이기도 하기 때문이다. 마약성 식품이나 제 설탕, 기타 다른 탄수화물이나 포화 지방, 술, 담배의 섭취를 과감히 줄이거나 끊고, 그 대신에 식물성 단백질이나 곡물류, 빵, 생야채, 과일, 고섬유질 식품 등의 건강식품들로 식단을 짜면 건강 수준도 높일 수 있을 뿐만 아니라 외모와 자기 인상도 좋게 할 수 있다.[7]

 (3) **전인성을 지향하는 상담자—치료자는 내담자가 주 당 몇 회씩 정력적으로 운동을 하여 늘 신체가 원활한 상태에 있도록 해야 한다.** 인간의 신체는 수천년 동안 진화적인 생존욕구에 의해 정력적인 육체활동에 알맞게 만들어졌다. 러트거스(Rutgers)라는 인류학자는 다음과 같이 말한다 : "달리는 것은 마치 그 옛날에 사냥하던 것과 같은 것이다. 원시인의 근육, 뼈, 연골, 폐, 심장과 정신은 달리는데 매우 적합하게끔 되었다. 우리가 힘과 스태미너를 증진시키고 좀 젊어져야 되겠다는 생각을 갖고 이를 사용하게 되면, 더 좋아지는 느낌을 받게 된다. 그러나 우리가 달라지지 않거나 이와 비슷한 어떤 운동도 하지 않는다면, 우리는 더 나빠지는 것을 느끼게 될 것이다."[8] 불행히도, 비활동은 많은 사람들의(미국인의 45%는 결코 운동을 하지 않는다고 말한다.) 하나의 생활방식이고, 건강에 대한 심각한 위험인 것이 현실이다. 만성적인 비활동은 조로현상이라든가, 비만, 심장병, 만성피로, 고혈압 등의 다양한 의학적 문제들을 야기시킨다. 질병의 가능성을 줄일 때와는 별도로, 운동을 통하여 건강을 유지시킬 때는 또 다른 매우 유익한 점들이 수반된다. 연구결과에 의하면, 조깅은 우울증을 해소하고, 긴장을 덜고, 자존심을 높이는 효과적인 방법이라고 한다. 빨리 걷는 것도 가장 건강한 운동법 중의 하나이다. 개인이 즐길 수 있는 활력 있는 운동법을 찾아내는 것은 건강과 기쁨이라는 이중의 이익을 얻을 수 있는 비결이다.

 많은 남성들처럼, 나도 젊었을 적에는 내가 도저히 능가할 수 없는 매우 경쟁적인 스포츠에 주눅이 들고, 또 학교의 체육시간도 무미건조했기 때문에 운동을 할 엄두를 내지 못했다. 그래서 청년시절과 성년 초기에는 가끔씩 소풍이나 등산을 간답시고 바보처럼 수선을 떨던 것을 빼고는 이렇다 할 운동을 한 적이 없었다. 그러나 지난 15년 동안 나는 한 주에 몇 번씩 하는 조깅이 나의 정신에 활력을 주고, 우울을 해소하고, 신체를 강하게 한다는 것을 알았다. 지난 2년간은 아침이나 저녁에 하사(hatha)요가를 20분씩 했는데, 이는 생활을 활기차게 하는 데 큰 도움을 주었다.[9] 뻗고 숨쉬는 운동은 앉아서 하던 생활로 인해 잃었던 몸의 유연성과 자각을 점차로 되찾게 해주었다. 나는 20대나 30대보다도 중년 후반인 지금이 더 활기 있고 힘이 샘솟음을 느낀다.

(4) 전인성을 지향하는 상담자―치료자는 내담자들에게 규칙적으로 스트레스를 줄이는 데 필요한 다양한 이완기술을 한 가지 이상 가르쳐야 한다. 만성적 스트레스는 많은 유형의 육체적, 정서적, 대인관계적, 심리신체적 문제들을 야기시킨다. 스트레스에 대한 통상적인 격투(fight) 또는 도주(flight)반응이(맥박이나 혈압, 몸의 긴장의 증가와 함께) 하나의 생활유형으로 굳어 버리면, 신체에 매우 악영향을 미치게 된다. 스트레스가 해소되지 않고 연장이 되면 신체에 있는 방어와 자가치료 자원들을 고갈시킨다. 불필요한 긴장을 줄이고 피할 수 없는 긴장에 잘 대처하는 것은 건강한 생활방식을 이루는 데 필수적인 요소이다.

상담자와 치료자들이 내담자에게 직접 적용하거나 가르칠 수 있는 많은 자기진정 기법들이 있다. 이들 중 가장 인기 있는 것 중의 하나가 명상으로서, 이는 혈압과 맥박을 낮추고 뇌 속의 산소를 증가시키는 등 중요한 신체적 효능을 가지고 있는 것으로 알려져 왔다.[10] '평온의 영역'에 이르는 데에는 이 외에도 다른 많은 방법들이 있다. 몇 가지 예를 들자면, 근육의 수축과 이완을 반복한다든가, 몇 분간 깊이 숨을 쉰다든가, 고요한 음악을 듣거나 뜨거운 욕조에 몸을 푹 담근다든가, 자연의 리듬과 힘을 느껴 본다거나 평온한 정경을 상상해 본다든가 하는 방법들이 있다. 사람들은 종종 긴장 감소기술을 사용하지 않는 변명으로, 그것을 사용하려면 많은 시간과 고요한 장소가 필요하지 않겠는가라는 잘못된 관념을 가지고 있다. 나는 한 젊은 성직자가 자신은 신호등이 바뀌기를 기다리는 동안에도 내적 평정의 세계로 들어갈 수 있다라고 쓴 것을 읽은 적이 있다. 그의 경험을 통해 볼 때, 내적 평정의 방법을 학습한 사람은 비록 명상하기에 이상적인 장소는 아니더라도 언제 어디서라도 그 방법들을 사용할 수 있음을 알 수 있다. 나는 때때로 자신에게 "내 몸 어느 곳에서 스트레스를 느끼나?" 하고 자문하는데, 이렇게 하면 규칙적으로 긴장을 줄이려는 욕구를 자각하게 된다.

(5) 전인성을 지향하는 상담자-치료자는 내담자들이 생태학적으로 건강하고 환경을 자각하는 방식으로 살아가도록 격려해야 한다. 높은 수준의 건강상태를 위한 생활방식에는 타인과 상호 의존적인 생물적 측면 전체에 대한 관심이 포함되어야 한다. 환경을 자각하는 방식으로 산다는 것은 생물적인 면을 존중하고 보호하여서, 모든 살아 있는 대상이 더욱 건강유지를 할 수 있게 사는 삶을 의미한다. 사람들은 '땅 위에서 순리에 따라 사는 것'과 같은 단순한 방법, 즉 먹이사슬 중 하위사슬을 먹고, 재사용 가능한 재료들을 사용하고, 화석연료에너지(다른 재사용 불가능한 자원을 포함하여)를 보존하고, 토양을 비옥하게 하는 유기물질을 퇴비로 사용하고, 태양에너지를 사용하고, 환경교육과 정책기관에 참여하기 등의 작은 방법으로 도울 수 있다. 도널드 아델(Donald Ardell)이 지적하듯이 "생태학적으로 산다는 것은 현재의 상태를 잃어버리지 않고 잘 유지해 나간다는 것을 의미한다. 비록 당신이 굳이 세계를 변화시키지 않더라도, 남들의 도움 없이 자신의 역할을 잘 수행하면 그로부터 오는 만족감으로 해서 더 나은 느낌이 들게 될 것이다."[11] 개인의 생활 공간을 만드는 것 또한 건강을 증진시키는 데 도움이 된다. 예컨대, 집 주위에 나무를 심고 가꾸면 집의 분위기가 한층 나아질 것이다.

(6) 전인성을 지향하는 상담자-치료자는 내담자들이 삶의 의미와 목적을 찾아 자신들의 생활양식에 활력을 주고 가치를 부여하게끔 북돋아 주어야 한다. 개인의 가치관이나 선호성, 삶의 의미에 대한 생각 등은 불가피하게 개인의 생활양식을 지도하고 만들어 나간다.

그렇기 때문에 개인의 정신적인 삶이 지속적으로 성장해야만, 보다 나은 건강상태를 이루는 데 필수적인 다른 요건들도 충족될 수 있는 것이다. 삶의 목적과 귀중함을 깨닫는 것은 정서적, 대인관계적 건강뿐만 아니라 육체의 건강을 증진시키는 데 무한한 자원이 된다. 자신이 광범위한 만물 중에 속해 있는 하나의 **부분**이라는 사실을 진정으로 깨닫게 해주는 생활철학이나 신념은 초월에 대한 의미를 배양해 준다. 통전적 건강을 추구하는 집단들은 의학과 심리치료 방법이라는 맥락에서 고대적인 영성치료의 유산을 사용하는 데 깊은 관심을 보이고 있다. 이는 부분적으로는 신체의 자기 치유, 자기 보호적 자원들이 다소 개인의 신념이나 의미감과 관련이 있다는 인식을 기초로 한다. 스트레스에 관한 연구의 선구자인 한스 셀례(Hans Selye)가 명백히 지적하듯이, 삶 속에서 생기는 사건들은 그 사건을 대하는 우리의 태도에 **따라** '고통스런 일'이 될 수도 있고 '즐거운 일'이 될 수도 있다.[12] 초개인적인 목적의식을 갖게 되면 방대한 스트레스에 건설적으로 대처할 수 있게 된다. 그랜저 웨스트버그(Granger Westberg)에 의해 개척된 통전적 건강센터는 치유의 영성적 차원이 전래의 의학적 자원들과 통합되어지는 통전적 건강의 혁신적 모형을 제공한다. 이런 센터들은 교회에 자리잡고 있으며 의사, 간호원, 목회상담자들이 그 직원으로 일하고 있다(이런 센터들에 대해 자세히 알고 싶으면, 본장 말미의 참고문헌에 나오는 로버트 커닝햄의 책을 보라).

(7) **전인성을 지향하는 상담자—치료자는 내담자들이 더욱 웃고, 쾌활하고, 자신들에게 만족해 하고, 삶의 단순한 기쁨을 즐기도록 격려해야 한다.** 웃음이 많은 사람은 분명히 신체에 내재해 있는 자체의 치유능력을 활성화시킬 수 있는 힘을 갖고 있다. 이것은 노만 커즌스(Norman Cousins)가 회복할 수 없을 정도로 악화된 자신의 결체조직(connective tissue)을 치료하기 위해 오래된 희극 영화들을 사용하는 과정에서 발견한 사실이다.[13] 「웃고 또 웃고 : 유머의 치료력」(*Laugh after Laugh : The Healing Power of Humor*)이라는 책을 쓴 한 의사는, 자신이 웃음을 통해서 건강을 회복하거나 유머로써 질병에 건설

적으로 대처하는 사람들을 숱하게 보아 왔다고 기록하고 있다.[14] 17세기의 영국인 의사 토마스 시든햄(Thomas Sydenham)은 이를 다음과 같이 단적으로 표현했다 : "한 명의 광대가 마을에 오는 것이 20마리의 나귀가 약을 싣고서 오는 것보다 훨씬 더 유익하다."[15]

남성 내담자와 통전적 성장치료를 할 때에는, 남성들은 일반적으로 조급하게 건강한 생활양식을 발달시키려는 욕구를 갖고 있다는 사실을 잘 기억해야 한다. 미국의 경우 남성들의 평균 수명은 여성들보다 대략 8년 정도 짧다.[16] 이러한 남성·여성간의 평균 수명의 차이를 설명하는 데에는 크게 두 가지 방식이 있다. 생물학적 설명은 남성의 짧은 평균 수명을 유전적 요인으로 돌린다. 심리사회적 설명은 그것을 남성들이 남성의 역할을 배우면서 내면화하는 치명적인 요구와 압력의 탓으로 돌린다. 알버트 아인슈타인 의과대학의 제임스 해리슨(James Harrison)은 두 가설들을 비판적으로 검토한 후 "여러 가지 면으로 볼 때, 성역할의 사회화가 남성들의 평균 수명 단축의 주요한 원인이 된다고 보는 심리사회적 관점이 보다 타당하다."[17]라고 결론지었다. 모든 가부장적인 문화에 있어서, 남성들은 타인들보다 더 성공적이고 능력 있게 되도록, 그리고 늘 강하고, 경쟁적이며, 독립적이어서 의존성 같은 여성적인 약한 모습들을 보이지 않도록 사회화된다. 그러나 남성들이 사회적으로 요구되는 성역할을 성취해 나갈수록, 인간으로서 가지는 기본 욕구에 대한 만족을 박탈당하게 된다. 심장마비, 위궤양, 자살, 알콜중독 등 스트레스와 관련된 질병에 걸리는 남성들이 점점 늘어 가고 있다는 사실은 이러한 해리슨의 결론의 타당성을 뒷받침해 주고 있다.

정신안정법의 성장자원들

정신안정법은 현대 생의학 분야에 있어 하나의 획기적인 발전이다. 세계의 도처에서 심리학자와 심리치료자들은 정신안정법을 사용함으로써 정신과 육체간의 관계라는 오랜 신비를 새로이 조명하고 있다. 이 새로운 기술은 인간의 육체적인 면과 정신적인 면이 상호

간에 깊은 관련성이 있으며, 인간의 치료와 성장에는 이 두 가지 차원의 조화와 통합이 포함되어야 한다는 사실을 확인해 준다. 정신안정법 연구는 또한 우리의 정신세계에는 정신적, 육체적 건강 모두를 증진시킬 수 있는 놀라운 힘이 있다는 사실을 깨닫게 해준다. 정신안정법 연구의 개척자인 바바라 브라운(Babara Brown)은 "이 새로운 기술이 효과가 있다는 것은 바로 인간의 정신에는 정신뿐만 아니라 육체의 질병과 건강을 좌우하는, 그 무엇보다도 신비한 힘이 있다는 것을 나타내는 것이다."[18]라고 기록하고 있다.

정신안정법은 근육 긴장, 혈압, 뇌파빈도, 체온, 맥박과 같은 신체적 변화를 측정하는 다양한 도구들을 사용한다. 그 도구들은 이러한 변화를 박자나 음향, 밝기 등으로 나타내 줌으로써, 보통은 알 수 없는 내부상태의 변화를 알 수 있게 해준다. 연습을 통해 사람들은 이러한 도구를 이용하여 알게 되는 신체의 체계를 조절할 수 있게 되며, 더 나아가 이러한 도구 없이 혼자서도 신체에 대한 조절을 계속할 수 있게 된다.

정신안정법에 관한 연구와 임상실험의 결과는 인간의 정신세계가 매우 복잡하고 풍부한 잠재력을 갖고 있음을 잘 설명해 준다. 브라운이 표명하듯이 "나는 실험실에서 인간 뇌파를 기록할 때면 여전히 놀라움과 경외감을 금할 길이 없게 된다……. 자세히 조사하면 조사할수록, 인간의 정신세계는 더 경이롭고 아리송하게 보일 뿐이다."[19] 정신안정법에 관한 연구에 의하면, 어느 정도의 자발적인 조절만 있으면, 정신은 어떠한 생리적인 기능도 좌우할 수 있다고 한다. 정신안정법을 잘 익히게 되면, 오랫동안 전적으로 자율신경 체계의 비자발적인 조절에 달려 있다고 믿어져 왔던 과정들을 의지적으로 조절할 수 있게 된다.

이 모두는 인간의 의지는 단지 살아 있고 건강할 뿐만 아니라, 그것은 일반적으로 믿어지는 이상으로 정신—신체의 전인성에 포괄적으로 관여한다는 사실에 대한 생생한 증거이다. 이러한 증거로 미루어 볼 때, 스키너와 프로이트의 엄격한 결정론들은 이제는 수정되어져야만 한다. 인간 진화의 새로운 국면〈이는 샤르댕(Teilhard de Char-

8. 통전적 건강 이론, 정신안정법, 신체치료법의 성장자원들   225

din)과 기타 다른 이들에 의해 서술된 바 있다.)에 직면해 있는 지금, 인류는 보다 책임 있게 정신-영혼 진화의 방향을 선택해 나가야 하는 시대적 요구를 안고 있다. 브라운이 지적하듯이 "정신안정법은 인간 정신이 인간의 의식과 정신세계의 생존과 진화에 관여하는 것을 그렇게 오랫동안 방해해 온 그릇된 과학적 시각들을 제거해 줄 수 있는 도구를 제공한다."[20]

인간의 정신세계에는 생리기능의 조절을 학습할 수 있는 능력이 있음은 물론, 긴장이나 편두통, 고혈압이나 여러 종류의 위장장애와 같은 심장 계통의 질환 등등의 다양한 정신신체적 스트레스 문제들을 해결할 수 있는 능력이 있으며, 또한 실제로 이용되고 있기도 하다. 정신안정법은 뇌일혈 후 신경근육 기능을 재훈련시키는 데 사용되고 있다. 그것은 또한 약물 남용, 불면, 지속적인 통증과 같이 불안상태나 긴장과 관련된 문제들에서 그 유용성이 입증되고 있다. 편안하고 평온한 감정상태와 관련이 있는 알파(alpha)파를 증가시키는 학습 등이 포함되는 뇌파정신안정 훈련(brain-wave biofeedback training)은 신경증, 정신병, 행위치료 등의 치료에 매우 효과적으로 이용되어 왔다.[21]

정서적, 심리적, 대인관계적 문제들에 정신안정법을 활용하는 것은, 메닝거 재단에서 정신안정법을 연구하는 엘리스(Alyce)와 엘마 그린(Elmer Green)이 소위 '심리생리적 원리'라 칭한 원리에 따른다. 이 원리의 내용은 "생리상태에 변화가 일어나게 되면 그에 따라 정신-정서적 상태에도 적절한 변화가 일어나게 되며, 역으로 의식적인 것이든 무의식적인 것이든 정신-정서상태에 변화가 일어나게 되면 그에 따라 생리상태에도 적절한 변화가 수반된다."[22]는 것이다. 이같은 상관성 때문에, 신체의 기능에 대한 조절을 배우게 되면 이런 변화들의 생리-정서적 상관요소들에 대한 자율적인 조절이 증가되도록 도울 수 있다. 예를 들자면, 한 연구결과에 의하면 체온과 약한 전기충격을 주었을 때의 피부전도성(이는 둘 다 현재 우리의 일반적인 이완의 정도를 나타내는 지표이다.)의 변화는 정서적 변화와 상호 관련성이 있다고 한다. 피부로부터의 그와 같은 정보는 종종 무의식적인 정서반응을 우리가 의식하는 것보다도 훨씬 더 정확히 반영한다. 최적의 정신건강 및 전체 성장과 상호 관련이 있는 다양한 신체의 상태들이 더 잘 이해됨에 따라, 정신안정법은 심리치료와 삶을 풍부히 하는 작업, 그리고 이런 것들을 정확히 평가하는 데 있어 더욱 광범위하고 생산적으로 사용될 수 있을 것이다.

정신안정 기구들을 사용하는 대개의 심리치료자들은 그것들을 단지 심리치료 내의 부수적 자원으로 여긴다. 일단 내담자가 그의 신체적 변화들을 모니터하는 단순한 절차들을 배우게 되면, 그는 연습을 통해 스스로 이러한 변화들을 조절할 수 있게 된다. 이 같이 내담자가 혼자서도 할 수 있게 되면, 치료자는 시간을 절약할 수 있고 내담자는 쓸데없는 비용을 줄일 수 있다. 그것은 또한 내담자들의 자율성과 자존심을 발달시킬 수 있다. 사람이 스스로 중요한 변화를 **수행할 수 있고**, 나아가 자신의 신체와 감정들을 **조절할 수 있게 되면**, 더 나은 성장에 대한 희망과 의욕이 부풀어 오를 것이다.

아리조나에 있는 목회상담센터에서 일하고 있는 하워드 스톤 (Howard Stone)은, 정신안정법을 사용하는 것이 스트레스와 관련된 문제들을 가진 사람들이 그것을 내면적으로 해소하는 방법을 배우도록 돕는 데 유용하다고 전하고 있다. 치료자는 값싼 체온계를 그 같은 내담자들에게 대여하면서(그것의 사용법을 설명하고 시범 보인 후), 그것을 치료기간 사이사이에 사용하도록 한다. 기계를 사용함으로써 내담자들은, 그들이 내면적으로 편안한 상태에 있을 때의 느낌이 어떠하며, 그리고 이런 상태를 어떻게 달성하는가를 배운다. 이런 연습을 통해서 그들은 더 나아가 기계를 사용하지 않고도 긴장을 풀 수 있게 된다. 스톤은 다음과 같이 전한다 : "점진적인 이완법, 요가, TM과 다른 명상기법들과 같은 방법들은 이미 사람들의 긴장을 푸는 수단으로 사용되어 왔다. 정신안정법도 이런 수단이라는 점에서는 같다. …… 그러나 그것은 상담이 시작될 때부터 내담자가 자신이 실제로 이완하는 법을 어떻게 학습하는가를 알 수 있기 때문에 여타의 방법들에 비해 그 효과가 훨씬 빨리 나타나게 된다."[23]

엘마와 앨리스 그린은 뇌파정신안정법을 '서양식 요가'로 표현하는데, 그것은 사람들의 의식을 많은 다른 명상기법에 의해 얻어지는 것과 같은 경각적인 평정상태로 변화시키도록 돕기 때문이다. 알파와 쎄타(theta)파를 증가시키는 것을 배워 감에 따라, 어떤 사람들은 통합이나 중심화 등 명상과 같은 경험들을 하게 되었다고 이야기한다.

어떤 연구가들은 '환상'(reverie ; 쎄타파에 의해 생기는)이라 불리는 전도된 의식의 상태와 육체적 치유, 문제해결과 창조성의 고양 간의 관계를 탐구하고 있다. 엘마 그린은 의식과 무의식과정의 차이는 무의식세계의 환상과 창조성이 사람에게 유용한 것이 됨에 따라 자발적으로 좁혀진다고 주장한다.[24] 다양한 자아전도된 의식 상태의 치유-성장 잠재성을 탐구하는 도구로서, 정신안정법은 우리의 영성의 생활을 풍부하게 하는 자원들을 개발시켜 준다.

정신안정 도구들은 우리의 신체로부터 나온 자연스런 정신안정의 범주를 단순히 확장시킨다. 정신안정법과 신체치료 둘 다로부터 얻게 되는 부수적인 이익은 우리 신체로부터 나오는 생명력 있는 정보들에 대한 자각을 증가시킨다는 점이다. 우리 중 많은 이들은 충분히 신체에 대한 자각을 할 수 없는 아스팔트와 콘크리트 도시 속에서 살아간다. 우리는 자연과 신체로부터 나오는 치유귀환 반응으로부터 자신들을 고립시켜 가고 있다. 우리의 신체는 기술사회 속에서 광란적으로 살아가는 데서 오는 압력에서 우리에게 짧은 휴식(5-10분간의 휴식)을 줄 수 있다. 그 정보는 두통이나 만성적 불면증과 같은 부호(符號)화된 형태로 보내진다. 우리는 신체의 지혜를 듣고 억압이 심한 생활양식들을 변화시키려 하기보다는, 아스피린이나 진정제, 환각제를 더 좋아한다.[25]

신체치료법의 성장자원들

'신체치료법'이란 직접적으로 신체를 다루는 것이 전인성을 증대시키는 하나의 방법이 됨을 강조하는 치료법들이나 성장접근법들을 총칭하는 것이다. 이러한 접근들은 각 접근마다 그 이론과 방법에 있어 많은 상이점을 갖고 있다.²⁶⁾ 여기에 포함되는 것들로는 빌헬름 라이히(Wilhelm Reich)의 오존치료법, 알렉산더 로웬(Alexander Lowen)의 생체에너지학, 이라 롤프(Ira Rolf)의 구조통합(이는 소위 롤핑(Rolfing)이라고도 일컬어진다.), 아더 자노프(Arthur Janov)의 원시치료법, 자생훈련, 심층이완법, 감각자각법, 춤과 운동을 이용하는 치료법들, 그리고 태극권이나 아이키도 좌선자각 훈련, 하사요가와 같은 동양적인 신체훈련법 등이 있다. 형태치료법과 몇몇 여권주의 치료법들 또한 신체자각과 능력 부여에 대해 두드러지게 강조한다.

이러한 신체치료법들은 육체의 활력을 증진시키는 것을 제1차적 목표로 삼는데, 이는 전인적인 인간을 추구하는 상담이나 심리치료법이라면 필히 갖추어야 할 중요한 차원의 하나이다. 신체치료법에 의하면, 건강을 고갈시키는 기본적 소외는 바로 자신의 내면이 신체로부터 소원해지는 것이라고 한다. 성공을 숭배하는 좌뇌중심적인 사회분위기로 인해 우리는 합리성과 지식, 통제, 분석, 일 등을 지나치게 강조하고, 반대로 우뇌의 기능과 관련되는 감정, 직관, 통합, 신체자각, 놀이 등은 지나치게 과소평가한다. 신체에 대한 경험과 확인으로부터 소외될수록 깊이 느끼고, 감각적이고, 쾌활하고, 창조적이 될 수 있는 능력은 위축되게 된다.

자신의 신체와 소원해진 사람을 치료할 때에는, 직접적으로 신체자각과 힘을 고양시키는 작업을 하는 것이 사람들의 신체를 교정하는 데 도움이 된다. 이 같은 신체작업의 목적에는 두 가지가 있는데, 하나는 신체에 잠재되어 있는 에너지와 쾌감을 발현케 하는 것이고, 다른 하나는 신체 거부로 인해 무디어져 왔던 지적, 창조적, 영적 능력을 깨우치도록 하는 것이다.

많은 신체치료법의 원조격인 라이히는, 만성적 근육긴장과 같은 '신체의 갑옷'은 환자 자신을 매우 긴장하게 했던 어린시절의 경험들이 다른 것들과 얽히면서 계속적으로 만들어 내는 일종의 방어기제라고 믿었다. 그는 이러한 만성적 근육긴장이 풀어지기 위해서는 불안, 분노, 성적 흥분 등의 생물학적 감정 중의 어느 하나가 자각되어야만 한다는 사실을 발견했다. 로웬은 라이히의 이론과 방법을

8. 통전적 건강 이론, 정신안정법, 신체치료법의 성장자원들   229

여러 면에서 수정했다.[27] 그는 치료의 주된 목적을, 사람들의 만성적인 호흡 곤란과 근육긴장을 풀어 주어 유기체 전체가 생활에너지의 흐름을 경험할 수 있도록 해주는 것이라고 정의했다. 그는 내담자들에게 다양한 신체의 자세나 운동법들, 정서적으로 긴장을 푸는 언어구사 등을 가르쳐서 그들이 이를 통해 에너지 흐름의 차단으로 인해 생긴 감정과 기쁨의 사멸화를 극복할 수 있도록 한다. 로웬은 정신뿐만 아니라 신체에도 존재하는 성장촉진 요소와 성장방해 요소들을 상기시켜 준다. "성격은 의식보다 훨씬 더 넓은 개념이다.……그것은 육체의 활력, 근육조정, 내면의 조화와 외면의 우아함 등등 존재 전체의 표현인 것이다. 성격의 매력은…… 바로 정신적, 육체적인 면이 서로를 반영하고 있는 살아 있는 신체에 있다."[28] 강한 정체감은 신체 이미지와 자아 이미지가 통합될 때에만 생길 수 있다. 로웬의 표현을 빌리자면 "자아의 정체감은 주로 신체에 대한 지각여부에 달려 있다. 만일 신체가 충전되고 반응에 민감해지면, 그 쾌감 기능은 강해지고 의미롭게 될 것이며, 자아 이미지는 신체 이미지에 보다 튼튼한 기초를 두게 될 것이다."[29] 신체의 느낌에 대한 자각이 위축된 사람은 신체로부터 분리된 영혼과 매력 없는 육체로 분열되게 된다. 신체로부터 분리된 자아는 상처입기 쉽고 약하다. 비합리적인 신체감정들이 거부되면, 이것들은 마치 '악마'처럼 되어서 파괴적인 공격성이나 우울감, 강박관념, 정신분열증적인 괴리감 등과 같은 왜곡된 형태로 변하게 된다. 신체치료법은 사람들이 기쁘고 유쾌한 기분으로 자신의 신체를 긍정할 수 있도록 도와 주는 것을 목적으로 한다. 신체가 제 역할을 회복하게 되면 정신작용(창조성)도 더욱 원활해지게 된다.

우리 문화 하에서는 신체 소외와 사멸화가 나타나는 방식이 남성과 여성의 경우에 각각 다르다는 점을 인식하는 것은 매우 중요하다. 소년 시절에 나는 수줍고, 겁 많고 자기 표현을 못했을 뿐만 아니라, 키 큰 '말라깽이'였다. 나는 힘 세고 공격적인 소년들에게 쉽게 지배를 받았다. 다른 많은 남성들처럼 나는 점차로, 내 몸이 미국의 남자 운동선수들의 몸처럼 될 수 없기 때문에 내 신체는 열등하다고 느끼게 되었다. 젊었을 때에는 다양한 보디빌딩을 하여서 운동선수 같은 인상을 갖추려고 광적으로 노력했다. 이런 것들은 어느 정도 '증진효과'가 있었다. 나는 킨(Sam Keen)이 이하에서 설명하는 자신의 신체 소외 경험에 대해 공감을 느낀다 : "나는 거울을 보고 만족할 수 있도록, 혹은 적수로 느껴지는 사람을 제압할 수 있도록, 또는 직업을 잘 수행할 수 있도록 신체를 만들어 나갔다. 그 결과 내가 짜낸 몸은 훌륭하고, 적당히 유능하고, 효율적으로 기능하는 것처럼 보였다. 그러나 그 대신에 유연성은 상실되고 말았다. 내가 몸에게 무엇을 해야 할지를 말하면, 신체는 대체로 보수를 두둑히 받은 골란 집사처럼 따라 주었다. 내 신체는 즐기기보다는 일하는 데 더 적합하게 되었다."[30] 나는 성년 초기에는 내가 종사하는 직업에서 '성공적인' 경쟁자가 되려는 자존욕구를 충족시키기 위해 몸을 무자비하게 혹사시켰다. 나는 만성 긴장이 생기는 지경에 이를 때까지 몸을 그런 상태로 내버려두었다. 이제야 알았지만, 내가 40대 초반에 겪었던 당뇨병은 만성적 긴장이 그 원인의 하나였다.

우리의 문화에서 소녀들은 소년들에게 '예쁘고', 매력적으로 보이는 것이 그들의 자기 가치를 높이는 것이라는 관념을 주입받게 된다. 그래서 그들은 자신들의 외모를 헐리웃의 미인들과 유사하게 만들수록 자기 가치감을 더 느끼게 된다. 그들은 늘 소년들이 그러듯이 결코 완전하게 달성할 수 없는 이상적인 규준을 척도로 하는 시험대 위에 자신의 신체를 올려놓는 경향이 있다.

'바람둥이 증후군'(playboy syndrome)은 여성에 관한 특별한 문제, 즉 남성지배적인 문화 내에서 많은 남성과 여성들이 여성을 우선 몸으로 판단하고 나서 인간으로 보려는 경향을 반영한다. 설상가상으로, 우리 문화는 여자는 '여성적'이어야 한다는 미명 하에, 여성 신체의 자연적인 자기 표현을 억누르고, 진정으로 성을 즐기는 것을 허락하지 않는다. 이런 이유로 여권주의 치료자들은 여성들이 자신들의 육체가 느끼는 성욕을 수용하고 즐기며, 자신들의 에너지를 과감하게 표현할 것을 강조한다.

신체치료자들의 노력은 사람들이 자신들의 신체와 감정, 주장성,

8. 통전적 건강 이론, 정신안정법, 신체치료법의 성장자원들   231

신체 기쁨(body pleasure)의 역량을 경험하도록 하자는 데 그 목표가 있다 : "신체가 자아의 객관적 대상으로 남아 있는 한, 자아의 자만심을 충족시킬 수 있을지 모르지만 '활기 있는' 신체가 주는 기쁨과 만족은 결코 느낄 수 없을 것이다."[31]

성욕은 개인의 일반적인 신체 자각의 정도에 따라 좌우된다. 신체 소외는 개인의 성욕(이는 남자 혹은 여자라는 일반적인 느낌과 확인이다.)을 약화시키고 성적 만족을 감퇴시킨다. 그것은 또한 성욕과 성행위를 분리시켜서, 성행위를 기본적인 본능의 욕구에 의하기보다는 자아에 의해 동기화된 하나의 의례적인 일로 전락시킨다. "성욕이 감퇴되면 불가피하게 성행위에 대한 선입견이 생기게 된다. 그래서 성욕을 회복하려고 공연히 성적 자극을 찾거나 성행위를 해보게 된다. 그러나 그 결과는 비참할 뿐이다."[32]

신체치료법은 사람들이 그들의 둔화된 감각을 깨우치고, 몸 전체의 감각적 인식을 회복시키고, 균형을 잃은 이성과 과도한 통제 하에서 잃었던 경이로움, 자발성과 충분한 활동성을 재발견케 하는 것을 목적으로 한다. 사람들이 생명력을 다시 느끼기 시작할 때, 그들은 종종 "마치 길을 잃은 아이가 자신의 사랑스런 어머니를 애타게 찾으려는 것과 같이 그들의 버려진 신체를 찾으려 한다."[33]

신체치료법은 영성을 풍부히 하는 데 중요하게 활용된다. 이러한 치료법들은 생명력 있는 신체를 영성의 성장을 포함하여 모든 다른 성장의 기초로 본다. 로웬은 "자아가 개인을 지배하는 한, 인생을 의미 있게 만드는 대양적인 경험이나 초월적 경험을 할 수 없을 것이다."[34]라고 지적한다. 신체치료법은 신체-정신-영혼 모두가 전인성을 이루는 것으로 보았던(이는 통전적 건강 이론과 정신안정법에서도 마찬가지이다.) 고대 히브리의 관점을 함축적으로 재확인한다. 그들은 희랍과 기독교 전통에서 많이 보이는 신체와 영혼, 자연과 역사, 세속적인 것과 신성한 것간의 분리를 거부한다. 또한 신체치료자들은 인간성의 심층에는 '동물적인' 뿌리가 있음을 확인하는 것이 매우 중요하다고 강조한다.[35] 이들은 우리에게 샘 킨이 소위 '성육화된 존재'(incarnate existence)라고 칭한 것을 제시해 주어 우리가 그것을 통해서 소위 세속적인 것에서 신성한 것을 확인하고, 그럼으로써 자신의 신체와 모든 살아 있는 것들을 새롭게 존중하도록 해준다.[36] 활기를 주는 종교란 바로 신체를 포함하여 우리 삶의 모든 차원을 건강하게 긍정하는 것이다. 명확히 지적한 바와 같이 생명력 있는 종교는 단순한 믿음의 대상이 아니라 춤추어야 할 만한 일이다.

비록 그것들이 몇몇 중요한 성장자원들을 제공한다 하더라도, 신체치료법 중 어떤 것들은 매우 부적당한 것이 있다. 이에는 두 가지 부류가 있는데, 하나는 신체환원주의(라이히식의 치료법이 대개 그렇다.)적인 경향을 보이는 부류이고, 다른 하나는 신체작업이 치료의 전부라는 가정을 하는 부류이다. 통전적 성장 관점으로 볼 때, 신체치료법들이 추구하는 것은 상담과 치료에 필수적인 차원임에도 불구하고 종종 무시된다. 그러나 어디까지나 그것은 상담이나 치료에서 다루어야 하는 차원들 중 일부일 뿐이다. 따라서 신체치료법은 내담자의 심리-사회-영혼-육체적인 인간성의 다른 상호 의존적인 면에 생기를 줄 수 있는 방법과 통합될 때 그 효과를 가장 잘 발휘할 수 있다.

신체에 활기를 주는 방법들

본 절에서는 이미 그 효과가 입증된 몇 가지 신체에 활기를 주는 방법들을 소개할 것이다. 이것들을 내담자에게도 사용해 보기 바란다. 이 방법들을 사용할 때에는 사선 부분마다 끊어서 그 안에 제시된 내용을 완성시키고, 다음으로 넘어가는 식으로 진행하라.

신체 자각과 앉는 법
중력을 의식하면서 몸의 자세를 바로잡고 의자에 앉으시오. / 좀 더 튼튼하게 땅을 딛고 있다고 느끼려면, 척추를 곧바로 펴고 다리를 마루 위에 수직이 되게 똑바로 놓으시오. / 의자에 대고 있는 당신의 등을 떠올려 보고 느껴 보시오. 의자와 발은 마루에 의해 받쳐지는 것이고, 마루는 건물에 의해, 건물은 그 기초에 의해, 그 기초는 굳은 땅덩어리에 의해 각각 받쳐지고 있는 것이다. / 몸이 땅덩어리로 가라앉고, 그 땅덩어리에 의해 지탱되고 있다고 느껴 보시오. / [37]

다리와 팔을 꽉 꼬고, 그 때의 느낌이 어떤가를 생각해 보시오. / 이제 꼬았던 다리와 팔을 자유로운 자세로 푸시오. 꼬았을 때에 비해 느낌과 신체 자각이 어떻게 달라지는가? / 손바닥을 넓적다리에 놓고 앉으시오. 눈을 감고 이 같은 자세가 어떻게 느껴지는가를 인식해 보시오. / 당신이 위협을 받거나 거부당했던 경험을 회상하고 떠올려 보시오. / 신체의 반응을 의식하시오. / 이제 당신이 안전하고, 양육받고, 사랑받았다고 느꼈던 다른 경험들을 떠올려 보시오. / 당신이 그 경험을 떠올렸을 때 받았던 신체의 메시지는 무엇이었나요? / 앞으로 며칠 동안, 당신의 신체가 각각의 상황 속에서 어떻게 느껴지는가를 확인하는 위와 같은 방법들을 해 보시오. 자기 자각은 대개 신체 자각의 배양 내지 개발에 의해 증질될 수 있는 것이다.

신체 전체를 활기 있게 하는 법

옷을 벗고 몸 전체를 비추는 거울 앞에 서라. / 머리부터 시작해서 다리까지 신체의 각 부분을 천천히 살펴보라. 어느 부위가 힘있고 생기 넘친다고 느껴지는가? / 몸 전체에 대해서는 어떻게 느껴지는가? / 어느 부위가 마음에 드는가? 만일 할 수만 있다면 어떤 부위를 변화시키고 싶은가? / 이렇게 신체의 활기를 각 부위마다 살펴보니 당신이 기존에 가졌던 느낌이 달라지는 부위가 있는가? [38]

눈을 감고 당신의 신체 부위 중 매우 생기 있다고 느껴지는 중심을 떠올려 보시오. / 중심으로부터 신체 전체로 에너지가 방사되는 것을 상상해 보시오. 별로 생기가 없다고 느껴지는 부위로 그 에너지의 따뜻함을 흘려보내는 것을 느껴 보시오. / 당신의 신체 전체가 힘이 생기고 활력이 생겼다고 느껴질 때까지 이것을 계속하시오.

호흡법

몇몇 신체치료법에서는 호흡법이 신체에 대한 자각과 에너지의 흐름을 자유롭게 하는 수단이 됨을 강조한다. 호흡은 가장 기본적인 자기 양육의 수단이다. 프리츠 펄스(Fritz Pearls)가 지적하듯이, 우리는 위협적인 감정들을 차단하기 위해 얕고 위축된 방법으로 숨을 쉰다. 그러나 그렇게 할 때 흥분, 감각적 기쁨과 활력의 느낌은 줄어들게 된다. 하사요가에서는 마음을 진정시키고, 긴장을 풀고, 유기체 전체의 '생명력'을 증가시키는 한 방법으로서 '완전한 호흡법'을 사용한다. 여기에 깊고, 양육적인 호흡을 할 수 있게 하는 하싸 요가를 소개한다 :

"매우 깊이 숨을 내뱉어서 허파에서 공기를 빼내시오. 가능한 한 복부를 당겨서 숨을 내뱉는 것을 도우시오. / 코를 통해서 매우 천천히 숨을 들이마시기 시작하시오. 숨을 들이마실 때에는 이전과는 반대로 복부를 팽창시키시오. …… / 천천히 숨 들이키는 것을 계속하시오. 가능한 한 천천히 가슴을 팽창시키시오. 이렇게 팽창을 계속하시오. / 숨 들이키기를 계속하시오. 공기를 더 많이 들이키기 위해 가슴을 펴고 어깨를 올리시오. …… 이것이 완성된 자세입니다. 이 상태로 다섯을 셀 때까지 그대로 있으시오. / 코를 통하여 매우 천천히 완전히 숨을 내쉬고 동시에 몸을 수축시키고 이완시키시오. 매우 깊이 숨을 내쉬고, 잠시 멈추었다가 다시 반복하시오. / 이러한 '완전한 호흡법'을 세 번 되풀이하시오."[30]

여기에, 신체의 긴장을 풀고 정신을 집중시키는 데 이용되는 호흡법 한 가지를 소개한다 : 먼저 신체의 모든 근육을 긴장시키고 이완시키는 것을 몇 번 반복하시오. / 앞서 말한 대로, 호흡을 할 때에는, 눈을 감고 호흡하는 데에 모든 주의를 집중하시오. / 숨을 내쉴 때마다 신체의 긴장과 근심들을 공기와 함께 밖으로 내보낸다고 생각하시오. / 모든 주의를 한 점, 즉 근의 안팎을 천천히, 리듬 있게 흐르는 공기에 집중시키시오. 만일 주의가 산만해지면, 다시 호흡에 집중하도록 하시오. / 호흡을 할 때에는 그 어떤 다른 행동도 하지 마시오. / 정신과 육체가 평온해짐에 따라 숨을 내쉴 때와 들이쉴 때의 간격과 길이를 늘이시오. / 숨을 내쉬고 들이쉴 때마다 '하나'라고 조용히 말하면서, 영혼과 생명체를 구성하는 모든 것들이 기본적으로 하나가 됨을 느껴 보시오. / 당신 의식 속의 일상적

8. 통전적 건강 이론, 정신안정법, 신체치료법의 성장자원들 235

인 사고, 감각, 형상, 감정의 흐름이 일시적으로 중단될 때까지 이러한 집중적인 호흡을 계속하시오. / 이같이 깨끗하고, 신성한 의식 속에서 적어도 10분간 그대로 있으시오. / (이 같은 집중훈련은 몇몇 동양의 명상요법에 쓰이는 기본적 방법이다.)

이제 천천히 숨을 내쉬면서, 호흡에너지가 당신의 골반으로 흘러 들어가, 이를 부드럽게 애무하면서 생식기에 활력을 주고 있는 것을 상상해 보시오. 이를 즐기면서 얼마간 그대로 있으시오. / 당신의 호흡에너지가 신체의 각 부위로 흘러들어가 그 부위에 활기를 주고 있는 것을 각각 상상해 보시오.

활기를 주는 운동

여기에 앤 켄트 러시(Anne Kent Rush)가 제시하는, 하루를 기분 좋게 시작할 수 있는 방법 한 가지를 소개한다 :

"문을 닫고, 좋아하는 방에 있는다. 들으면 기분 좋은 음악을 골라서 틀어 놓는다. 옷을 모두 벗어라. 그리고 춤추라! 당신을 위해 춤추라.…… 밖에서 당신의 춤이 어떻다고 할지는 생각지 마라. 이는 당신 내면의 리듬과 가락을 표현할 수 있는 좋은 기회이다. 때때로 조용히 서서 내면의 감정이나 감각을 느껴 보고, 이것들을 손발로 보내 동작으로 나타내게끔 하라. 자신을 열고 신체와 당신이 원하는 어떤 동작이라도 해보려고 하라.…… 해야 될 일들을 잠시 잊어라. 다른 사람이나 사상도 잊어라.…… 그냥 춤에만 몰두하라!"[40]

스트레스가 쌓이는 날은 다만 몇 분 동안이라도 좋아하는 음악을 머리 속에 떠올려 스트레스를 풀고, 활력을 되찾도록 하시오. 마음 속으로 그 음악에 몰두해, 음악이 당신의 온 몸을 통해 흐르도록 하시오. / 만일 혼자 있다면(또는 이해할 만한 사람이 같이 있으면) 신체가 원하는 대로 그냥 놔두어서, 음악의 리듬에 맞추어 자유롭게 동작을 취해 보시오. / 이런 것들이 끝나면, 잠시 동안 조용히 앉아서 그 때까지 경험한 것들을 음미해 보시오. /

화를 푸는 법

이러한 연습은 큰 근육 운동을 통해 축적된 분노를 빼내서 억압된 분노가 만성적 우울, 긴장, 성욕 감퇴나 심리신체 장애를 유발시키거나 창조적인 에너지를 소모시키지 않도록 하는 것을 목표로 한다. 좌절이나 분노를 느낄 때에는 발끝이 딱딱한 신발을 신고, 마분지로 된 상자 하나를 들고서 혼자서 지하실이나 차고로 가시오. / 눈을 감고서 분노나 좌절의 원천이 되는 사람이나 상황을 떠올리시오. / 그에 대해 기분 나쁜 감정들이 느껴질 때, 눈을 뜨고 그 상자를 차거나 혹은 상자를 차면서 어떤 소리든 속에서 나오는 소리를 지르며 그 감정들을 표현하시오. 계속해서 하시오! 상자를 찢고 싶다면 찢기도록 걷어차시오! 편안함과 경쾌함이 느껴질 때까지 계속 차시오. / 만일 우울하다면, 비록 분노는 느끼지 않더라도, 어쨌든 격렬하게 차 보시오. 이렇게 하면, 그 누구에게도 해를 입히지 않고 분노감을 제거시킬 수 있을 것이다. / 또 다른 화를 푸는 방법은 침대 위에 누워서 주먹이나 테니스 라켓을 가지고 침대를 사정없이 치거나 발로 차는 것이다.[41] 마음의 상처와 분노가 없어질 때까지 이를 계속하시오.

무생물을 격렬하게 차거나 치는 것은 개인의 부정적 감정과 공격성에 대한 공포와 죄책감을 의식 속으로 끌어올리는 것이다. 타인을 해치지 않는 방식으로 이러한 부정적 감정을 표현하는 것은(공포와 죄책감에도 불구하고), 이러한 감정들을 잠재적으로 파괴적인 분노로 쌓아 두기보다는 그것이 발생할 때 적절하게 표현하는 것이 되어 분노를 억압하려는 장벽을 제거시킬 수 있게 돕는다. 억압된 분노를 해소하게 되면, 좌절을 야기시키는 상황과 관계에 관한 것들 중 바꿀 수 있는 것이라면 어떤 것이라도 바꿀 수 있게 되며, 현실에 대해 좀더 건설적으로 대처할 수 있게 된다. 억눌렸던 부정적 감정들이 제거되면, 종종 긍정적 감정들이 생겨나 사랑, 힘과 생기가 또 다시 우리 속에 흐르게 된다.

접촉을 통한 치료와 양육

에릭 번(Eric Berne)은 우리가 어렸을 때 대인관계에서 최초로 받게 되는 '어루만짐'은 접촉으로부터 오는 따뜻한 만족감이라고 본다. 비록 커가면서 점차로 이러한 정서적 '어루만짐'은 인정이나 칭찬 같은 것들로 대치하게 되나, 내면의 어린이 자아는 여전히 타인과의 신체적인 접촉을 갈망하게 된다. (TA용어로는, 과식이나 흡연과 같은 건강에 해가 되는 행동들은 정서적 '어루만짐'에 대한 결핍감을 보상하고 자신을 위안하려는 시도이다.) 수많은 간호원과 의사들이 '치료적 접촉'(Therapeutic Touch)이라 불리우는 새로운 기법을 훈련받아 왔다는 사실은 주목할 만한 일인데, 이 기법은 마치 고대 기독교식의 치료법처럼 상대의 머리에 손을 얹고 치료하는 방법과 흡사하다.

접촉이 가지고 있는 치료 양육적 에너지를 경험하도록, 이 방법을 배우자나 가까운 친구와 함께 해보시오. 상대방에게 눈을 감고 의자에 앉으라고 하시오. / 몇 분 동안 정신을 집중하도록 하시오. 즉 당신의 내면에 있는 삶의 에너지의 중심과 접촉하도록 하십시오. 이렇게 하면 당신은 아마도 따뜻하고 부드러운 치유의 빛이 당신 몸으로 들어와서 온 몸으로 퍼져 가는 느낌을 받게 될 것입니다. / 상대방의 머리 위에 당신의 손을 부드럽게 올려놓으시오. 당신의 손을 통해 삶의 에너지의 흐름이 상대방에게 전해지는 것을 느낄 수 있으면 느껴 보시오. 이 경험을 하는 동안 상대방이 빛이 나도록 건강해진 모습을 떠올려 보시오. 성장집단의 경우에는, 양육이나 치유를 원하는 사람이 중앙에 앉고 나머지 사람이 그 주위에 뻥 둘러서서 앉아 있는 사람과 접촉하는 식으로 해 볼 수 있습니다.

자기치료법

칼 시몬톤(O. Carl Simonton)과 스테파니 매튜 시몬톤(Stephanie Matthews-Simonto)은 암환자를 치료하는 과정에서 이 방법이 종종 사람들의 내면에 잠재해 있는 자기 치료력을 활성화시키는 데 도움이 된다는 사실을 발견했다. 이와 같은 방법들은 전통적인 의학치료나 심리치료의 대용으로 사용되서는 안 되며, 단지 이를 보완하는 방식으로 사용되어져야 한다. 시몬톤은 이 같은 방법이 여러 유형의 심하거나 약한 질병의 치유를 자극할 수 있다고 믿는다. 처음 6단계는 신체를 충분히 이완시키도록 구성된 하나의 접근법이다.

이런 이완방법은 내담자들이 스트레스와 불안에 스스로 대처하는 방법이 될 수 있다 : 1. 부드러운 조명이 있는 조용한 방으로 들어가서 문을 닫고, 편한 의자에 앉으시오. 바닥에 발을 편하게 놓은 다음 눈을 감으시오. / 2. 호흡을 느껴 보시오. 몇 번 깊은 호흡을 한 후에, 숨을 밖으로 내보낼 때마다 마음 속으로 '편하다.'고 말하시오. / 3. 얼굴에 집중하고 얼굴 근육과 눈 주위의 근육에 어떤 긴장이 있는가를 느껴 보시오. 이 긴장을 머리 속으로 떠올려 보시오. ―그것은 아마도 끈이 묶인 것이나 꽉 쥔 주먹 같은 것입니다. 얼굴의 근육을 긴장시켜 단단히 죄고 난 후, 머리 속으로 이들이 부드러운 고무끈처럼 풀어져서 편안하게 되는 것을 떠올려 보시오. / 4. 안면 근육과 눈을 이완시키고, 몸 전체로 이완의 물결이 퍼져 나가는 것을 느껴 보시오. / 5. 몸의 아랫 부위로 천천히 내려가면서 위와 같이 해 보시오. ―턱, 목, 어깨, 등, 팔의 위와 아래, 손, 가슴, 복부, 넓적다리, 종아리, 발목, 발―몸의 모든 부분들이 더욱 이완될 때까지 계속해 보시오. 신체의 모든 부위의 긴장을 머리 속으로 그리고 나서, 긴장이 사라져서 평안하게 되는 것도 그려 보시오. / 6. 이제 당신 자신이 즐겁고 자연적인 환경―편하다고 느껴지는 곳이라면 어디든지―속에 있는 것을 그려 보시오. 마음 속으로 색깔, 소리, 질감, 기온 등을 세세하게, 그 환경에 맞게끔 채우시오. 매우 편한 상태로 이 같은 평온한 장소에서 2~3분간 머무는 자신을 계속해서 그려 보시오. / 7. 당신이 지금 가지고 있는 어떤 질병이나 고통을 마음 속으로 그려 보고, 그것을 현실적으로 혹은 상징적으로 떠올려 보시오. / 8. 당신이 받고 있는 어떤 치료든지 그려 보고, 그 치료를 통해 고통과 질병의 근원들이 제거되고, 신체의 자기 치료력이 강화되는 것을 떠올려 보시오. / 질병이나 고통의 원천을 제거하는 신체의 자연적 방어나 자연적 치유과정들을 그려 보시오. 몸 속의 백혈구 떼가 고통이나 질병의 부위로 들어오고 있는 것을 그려 보시오. 이 백혈구들이 고통의 확산이나 원천을 제거하면서, 적극적으로 치유를 하고 있습니다. 이 얼마나 강하고 공격적이며 영리한 백혈구들인가! / 10. 자신이 건강하고, 고통과 질병으로부터 자유로우며, 힘이 넘치는 것을 그려 보시오. / 11. 당신이 성공적으로 삶의 목표를 향해 나아가고 있으며, 삶의 목적들이

8. 통전적 건강 이론, 정신안정법, 신체치료법의 성장자원들   239

충족되어 가고, 타인들과의 관계가 더욱 의미 있고 만족스럽게 되는 모습들을 떠올려 보시오. 목적의식이 뚜렷하면 일이 잘 풀릴 수 있다는 사실을 기억하시오. / 12. 스스로가 자기 회복 노력을 하고 있는 것에 대해 거꾸로 정신적 격려를 해주시오. / 아침에 일어날 때, 점심식사 직후, 잠자기 직전, 이렇게 하루에 3회 5~15분간씩 이완 상상법을 하고 있는 자신을 떠올려 보시오. 이 방법을 할 때에는 항상 머리가 맑고 민감해야 합니다. / 13. 눈꺼풀의 근육을 가볍게 하고, 눈 뜰 준비를 하고, 방을 인식해 보시오. 14. 이제는 눈을 뜨고서 일상적 활동을 준비하시오.[42] 나는 종종 9단계와 10단계 사이에 다음 단계를 덧붙여 한다 : "자신이 따뜻하고, 치유적인 빛에 둘러싸인 것을 보아라. 빛은 사랑의 영혼의 빛이다. 이 빛을 당신의 몸 전체와 정신을 통해 흘려보내라."

정신안정법의 일례

실험에 의하면 긴장과 불안은 손의 혈관을 수축시켜서 손의 체온을 떨어뜨린다고 한다. 이와는 반대로, 마음이 편안해지면 손의 체온은 증가하게 된다. 마음을 안정시키고 편안케 하는 법을 배우면 손의 체온을 증가하게 하는 데 이용할 수 있다. 간단한 정신안정법을 이용하여 신체 이완의 정도를 알기 위해, 먼저 민감한 체온기를 하나 구해서 그 수은주 끝을 손끝에다 안전하게 놓으시오. / 체온계에 나타나는 온도를 잘 보시오. 그리고 다음 기술을 사용하시오. 손을 무릎 위에 편안하게 놓고 마음 속으로 다음의 말을 천천히, 조용하게 반복하시오 :

"나는 아주 평온하다. 내 몸 전체는 이완되고 편안하다. 오른 팔은 무겁고 따뜻하다. 왼팔도 무겁고 따뜻하다. 오른손은 점점 따뜻해진다. 왼쪽도 점점 따뜻해진다. 온기가 내 손으로 흐르고 있다. 손이 따뜻하다. 온기가 오른손으로 흘러내려가는 것이 느껴진다. 손은 따뜻하고 편안하다. 온기가 왼손으로 흘러내려가는 것이 느껴진다. 손이 따뜻하고 이완되어 있다. 내 손들이 따뜻하고 무겁다."[43]

매 15초마다 마지막 문장을 반복하시오. 규칙적으로 체온계를 검사하시오. 심리학자들에 의하면 "자발적으로 손이 따뜻해지는 비밀은 수동적으로 이완된 태도가 발달된 것"[44]이라고 한다. 만일 체온계를 이용한 정신안정법이 별 효과를 보지 못한다면, 그것은 아마도 다른 스트레스처럼 실제로는 당신이 편해지지 못하게 손의 체온을 떨구게 된다. 당신이 교감신경(체온을 조절하는)의 '비자발적' 반응을 의도적인 이완을 통해 조절할 수 있게 되면, '내가 나의 신체를 포함하여 나의 모든 것을 책임지고 있다.'는 자각을 높일 수 있다.

통전적 건강 이론의 성장자원에 관한 참고문헌

Ardell, Donald B. 「높은 수준의 건강, 의사와 약, 질병에 대한 대안」 (*High Level Wellness, An Alternative to Doctors, Drugs, and Disease*). Emmaus, Pa. : Rodale Press, 1977. 이 책에서는 우리 자신과 사회의 건강을 증진시키는 법에 관해 논하고 있다. 또한 이 분야에 관한 책들의 내용도 소개하고 있다.

Benson, Herbert. 「이완반응」(*The Relaxation Response*). New York : William Morrow, 1975. 이 책에서는 초월적 영상법, 자생훈련법, 진보적 이완법, 좌선, 요가식 명상법 등 다양한 스트레스 해소법에 대해 소개, 평가하고 있다. 또한 명상법을 단순화시켜 제시하고 있기도 하다.

Boston Women's Health Collective. 「우리의 신체, 우리 자신 : 여성에 의한 여성을 위한 책」(*Our Bodies, Ourselves : A Book by and for Women*). rev. 2nd ed. New York : Simon & Schuster, 1976. 이 책에서는 독자 자신의 건강에 대한 이해와 책임 있게 되는 것에 대해 제시하고 있다.

Cousins, Norman. 「환자에 의해 지각되는 질병의 해부」(*Anatomy of an Illness as Perceived by the Patient*). New York : W. W. Norton, 1979. 이 책에서는 저자의 자기 치유 경험에 대해 상세하게 설명하고 있다.

Cunningham, Robert M., Jr. 「전인적 건강센터들 : 건강보호에 있어서의 새로운 방향」(*The Wholistic Health Centers : A New Direction in Health Care*). Battle Creek, Mich. : W. K. Kellogg Foundation, 1977. 이 책에서는 웨스트버그(*Granger E. Westberg*)에 의해 개발된 건강센터들에 관해 설명하고 있다.

Gomez, Joan. 「오래 사는 법」(*How Not to Die Young*). New York : Pocket

Books, 1973. 이 책에서는 생활양식이 신체의 건강과 손상에 어떻게 영향을 미치는가를 보여 주고 있다.

Illich, Ivan. 「의학의 인과응보」(*Medical Nemesis*). New York : Pantheon Books, 1976. 이 책에서는 기존의 의료술이 인간의 건강에 오히려 해를 줄 수 있는 몇 가지 실례를 제시하고 있다.

Keck, L. Robert. 「공동작용의 정신」(*The Spirit of Synergy*). Nashville : Abingdon, 1978. 이 책에서는 종교와 건강에 관한 통전적인 접근법들을 소개하고, '명상기도'를 강조하고 있다.

Kelsey, Morton. 「침묵의 이면」(*The Other Side of Silence*). New York : Paulist Press, 1976. 이 책에서는 기독교의 명상을 소개하고 있다.

Lappe, Frances Moore. 「이 조그만 땅덩어리를 위한 식이요법」(*Diet for a Small Planet*). New York : Ballantine, 1975. 이 책에서는 개인과 지구 전체의 건강증진이라는 관점에서, 현재의 식품 생산·분배·소비 유형에 관한 비평들을 싣고 있다. 또한 좀더 건강하게 살 수 있도록 자연식품의 섭취 요령과 방법들을 소개하고 있다.

Leonard, George. 「이상적인 운동가」(*The Ultimate Athlete*). New York : Viking Press, 1974. 이 책에서는 신체가 건강하다는 것은 어떤 상태인가에 대해 연구하고, 건강을 촉진시키는 새로운 운동법을 소개하고 있다.

McCamy, John. and Presley, James. 「생활양식 양성법 : 20세기에 전인성을 유지하는 법」(*Human Life Styling : Keeping Whole in the 20th Century*). New York : Haper & Row, 1975. 이 책에서는 올바른 생활양식을 형성할 수 있는 방법들을 제시해 주고 있으며, 한 장을 할애해 환경적 전인성에 대해 설명하고 있다.

Pelletier, Kenneth R. 「치료자로서의 정신, 학살자로서의 정신」(*Mind as Healer, Mind as Slayer*). New York : Delta, 1977. 이 책에서는 명상이나 자생훈련법, 정신안정법 등의 통전적 접근들에 의해 스트레스를 방지하는 법을 제시해 주고 있다.

Sanford, John A. 「치료와 전인성」(*Healing and Wholeness*). New York : Paulist Press, 1977. 이 책에서는 융주의자인 저자가 초기 기독교, 그리이스의 신비한 치료법, 융, 아메리칸 인디언들에게서 보이는 치료자원들에 대해 논하고 있다.

Selye, Hans. 「고통 없는 스트레스」(*Stress Without Distress*). New York: Signet, 1974. 이 책에서는 스트레스를 하나의 도전 및 기쁨 기제로 사용하는 법을 제시하고 있으며, 좌절, 두려움, 분노를 수반하는 스트레스를 피하는 법을 소개하고 있다.

Shealy, C. Norman. 「자기 건강을 위한 90일 작전」(*90 Days to Self Health*). New York: Dial Press, 1977. 이 책에서는 스트레스 조절법, 양육법, 운동법, 이완법 등에 관한 저자의 견해를 제시하고 있으며, 비만과 알콜, 흡연 등을 끊거나 피할 수 있는 프로그램을 제시하고 있다.

Simonton, O. Carl; Matthews-Simonton, Stephanie; and Creighton, James. 「단계적인 건강회복법, 환자와 그 가족들의 암 퇴치를 위한 자가용법」(*Getting Well Again, A Step—by—step, Self—Help Guide to Overcoming Cancer for Patients and Their Families*). L. A.: J. P. Tarcher, 1978. 이 책에서는 성격요인들이 암에 미치는 영향에 대해 연구하고 있으며, 자기 치유 자원들의 활용에 대해 서술하고 있다.

정신안정법의 성장자원에 관한 참고문헌

Brown, Barbara B. 「새로운 정신, 새로운 육체, 정신안정법: 정신의 새로운 방향」(*New Mind, New Body, Bio—Feedback: New Directions for the Mind*). New York: Bantam Books, 1975. 이 책에서는 여러 장에 걸쳐, 피부, 근육, 뇌파적용례들에 관해 설명하고 있으며, 정신안정법의 본질과 중요성에 관해 논하고 있다.

―――. 「스트레스와 정신안정법의 기술」(*Stress and the Art of Biofeedback*). New York: Harper, 1977. 이 책에서는 다양한 의학적, 심리학적 문제들을 치료하는 데 정신안정법이 어떻게 이용될 수 있는가를 설명하고 있다.

Green, Elmer, and Green, Alyce. 「정신안정법을 넘어서」(*Beyond Biofeedback*). New York: Delta, 1977. 이 책에서는 정신안정법 연구를 통해 인간의 의지력, 창조성, 자아상에 대해 새로이 조명되고 있다.

Green, Elmer. "정신-신체 자기 조절, 치유와 창조성 등을 위한 정신안정법"(*Biofeedback for Mind—Body Self—Regulation, Healing and Creativity*), David Shapiro, et al., eds. Chicago: Aldine Publishing Co. 1973. 이 논문은 「정신안정법과 자기 조절」(*Biofeedback and Self Control*) 중의 제11

8. 통전적 건강 이론, 정신안정법, 신체치료법의 성장자원들   243

장으로서, 정신안정법의 연구결과를 토대로 생리적인 치료와 정신적인 창조성에 대해 쓰고 있다.
White, John, ed. 「의식의 개척자들」(*Frontiers of Consciousness*). New York: Avon Books, 1975. 이 책에는 정신안정법에 관한 두 편의 논문과 명상연구에 관한 두 편의 논문이 실려 있다.

신체치료법의 성장자원에 관한 참고문헌

Fadiman, James, and Frager, Robert. "빌헬름 라이히와 신체심리학" (*Wilhelm Reich and the Psychology of the Body*). 이는 그의 저서 「성격과 인간성장」(*Personality and Personal Growth*) 중의 제4장으로서, 여기에서는 생체에너지학, 구조통합이론, 알렉산더기법, 감각자각법, 하싸 요가, 태극권, 아이키도 등과 같은 다른 신체 지향적인 성장요법 등은 물론 라이히의 주요 개념들에 대해서도 평가·논구하고 있다.

Fox, Matthew. 「휘이! 위, 위이는 모두 같은 것 …… 새로운 감각적인 명성에의 안내」(*Whee! We, Wee, All the Way Home A Guide to the New Sensual Spirituality*). Wilmington, N.C.: Consortium Books, 1976. 이 책에서는 자연, 예술, 우정, 성욕, 스포츠, 사상 등에서 경험될 수 있는 신비한 절정감에 대해 연구하고 있으며, 그 중 한장에서는 예수와 히브리 예언자들의 뛰어난 감각성을 다루고 있다.

Gunther, Bernard. 「감각이완」(*Sense Relaxation*). New York: Collier, 1968. 「구세주가 올 때까지 해야 할 것」(*What to Do Till the Messiah Comes*). Collier, 1971. 이 책들에서는 아름다운 사진들과 더불어 감각을 일깨우는 운동법들을 소개하고 있다.

Hittleman, Richard L. 「육체적인 건강을 위한 요가」(*Yoga for Physical Fitness*). New York: Warner Books, 1964. 이 책은 하싸 요가를 혼자서도 할 수 있게끔 소개한 교본이다.

Lowen, Alexander. 「신체를 파헤친다」(*The Betrayal of the Body*). New York: Collier Macmillan, 1967. 이 책에서는 생체에너지학의 관점에서 심리－신체적인 문제들을 이해하고 있으며, 신체교정법도 소개하고 있다.

────.「신체의 언어」(*The Language of the Body*). New York: Macmillan, 1971. 이 책에서는 생체에너지학의 주요 개념들을 소개하고 있다.

────.「인간의 잠재력 개발, 도전과 약속」(*Human Potentialities, the Chal-*

lenge and the Promise). Herbert Otto, ed. St. Louis : Warren H. Green, 1968. 이 책 중의 제10장인 저자의 논문, "성욕, 성과 인간의 잠재성"(Sexuality, Sex and Human Potential)에서는 생체에너지학의 입장에서 성욕을 인간 잠재력 개발과 관련시켜 논하고 있다.

Reich, Wilhelm, 「오르가즘의 기능」(*The Function of the Orgasm*). N. Y. : Farrar, Strauss & Giroux. 1973. 이 책에서는 생체에너지, 성격분석, 그의 치료법에 관해 논의하고 있다.

Rush, Anne Kent. 「신체를 건강하게 : 여성을 위한 신체운동」(*Getting Clear : Body Work for Women*). New York : Random House, 1973. 이 책에서는 신체에 활기를 줄 수 있는 281가지의 운동법을 소개하고 있다. 이는 여성뿐 아니라 남성에게도 매우 유용한 책이다.

이 외에도 미국 심리치료학회지인 「Voices」지의 vol. 12, no. 2, issue. 44에서는 '심리치료와 신체'에 관해 다루고 있다.

9
가족체계 치료법의 성장자원들

　인간관계 및 사회체계의 창조적인 변화를 촉진함을 목표로 하는 다양한 치료법들은 현대 치료법에 있어 매우 뜻깊은 발전을 가져 왔다. 이러한 관계 구조 접근법들은 인간 성장의 본질 및 치료의 초점에 관한 우리의 인식이 근본적으로 변화하였음을 반영하는 것이다. 이러한 치료법들은 기존의 치료법들과는 달리 **개인의 내면**에서 일어난 일에 일차적인 관심을 두는 것(프로이트 이후에 주류를 이루어 온 치료법들은 이러한 선입견을 가지고 있었다.)이 아니라 **인간관계와 가족과 같은 작은 사회체계**를 향상시키는 데 치료의 초점을 둔다. 이러한 개념상의 방향전환으로부터 여러 가지 치료법이 나타났는데, 이 치료법들은 인간관계의 질을 풍요롭게 하고 각종 제도, 조직, 공동체로 하여금 만인의 성장을 촉진하는 구실을 할 수 있도록 도울 수 있는 귀중한 자원의 광맥임에 틀림없다.

　개인—사회의 변화를 초래하기 위한 조직요법적 접근법은 크게 네 가지 부류로 구분된다 : 첫 번째 부류는 **임시집단 요법**으로서, 여기에는 요사이 번성하고 있는 여러 종류의 집단 상담 및 집단 치료, 성장 집단, 자가치유 집단 등이 속한다. 이 모든 치료법들은 개개인이 치유와 성장을 경험할 수 있도록 도와 줄 소규모의 임시 집단을 구성하고 이를 이용한다. 그러나 이 부류가 순수히 '조직'의 면만을 다루고 있다고 보기는 어렵다. 왜냐하면 이 부류는 개인주의적 치료법의 기본 목표, 즉 개인의 내면에서 진행되고 있는 것을 변화시킨다는 목표를 여전히 추구하면서도, 동시에 성경을 촉진하는 집단 경험을 활용함으로써 개개인들의 변화를 조장하는 조직요법을 도입하기 때문이다.

두 번째 부류의 조직치료법들은 부부나 가족과 같은 **지속성 있는 자연조직들을 변화시키는 것**을 그 목표로 한다. 이 부류에는 여러 가지 형태의 공동 부부상담 및 공동 부부치료법, 결혼생활 및 가족생활 향상방법, 그리고 치료 및 가족생활의 향상을 위한 다수가족 혹은 확대가족 요법 등이 속한다. 이 방법들이 추구하는 공통의 목표는 이러한 자연조직 안에서의 관계의 질을 향상함으로써 이 조직들이 그 구성원 모두에게 치유와 성장을 촉진하는 환경이 되게끔 하는 것이다.

세 번째 부류의 조직치료법에는 교회, 학교, 공장, 사회단체 따위의 **보다 대규모의** 대면조직의 정서적 분위기를 보다 성장촉진적으로 만드는 것을 목표로 하는 모든 치료법들이 속한다. 치료공동체 방법이나 이른바 '조직 개발'이라 하는 것도 이 부류에 속한다. 치료공동체 방법은 보다 대규모의 사회적 조직으로 하여금 개개인의 성장을 촉진하는 자질을 강화하도록 그 조직에 직접적으로 개입하는 방식이다. 또한 조직 개발들은 조직의 목표를 달성하면서 동시에 개개인의 욕구를 충족시키는 방향으로 조직의 효율성을 제고하는 것을 추구하고 있다.

네 번째 부류의 조직치료법에는 정부, 제도, 경제조직, 법률조직 등과 같은 **규모가 큰 비대면적** 조직들을 보다 민중의 진정한 요구에 부응하도록 하여 보다 인간의 발달에 기여하게 하는 것을 목표로 하는 모든 방법들이 속한다. 급진적 치료법들은 사람들로 하여금 효과적으로 제도적, 사회적 변화를 초래하기 위한 행동에 가담하도록 고무하는 것을 목표로 삼고 있으므로 이 부류에 포함된다. 다른 사회

운동들도 여기에 속한다(보통 이러한 것들은 치료법이라고 불리지 않는다). 제 10 장에서 다루어질 여권주의 치료법은 첫 번째와 네 번째 부류의 목표를 동시에 추구한다. 이 치료법은 현재의 성차별 사회로 인하여 초래된 여성의 심리적 상처를 **치유하며**, 동시에 이 치유의 불가결한 요소로서, 그들로 하여금 우리의 전체 사회구조 및 제도에 의하여 전 여성이 집단적으로 그 성장을 억압당하고 있는 상태를 제거하는 일에 참여하도록 **고무한다**. 이 네 번째 부류의 치료법들은 개인 내지는 이성의 성장에만 주력하는 대부분의 치료법과, 사회·정치적 변화를 목표로 삼는 사회 운동 사이의 균열을 메꾸는 가교 역할을 한다.

앞에서 언급한 네 부류의 치료법들은 천차만별이기는 하지만 똑같은 기본적 동기를 공유하고 있는바, 그것은 다름아닌 **조직 관점의 치료적 중요성에 대한** 믿음이다. 앞에 둔 모든 치료법들은 치유와 성장이 가장 효과적으로 촉진될 수 있는 장은 집단이라고 생각한다. 이 치료법들은 하나같이, 개개인이 유지할 수 있는 온전성의 정도는 그들의 욕구를 충족시키는 인간관계 구조의 상대적인 온전성에 의하여 결정까지는 아니라 하더라도 크게 영향을 받는다는 가정을 암암리에 공유하고 있다. 네 부류의 치료법들은 모두 사람들이 보다 효율적으로 살아가는 데 필요한 자질, 창의성, 그리고 능력을 잘 개발하도록 북돋우는 양육적인 환경이 될 만한 성장조직의 창출을 도모한다.

본장에서는 가족요법의 원리를 중심으로 하여 조직요법에 있어서의 성장을 위한 자원들을 부각시키고자 한다. 하지만 다양한 가족요법들 사이의 중요한 차이점들을 상세히 설명하지는 않을 것이다. 성장 집단은 인간의 성장을 촉진하기 위하여 가장 널리 응용할 수 있는 조직치료법이다. 분명히 성장 집단은 성장을 지향하는 모든 직업, 모든 기관의 활동의 중심이다. 공동부부(conjoint marriage) 상담과 결혼생활 향상을 위한 모임은 부부관계의 성장을 촉진시키는 좋은 계기가 된다. 그러므로 이 방법들도 모든 성장 프로그램의 중요한 부분으로 취급되어야 한다. 자가치료 집단은 대개 가명을 사용하는 알콜중독자 집단(Alcoholics Anonymous)의 모형을 본받고 있는데, 이는 현대 치료집단의 발달을 통틀어서 가장 촉망되는 분야의 하나이다. 성장 집단, 부부상담 및 결혼생활 향상을 위한 모임, 그리고 자가치료 집단 등은 중요하긴 하지만, 이미 다른 곳에서 자세히 설명하였으므로 여기에서는 더이상 다루지 않겠다.[1] 여권주의 치료법에 있어서의 성장자원은 다음 장에서 상세히 논의될 것이다.

가족요법에 있어서 조직 성장개념

가족요법에서는 성장의 본질 및 목표를 어떻게 이해하는가를 알려면, 먼저 인간 존재를 인식하는 방식으로서의 조직 관점을 이해하지 않으면 안 된다.[2] 이 조직 관점은 그 자체가 이런 부류의 치료법들이 갖고 있는 가장 중요한 성장자원이다. 성장 관점과 마찬가지로 조직 관점은 성장촉진자에게 새로운 안경의 구실을 한다. 상담자와 치료자가 조직 관점이라는 안경을 쓰고 사람을 바라보게 되면, 마치 우리가 안경을 썼을 때 사람과 세상이 다르게 보이듯이 사람을 새롭게 보고 이해하게 된다. 개개인의 성장장애, 성장욕구, 성장가능성 등은 사람과 사람 사이의 관계라는 맥락에서 파악될 때 분명하게 드러나게 된다. 반대로 내담자가 이 안경을 끼게 되면 그가 직면하고 있는 성장의 문제는 성장의 기회에 대해 새로운 인식을 얻게 된다. 조직 관점은 모든 사람들로 하여금, 우리의 불구성과 온전성 모두가 상당한 정도로 우리의 욕구 충족 관계구조의 질에서 초래된 결과임을 보다 분명히 자각하게 한다.

여러 해 동안의 전문적인 훈련을 통해 이미 심층심리적 시각에 젖어 있는 사람들에게는 인간관계적-조직적 시각을 가지고 사람들을 보는 방법을 익히는 것이 그다지 용이하지 않을 것이다. 그러나 우리가 익혀 온 심층심리적 시각에, 인간관계적-조직적 인식 방법이 추가된다면 인간 존재에 대한 훨씬 더 뜻깊은 인식을 제공해 줄 것이다.

제 3 장에서 지적한 바와 같이, 인간관계적 시각은 조직요법의 선

조라 할 수 있는 설리번(Harry Stack Sullivan) 사상의 중심 주제였다. 조직요법은 인간을 관계적 관점에서 이해하는 것을 전제로 한다. 근본적으로, 우리 인간은 **관계 그 자체이다.** 사람의 삶의 **개인적인 측면과 관계적인 면은** 그들의 인성의 상호 의존적인 두 측면이다. 심리내부의 역동은 그 사람의 인간관계의 유형을 반영하며 그 반대의 경우도 성립한다. 조직 이론은 설리번의 생각을 넘어서, 개개인은 그들이 속해 있으며 그 속에서 자기 정체는 행태 및 관계를 형성하는 모든 사회적 구조, 즉 가족, 확대가족, 제도, 문화구조 등의 맥락에서 고찰되지 않는 한 충분히 이해될 수 없다는 것을 보이는 데까지 이르렀다. 이러한 깨달음에 근거해서 조직요법은 인간관계 조직에 직접 개입하여 그 관계조직이 보다 성장촉진적인 **조직이** 될 수 있도록 함으로써 방법론상 획기적인 진전을 이룩하였다.

가족구조를 예로 들어, 사회구조의 역학과 그것이 인간의 성장을 어떻게 촉진 또는 방해하는지를 살펴보자. 가족은 모든 사회에 있어서 '사람을 만드는'(people making : Satir의 표현임.) 기본 조직이다. 하나의 가족은 단순히 그 구성원들의 모임이라는 의미 이상으로 그 자체의 특유한 정체 또는 '개성'을 갖는, 사회의 기초 조직이다. 모든 이러한 기초 조직의 구성원들 사이에는 마치 신체의 각 부분들 간의 관계와 매우 유사한 유기적 상호 의존성이 존재한다. 그러한 조직에 속한 어느 한 부분의 작용은 어느 정도는 그 유기체 전체의 모든 부분들의 상호작용에 의해 영향을 받거나 반대로 이에 영향을 주게 된다. 예를 들면, '식별된 환자'(identified patients : 가족 치료자인 Satir의 표현을 빌리자면, 이는 정서적으로 장애가 있고 비행을 하며 정신·신체적으로 병든 가족 구성원을 가리킨다.) 아동들은 그들의 역기능을 통하여 부모의 결혼생활 속에 존재하는 감추어진 갈등을 표현하는 경우가 많다는 사실을 가족치료자들은 발견하였다. 식별된 환자의 역기능은 사실상 그 가족조직 내에서 다른 가족 구성원들이 그들 자신의 고통에 직면하고, 그것에 대해 책임지는 일을 회피하는 기회를 제공하게 된다.

가족 구성원 개개인의 행동, 태도, 가치 및 관계 유형은 가족 구조, 즉 무의식적인 가족의 규칙, 기대, 가치, 금기, 믿음, 의사소통의 양식, 권한의 분포 등에 의하여 형성된다. 이 역동적 가족구조가 전체 가족 구성원의 잠재력 구현을 방해하기도 하고 촉진시키기도 한다.

하나의 가족은 유기적 상호 의존과 무의식적 구조를 가지고 있는 까닭에, 가족구조 전체가 그 사람의 성장을 지원하는 방향으로 변화하거나 아니면 그가 그 가족을 떠나 새로운 육성구조를 세우지 않는한, 변화하고 성장하기가 어려운 경우가 허다하다. 별도의 치료기관에서 심리적으로 장애가 있는 사람들을 상대로 치료를 행하는 사람들은, 이런 사람들이 가족에게 되돌아 가면 그 상태가 크게 퇴보하는 경우가 흔히 있다는 사실을 오래 전부터 인식하고 있었다. 가족요법의 기본 목표는 가족구조 전체를 손질하여 가족생활의 근저에 있는 규칙과 행동 유형을 변화시킴으로써 가족 구성원 전원이 자유롭게 성장하고, 어느 누구도 가족의 은폐된 고통을 짊어지는 희생양이 되지 않도록 하는 일이다.

가족 치료자인 나단 애커만(Nathan Ackerman)은 '유기체'(organism)라는 용어는 가족의 생활과정, 기능적 통일성, 그리고 자연적 생활사, 즉 '맹아기, 출생, 성장과 발달, 변화와 위기에 적응하는 능력, 점차적인 쇠퇴, 그리고 끝으로 낡은 가족이 해체되고 새 가족으로 되는 과정'[3]을 의미한다고 말한다. 가족의 집단적 정체는 진화하며, 그 가족 공동의 '자아 강도'(ego strength)는 그 가족의 생활주기의 각 단계에 나타나는 압력과 자원에 따라 변동한다. 예컨대, 어떤 가족들은 자녀가 아직 어릴 때 그 단계에서 받는 무거운 압력에 대해서는 건설적으로 대처하면서도 그 자녀들이 10대가 될 때에는 오히려 역기능으로 작용하는 수가 있다. 이런 경우는, 부모 자신이 그들의 성년기에 완수하여야 할 성장과제를 완수하지 못한 상태를 반영하는 수가 많다. 심한 압력을 수반하는 위기와 가족사의 새로운 단계에 보다 성장지향적으로 대처하기 위하여 자기 가족의 상호작용 유형을 재조정하는 데 도움을 필요로 하는 가족들은 숱하게 많다.

가족구조는 다른 사회구조와 마찬가지로 몇 개의 상호 의존적인 단위구조로 이루어져 있다. 이러한 단위구조, 즉 남편과 아내, 어머니와 자녀, 아버지와 자녀, 자녀와 자녀, 조부모와 부모, 조부모와 손자·손녀, 자녀와 애완동물 등의 내부에서, 그리고 단위구조들 사이에서 이루어지는 상호작용의 유형을 가족 상담자 및 가족 치료자가 잘 인식하는 것은 중요하다. 부부라는 단위구조는 새로 결혼을 한 두 사람이 그들 각각의 본가로부터 전승받은 각기 다른 상호작용 유형을 하나의 기능으로 혼합하는 과정(이 과정에서 흔히 충돌과 고통이 수반된다.)을 통해 발달한다. 이 한 쌍의 부부가 그들의 상호작용을 통하여 발전시킨 부부 공동의 정체가 그들이 이룬 가족의 새로운 정체의 핵으로 된다. 자녀가 생기게 되면 그 자녀는 물론 이러한 가족 정체에 의해 결정적인 영향을 받게 되지만, 어느 정도는 이 부부 및 가족의 정체를 바꾸게 된다. 어린아이도 부모의 상벌 유형에 반영되는 바에 따라 문화에 내재된 규칙들을 자동적으로 배운다. 다행스럽게도 부모들이 자기 가족의 묵시적인 규칙, 가치, 기대 등을 자각하게 되면, 성장을 저해하는 행동 유형을 자녀에게 전승하는 사태를 줄이거나 막을 수도 있다. 그러므로 가족요법에서 사용되는 가족에 대한 구조적 관점을 통하여, 성인들은 자신이 어린 시절에 내면화하였던 가족의 행동 유형이 다음 세대에게로 전승되고 있음을 깨닫게 되며, 의도적으로 그것을 변화시킬 수 있게 된다.

가족치료자인 살바도르 미누친(Salvador Minuchin)은 무의식적인 가족 행동 유형이 어떻게 인간의 잠재력 구현을 제한하는가를 다음과 같이 설명한다 :

    가족의 행동 유형은 자기도 모르는 사이에 몸에 배이게 된다……. 당신이란 존재는 놓여진 상황에 의해 만들어지는 것이다. 즉 형제, 남편, 부모, 자매, 그리고 자녀와 당신과의 관계는 당신과 그들로 하여금 당신의 인생의 어떤 특수한 면에만 집중하게 만들며, 당신의 다른 재주와 가능성들은 둔하게 때로는 퇴화하게 만든다……. 때때로 치료를 통하여 이처럼 활용되지 못했던 재주가 활성화되기도 한다.[4]

가족 조직요법의 목표

  가족 조직요법이 추구하는 성장촉진적 가족의 특징은 무엇인가? 철저히 성장지향적인 접근법을 구사하고 있는 버지니아 새티어(Virginia Satir)는 성장이 왕성하게 일어나고 있는 가족 속에는 다음 네 가지의 힘이 작동하고 있음을 밝혔다. 첫째로, 이러한 가족 속에서 식구들은 각기 자기를 가치 있는 존재로 느끼며 서로서로 그 가치감을 지지해 준다. 가족 내에서 성장이 억압받고 있는 사람들을 자유롭게 해줄 수 있는 열쇠는, 그들에게 서로에 대한 평가를 낮추는 대신 높이는 방법을 가르치는 일이다. 둘째로, 성장 촉진적인 가족의 식구들은 직접적이고, 명료하며, 솔직하게 말을 한다. 새티어의 지적대로, "의사소통이야말로 사람들의 건강과 대인관계에 가장 큰 영향을 미치는 요소이다."5) 가족구조가 안고 있는 문제의 본질을 진단하는 가장 정확한 방법은, 그들의 기본적인 의사소통 유형—누가 말하고 있는가? 누가 누구에게 또는 누구를 위하여 말하고 있는가?—을 살피는 것이다. 셋째로, 성장촉진적 가족의 묵시적 규칙은 공정하고, 융통성 있으며, 인간적이고, 가족의 상황이 변하거나 가족 구성원이 성장함에 따라 쉽게 재조정된다. 넷째로, 이러한 가족은 가족 외부에 대해서도 개방적이어서 상당히 많은 수의 사람들, 다른 가족들, 그리고 기관들과 서로 유익하게 교류를 갖는다. 그러므로 한 가족의 정체와 온전성을 가족 내의 역학으로만 결정되는 것이 아니라, 확대가족 및 가까운 친구, 그리고 가족 구성원의 성장에 영향을 미치는 다른 공동체나 조직들과의 관계에 의해서도 결정된다. 새티어는 이 모든 요소들 사이에는 양(+)의 상관관계가 존재한다고 본다. "가치감은 개개인의 차이가 인정되고, 실수가 용서되며, 의사소통이 개방적이고, 규칙이 융통성 있는 분위기 속에서만 육성될 수 있다. 이러한 분위기야말로 성장을 배양하는 가정의 분위기이다."6)라고 그녀는 말한다.

  다른 사회조직과 마찬가지로, 가족도 경직·폐쇄적이거나 개방·성장적일 수 있다. 개방적 가족이냐 폐쇄적 가족이냐 하는 것은 그

가족의 가족 외적 관계의 수와 질, 그리고 위기 및 변화에 대한 그 가족의 대응방식에 따라 구별될 수 있다. 개방적이고 건강한 가족은 폐쇄적인 가족보다 서로 도움을 주고받는 이웃의 수가 많다. 폐쇄적이고 경직된 가족은 위기에 매우 약하다. 그러한 가족은 변화를 거부하며 융통성 없는 규칙과 심리, 신체적 강압으로 **현재의 상태**를 유지하려고 몸부림친다. 이와 달리, 개방적 가족은 위기와 변화에 보다 건설적으로 대처하는 경향이 있다. 이러한 가족은 욕구충족, 책임, 의사결정, 권한의 분배에 관한 가족의 시행 협약(가족계약)을 타협을 통하여 기꺼이 개정하려 한다. 이러한 가족은 식구들 사이의 바램과 욕구가 상충하는 경우에 공정한 절충을 통하여, 또는 한 사람은 지고 한 사람은 이기는 방식이 아닌 모두가 이기는 방식으로 문제를 해결하려는 경향이 농후하다. 그들은 친밀한 관계에서는 만약 한 사람이 진다면 그로 인하여 관계 자체가 손상되는 까닭에 아무도 진정으로 이길 수 없다는 이치를 알고 있다.

가족치료자인 머레이 보웬(Murray Bowen)[7]은 가족을 좀더 성장촉진적으로 만드는 데 있어서 또 하나의 중요한 목표를 제시하였다. 보웬에 따르면, 가족은 방향이 각기 다른 여러 개의 힘이 상호작용하여 균형을 이루고 있는 하나의 구조이다. 모든 가족 속에는 두 개의 기본적인 힘이 있는데, 그 하나는 모이고 융합하려는 힘이고, 다른 하나는 나뉘어 개체로 되려는 힘이다. 모이고 융합하려는 힘은 인간의 생물학적 생존을 위한 요구에 깊이 뿌리박고 있는 힘으로서 가족조직(및 다른 친밀한 관계들)을 결속시키는 방향으로 작용하는 강제력이다. 나뉘어 개체가 되려는 힘도 역시 심원한 인간적 요구에 뿌리박고 있다. 가족마다 이 두 요구의 비율은 매우 다르다.

한 가족의 개체성-융합성 비율의 기본 유형은 한 세대에서 다음 세대로 전하여진다. 융합성과 개체성이 잘 균형잡혀 있으면 그 가족의 구성원들은 자율감을 손상받지 않으면서도 서로에게 긴밀하게 관여할 수 있다. 하나의 가족구조에 이 두 가지 힘이 최적의 균형을 유지하고 있으면, 그 가족의 구성원들은 기능장애 징후를 일으키지 않으면서도 심한 압력에 건설적으로 대처할 수 있다. 문제가 있는 가족, 성장이 억압된 가족들은 대부분 융합을 향한 힘이 개체성을 향한 힘보다 훨씬 우세한 가족이라는 사실을 보웬은 발견하였다. 이러한 가정에서는 끈끈한 상호 의존성과 경직성, 그리고 가족 내에서의 개인주의와 불일치를 용납하지 못하는 분위기가 생겨난다. 이러한 가족에게는 강한 내적·외적 압력이 들이닥치면 견디기가 매우 어렵게 된다. 이러한 가족의 구성원들은 이 가족 유기체에 밀려온 압력에 적절하게 대응하지 못함으로써 정서적, 행동적, 관계적, 또는 정신·신체적 문제를 일으키기가 십상이다. 융합성과 개체성이 모두 다 필수적인 요소이기는 하지만, 가족 구성원들이 최적의 성장을 이루고 대처능력을 배양할 수 있으려면, 그 가족은 개체성을 가치 있게 여기고 장려해 주어야 한다. 보웬의 치료법은 서로 공생적으로 한 그물에 얽혀 있는 가족 구성원들이 보다 분명한 자아 규정과 개체성을 얻도록 도와 주려는 것이다.

요약해서 말하자면, 가족 조직요법이 추구하는 주요 시행 목표는 다음과 같다. 그리고 가족치료자들은 흔히 가족 전체를 만나고 때로는 그 가족의 몇몇 단위구조를 만나서 그 가족이 다음과 같은 것들을 배우도록 돕는다 :

(1) 긍정적이든 부정적이든 그들의 느낌, 욕망, 가치, 소망을 보다 개방적으로 분명하고 일관성 있게 말하기. 치료자는 효과적이고, 관계를 강화하는 의사소통 기술을 가르치는 '코치'이다. (2) '식별된 환자'에게만 주의를 기울이지 말고 그 개인의 문제를 초래한 가족 전체의 숨겨진 고통, 갈등, 성장장애를 다루기. 남편과 아내라는 단위구조를 다루는 부부생활 요법들도 여기에 속한다. (3) 서로에게 피해를 입히는 상처-분노-공격의 악순환을 속히 중단하고, 차츰 서로의 욕구를 만족시켜 주는 자기 배양적인 순환으로 바꾸기. (4) 모든 가족 구성원들의 자기 평가를 격하시키지 않고 서로 높여주기. (5) 가족의 계약, 즉 가족의 묵시적인 규칙, 역할, 가치, 기대, 믿음 등을 자각적으로 인식하고, 보다 성장을 촉진하는 시행 협약을 맺기 위하여 재협상하기. 이러한 협약은 만족감, 책임, 권한, 그리고 성장의 기회를 가족 모두에게 골고루 부여하는 것이어야 한

다. (6) 가족의 불만에 찬 행위 속에서 긍정적이지만 그러나 실현될 수 없는 몸부림을 간파하고, 그러한 노력을 보다 자기를 구현하는 방식으로 표현하도록 고무하기.[8] (7) 더불어 사는 데에서 불가피하게 초래되기 마련인 갈등을 보다 건설적으로 해소하기. 성장은 갈등이 야기되는 바로 그 점에서 일어나는 경우가 많음을 알아야 할 것이다. (8) **융합에의 욕구와 개체화에의 욕구 사이에 보다 건강한 균형을 이루기**. 그러나 개체화에의 욕구가 발현될 수 있는 여지를 더 부여하는 것이 낫다. (9) 모든 식구들의 진정한 요구에 보다 잘 부응할 수 있는 새로운 행동 및 새로운 관계방식을 시험해 보기. 이러한 실험은 다음 모임까지 집에서 해야 할 '숙제'로 내줄 수도 있다. (10) **가족 내 단위구조들 내부의, 그리고 단위구조 사이의 상호작용을 보다 성장촉진적으로 만들기**. (11) **가족구조를 외부에 대해 개방하기**. 이것은 가족 외부의 사람들, 가족들, 기관들과 보다 상호 지지적인 관계를 맺음으로써 이루어진다. (12) **가족 내 인간관계의 분위기를 매우 건강하게 만들기**. 이러한 분위기는 모든 식구에게 보다 나은 성장의 환경이 된다.

　가족 내의 여러 단위구조들 가운데에서도 부부관계는 한 가족이 자기 정체를 발전시키는 데 있어서 역동적인 핵이 되므로, 때로는 가족간의 상호작용을 향상시키려면 성장지향적인 부부상담(이 경우에는 이것이 곧 가족치료법이 된다.)이 필수적으로 요청되기도 한다. 부부로 하여금, '사랑'이란 서로의 최대의 발전을 위하여 마음을 쓰고 격려하는 것임을 깨닫고 실천하게 함으로써 그들의 결혼을 피차의 성장을 위한 환경으로 만들도록 도움을 줄 수 있다. 부부가 자신의 성장과 서로의 성장에 도움이 되는 결혼생활을 체험하게 되면, 그들은 비교적 쉽게 자녀의 최대의 성장을 촉진할 수 있는 부모가 될 수 있다.

　성장지향적 결혼상담의 중심 문제는 어떻게 두 배우자 사이에 진정한 평등을 이루느냐 하는 것이다. 이 문제는 부부생활 상담 및 가족치료법에 관한 대부분의 문헌에서 제대로 부각되지 못하여 왔다. 결혼제도 및 부부들마다의 독자적인 결혼계약이 특히 여성들의 성장을 제한하는 요소로 작용한다는 증거는 도처에 널려 있다. 예를 들면, 평균적으로 독신여성은 기혼여성에 비하여 신체적으로도 심리적으로도 더 건강하다. 그러나 남성은 이와 정반대이다.[9] 가족치료를 받으러 오는 가족들은 대개 그 가족 내의 문제아나 문제어른 때문에 오는데, 그들 문제의 많은 부분이 어머니의 불만족스럽고 상대적으로 열악해진 지위와, 성공에 미친 아버지의 정서적으로 냉랭하고 고압적인 생활태도에서 유래하고 있다. 가족 밖에서 존경을 받거나 능력을 인정받을 기회를 거의 갖지 못하는 여성들은 아내 노릇과 어머니 노릇에 지나치게 몰두하는 경향이 있다. 그들은 인간의 기본 욕구의 하나인 권력에의 욕구를, 겉으로 드러나지는 않으나 상대를 마음대로 조종하는 방식으로 자녀를(흔히 남편도 포함하여) 지배함으로써 표출한다.

　부부생활 상담과 가족치료법이 진정으로 성장지향적인 것으로 되려면 가족을 대상으로 일하는 전문가들은 결혼제도를 규정하는 법률과 관습 속에 보존되어 있는 성차별주의의 위험성에 대해 뚜렷한 의식을 가져야 할 것이다. 그들은 부부들이 권한, 의사결정, 자기 발전 기회의 분배에 있어서 부정의하고 불공정한 영역을 자각하고 시정하도록 적극적으로 도와야 한다. 그들은 부부들이 그들의 결혼계약을 정기적으로 재조정하고 갱신하는 요령을 발전시키도록 요구하고 지도함으로써 아이 보기, 밥짓기, 교육, 개인적 만족, 그리고 잡다한 집안일 등을 공정하게 분배할 기회를 갖도록 해야 한다. 성장지향적 부부상담 및 부부모임은 부부들에게 강하고 성장하는 두 개체로서 관계를 가질 것을 장려함으로써, 그들로 하여금 차이와 자율성을 존중하는 상호 의존관계를 형성하도록 하는 일을 목표로 삼아야 한다.

　자녀들은 성장을 억제하는 우리 문화의 성역할 구분을 부모가 연출하는 역할을 보고 내면화함으로써 배우게 된다. 아동의 자기 이미지, 자격지심, 자기 평가를 형성하는 묵시적인 가족 규칙은 한 가족 안에서도 남자아이와 여자아이 사이에 크게 다른 것이 보통이다. 각기 다른 행동이 어떤 때는 칭찬의 대상이 되기도 하고, 어떤 때는 그로 인해 벌을 받기도 한다. 이렇게 해서 성차별적 이중 기준과 자아규정이 가족구조 속에서 내면화되고 세대를 통하여 전승된다. 여성과 남성 모두가 온전히 성장하지 못하도록 목을 조이고 있는 성차별주의를 부수기 위해서는 부부상담, 가족치료법, 부부모임, 가족모임 등을 통하여 부모들로 하여금 성평등주의적 자녀양육법[10]을 배우도록 돕는 일이 필요불가결하다.

가족치료법의 응용

위에서 설명한 가족치료법의 목표와 원리들은 아직 활용해 보지 못한 가능성을 더 개발하고자 하는, 비교적 원만하고 '건강한' 가족들을 대상으로 하여 실시되는 가족생활의 풍요화를 위한 모임에도 그대로 적용될 수 있다. '건강한 가족성장을 위한 모임'에서도 전 가족의 풍요화를 위한 방법이 활용된다.[11] 가족생활의 풍요화를 위한 강습회나 수련회를 통하여 별 문제가 없이 잘 돌아가는 가족들은 서로가 창조적 변화를 일으키도록 도울 수 있다. 이러한 가족들은 일 년에 한 번 내지 두 번의 가족성장 촉진을 위한 수련회를 가짐으로써 가족의 성장도를 크게 높일 수 있다.

가족치료법 및 가족생활의 풍요화를 위한 모임에서 사용되는 조직 관점과 방법론은 친밀하고 긴밀한 그 어떤 관계에도 유효하게 적용될 수 있다. 모든 친밀한 우정관계는 부부 및 가족치료법의 원리들을 응용함으로써 보다 상호 성장촉진적으로 될 수 있다. 또 우리 사회에 존재하는 수천만에 달하는 독신자들이 서로 가족과 유사한 부양구조를 개발하게 하는 데에도 이 방법이 활용될 필요성이 절실하다. '결혼하는 것'이 정상으로 여겨지고 독신자들은 별 볼일 없는 사람으로 느끼도록 강요하는 우리의 고립적이고 도시화된 사회 속에서 그들의 성장을 도모하는 데에 이러한 방법들이 요구된다.

조직 관점은 **개인들**을 이해하고 그들이 성장하도록 돕는 데 유용한 지침이 된다. 개인을 상대로 성장지향적 상담을 할 때, 그 개인의 내면에는 항상 그가 태어나서 자라온 원래의 가족과 현재의 가족

(혹은 다른 상호부양 구조)이 자리잡고 있다는 점을 유념하는 것이 중요하다. 모든 사람은 평생에 걸쳐, 그 속에서 자기 개성이 만들어졌던 가족구조의 영향을 자기 내면에 지니고 있게끔 되어 있다. 이 내면에 있는 가족은 현재의 관계에 지속적으로 영향을 미치게 된다. 개인치료는 사람들로 하여금 이러한 영향에서 벗어나서 성장하게 하고 내면화된 출신 가정에 잠재해 있는 힘을 자신을 위해 쓸 수 있게 하며, 그리하여 그 가족으로부터 유래한 부적절한 태도와 기대를 현재의 친밀한 관계에 투사하지 않도록 하는 것을 목표로 한다. 개인의 성장을 통해서 그 사람의 현재의 가족구조도 창조적인 변화를 하게 되면, 그의 성장은 치료 후에도 계속되는 경향이 있다. 개인치료 기간 중 몇 차례 그의 내면에 있는 '중요한 타인들'과 만남을 갖는 것은 이러한 과정을 촉진하는 수가 있다. 부부치료 과정 중 부부의 자녀와 양친이 함께 참여하는 자리를 몇 차례 가지면, 그러지 않았더라면 묻혀 버렸을 부부간의 상호작용의 어떤 차원들이 드러나서 성장을 억제하는 관계 방식을 바꾸는 데 큰 효력을 내는 경우가 자주 있다. 그 부부는 자기 부모의 상호작용을 살핌으로써 그들 자신의 의사소통에 있어서의 문제와 갈등의 근원을 찾을 수도 있다. 여전히 결혼생활이 가치 있다고 여기는 사람들을 상대로 개인치료를 실시하는 경우에는, 그 사람의 성장의 결과로 그의 배우자와 소원하게 되지 않도록 하기 위하여 치료과정에 부부요법을 병용하지 않으면 안 될 때가 종종 있다.

조직 관점은 영성적, 가치추구적 성장의 증진을 위한 다양한 자원을 제공한다. 어떤 의미로, 가족치료법은 그 가치와 재능이 성장촉진적으로 작용하지 못하는 가족들로 하여금 그들의 가치와 재능을 재조정하도록 도와 주는 한 방법이다. 어린아이들이 가족의 영성적, 가치추구적 분위기를 흡수할 때, 그 아이들은 그 가족의 기본적인 인생관, 영성적 지향, 가치들을 '배운다'기보다도 차라리 '받는다.' 성년기 전체를 통하여 지속되는 영성적 발달은, 영성적 가치들이 그 구성원들 간의 관계 속에서 체험되는 가족과 같은 배려 집단 안에서 가장 잘 육성된다. 조직 관점은, 영성적 성장은 영성적 가치를 공유다. (6) 가족의 불만에 찬 행위 속에서 긍정적이지만 그러나 실현될 수 없는 몸부림을 간파하고, 그러한 노력을 보다 자기를 구현하는 방식으로 표현하도록 고무하기.[8] (7) 더불어 사는 데에서 불가피하게 초래되기 마련인 갈등을 보다 건설적으로 해소하기. 성장은 갈등이 야기되는 바로 그 점에서 일어나는 경우가 많음을 알아야 할 것이다. (8) **융합에의 욕구와 개체화에의 욕구 사이에 보다 건강한 균형을 이루기**. 그러나 개체화에의 욕구가 발현될 수 있는 여지를 더 부여하는 것이 낫다. (9) 모든 식구들의 진정한 요구에 보다 잘 부응할 수 있는 **새로운 행동 및 새로운 관계방식을 시험해 보기**. 이러한 실험은 다음 모임까지 집에서 해야 할 '숙제'로 내줄 수도 있다. (10) **가족 내 단위구조들 내부의, 그리고 단위구조 사이의 상호작용을 보다 성장촉진적으로 만들기**. (11) **가족구조를 외부에 대해 개방하기**. 이것은 가족 외부의 사람들, 가족들, 기관들과 보다 상호 지지적인 관계를 맺음으로써 이루어진다. (12) **가족 내 인간관계의 분위기를 매우 건강하게 만들기**. 이러한 분위기는 모든 식구에게 보다 나은 성장의 환경이 된다.

가족 내의 여러 단위구조들 가운데에서도 부부관계는 한 가족이 자기 정체를 발전시키는 데 있어서 역동적인 핵이 되므로, 때로는 가족간의 상호작용을 향상시키려면 성장지향적인 부부상담(이 경우에는 이것이 곧 가족치료법이 된다.)이 필수적으로 요청되기도 한다. 부부로 하여금, '사랑'이란 서로의 최대의 발전을 위하여 마음을 쓰고 격려하는 것임을 깨닫고 실천하게 함으로써 그들의 결혼을 피차의 성장을 위한 환경으로 만들도록 도움을 줄 수 있다. 부부가 자신의 성장과 서로의 성장에 도움이 되는 결혼생활을 체험하게 되면, 그들은 비교적 쉽게 자녀의 최대의 성장을 촉진할 수 있는 부모가 될 수 있다.

성장지향적 결혼상담의 중심 문제는 어떻게 두 배우자 사이에 진정한 평등을 이루느냐 하는 것이다. 이 문제는 부부생활 상담 및 가족치료법에 관한 대부분의 문헌에서 제대로 부각되지 못하여 왔다. 결혼제도 및 부부들마다의 독자적인 결혼계약이 특히 여성들의 성장을 제한하는 요소로 작용한다는 증거는 도처에 널려 있다. 예를 들면, 평균적으로 독신여성은 기혼여성에 비하여 신체적으로도 심리적으로도 더 건강하다. 그러나 남성은 이와 정반대이다.[9] 가족치료를 받으러 오는 가족들은 대개 그 가족 내의 문제아나 문제어른 때문에 오는데, 그들 문제의 많은 부분이 어머니의 불만족스럽고 상대적으로 열악해진 지위와, 성공에 미친 아버지의 정서적으로 냉랭하고 고압적인 생활태도에서 유래하고 있다. 가족 밖에서 존경을 받거나 능력을 인정받을 기회를 거의 갖지 못하는 여성들은 아내 노릇과 어머니 노릇에 지나치게 몰두하는 경향이 있다. 그들은 인간의 기본 욕구의 하나인 권력에의 욕구를, 겉으로 드러나지는 않으나 상대를 마음대로 조종하는 방식으로 자녀를(흔히 남편도 포함하여) 지배함으로써 표출한다.

부부생활 상담과 가족치료법이 진정으로 성장지향적인 것으로 되려면 가족을 대상으로 일하는 전문가들은 결혼제도를 규정하는 법률과 관습 속에 보존되어 있는 성차별주의의 위험성에 대해 뚜렷한 의식을 가져야 할 것이다. 그들은 부부들이 권한, 의사결정, 자기 발전 기회의 분배에 있어서 부정의하고 불공정한 영역을 자각하고 시정하도록 적극적으로 도와야 한다. 그들은 부부들이 그들의 결혼계약을 정기적으로 재조정하고 갱신하는 요령을 발전시키도록 요구하고 지도함으로써 아이 보기, 밥짓기, 교육, 개인적 만족, 그리고 잡다한 집안일 등을 공정하게 분배할 기회를 갖도록 해야 한다. 성장지향적 부부상담 및 부부모임은 부부들에게 강하고 성장하는 두 개체로서 관계를 가질 것을 장려함으로써, 그들로 하여금 차이와 자율성을 존중하는 상호 의존관계를 형성하도록 하는 일을 목표로 삼아야 한다.

자녀들은 성장을 억제하는 우리 문화의 성역할 구분을 부모가 연출하는 역할을 보고 내면화함으로써 배우게 된다. 아동의 자기 이미지, 자격지심, 자기 평가를 형성하는 묵시적인 가족 규칙은 한 가족 안에서도 남자아이와 여자아이 사이에 크게 다른 것이 보통이다. 각기 다른 행동이 어떤 때는 칭찬의 대상이 되기도 하고, 어떤 때는 그로 인해 벌을 받기도 한다. 이렇게 해서 성차별적 이중 기준과 자아규정이 가족구조 속에서 내면화되고 세대를 통하여 전승된다. 여성과 남성 모두가 온전히 성장하지 못하도록 목을 조이고 있는 성차별주의를 부수기 위해서는 부부상담, 가족치료법, 부부모임, 가족모임 등을 통하여 부모들로 하여금 성평등주의적 자녀양육법[10]을 배우도록 돕는 일이 필요불가결하다.

가족치료법의 응용

위에서 설명한 가족치료법의 목표와 원리들은 아직 활용해 보지 못한 가능성을 더 개발하고자 하는, 비교적 원만하고 '건강한' 가족들을 대상으로 하여 실시되는 가족생활의 풍요화를 위한 모임에도 그대로 적용될 수 있다. '건강한 가족성장을 위한 모임'에서도 전 가족의 풍요화를 위한 방법이 활용된다.[11] 가족생활의 풍요화를 위한 강습회나 수련회를 통하여 별 문제가 없이 잘 돌아가는 가족들은 서로가 창조적 변화를 일으키도록 도울 수 있다. 이러한 가족들은 일 년에 한 번 내지 두 번의 가족성장 촉진을 위한 수련회를 가짐으로써 가족의 성장도를 크게 높일 수 있다.

가족치료법 및 가족생활의 풍요화를 위한 모임에서 사용되는 조직 관점과 방법론은 친밀하고 긴밀한 그 어떤 관계에도 유효하게 적용될 수 있다. 모든 친밀한 우정관계는 부부 및 가족치료법의 원리들을 응용함으로써 보다 상호 성장촉진적으로 될 수 있다. 또 우리 사회에 존재하는 수천만에 달하는 독신자들이 서로 가족과 유사한 부양구조를 개발하게 하는 데에도 이 방법이 활용될 필요성이 절실하다. '결혼하는 것'이 정상으로 여겨지고 독신자들은 별 볼일 없는 사람으로 느끼도록 강요하는 우리의 고립적이고 도시화된 사회 속에서 그들의 성장을 도모하는 데에 이러한 방법들이 요구된다.

조직 관점은 개인들을 이해하고 그들이 성장하도록 돕는 데 유용한 지침이 된다. 개인을 상대로 성장지향적 상담을 할 때, 그 개인의 내면에는 항상 그가 태어나서 자라온 원래의 가족과 현재의 가족

(혹은 다른 상호부양 구조)이 자리잡고 있다는 점을 유념하는 것이 중요하다. 모든 사람은 평생에 걸쳐, 그 속에서 자기 개성이 만들어졌던 가족구조의 영향을 자기 내면에 지니고 있게끔 되어 있다. 이 내면에 있는 가족은 현재의 관계에 지속적으로 영향을 미치게 된다. 개인치료는 사람들로 하여금 이러한 영향에서 벗어나서 성장하게 하고 내면화된 출신 가정에 잠재해 있는 힘을 자신을 위해 쓸 수 있게 하며, 그리하여 그 가족으로부터 유래한 부적절한 태도와 기대를 현재의 친밀한 관계에 투사하지 않도록 하는 것을 목표로 한다. 개인의 성장을 통해서 그 사람의 현재의 가족구조도 창조적인 변화를 하게 되면, 그의 성장은 치료 후에도 계속되는 경향이 있다. 개인치료 기간 중 몇 차례 그의 내면에 있는 '중요한 타인들'과 만남을 갖는 것은 이러한 과정을 촉진하는 수가 있다. 부부치료 과정 중 부부의 자녀와 양친이 함께 참여하는 자리를 몇 차례 가지면, 그러지 않았더라면 묻혀 버렸을 부부간의 상호작용의 어떤 차원들이 드러나서 성장을 억제하는 관계 방식을 바꾸는 데 큰 효력을 내는 경우가 자주 있다. 그 부부는 자기 부모의 상호작용을 살핌으로써 그들 자신의 의사소통에 있어서의 문제와 갈등의 근원을 찾을 수도 있다. 여전히 결혼생활이 가치 있다고 여기는 사람들을 상대로 개인치료를 실시하는 경우에는, 그 사람의 성장의 결과로 그의 배우자와 소원하게 되지 않도록 하기 위하여 치료과정에 부부요법을 병용하지 않으면 안 될 때가 종종 있다.

  조직 관점은 영성적, 가치추구적 성장의 증진을 위한 다양한 자원을 제공한다. 어떤 의미로, 가족치료법은 그 가치와 재능이 성장촉진적으로 작용하지 못하는 가족들로 하여금 그들의 가치와 재능을 재조정하도록 도와 주는 한 방법이다. 어린아이들이 가족의 영성적, 가치추구적 분위기를 흡수할 때, 그 아이들은 그 가족의 기본적인 인생관, 영성적 지향, 가치들을 '배운다'기보다도 차라리 '받는다.' 성년기 전체를 통하여 지속되는 영성적 발달은, 영성적 가치들이 그 구성원들 간의 관계 속에서 체험되는 가족과 같은 배려 집단 안에서 가장 잘 육성된다. 조직 관점은, 영성적 성장은 영성적 가치를 공유하고 있는 배려공동체 안에서 가장 잘 이루어진다고 하는 고대 히브리인의 인식을 재확인해 준다. 이 조직 관점은, 초기의 교회를 개개인이 '서로에게 중요한 존재'가 되는 '그리스도의 몸'으로 지칭하고 있는 성경의 구절에서 찾아볼 수 있다.

개방되어 있고 성장하고 있는 가족구조에 있어서의 결정적인 차원은 하나님이라고 불리우는 보다 광범위한 영성적 실재에 대한 개방성이다. 이러한 개방성으로부터 개인과 개인간, 가족과 가족간의 의미와 상호 격려의 장이 주어진다. 가족 구성원의 온전성은 그들이 다른 사람과, 그리고 궁극적으로는 인류 전체와 생태계와 그리고 자비로운 우주의 영과 연관되어 있다는 사실을 깨달을 때 심원한 발전을 이룰 수 있다.

보다 큰 조직의 온전성

친밀한 조직의 성장촉진성을 높이기 위하여 총체적 관점에서 일을 하다 보면, 자연히 그 구조의 테두리를 넘어서서 모든 개인 및 모든 가족의 생활을 고갈시키기도 하고 풍성하게도 하는 보다 큰 규모의 조직에 직면하게 된다. 몇몇 가족치료자들은 보다 큰 규모의 조직이 가족에게 미치는 영향을 조사한 일이 있다. 내가 이 문제에 처음으로 관심을 가지게 된 것은 미누친(Salvador Minuchin)과 더불어 가족치료법에 관한 훈련을 받고 있던 때였다(미누친의 권고에 따라 필라델피아의 빈민가에 있는 내담자의 가정에서 지내던 때의 충격을 나는 기억하고 있다). 빈민가의 가족들을 대상으로 일한 경험으로부터 미누친은 가족과 다른 사회조직 사이의 상호 관련성을 매우 예리하게 인식하게 되었다. 그는 가족치료자들은 한 가족이 치료실이 아닌 다른 곳에서 경험한 것이 무엇인가를 알아야 하며, 시시각각으로 가족구조에 심원하고 부정적인 영향을 미치는 사회경제적 억압에 대해 보다 깊은 의식을 가져야 한다고 믿었다. 그는 다음과 같이 단언한다 :

이 곳의 주민을 상대로 일하는 모든 치료자들은 가족 내에서의 변화 유형이 주위 환경의 변화 유형 때문에 쓸모없는 것으로 되어 버리는 숱한 경우들을 익히 알고 있다. 예컨대, 가족 내에서의 행동 유형을 바꾸려고 하지만 급격히 타락하고 있는 도시 환경 속에서 살고 있기 때문에, 종래의 유형을 고수해야만 할 것 같다고 생각하는 한 가족의 고충을 살펴보자. 성인이 된 딸들에 대한 위계(位階)적이고 책망 위주인 관계를 바꾸고자 하는 어머니의 노력은 집 밖의 사회에서 벌어지고 있는 일로 인하여 허사로 될 수 있다. 그 딸들이 이성에 대한 당연한 호기심을 채우기 위하여 혹시 남자애들이 지나가지나 않을까 하고 자꾸 문 밖을 내다본다면, 어머니는 종래의 그 책망하는 역할을 그대로 유지하지 않을 수 없게 된다. "그래요, 난 달라지길 바래요. 그래서 그런 일로 큰 소리를 내고 싶지는 않지만, 그 애들에게 밖을 내다보지 말라고 하지 **않을 도리가 있나요?** 저쪽 길 모퉁이에는 술꾼들이 우글우글하고, 뚜쟁이들이 어슬렁대고 있는 걸요. 여자애들은 어쩔 수 없이 집 안에 있을 수밖에 없어요."[12]

미누친은 또한 빈민가의 만성적인 남성 실업상태가 은연중에 빈민가의 가족들에게 영향을 주고 있음도 지적한다. 이런 상태에서는 남성의 '부양자'로서의 역할만을 지나치게 평가하고, 그 밖의 중요한 남자의 역할, 즉 남편, 아버지, 인간으로서의 역할들을 경시하는 태도가 생겨난다.

미누친은 빈민가의 가족들을 돕기 위해서는 다면적인 활동이 요구된다고 주장한다 :

  문제는 이제, "가족구조 내부만을 다룸으로써 변화를 가져올 수 있는가?"라든지 "오직 사회적 차원의 활동으로 이 가정의 생태적인 불균형이 시정되겠는가?" 하는 것이 아니다. 이런 식의 질문에 전제되어 있는 잘못된 이분법과 다면적 활동의 필요성은 이미 알고 있는 바이다. 가족 내에서의 활동과 사회적 차원의 활동이 제휴하게 됨에 따라 다음과 같은 새로운 질문이 제기된다 : "다면적인 여러 가지 활동들을 어떻게 일관된 기능을 하도록 사용할 것인가?"[13]

가족구조가 외부구조와의 상호작용을 조절하게끔 하는 기제에 대해서는 거의 알려진 바가 없는데, 그는 이 분야에 관한 보다 집중적인 연구가 필요하다고 생각한다. 이것에 대한 이해가 없이는 가족문제와 사회문제의 상호적인 악순환을 끊기 위하여 빈민가의 가족들이 가족구조 요법과 함께 충분히 활용할 수 있는, 사회 변화를 위한 사업(예컨대, 청소년 직업훈련, 조기교육)을 고안하기가 불가능할 것이다.

보웬은 현대 사회에서 가족들에게 점점 더 강한 압력을 주어 가족들로 하여금 기능장애를 일으키게 하기 일쑤인 여러 가지 힘들, 곧 광적으로 빠른 생활 속도, 확대가족과의 상부상조하는 접촉의 상실, 인구 폭발로 인한 압력, 그리고 재생불가능한 자원의 고갈 등의 힘들을 조사해 왔다. 이러한 사회적 변화 및 그 밖의 여러 변화들 때문에 숱한 부모들이 점점 더 심한 불안을 느끼는 동시에 각성과 자신감을 잃어 가는 사회 환경이 창출되고 있다. 이 모든 것들이 부모 노릇 잘하기를 어렵게 만들고 있다.

새티어는 자신의 관점에서, "나는 가족들이 그 가족 중의 누군가와 관련이 있는 모든 기구의 동료가 되어, 그 기구의 일원으로 간주되기를 요구할 필요가 있음을 느낀다."라고 말한다.[14] 이러한 필요를 충족할 구체적인 방법으로서 그녀는, 가족 회의시에 부모가 자녀들과 함께 참석함으로써 모든 식구가 학교, 사업, 교회, 소년단, 트랙 경기팀 등의 외부 기구와 다른 모든 식구들과의 관계를 파악할 수 있게 하는 방법을 권한다. "가족 회의는 식구 하나하나가 겪고 있는 불만, 실패, 불의, 보상, 경험들이 각자의 욕구라는 틀 속에서, 그리고 취해져야 할 가족 및 외부 기구에 있어서의 조치라는 틀 속에서 검토될 수 있는 유일한 장이다."[15]

확대가족의 재창조

가족을 조직 관점에서 보면, 현대 세계의 다면적 위기 및 압력에 창조적으로 대처하기 위해서는 많은 사람들에게 확대가족을 대신할 수 있는 어떤 조직이 절실히 요구된다는 사실이 분명해진다. 안정성이 없고 변동이 매우 심한 이 사회 속에서는 수천만의 개인과 가족들이 확대가족이나 이웃들로부터 지지를 받고 있다는 느낌을 얻지 못하고 있다. 생동하는 지지구조가 없으면 그들의 대처능력은 크게 감소된다. 심리적 장애와 가족의 질병을 줄이고 인간의 잠재력을 보다 크게 구현하기 위해서는 모든 지역사회에 개인과 가족이 손쉽게 활용할 수 있는 다양한 상부상조의 조직체계를 마련할 획기적인 전략이 필요하다. 우리 사회의 가장 중요한 성장—육성 기구인 학교와 교회는 이러한 상부상조 조직망의 개발을 뒷받침하기에 유리한 조건을 많이 가지고 있다.

종교 기구로 하여금 확대가족과 같은 상호부조 조직의 역할을 하도록 도울 수 있는 방법은 다음과 같다. 이 방법은 그 밖의 봉사단체를 활성화시키는 데에도 사용될 수 있을 것이다. (1) 우선, 지역사회 내에 개인 및 가족을 위한 상부상조 구조 설치의 절실한 필요성에 관하여 종교지도자들(성직자 및 평신도)의 의식을 높여야 한다. (2) 각 집회를 이끌고 있는 리더들에게 성장—치유—행동 소집단 운영법을 훈련시킨다. 이 훈련의 담당자는 당연히 목회상담 전문가를 포함하여 정신건강 전문가가 되어야 한다. (3) 각 집회의 리더들은 그들 집단과 지역사회에 속한 개인 및 가족들의 양육 및 성장지지에 대한 여러 가지 욕구에 부응하도록 계획된 소모임, 강습회, ○○교실, 수련회 등의 총괄적 프로그램을 작성한다. 이러한 집단들의 목표는 서로의 성장을 도와 줌으로써 개인적 질병과 가족의 질병을 예방하는 것이다. 현재 교회에서 활용되고 있는 성장집단의 종류로는 다음과 같은 것들이 있다 : 고통의 극복을 위한 집단, 이혼자 성장집단, 결혼준비 집단, 풍요한 신혼생활을 위한 집단, 창조적 독신생활을 위한 집단, 좋은 부모가 되기 위한 집단, 혼자서 아이를 기르는 사람들의 집단, 중년의 결혼생활 쇄신을 위한 집단, 창조적 은퇴기를 위한 집단, 장애자 부모집단, 죽을 병을 앓는 사람의 가족들을 위한 후원 집단 등. 이러한 집단의 참가자들에게는 비슷한 사정에 처한 다른 사람들과 관계를 갖도록 장려해야 한다. (4) 각 집회의 리더들은 엄선된 요원들을 모집, 훈련하고 계속 지도함으로써 중요한 삶의 위기를 겪고 있는 개인과 가족들에게 보다 나은 도움을 주어야 한다. 예를 들면, 미네아폴리스에 있는 어떤 교회의 목회자는 교인들 중 갓결혼한 사람들에게 도움을 주기 위하여 성년 초·중기의 부부들 중 20여 쌍을 훈련시켰다. 교인의 친구가 되어 줄 이 '보조자들'(befriender)은 젊은 부부들(특히 매우 위험한 십대 부부들)로 하여금 신혼생활에서 오는 여러 가지 압력을 잘 처리하는 관계의 기술을 배우도록 돕는 데 매우 좋은 자원이다. 경험에 의하면, 위기를 극복하고 그 결과로 성장을 이룬 평신도들 가운데 어떤 사람들은 적당한 훈련만 받으면 성장배양 집단의 훌륭한 보조지도자가 될 수 있다. 그러므로 교회 외부의 배양—지지구조의 구축과정에서 나오는 이런 보조지도자들은 자연히 어떤 집단에서나 유용한 성장촉진자가 될 수 있다. 지도자팀의 훈련과 지도는 주로 집단 상담을 포함한 상담훈련을 받은 목회자가 책임을 져야 한다. 각종 지지 집단의 지도자들은 이 팀에서 충당될 수 있다. 교인이나 지역사회에 정신건강 전문가가 있으면 그들은 지도자 훈련을 거들고, 또 전문적인 도움을 필요로 하는 사람들에게 요구되는 지원 활동을 제공하도록 참여시켜야 한다. 집단 내부의 지지—배양체계의 기본 구조는 자조 집단(self-help group)의 모형에 따라 세워질 수 있다. 이 자조 집단은 현대 치료법의 양상 가운데에서도 가장 강력한 부류의 하나이다. 지도자팀과 상부상조 집단을 구성함으로써 교회지도자들은 교인들을 활성화시킬 수 있으며, 교회를 마치 가족과 같은, 평생에 걸친 치유와 성장의 장으로 만들 수 있다.

통일 구조 모형

다음 도표는 개인 성장 및 사회 변화의 환경모형으로서 그 환경의 상호 의존적인 제 차원을 묘사하고 있다.[16]

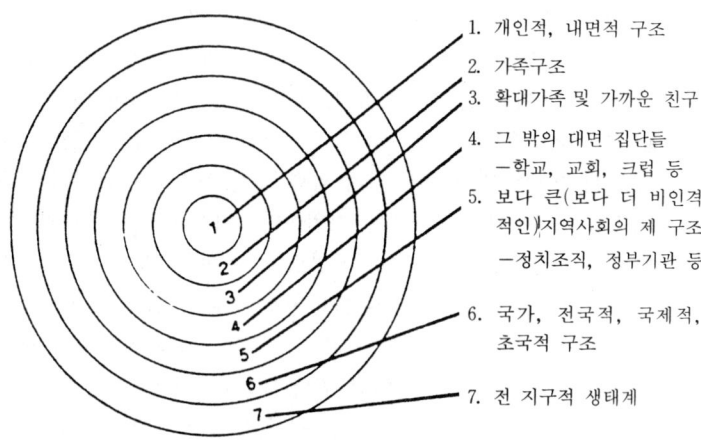

1. 개인적, 내면적 구조
2. 가족구조
3. 확대가족 및 가까운 친구
4. 그 밖의 대면 집단들
   —학교, 교회, 크럽 등
5. 보다 큰(보다 더 비인격적인)지역사회의 제 구조
   —정치조직, 정부기관 등
6. 국가, 전국적, 국제적, 초국적 구조
7. 전 지구적 생태계

만약 도표를 평면이 아니라 입체로 그릴 수만 있다면 더욱 완벽하고 정확한 것으로 되었을 것이다. 성장—변화의 과녁판 위에 그려진 상호 교섭하고 있는 이 7개의 원들을 통합하는 차원은, 틸리히(Paul Tillich)가 수직적 차원이라고 부르는 그것이다. 이것은 유일한 '영' (the one Spirit)이라는 초인격적 차원으로서 모든 실재가 여기에 그 근거를 두고 있다.

이 과녁판의 각 영역에서 어떤 성장—변화방법을 사용하는 것이 효과적일까? 교육, 상담, 심리치료, 그리고 성장집단은 개인의 변화를 산출한다(원 1). 관계지향적 상담방법……, 그리고 성장집단은 원 2가 표시하고 있는 친밀한 관계를 변화시키는 데 있어서 유효한 수단이다. 원 3과 원 4에서는 ……, 역동적 교육, 집단치료, 성장집단(그리고 조직개발)이 효과적이다. 원 5(보다 큰, 보다 더 비인격적인 구조들)와 원 6(지역사회를 넘어서는 구조들)에 있어서의 변화는 교육과 동시에 설득을 통하여 일어날 수 있다. 그러나 때로는 정치적 방법과 그 밖의 사회운동이 요구되는 경우도 있다. …… 보다 큰 구조, ……그리고 구조와 구조 사이의 변화를 가져오

기 위해서는 보통 정치적 힘, 경제적 힘으로써 대결하지 않으면 안 될 때가 많다.[17]

원 7의 변화를 위해서는 전 생태계를 자각적으로 돌보는 태도를 강화하기 위한 의식화교육과 귀하고 연약한 생태적 환경을 보호하는 데 필요한 사회제도의 변화를 창출하는 사회적, 정치적 운동이 함께 요구된다.

> 모든 구조 내에서의 변화는 다른 구조들과의 상호작용에 의존한다. 위의 구조 도표에서, **한 원에서의 변화는 그 원의 한 쪽 또는 양쪽 곁에 있는 구조가 동시에 변화할 때 더욱 잘 발생하고 영속적인 것으로 된다.** 예를 들면, 개인의 성장은 가족이 동시에 건설적으로 변화할 때 더 잘 발생하고 지속되며, 가족의 변화는 확대가족의 변화가 그것을 보조할 때 더 잘 발생하고 지속되며, 이 세 차원의 변화는 모두 사회의 제도들이 성장지향적일 때 더 잘 발생하고 지속된다. 개인을 향상시키는 세계공동체를 향해 나아가는 데에는 이 도표의 모든 영역에서 변화를 산출하기 위한 동시적 행동이 요청된다.[18]

변화와 성장에 대한 환경론적-구조적 접근방식은, 우리가 한 원에서의 변화를 창출하기 위해 노력하고 있을 때에도 그 차원의 변화가 다른 모든 차원과 상호 의존되어 있음을 잊지 않게 해준다.

보다 큰 집단, 제도, 그리고 사회적, 경제적, 정치적 구조를 대상으로 하는 사회치료법은 매우 요긴한 것인데, 이러한 치료법의 개발을 위한 일반 원칙도 조직 관점에서 추출될 수 있다. 이러한 사회적, 경제적, 정치적 구조들은 우리의 지역사회 및 세계사회의 치유-성장 분위기를 집단적 규모로 좌우한다. 구조치료법에서 사용하는 개념과 방법들은 또한 여러 봉사단체 및 보다 큰 구조 속에서 요구되는 끊임없는 자기 혁신의 자료를 넉넉히 제공할 것이다.

개인의 성장과 사회의 변화를 위한 대면적 차원의 구조적 접근법이 마련되어야 할 시급성은 아무리 강조해도 지나치지 않는다. 예민

한 미래 학자들은 인류의 시대가 종말을 고하고 있는 것이 아닌가 하는 무서운 증거를 계속 우리의 눈앞에 제시하고 있다. 현재 우주선 지구호에 타고 있는 생명의 질에 대하여 다음 7가지의 광범위하고 상호 의존적인 위협들이 계속 고조되고 있다. 이 위협들이란 인구 폭발, 부국과 빈국과의 경제적 격차의 심화, 대규모의 영양실조(이것은 주로 식량의 과소분배를 초래하는 경제적 불평등 때문에 나타난다.), 환경오염과 쇠퇴, 유한한 지구의 재생 불가능한 자원의 고갈, 핵무기 사용 및 인류 전멸의 점증하는 위험(세계의 무기고에는 히로시마에 투하한 핵폭탄만한 위력이 있는 폭탄이 무려 1백 50만 개가 있다.), 그리고 과학과 기술의 성과를 윤리적 책임감 없이 사용하려는 전 세계적 추세[19] 등이다. 제2차 세계대전이 발발하기 전에 웰즈(H. G. Wells)는 "제정신이 든 인간의 세계는 어떤 모습일까?"[20]라고 물은 적이 있다. 우리의 병든 사회 속에서 생명을 사랑하는 도처의 사람들은 제정신이 든 인간과 제도가 있는 세상에 살아 보기를 학수고대하고 있다! 개인주의적 성장요법들은 그것이 제아무리 널리 보급된다 하더라도, 무서운 위력으로 몰려오는 육중한 파괴성의 비인간적인 힘을 막을 수 없다. 오직 개인적, 관계적 성장의 튼튼한 토대 위에, 보다 효과적인 제도 및 사회개혁 방법의 개발이 촉진될 때만이 이 조류를 전 지구적 건강의 방향으로 돌려 놓을 수 있다.

가족의 자기 변화 방법의 실례

의도적 가족관계 개선법(Intentional Family Method)은 누구나 스스로 할 수 있는 의사소통 수단으로서, 보다 더 건강한 가족을 만들고자 할 때나 앞에서 설명한 가족치료 및 가족생활의 향상을 위한 모임의 목표를 달성하고자 할 때 활용할 수 있는 방법이다. 이 방법은 누구나 스스로 행할 수 있으므로 가족상담 및 치료, 그리고 가족생활의 향상을 위한 모임, 강습회, 수련회 등에서 가족들에게 가르쳐 줄 수 있다. 이 의도적 가족관계 개선법을 통하여 가족들은 서로에 대해 잘 알게 되고, 그들의 장점을 보다 깊이 인식하며, 서로의 성장을 촉진하는 상호 교류를 이루기 위하여 변화가 요구되는 영역을 찾아내며, 이러한 변화를 가능하게 하고, 그리하여 비건설적인 갈등의 원인을 줄일 새 가족계약을 체결할 수 있게 된다. 나는 이미 다른 책에서 부부들이 이 방법을 활용하고 있는 예를 상세히 묘사한 바 있다.[21] 그러므로 여기에서는 각 단계의 윤곽만을 제시하면서 이 방법을 가족들이 어떻게 활용할 수 있는가를 보이도록 하겠다. 독자들도 최소한 1시간 정도를 할애해서 전 가족과 함께 이 방법을 실행해 보기 바란다. 각 단계의 지시문을 읽고 여러분이 필요로 하는 만큼 단계를 밟으시오 :

제1단계 : 당신의 가족은, 설령 각 식구가 생각하기에 달라졌으면 하고 생각되는 일들도 있겠지만, 분명히 많은 장점을 가지고 있을 것이다. 당신네 가족의 장점과 능력을 보다 선명하게 알기 위하여 한 사람씩 돌아가면서 그 가족의 일원이 되어 좋다고 느끼는 점을 말하여 보시오. / 자, 이제는 다시 한 사람씩 돌아가면서 한 번에 한 사람에 대해서만 집중적으로 이야기를 해 보시오. 화제에 오른 그 식구에 대하여 좋아하는 점, 높이 평가하는 점을 다른 모든 식구들이 말하도록 하시오. 기분이 저조하거나 지금 특별한 압박을 받고 있는 사람부터 시작하시오. / 지금까지의 과정에 대해 느낀 점을 모든 식구들이 서로 이야기하여 보시오.

제2단계 : 이 단계의 목표는 제1단계의 경험을 기반으로 하면서 식구들의 채워지지 못한 욕구나 바램을 찾아내는 것입니다. 다시 가족들이 한 사람씩 돌아가면서 가족에게 요구하고 싶은 것, 바라는 것을 이야기하게 하시오. 이렇게 해서 나온 갖가지 욕구와 바람에 대해 토론하기 전에 모든 사람에게 차례가 돌아가게 해야 합니다. / 다음은 의사소통 훈련입니다. 한 식구가 말한 욕구와 바램을 듣고 이해한 대로 다른 식구들이 그 말한 식구에게 말하여 보시오.

제3단계 : 만약 여러분들이 각 식구의 바램과 욕구 중 적어도 한 가지를 만족시키도록 가족 변화계획을 함께 짠다면 여러분의 가족관계는 풍성해질 것입니다. 가령 가족이 함께 일할 시간을 더 많이 갖자든지 가족놀이 기회를 자주 마련하자든지 따위의 여러 식구들이 이야기한 욕구가 있다면 이러한 욕구는 전체 가족이 매우 쉽게 성취할 수 있을 것입니다. 식구 전원에게 공정하고 납득될 만한 공동계획을 협의하시오. 전 과정에서 이 단계가 가장 어려운 단계이기는 하지만 이 단계는 또한 결정적인 단계이기도 합니다. / 공정하고 실현가능한 계획이 타결되었으면 그것을 기록하되 시간계획 및 각 식구의 역할도 함께 기록하시오.

제 4 단계: 자, 이제 변화계획을 실행에 옮기면서 꾸준히 진정시키시오. / 그리하여 상호 욕구충족이 증대되고 갈등의 요인들이 감소하거든 그 일을 자축하시오! 여러분은 그럴 만한 자격이 있습니다. 여러분은 이제 계획적으로 가족구조를 개선하는 방법을 배우는 변화의 동인이 되고 있기 때문입니다. / 제 1 차 계획이 실시되고 나면, 다시 각 식구의 새로운 욕구와 바램을 추출하여 그것을 충족시키는 계획을 세우고 실행하시오. / 만약 관계를 변화시키고자 하는 노력에도 불구하고 성과가 없을 때에는 가족생활의 풍요화를 위한 모임이나 강습회에 참가하거나 공동 가족상담을 받거나 하여 훈련받은 가족 의사소통 촉진자에게 도움을 받음으로써 여러분이 활성화하기를 원하는 가족의 풍부한 잠재력을 계발하도록 하는 것이 좋습니다. /

조직요법의 성장자원에 관한 참고문헌

Ackerman, Nathan. 「가족생활의 심리역동」(*The Psychodynamics of Family Life*). New York : Basic Books, 1958. 저자인 Ackerman은 가족치료법을 처음으로 개발한 사람으로서, 이 책은 가족치료법의 고전과도 같은 책이다.

Bertalanffly, Ludwig von. 「일반 조직이론 : 기초, 발달, 응용」(*General Systems Theory : Foundation, Development, Application*). New York : George Braziller, 1968.

David H. S. Olson, ed. 여기서는 조직요법에 대해 간단하게 소개한다. 「관계를 다루는 법」(*Treating Relationships*). Lake Mills, Iowa : Graphic Publishing Co., 1976. 이 책의 11장인 Murray Bowen의

"가족치료법과 가족집단치료법"(Family Therapy and Family Group Therapy)에서는 가족치료법의 발달사에 관해 간략하게 언급되어 있으며, 가족치료법의 발달에 기여한 Bowen의 공정이 기술되어 있다.

Clinebell, Howard. 「목회상담의 기본 유형」(*Basic Types of Pastoral Counseling*). 이 책의 6장은 "역할-관계 부부상담"(Role-Relationship Marriage Counseling)이며, 7장은 "가족집단치료법과 의사거래분석"(Family Group Therapy and Transactional Analysis)이고, 12장은 "집단목회상담"(Group Pastoral Counseling)이다.

──. 「성장집단」(*Growth Groups*). 이 책 중의 10장 "인간다운 사회 건설을 위한 보조자 훈련법"(Training Change Agents to Humanize Society)에서는 성장집단을 사회변화에 활용하는 것에 대해 설명하고 있다.

Guerney, Bernard G., Jr. 「관계향상」(Relationship Enhancement). San Francisco : Jossey-Bass, 1977. 이 책에서는 치료와 문제예방, 관계향상에 활용될 수 있는 관계 향상 기술훈련 프로그램에 대해 설명하고 있다.

Kantor, David, and Lehr, William. 「가족의 내부에로, 이론정립을 위하여」(*Inside the Family, Toward a Theory of Process*). New York : Harper Colophon Books, 1975. 이 책에서는 훈련받은 관찰자들이 가족조직이 실제로 어떻게 기능하는가에 대해 관찰한 보고들이 실려 있다.

Leas, Speed, and Kittlaus, Paul. 「사회적 행위에 있어서의 목회상담자」(*The Pastoral Counselor in Social Action*). Philadelphia : Fortress Press, 1981. 이 책에서는 사회 행위 전문가인 양저자가 목회상담의 통찰들을 이용하여, 사회변화를 촉진시키는 데 사용될 수 있는 방법과 기법들에 초점을 맞추어 설명하고 있다.

Luthman, Shirley G, and Kirschenbaum, Martin. 「역동적인 가족」(*The Dynamic Family*). Palo Alto, Calif. : Science and Behavior Books, 1974. 이 책에서는 부분적으로 새티어의 접근에 근거하여 철저히 성장지향적인 가족치료 접근을 제시하고 있다.

Minuchin, Salvador. 「가족과 가족치료법」(*Families and Family Therapy*).

Cambridge, Mass.: Harvard Univ. Press, 1974. 이 책은 가족조직의 변화를 추구하는 구조적 가족요법을 소개한 것이다.

──. et al. 「빈민가의 가족」(*Families of the Slums*). New York: Basic Books, 1967. 이 책은 불리한 상황에 있는 가족들의 구조와 그 해결방식을 연구한 책이다.

Pattison. E. Mansell. 「목사와 교구─조직 접근」(*Pastor and Parish─A Systems Approach*). Philadelphia: Fortress Press. 1977. 이 책에서는 교회의 효율성을 증진시키기 위하여 조직접근법을 사용하는 것에 대해 설명하고 있다.

Sanford, Nevitt. 「자아와 사회, 사회변화와 개인발전」(*Self and Society, Social Change and Individual Development*). New York: Atherton Press, 1966. 이 책에서는 각 기관이나 제도들이 보다 성장촉진적인 역할을 할 수 있는 하나의 발전 모델을 제시하고 있다.

Satir, Virginia. 「공동가족요법」(*Conjoint Family Therapy*). Palo Alto, Calif.: Science and Behavior Books, 1964. 이 책은 저자의 의사소통 중심요법의 이론과 시술법에 대한 일종의 안내서이다.

──. 「사람을 만드는 법」(*Peoplemaking*). Palo Alto, Calif.: Science and Behavior Books, 1972. 이 책은 부모들이 보다 성장배양적인 가정을 꾸밀 수 있도록 도움을 줄 만한 책이다.

Seifert, Harvey, and Clinebell, Howard. 「개인성장과 사회변화」(*Personal Growth and Social Change*). Philadelphia: Westminster Press, 1974. 이 책은 성직자와 신도들이 보다 성장촉진적인 보조자가 될 수 있게끔 도와 주는 지침서이다.

Stewart, Charles W. 「가족상담자로서의 성직자」(*The Minister as Family Counselor*). Nashville: Abingdon, 1979. 이 책에서는 가족들을 강화시켜 주는 방법들에 대해 설명하고 있으며, 교회를 가족들이 모인 하나의 대가족으로 보고 있다.

10
여권주의 치료법의 성장자원들

　여권주의 치료법은 급진적인 치료법 중의 하나이다. 모든 급진적인 치료법들이 공유하고 있는 하나의 주제는 개인성장과 사회적 변화는 불가피하게 상호 의존적이라는 점에 대한 인식을 같이하고 있는 점이다. 내가 보기에, 어떤 치료법도 그것이 인간의 성장을 극대화하는 작용을 하려면 필수적으로 이러한 주제를 하나의 차원으로 포함하고 있어야 한다. 오늘날 대부분의 치료법과 성장접근법들이 그렇듯이 지극히 세속적인 구제만을 목적으로 하고, 그 대상도 특권층이나 특정한 개인에 국한되어, 사회적으로는 무책임한 치료적 경향에서 벗어나기 위해서는 사회와 정치에 대한 각성이 요구된다. 모든 개인의 문제가 궁극적으로는 사회로부터 파생된다는 점을 깨닫게 되면, 상담자나 치료자, 교사들은 비록 어려운 과제이긴 하지만 개인의 성장과 성장을 배양하는 제도의 창출이라는 두 개의 과제를 보다 효과적으로 통합해 나갈 수 있게 된다. 급진적인 치료법들의 근본 이념과 방법론은 치료와 상담의 중산층적 속성을 극복하고, 그것들이 지구상의 인간의 대부분을 차지하는 가난하고 억압받는 사람들을 성장시키고 자유롭게 하는 작용을 할 수 있게 많은 도움을 준다.

급진치료법에는 세 가지의 주요한 부류가 있다. 초기의 급진적 치료법은 래잉(R. D. Laing), 토마스 사쯔(Thomas Szasz) 등에 의해 대표되는데, 이들은 기존의 보수적인 정신의학의 정치를 도외시하는 신념체계와 억압적인 타성적 시술에 반기를 들었다.[1] 두 번째 부류의 급진적인 치료법은 신좌익운동(주로 1960년대와 70년대 초반에 일어났다.)의 영향을 받아 나타났는데, 크라우드 스테이너(Claude Steiner), 호기 와이코프(Hogie Wyckoff), 필 브라운(Phil Brown) 등이 그 대표자이다.[2] 레스터 겔프(Lester Gelb)는 이러한 관점을 극명하게 나타내는 한편의 논문에서 다음과 같이 주장한다. "개인과 집단을 다루는 데 있어서, 우리는 모든 치료의 궁극적인 목표는 사회의 변화라는 점을 깨달아야 한다. 따라서 정신건강을 다루는 전문가들은 필히 이에 관심을 가져야 한다."[3] 세 번째 부류의 급진적인 치료법은 바로 본장에서 서술하고자 하는 여권주의 치료법으로서, 이는 현재 가장 급속하게 발전하고 있는 치료법일 뿐더러 다양한 경향의 치료자들에게 그 영향을 주고 있다.

앞에서 말한 세 부류의 치료법들은 공히 개인의 문제는 사회적인 맥락에서 파악되어야 한다는 데 의견을 같이한다. 이는 다음과 같은 테제에서 단적으로 드러난다. "심리적인 억압으로부터 해방되려면 가난으로부터의 해방이 수반되어야 한다."[4] 이 부류의 치료법들은 전통적인 정신건강 이론과 구조체계를 환자의 건강에 좋지 않은 것으로 보며, 특히 빈민이나 소수파, 여성과 같은 사회적 약자에게는 오히려 악영향을 끼치는 것으로 본다. 또한 이 치료법들은 불평등한 치료자와 환자관계나 정신건강센터들의 치료체계를 평등한 민주적인 관계로 재설정해야 한다고 주장한다. "치료란 변화를 의미할 뿐이며 결코 조정을 의미하지는 않는다."라는 급진적 치료법의 신조는 이 부류의 치료법들의 공통주제이다.

본장에서 나는 위의 세 부류의 치료법 중 여권주의 치료법에 초점을 맞추어 서술해 나가고자 하는데, 이에는 몇 가지 이유가 있다. 우선 여권주의 치료법은 가족제도나 사회제도가 어떤 식으로 여성의 성장을 방해하는지에 관심을 쏟는다(즉 치료를 하거나 받는 사람에게 있어 무엇이 근본적인 요인인가를 탐구한다). 성차별주의가 여성과 남성 양자의 효과를 반감시키는 주요한 원인이 된다는 것은 주지의 사실이다. 여권주의 치료법은 한 편으로는 개인의 치유와 성장을 추구하고, 다른 한 편으로는 개인이 이러한 성차별주의 사회를 변화시켜 나가도록 사회정치적인 동기와 자질을 부여한다. 그리고 그러면서도 동시에 양자간의 균형이 상실되지 않도록 주의를 기울인다. 대부분의 여권주의 치료자들은 인간을 자유롭게 하는 데 있어서는 개인적 요소, 인간관계적 요소, 사회정치적 요소, 역사적 요소 등이 매우 밀접하게 관련을 맺고 있다는 점에 대해 확고한 믿음을 갖고 있다. 바로 이 점에서 여권주의 치료법은 치료를 단순히 사회적 행위로만 보는 극단적인 급진치료법과 구별된다. 또 하나 여권주의 치료법이 가지는 의의는 그것이 명확히 성장지향적인 접근이라는 점이다 :

'치료'란 단지 절망적인 상태에 있거나 '질병에 걸린' 사람들을 위한 것만은 아니다. 그것은 얼마든지 현재도 건강하지만 좀더 나아지고 싶은 사람들에게도 활용될 수 있는 것이다. 그렇기 때문에 치료는 개인의 의식을 고양시키고 잠재력을 발현시키는 하나의 과정으로 여겨지는 것이다. 자아를 각성시킬 수 있는 방법들을 배워서 이를 생활에 의식적으로 적용시켜 나감으로써 지속적으로 자신을 계발하고 성장을 이룩해 나갈 수 있게 된다.[5]

인간의 전인성에 대한 여권주의 치료법의 관점은, 진정으로 여성과 남성의 해방을 추구하는 치료법이라면 필히 갖추어야 하는 하나의 관점이다. 내 경험으로 볼 때, 이러한 시각에는 성장에 대한 참신한 희망과 추진력이 가득 담겨 있다.

또한 여권주의 치료법들은 그 이론과 방법에 있어 각양각색이다. 따라서 '여권주의 치료자'라 할 때에는, 여권주의적 관점을 치료의 중심 철학과 방향으로 삼는 모든 치료자를 총칭하는 것이다. 그러한 치료자들의 치료 방향은 다양하며 여권신장을 추구하는 급진성의 정도도 치료법에 따라 천차만별이다.[6]

나는 급진적인 여권신장론자이자 유능한 치료자인 샤롯데 엘렌 (Charlotte Ellen)[7]과 매우 잘 알고 지내는 사이이다. 본장에서 논의하고자 하는 논제들의 중요성을 깨닫는 데에는 그의 이론과 연구 업적의 도움에 크게 힘이 되었다. 그러나 앞으로 논의될 내용들은 단순히 그의 이론을 인용하는 식이 아니라 내가 그 동안 나름대로 연구한 것들이 바탕이 될 것은 물론이다.

여권주의 심리학의 성장에 관한 통찰들

여권주의 심리학자들은 성장을 지향하는 전문가들의 작업을 용이하게 해줄, 정상적인 인간발달에 대한 이해를 왜곡시켜 왔던 남성중심적 편견들을 밝혀 냈다.[8] 또한 그들은 전통적인 심리치료이론과 치료시술에 내재되어 있던 성차별주의적 요소들을 확인해 냈다. 그리고 성차별적인 요소들을 제거하여 남성과 여성이 충분히 성장할 수 있도록 해야 한다는 필요성도 제기하였다.

여권주의의 인간에 대한 이해가 성장에 유용한 도구가 될 수 있음은 학계에 많은 영향을 끼친 밀러(Jean Baker Miller) 저 「새로운 여성 심리학을 향하여」(*Toward a New Psychology of Women*)에서 잘 엿보인다. 여기에 그 책 중에 나오는 몇 가지 두드러진 내용들을 인용한다:

인간성이란 개념은, 인간 감정의 세세한 부분에 대한 이해에서 인간이 가지는 가능성에 대한 가장 광의의 시각에 이르기까지 매우 좁고 왜곡되게 이해되어 왔다. 그리고 그 이유는 무엇보다도 '인간'이란 범주에서 여성을 도외시했기 때문이다……. 이제까지 남성지배적인 풍토로 인해 지각할 수 없었던 새로운 이해와 자각들이 대두됨에 따라 인간의 가능성에 대한 시각이 보다 넓어지고 바뀌어 가고 있다. 이제 옛날의 남성 우위의 사회는 심각한 위기에 처하게 되었다.

비록 여성들이 이제까지 여러 면에서 종속적인 신분으로 머물러 있긴 했지만, 그들은 이러한 남성지배 사회에서 다른 억압받는 집단들이 해 왔던 역할과는 또 다른 특별한 역할을 수행해 왔다. 그들은 남성들과 친밀하고 공고한 관계를 맺으면서 가족이라는 심리환경을 만들어 내고, 알다시피 이 테두리 내에서 '심리상태'를 형성해 왔다. 따라서 여성의 심리상태를 이해하고 이를 변화시키려면 반드시 여성의 존재상황을 알아야만 한다.

남성지배적인 사회이므로 당연히 남성들이 철학, 도덕률, 사회이론, 사회과학 등 문화의 전체적인 면을 짜나가게 된다. 그래서 남성들은 불평등한 남녀관계를 합법화시키고 이를 사회의 지도 개념으로 굳혀 놓는다. …… 여성들의 경우에는, 사실은 그렇지 않지만 수동적이고, 복종적이고, 순해야 하는 존재로 인식되어 버린다. 이런 식의 잘못된 전제에 입각하고 있기 때문에, 기존의 치료법이나 심리학 또는 기타 사회과학들의 효용성은 일고의 가치도 없이 뻔한 것이다.[9]

밀러에 의하면, 우리 문화에서 지배 집단(남성)들이 계발할 수 있는 잠재력은 인간 잠재력 전 범위의 불과 일부분에 지나지 않는다고 한다. 예속된 사람(여성이나 기타 억압받는 사람들)이 계발할 수 있는 잠재력은 당연히 그 문화의 평균치 이하이다. 그러나 오늘날과 같이 가치위기 시기에 있어서는, 이제까지 여성들이 과도하게 계발해 왔고 반대로 남성들은 지나치게 무시해 왔던 바로 그 잠재력들이 남성과 여성 양자의 삶을 보다 인간답게 해줄 수 있는 해결의 열쇠가 된다. 남성지배적인 사회에서 여성들은 인간관계와 감정들에 대한 각성과 '약하다'는 느낌을 잘 참아내도록 지도되어져 왔다. 그런데 바로 이것들은 모든 성장에 공통적으로 잠재되어 있는 요소들이다. 또한 여성들은 인간관계를 배양하고 사람을 양육하는 기술들을 계발해 왔는데, 이는 남성들의 경우에는 제대로 계발되지 않은 부분이다. 그리고 여성들의 경우에는 인간관계 배양적인 기술의 계발을 통해 건강한 인간관계의 본질은 협동적이고 창조적인 면에 있다는 점을 잘 인식하게 되었다. 그러나 여성들은 지나치게 남을 양육하고 남에게 봉사하는 기술만을 계발하고 자신의 많은 다른 잠재력의 계발은 억제당해 왔기 때문에(물론 이는 남성지배적인 사회풍토 때문이다.), 결국은 심리상태가 왜곡되고 많은 여성들이 치료를 호소하는 결과를 빚었다(남성들의 경우에는 그 반대의 방식으로 설명된다). 그러나 그 점에도 불구하고 여성들이 이제까지 그 계발을 지나치게 강요당했던 잠재력들은 남성과 여성 모두에게 여전히 가치가 있다. 즉 이러한 잠재력들은 남성지배적인 기관이나 국가들이 '수단과 방법을 가리지 않고 경쟁에서 이기려 하며, 필요하면 타인을 죽이기까지 하게 몰고 갔던'[10] 불균형한 남성가치의 계발을 시정하고, 그 대신에 계발되어 줄 것을 요하는 바로 그런 잠재력들이다. 우리 사회는 이제껏 여성들이 계발해 온 역량들을 무시하지 말고 정당하게 평가해 주어야 하며, 제도와 사회를 재형성하는 데 여성들도 동등하게 참여할 수 있도록 기회를 제공해 주어야 한다. 그렇게 해야만이 여성, 남성 모두가 이 사회 속에서 자신들의 잠재력을 계발하여, 이미 과도하게 개발된 양육적이고 인간관계적인 능력들과 잘 조화를 이루게 해야 한다.

이와 반대로 남성들은 그들이 여지껏 소홀히 해 왔던 양육적이고, 감상적이고, 부드럽고, 관계적·협동적인 능력을 계발하여 이미 사회풍토에 의해 지나치게 계발된 것들과 조화로운 통합을 이루어 나가야 한다. 밀러는 인간 잠재력의 불균형한 발달이 모든 사람을 얼마나 메마르게 하는지를 다음과 같이 암시적으로 표현했다 : "사람들은 자신들이 서로 상호 의존적인 존재라는 점과 동등하게 관계를 맺으려 한다는 점에 대해서 별로 신경을 쓰지 않는다. 그리고 그렇게 되었을 때 얼마나 유익하고 변화에 도움을 줄 것이며, 또한 그렇게 하는 것이 얼마나 어려우며, 또 잘하려 하지도 않는다는 점과 우리가 우리 삶의 상당 시간을 어찌하면 남들보다 잘날 수 있을까라는 지극히 유치한 것을 배우는 데 허비하고 있다는 점 등등에 대해서 별로 생각해 보지도 않는다."[11] 남성이든 여성이든 건강한 성장을 이루려면 잠재적으로 갖고 있는 양육적 능력과 자기 주장력을 잘 계발하여 이 양자를 조화롭게 통합시켜 나가야 한다. 인간의 성장에 대한 이런 식의 이해가 바로 여권주의 심리학이 모든 환자들과 성장에 종사하는 우리 같은 직업을 가진 사람들에게 제공해 주는 가치 있는 기여인 것이다.

여권주의 사상가들은 기존의 전통적인 치료법들이 그 이론과 치료방법에 있어 성차별주의를 벗어나지 못했기 때문에 그 치료효과가 감소되어 왔다는 점을 밝혀 냈다. 최근까지 심리치료를 가르치는 학교에서 하나의 공식이다시피 했던 프로이트 이론에 의해, 여성을 단지 남성과 같은 성기가 없을 뿐인 '손상된 남성'으로 보았다. 프로이트는 여성을 결점이 많고 열등한 존재로 보았으며, 그래서 여성은 자신의 공격성을 남성과는 달리 자신의 내부로 감춘다고 믿었다. 그렇기 때문에 수동적이고 의존적이고 자학적인 면은 지극히 '정상적인' 여성의 성격이라고 보았다. 또한 내면의 복종성으로 인해 여성은 남성에게 의존적으로 기대려고 하며, 부인이나 어머니로서 남편이나 자식들을 뒷바라지하는 '정상적인' 역할은 조금도 이상할 것이 없는 합당한 역할이라고 한다. 여권주의 치료법이 나오기 전까지의 치료법들은 대개 남성지배적인 문화가 만들어 낸 여성기피적인 편견을 반영해 왔고 또 이를 강화시켜 왔다.[12] 톰슨(Clara Thompson)과 호니(Karen Horney)는 그 때까지 남성지배적인 문화에 의해 왜곡되어 왔던 심리치료 이론에 있어서 참신한 예외 인물들이다. 현대 여권주의 치료법의 '대모'격인 그들은 당시의 성차별주의적인 잘못된 개념들과 심리치료 이론들이 간과하고 있던 점들을 잘 지적해 냈다.[13]

필리스 체슬러(Phyllis Chesler)는 자신의 뛰어난 논문인 「여성과 정신병」(*Women and Madness*)에서, 환자의 대부분은 여성임에도 불구하고 그들을 치료하는 의사나 심리학자들은 반대로 대부분 남성이라는 점을 지적하고 있다. 그녀는 계속해서, 임상가들은 그가 여성이든 남성이든 간에 모두 여성은 열등하며 성에 따라 역할은 구분되어야 한다는 전통적인 구태의연한 관념을 기초로 하여 치료를 행하고 있으며, 대부분의 치료자들은 여성은 내면적으로 복종적이고 의존적이라는 관념을 치료시에 고집하며, 부자들을 위한 사설 치료기관이나 가난한 사람들을 위한 정신병원 모두에서는 가부장적인 문화에서 열등한 존재로 취급되는 여성들의 경험을 새로운 각도에서 파악하려는 시도는 하지 않고, 기존의 진부한 방식으로 관찰한다는 점을 지적한다 :

> 대부분의 여성에게 있어서 치료자와의 치료관계를 맺는 것은 기껏해야 불평등한 인간관계를 하나 더 설정하는 것 이상의 의미를 가지지 못한다. 그런 관계 속에서 여성이 자신의 고통을 표현해 보았자 얻을 수 있는 도움이란, 보다 전문적인 사람에 의해 지배당한다는 것 뿐이다. 심리치료관계와 부유하거나 신분이 높은 사람들의 부부관계는 여성을 고립시키기 십상이다. 이 양자는 둘다 여성의 불행을 집단적으로 해결하려 하기보다는 개인적인 차원의 문제임을 강조한다. 그리고 둘 다 여성이란 보다 강하고 권위적인 남성에 기대려는 나약한 존재라는 인식을 전제로 하면서…… 이 양자는 둘 다 유사하게 여성을 억압하고 통제한다. 그러나 동시에 이 양자는 부유한 집안의 여성이 자기도 모르게 찾게 되는 가장 안전한(잘 알고 익숙한) 피난처가 되기도 한다. 그래서 문제의 해결은 점점 더 요원해지는 것이다.

체슬러는 심리치료시에 여성이 안고 있는 문제들의 문화적 배경을 무시함으로써 나타나는 결과를 다음과 같이 지적하고 있다 :

> 심리치료나 부부상담은 둘 다 여성의 분노를 정서적인 불안으로 보거나, 또는 불감증, 만성우울증, 공포증 등등의 히스테리 증상으로 본다. 이래서 여성들도 뜻하지 않게 갑자기 환자가 되어 버리고, 이런 증상들을 자신만의 독특한 결함으로 여기게 된다. 그녀는 남편으로부터 받기를 원했지만 받지 못했던 관심, 이해, 너그러운 위안 등의 개인문제의 해결점을 심리치료자에게서 받고자 하게 된다.[14]

잉에 보버만(Inge K. Boverman)을 포함한 5명의 심리학자들은 치료자들이 성역할에 대해 어떠한 관념을 갖고 있는가를 알아보는 실험을 한 적이 있다. 그들은 이를테면 '매우 공격적이다-전혀 그렇지 않다.'식으로 인간의 반대되는 성격들을 한 묶음으로 하여 총 122개의 문항으로 된 앙케이트를 만들었다. 그리고 이것을 79명의 심리학자와 정신과 의사를 대상으로 하여 조사해 보았다(그 중 46명은 남성, 33명은 여성이었다).[15] 조사의 요령은 다음과 같았다. 우선 대상인원의 3분의 1에게는 '건강하고, 성숙하고, 사회적으로 유능한 **성인**'에 해당된다고 생각되는 항목을 고르도록 했다. 그리고 또 3분의 1에게는 '건강하고, 성숙하고 사회적으로 유능한 **성인 남성**'에 해당된다고 여겨지는 항목을 고르도록 했다. 나머지 3분의 1에게는 '건강하고, 성숙하고, 사회적으로 유능한 **성인 여성**'에 해당된다고 보여지는 항목을 고르도록 했다. 실험의 결과는, 실험에 참가한 임상가들이 여성이든 남성이든 모두 우리 사회가 갖고 있는 성역할에 대한 고정관념과 유사한 생각을 갖고 있는 것으로 드러났다. 즉 '건강한 **성인**'의 특색을 나타내는 성격들은 '건강한 **성인 남성**'을 나타내는 특색들과 크게 다르지 않았다. 그러나 '건강한 **성인 여성**'을 나타내는 특징들과는 현격하게 차이가 있었다. 다른 실험에 의하면, 건강한 여성을 상징하는 특성들은 건강한 성인 남성을 특징짓는 특색들에 비해 그다지 사회적 평가를 받지 못한다는 사실을 보여 준다. 임상가들이 여성이든 남성이든 그들 모두가 '건강한' 여성의 개념에 대해 부정적인 관념을 갖고 있음이 드러나는 것이다. 그들이 표현하는 건강한 여성이란 감정에 치우치고, 냉철하지 못하며, 위기시에 흥분 잘하고, 경쟁심이 없으며, 남의 말에 귀를 잘 기울이고, 모험을 싫어하며, 외양에만 신경을 쓰고, 툭하면 울기나 잘하고, 건강한 성인이나 건강한 남자에 비해 수학과 과학을 싫어하는 그런 존재인 것이다.

임상가들이 이렇게 무의식적으로 성역할에 대한 고정관념에 젖어 있기 때문에 여성환자들의 잠재력 계발이 신통치 않을 것이라는 사실은 명백히 알 수 있다. 만일 여성들이, 치료자들이 갖고 있는 전인성에 대한 그러한 규준을 받아들이고 내면화한다면, 우리 사회에서 높이 평가하는 '건강한 남성' 혹은 '건강한 성인'에 해당되는 성격적 특성들을 개발해 내기란 불가능할 것이다.

여권주의 치료법의 몇몇 주요 개념들

안네 켄트 러시(Anne Kent Rush), 진 베이커 밀러(Jean Baker Miller), 엘리자베스 프라이어 윌리엄즈(Elizabeth Friar Williams), 샤롯데 엘렌(Charlotte Ellen) 등의 사상을 중심으로 하여 여권주의 치료법의 주요 개념들을 살펴보기로 하자 :

—우리 사회 내의 지배적인 관념과는 달리, 여성은 일반적으로 자율성, 능력, 지도력 등에 대한 강한 잠재력을 갖고 있다. 치료의 과제는 바로 여성들이 이러한 내면의 풍부한 잠재력과 힘을 찾고 계발할 수 있도록 도와 주는 것이다.
—여성에게 있어서 자신의 숨겨진 역량을 계발한다는 것은 자못 흥분되는 일이면서도 동시에 어느 정도 위험부담이 있는 모험이다. 여성이 자신의 종속적인 처지에서 빠져 나오려면, 남성이나 고지식한 여성들로부터 빗발치는 비난의 화살을 받게 될 것이다. 그러나 이는 성장을 원한다면 필히 겪어야 하는 과정이다.
*—치료의 효과성을 높이기 위해서는 여성에 대한 사회적인 인습과 굴레가 여성의 성장을 방해하는 기본 요소라는 점에 대한 인식이 전제되어 있어야 한다. 여성들이 살아가면서 갖게 되는 문제들을 사회적으로 여성들이 무능하고 열등하다고 치부되는 데에 근본원인이 있기 때문에, 이러한 문제들은 단순히 심리내부 내지는 인간관계의 문제로 돌려서는 안 된다. 기존의 전통적인 치료법들과는 달리 여권주의 치료법은, 여성들이 자신을 재정립함으로써 자신의 능력과 가치에 대한 인식을 새롭게 할 수 있도록 의식을 고양시켜 준다. 여성이 안고 있는 문제들의 개인적인 차원과 사회정치적인 차원은 서로 분리될 수 없는 것이다(이는 억압받는 다른 부류의 사람들의 경우에도 마찬가지이다). 개인의 성장은 그 사람이 그러한 성장을 통해 타인과 연대하여 사회정치적인 행위를 함으로써, 성장을 감소시키는 원인이 되는 사회 요소들을 변화시켜 나갈 수

있도록 방향이 주어져야 한다.
* 의식을 고양시키는 치료는 여성들이 자신들의 문제에 원인을 부여했거나 부여하고 있는 과거나 현재의 근원들을 잘 알 수 있도록 해주어야 하며, 또한 현재의 자신의 사회적 위치를 깨달을 수 있도록 해주어야 한다.
— 여성들은 자신의 전인성을 위하여는 물론 사회의 전인성(혹은 생존)을 위해서도 자신의 특별한 능력들을 계발하려 한다. 여성이 갖고 있는 에너지와 통찰들은 너무나 오랫동안 무시되어 왔기 때문에 이제는, 지금까지 남성 우위의 결과로 빚어진 파괴적인 분위기를 견제하기 위해서라도 강조되어야 한다.
* 치료시에 여성들이 결코 남성과의 관계로부터가 아닌 자기 스스로 강하고 자율적인 정체성을 계발할 수 있도록 북돋아 주어야 한다.
— 여성은 1천년 동안이나 잊고 있었던, 치유자와 성장배양자로서의 자신을 되찾는 과정에서 커다란 희열과 기쁨을 맛보게 된다.[16]
* 여권주의 치료법은 여성들이 가부장적인 문화배경으로부터 내면화했던 많은 균열들, 즉 정신과 신체와의 균열, 사고·감정과 행동과의 균열, 이성적인 것과 직관적인 것과의 균열, 객관성과 주관성과의 균열, 과학성과 예술성과의 균열, 개인과 그를 둘러싼 환경과의 균열 등을 통합시킬 수 있도록 해 주고자 한다. 또한 삶의 본질적인 통일성의 회복을 추구하기도 한다.
* 여성을 대상으로 치료할 때에는, 치료자가 여성이고 또 치료의 대상이 여성 소집단일 때 치료가 가장 잘 이루어질 수 있다. 그래야만 여성이 갖고 있는 에너지와 강력한 성숙성이 경험될 수 있다. 그와 같은 상호 배려적인 현실지향적 공동체 내에서 여성은, 자신의 내면과 인간관계에 존재하는 문제들과 잠재력을 알게 되며, 자신을 둘러싼 사회가 자신의 삶에 어떻게 영향을 미치고 있는가를 이해하게 된다. 이러한 치료 소집단에서의 경험을(이에는 물론 의식-고양이 포함된다.) 통한 여성은 치료시의 경험을 자신의 삶에 반영 내지는 구현해 나갈 수

있게 된다. 즉 여지껏 지속되어 왔던 다른 여성(특히 중류사회의 여성)과의 고립적 관계로부터 벗어날 수 있게 되며, 대개 남성인 강력한 권위적인 인물에 의해 도움을 받는답시고 오히려 상처만 받아 온 그런 상태에서 벗어날 수 있게 된다.

*—여성들을 치료할 때에는 그들이 자신들의 삶을 짜나가고 폭넓게 영위해 나가며, 스스로 성장목표를 선택해 의도적으로 그 달성을 위해 나아갈 수 있도록 격려해 주어야 한다. 또한 과감하게 자신들의 현실적인 욕구들을 만족시켜 나가고, 생활양식을 선택해 나가며, 자신에게 맞는 일(가정이나 급료를 주는 회사에서 또는 이 양자를 병행하면서)을 골라 나갈 수 있도록 고무해 주어야 한다.

—여성을 상대로 치료할 때에는 여성들이 사회적으로 한 단계 낮은 자신의 지위에 대해 적절하게 분노를 느끼게끔 해야 한다. 그러나 이러한 분노를 마음 속에 묻어 두게 하여 결국 우울증이나 자학증세, 정신신체적인 각종 문제들을 유발케 해서는 안 되며, 이것을 인간관계와 사회적 관행을 변화시켜 나갈 수 있는 동력으로 사용하게끔 고무해야 한다.

*여성은 스스로 자신이 지극히 '정상적인' 존재라는 점을 자각해야 한다. 모든 여성은 궁극적으로 자신을 치료케 하고 성장하게 할 수 있는 유일한 '전문가'이다. 치료는 여성이 자기 치유력을 찾을 수 있게끔 도움을 주어야 한다.

*—고양된 의식을 갖고 자신을 지속적으로 자유롭게 해 나가는 치료자만이 교묘하게 억압하는 치료자가 아닌 성장촉진적인 치료자로서의 기능을 할 수 있다. 치료자의 정치적인 각성은 현실적으로 자유로운 성장을 이룩하려는 어떤 치료법에 있어서도 중요한 자원이 된다.

*치료의 효과를 충분히 발휘하기 위해서는 치료자와 내담자와의 평등한 관계가 필수적인 요건이 된다. 일부 정신건강 전문가들에게 보이는 것과 같은 전문가라는 엘리트의식은 공연히 치료자와 내담자간의 불평등성을 조장해서 이미 손상되어 있는 내담자의 자존심을 더욱 해칠 뿐이다.

—치료를 통해 여성들은 어떻게 자신들이 타인들, 특히 남성들

의 지배에 쉽게 굴복하게끔 스스로를 만들어 나가고 있는지를 깨우쳐야 한다.
* 여성들은 이제껏 육체적인 힘이나 육체가 느끼는 쾌락과는 거리가 멀도록 조장되어 왔기 때문에, 여성들을 치료할 때에는 신체에 대한 자각이나 생동감 넘치는 힘을 느끼게 해주는 것이 매우 중요한 부분이 된다. 여성들이 자신의 육체를 즐길 수 있는 능력을 키우도록 고무해 주어야 하며, 성행위시에도 적어도 남성들이 얻는 것과 동등한 정도의 만족감을 얻을 수 있도록 북돋아 주어야 한다.
* 치료시에 여성은 다른 여성을 호감 있는 다정한 친구로 여기며 자유로이 사귀어 나갈 수 있어야 한다.
— 여성은 치료를 통해 자신의 욕구를 존중하고 이를 충족시킬 수 있게 되어야 한다. 남을 뒷바라지하는 것은 결코 자신의 삶의 유일한 임무가 될 수 없으며, 단지 그 사람에 대한 애정 표현의 일부가 되어야 하는 것이다. 또한 여성은 자신이 뒷바라지해 준 타인들로부터 그에 상응하여 자신의 욕구를 충족시킬 수 있는 대가를 기대하는 것을 배워야 한다.

여권주의 치료자들에게 활력을 주는 여권주의 시각은 오늘날 여성들의 성장가치를 드높게 하는 르네상스적 전기를 마련해 주고 있다. J. B. 밀러는 다음과 같이 주장한다 :

여성들은 이제까지 자신이 가는 길에 어떠한 장애물이 있더라도, 어떤 식으로든지 이를 피해 성장해 왔다……. 그러나 오늘날 새로운 것은 이전에 비해 훨씬 많은 수의 여성들이 의식을 갖고 명확하게 보다 나은 성장에의 길을 찾아 나가고 있다는 점이다.…… 많은 여성들이 자기 계발의 전망과 과정에 대해 문의해 오고 있다.…… 이제 보다 새롭고 희망을 주는 동기와 목적이 분명해지고 있으며, 여성들이 갖고 있던 에너지와 예리함이 한꺼번에 폭발하려는 순간에 있다.[17]

남성치료에 도움을 주는 여권주의 치료법의 자원들

여권주의 치료법의 몇몇 작업개념들은 다른 성장지향적인 치료법들과 마찬가지로 인간 잠재력의 풍부성, 치료자와 내담자간의 평등한 관계, 개인 내면에서의 혹은 개인과 환경과의 동일성의 회복, 자기 치유와 신체치료 등을 강조한다. 게다가 여권주의 치료법의 원리들은 여성은 물론 남성들의 성장에도 매우 가치 있는 자원을 제공해 준다. 엘리자베스 윌리엄즈는 다음과 같이 지적한다 : "내가 생각하기에 여권주의 치료법은 남성·여성 모두가 사회가 요구하는 성역할에 따른 행위만을 해 온 결과로, 이제까지 깨닫지 못해 왔던 자기 자신과 타인의 실체들, 충분히 계발된 인간 존재로서의 자아실현 등을 느낄 수 있게 하는 하나의 방법으로 보인다."[18] 이제 하나의 실험을 해보자. 앞에서 설명한 주요 개념으로 돌아가서 이 원리들에 나오는 내용 중 '여성'이라는 단어를 모두 '흑인'으로 바꾸어 보자./ 그리고 이 원리들 중 *표 쳐진 항목에 한해서 거기에 나오는 '여성'이라는 단어를 모두 '남성'으로 바꾸고, '남성'이라는 단어를 모두 '여성'으로 바꾸어 보자./ 앞에 나오는 원리들은 성장이 억압된 사람들, 심지어는 백인 남성과 같이 교묘하게 억압받는 사람들이 스스로 성장을 억압하는 사회적 인습들을 타파하려는 욕구를 자각하는 데 도움을 줄 것이다. 여권주의와 여권주의 치료법은 건강한 '여성상'에는 물론, 건강한 '남성상'에 대한 보다 새롭고 전인적인 개념을 제시해 준다.

우리와 같은 중류층의 백인 남성들은 여성이나 소수 민족에 비해 사회적 인습이 어떻게 우리 자신의 성장을 제약하고 있는가를 깨닫기가 더 어렵다. 왜냐하면 그러한 성장방해 요소들이 교묘히 사탕발림식으로 은폐되어 있으며, 그들에 비해서는 그래도 우리의 지위가 한 단계 높기 때문이다. 우리가 가지고 있는 특권들과 힘에서 풍기는 것이 대단히 매력적이기 때문에, 우리는 그 대신에 엄청난 손해를 보고 있다는 사실을 까맣게 잊어버리기 십상이다. 따라서 충분한 인간성이 발현되지 못함으로써 우리가 많은 손해를 보고 있다는 점에 대해 분노가 느껴질 때만이, 우리는 자유로이 자신의 가치와 생활양식에 급격히 변화시켜 나갈 수 있게 된다.

　남성들은 점점 더 자신들이 더이상 여성들로 하여금, 기존에 갖고 있던 **남성에 대한 막연한 숭배감**에서 벗어나지 말고 그냥 얌전히 자신의 **위치**를 지키도록 할 힘도 없으며, 또 그런 과정 속에서 별로 위안을 받을 수도 없음을 느끼고 있다. 기존에 여성들이 막연히 숭배하던 남성의 특징들의 실상을 열거하자면, 1) 지위 상승을 위해 온 정력을 다 쏟는 것, 2) 늘 이기려고 아둥바둥 하는 것, 3) 이기지 못했을 때는 자존심에 커다란 상처를 받는 것, 4) 타인, 특히 다른 남성에게 나약하게 보이지 않으려고 자신을 폐쇄하는 데서 오는 고독감, 5) 나약성, 두려움, 미숙함, 욕구, 갈망 등과 같은 '허약한' 감정들은 늘 반쯤 숨기려고 하는 것, 6) 타인으로부터 배려를 받고 싶고 또 받으면서도 안 그런 척하는 것, 7) 계속적으로 성취해 나가야만 남성으로서의 가치가 있다고 여기는 근거 없는 자존심, 8) 자신의 가족을 전적으로 '잘' 책임져 나가야만 한다는 강박관념에서 오는 만성적인 스트레스, 9) 중년에 비록 심장병으로 쓰러지는 한이 있더라도 오로지 성공만을 추구해 나가야 한다는 정신적인 압력 등이다.

　남성들을 상대로 치료할 때에는, '남자다워야 한다.'는 만성적인 압력이 결국 심리내부와 인간관계에 문제를 야기시킨다는 점에 대한 의식을 고양시켜 주어야 한다. 여성들이 단지 성적인 대상물로 취급됨으로써 비인간화되듯이, 마찬가지로 남성도 성공의 대상물로 취급되고 있다.[19] 우리 남성들 중 많은 수는 아직 전인성에 필요한 내면의 힘을 계발하지 못했기 때문에, 여성적인 면(기존에 이미 여성들이 충분히 개발해 왔던)을 계발한다는 데 대해 몹시 두려움을 느낀다. 남성들은 다른 남성들을 잠재적인 경쟁자로 인식하기 때문에, 정상적인 인간 욕구의 대부분을 여성, 흔히 단 한 명의 여성에의 의존에 집착한다. 그러나 남에게 의지한다는 데 대한 무의식적인 부끄러움(이는 남자답지 못하다고 느끼는 것이다.) 때문에, 자신이 의지하고 있는 여성에 대해 화도 내고 이중적으로 대하게 된다. 결과적으로 남성은 그 여성에 대해 공격적으로 대하며, 한 편으로는 혹시 그 여자가 자율적인 인간으로서의 자신의 역량을 찾게 되면 자기 곁을 떠나지 않을까 하는 우려(이는 종종 현실로 나타난다.)를 하게 된다.[20]

종종 남자들이 떠벌이는 "여성해방에 대해서는 조금도 걱정하지 마라. 나는 모든 **인간의** 해방을 추구하는 사람이니까!"라는 말 속에서 우리는 여성들 특유의 해방욕구가 우리 사회에서 얼마나 무시되고 있는지를 알 수 있다. 여성들이 받고 있는 성장억압은 남성들이 받고 있는 그것과 중복되고 뒤얽히는 면이 있지만, 양자는 많은 점에서 차이가 있다. 사회적으로 한 단계 낮은 처지에서 해방되는 것과 한 단계 높은 처지에서 해방되는 것은 현격하게 다르다. 여성에게 있어서 해방이란 마치 제도적인 성차별주의라는 강력한 물살을 거슬러 올라가는 것과 같은 것이다. 그러나 남성에게 있어서는 이와는 반대로, 해방이란 자신이 원하기만 하면 어디든지 갈 수 있는 물살을 타고 내려가 폭포(이는 남성이 만성적인 스트레스로 요절하는 것에 비유된다.)의 가장자리로 가는 것을 의미한다. 여성의 해방과 남성의 해방은 비록 많은 점에서 서로 비슷하고 상호 관련되는 면이 있다 할지라도, 어디까지나 양자는 서로 분리되고 독특한 차원들을 갖고 있다. 여성 혹은 남성이 자신과 자신의 충분한 잠재력을 발현하기 위해 하는 모든 노력은 그 반대성의 자유롭고 충분한 성장을 촉발시키게 된다.

여성치료자와의 관계나 기타 다른 친밀한 관계를 통해 여권주의적인 자각을 직접적으로 체험하게 되면, 남성들은 자신이 **한 편으로는 억압을 받으면서도 다른 한 편으로는 타인을 억압하고 있다**는 각성을 할 수 있게 된다. 이러한 각성을 통해 남성은, 자신이 직접적으로든 간접적으로든 개인적인 관계와 결정권을 갖고 있는 조직 내에서 여성의 성장을 어떻게 위축시켜 왔는가를 알 수 있게 된다. 이러한 직면이 있게 되면 남성들은 자신의 해방욕구를 느끼거나, 보다 공정한 부부관계를 재정립하려 하거나, 자신이 고용하고 있는 여성직원에게 남성과 동등한 승진기회를 부여하려 하게 될 것이다.

나는 샤롯데가 성장을 구속하는 사회적 인습에 도전해서 여성과 내조자로서의 자신의 위치를 변화시켜 나가기 시작할 때까지, 막연히 그 무엇인가(그것들이 없으면 개인적으로 불편할 것들은 빼고)에서 해방되고 싶다는 욕구만이 있었다. 그녀가 자신을 제약하고 있던 '상자'에서 빠져 나왔을 때 나도 점차로 내가 무엇에서 해방되고 싶어하는가를 알게 되었다. 흑인 민권운동이 다른 자유운동(여성운동을 다시 일깨운 것을 포함해서)에 연쇄반응을 일으킨 것과 같이, 여권주의적인 각성과 그 정치적 결과들도 많은 남성들에게 해방에의 갈구를 촉발시키고 있다. 남성·여성의 관계는 감정적으로 매우 친밀한 관계이기 때문에, 여성에게 일어나고 있는 이러한 강력한 변화는 남성에게 많은 영향을 주게 된다. 내 경험으로 보면, 사회적 굴레에서 벗어나 해방을 구가하고 있는 여성과 매우 끈끈한 유대관계를 갖고 있는 남성은 다른 남성에 비해 변화에의 동기가 매우 강하게 된다. 여성이든 남성이든 모든 상담자와 치료자들은 지속적으로 자신을 해방시켜 나가야 하며, 개인의 문제에 성차별주의가 주요한 원인이 된다는 의식을 고양시켜 나가야 한다. 윌리엄즈는 다음과 같이 지적한다 : "남성치료자가 훌륭한 여권주의자가 될 수 있다는 것은 이론적으로는 가능하다. 그러나 남성치료자가 성차별주의와 그것이 여성에게 미치는 영향을 진정으로 이해하려면 특별한 노력이 필요하다. 여권주의 치료와 관련되는 조직이나 기관에 종사하는 남성들은 불과 몇 명에 지나지 않는다. 그런 남성들은 바로 시간과 노력을 들여 자신의 의식을 고양시킨 그런 사람들이다."[21]

여권주의에 대한 자각이 어떻든 간에, 남성은 여성의 성장을 촉진시키는 사람으로서는 두 가지 불리한 점이 있다. 우선 남성은 이러한 성차별주의 사회에서 여성이 내면으로 경험한 것이 무엇인지 알 수 없으며, 또 하나 그가 남성이기 때문에 여성 내담자에게 강하고, 유능하고, 배려적인 여성모델이 되어 줄 수는 없는 것이다. 그러나 남성도 어느 정도 의식이 고양되어 있고, 따뜻하고, 개방적이고, 부드럽고, 성장하고 있다면(물론 유능해야 한다.), 그러한 남성과 관계를 맺는 것은 여성·남성 모두에게 성장촉진적인 것이 될 수 있다. 늘 자기 해방을 위해 노력하고, 또 그 과정에서 어느 정도 성장을 이룬 남성 상담자는 남성 내담자를 다룰 때에는 여성 치료자에 비해 이점이 많다. 그는 해방을 위해 양면적으로 노력하고 있는 남성 내면의 고통을 이해할 수 있다. 또한 그는 해방으로 향하는 여정에 있는 하나의 모델이 되어 줄 수도 있다. 여성 여권주의 치료자들은 그녀가 남성지배적인 기존 질서에 대한 자신의 분노를 부적절하게 남성 내담자에게 투사시키지 않을 능력만 갖추고 있다면, 여성은 물론 남성도 매우 효과적으로 성장시켜 나갈 수 있다.

여기에 이미 해방되었거나 해방되고 있는 치료자와 상담자의 특징들 몇 개를 열거한다. 상담자, 치료자가 여성인가 남성인가는 불문한다 :

특징들은 다음과 같다 : 1. 여성과 남성을 동등하게 평가해야 한다. 상담자가 여성의 가치를 과소평가하는 사람이라면 여성 내담자는 자신의 가치를 발견하지 못하게 될 것이다. 2. 여성과 남성은 모든 수준에서 동등하며, 직장이나 가정 등 공적·사적인 모든 생활에서 완전히 동등하다고 믿어야 한다. 3. 물론 배워서 문화적인 관행들이 나쁘다는 것을 알고는 있지만, 그러한 문화적 관행들이 은연중에 자신의 사고에 영향을 미치기 쉽다는 점을 깨닫고 있어야 한다. 4. 지나치게 방어적이거나 점잖을 빼서는 안 되며, 늘 분별력을 갖고 있어야 한다. 5. 내담자가 현재 자신의 처지가 어떠하며 또 어떻게 되어야 하는가를 찾도록 도와 주는 것이 상담자의 임무임을 늘 인식하고 있어야 한다. 이는 내담자가 현재 스스로 찾지 못하고 있는 선택과 특권에의 동기부여를 고양시켜 줌을 의미한다. 6. 자신과 성이 다른 사람을 다룰 때에는 자신에게 어느 정도 다루는 데 한계가 있음을 알고 있어야 한다. 7. 자기 스스로 전인적인 인간이 되려고 노력하여야 한다(피상담자와 내담자가 그렇게 되도록 고무해 주어야 함은 물론이다).[22]

우리 사회는 장차 더 많은 해방된 상담자-치료자를 필요로 할 것이다. 여성의 정체성이 변화하는 속도가 가속화됨에 따라, 남성-여성간의 관계의 고통스런 갈등도 기하급수적으로 증가할 것이다. 친밀한 관계 속에 나타나는 이러한 위기는 많은 고통을 수반하겠지만 반면에 전례 없는 잠재력 계발을 가져다 줄 것이다. 오늘날 남녀관계에 내재되어 있는 갈등은 아마도 이전의 어느 때보다 클 것이다. 그러나 동등한 관계 하에서만 가능한 심층과 창조성의 계발 기회 또한 그 어느 때보다 클 것이다. 많은 부부들은 성장지향적이고 해방된 치료자들에게 이러한 성장기회를 이용하는 법을 배우고자 할 것이다.

충분히 그 효과를 보기 위해서는 여성들의 CR(consciousness-raising : 의식고양)과 CR 치료집단은 여성들이 이끌어야 하며, 남성 집단은 남성들이 이끌어야 한다. 남성과 관계를 맺고 동등한 입장에서 사회에 참여하기 전에 먼저 여성들은 그 동안 사회적 인습으로 인해 발휘하지 못해 왔던 내면의 역량들을 계발해야만 한다. 이러한 계발은 집단이 여성만으로 구성되고 또 여성이 이끄는 소집단일 때 매우 잘 이루어진다. 앞에서 서술한 바와 같이 여성치료자들은 이로운 점이 있기 때문에, 여성 내담자들에게 일차적인 성장촉진자로서의 역할을 해줄 수 있다. 마찬가지로 의식이 고양된 남성 치료자들도 남성 내담자들의 성장과 해방을 촉진시키는 데 일차적인 책임을 져야 한다.

여성 성장치료자들에 대한 증가하는 수요를 충족시키기 위해, 보다 많은 여성들이 목회상담법을 포함하여 모든 전문적인 치료 상담법을 훈련받아야 한다. 대학원에서의 훈련이나 치료에 종사하는 사람들을 위한 지속적인 훈련시에는 성차별주의와 다른 사회문제에 대한 치료자의 인식을 높여 줄 수 있는 프로그램이 포함되어야 하는데, 이는 치료시에 반드시 직면하게 되는 문제이기 때문이다. 남성이든 여성이든 치료자들을 훈련시킬 때에는 분석적이고, 비판적이고, 합리적이고, 좌뇌적인 소위 '남성적인' 경향들(이제까지는 이러한 것들이 대부분의 훈련의 경향이었다.)과 양육적이고, 통합적이고, 창조적이고, 직관적인, 우뇌에 해당되는 성격의 계발이 조화를 이루어야 한다. 또한 아직도 정신건강을 다루는 사람들에게 여전히 엿보이는 전문가라는 엘리트의식이나 불평등한 전달체계는 내담자를 전인적인 인간으로 만드는 데 악영향을 끼치므로, 이는 바뀌어져야 한다는 점에 대한 자각이 훈련을 통해 이루어져야 한다.

여권주의 치료법의 과정과 방법

여권주의 치료법들이 사용하는 방법들은 그 치료훈련이나 치료형태, 선호도에 따라 천차만별이다. 그러나 그 방법들에 공통되는 점은 바로 그 모두가 여권신장 내지 여성의 해방을 의도하고 있다는 점이다. 한 여권주의 치료기관에서 발행한 팜프렛을 보면, 여권주의 치료법이 기존의 다양한 방법들을 어떤 방식으로 사용하고 있는가에 대해 다음과 같이 설명하고 있다 : "물론 우리는 기존의 전통적인 치료법에 많이 의존하고 있으며, 또 그 중에는 매우 가치 있는 도구를 제공해 주는 경우도 종종 있다. 그러나 우리가 이러한 방법들을 사용할 때에는 그것에 내재되어 있는 성차별주의적인 요소는 배제시키며, 마치 치료자와 내담자와의 관계에 신비한 힘이 있는 것처럼 꾸미는 그런 미신적인 측면도 배제하려 노력한다."[23]

개방적이고 평등한 내담자와 치료자 관계는 모든 급진경향의 치료법들의 매우 기본적인 공통점이다. 내가 잘 아는 한 여권주의 치료자는 내담자가 막연히 기대하는 치료의 신비한 힘 내지는 '의사와 환자' 관계를 바꾸기 위해 다음과 같은 방법들을 사용한다. 먼저 그녀는 '의사'라는 호칭 대신 자신의 이름을 소개한다. 그리고 환자가 안고 있는 문제들과 관련이 있는 것들에 대한 자신의 느낌과 견해를 자유로이 이야기한다. 또 어떤 특별한 기법들을 사용할 때에는 이것들을 왜 사용하는지를 환자에게 설명해 줌으로써 환자가 치료과정에 대해 신비한 생각을 배제하도록 한다. 또한 그녀는 다른 의사들처럼 우왕좌왕하지 않고 마루에 방석을 깔고 편안히 앉아서 치료의 대부분을 행한다.

여권주의 치료법의 방법론 중 독특하고 중심적인 면은 바로 개인이나 집단을 치료할 때 의식고양이라는 방법을 사용한다는 점이다.[24] CR방법들의 원천은 급진적인 치료법과 여권주의운동을 통해 개발된 CR집단이다. 이러한 방법은 개인의 성장과 사회정치적 변화를 통합하기 때문에, CR집단은 치료와 성장작업에 관계되는 모든 분야를 통틀어서 대단히 가치 있는 혁신적인 면이다. 효과적인 CR집단은 개인의 자기 존중, 힘, 능력에 대한 자신감을 회복시키려는 과정과 개인으로 하여금 사회적 억압이 자신의 문제에 많은 영향을 끼치고 있다는 점을 깨달아 타인과 더불어 이러한 사회를 변화시키려는 노력을 경주케 하려는 과정을 동시에 추구한다. CR집단 모델은 억압받는 모든 집단의 치료-성장-해방에 이용될 수 있다. 이 모델은 각 나라의 실정에 맞게, 풍요로운 나라에서는 여전히 가난을 면치 못하고 있는 사람들을 위하여, 개발도상국에서는 정치경제적으로 억압받는 사람들을 위하여 각각 활용될 수 있는 사회치료법의 창출에 대한 실마리를 제공해 줄 것이다.

본래의 의미의 CR집단에는 어떤 전문적인 '리더'나 '치료자'가 없다. 그렇기 때문에 엄밀히 말하면 이는 '치료'가 아니다(일반적인 의미에서 치료는 보통사람보다 한 수준 높은 전문가가 병에 걸려 있는 누군가를 도와 주고, 그 환자는 단지 수동적으로 도움만을 받는 그런 의미를 함축하고 있다). 그러나 무수한 여성들의 경험을 통해 입증된 바와 같이, 효과적인 CR집단은 매우 훌륭한 치료효과를 **가져다 줄 수 있다**. 일례로 현재 여러 곳에서 이루어지고 있는 평신도 집단이나 자가치료 집단들은 CR집단 모델을 이용하여 놀라운 치유-성장력을 보이고 있다.

CR집단 모델을 활용하는 법에 관한 안내서를 쓴 작가들은 여권주의적인 의식고양에 대해 다음과 같이 언급한다 :

> CR이란 결국 '개인으로부터 사회에로의 시각변화'라는 말로 요약할 수 있을 것이다. CR집단에서 그 구성원들은 먼저 자신이 할 수 있고 또 하기를 원하는 지극히 개인적인 경험들에 관해 이야기를 늘어놓게 된다. 그러나 리더의 지도에 따라 그들은 곧 그들이 늘어놓은 경험들 간에 공통분모가 있다는 사실을 알게 되고, 자신들의 삶에서 생기는 일들이 정치에 의해서 많은 영향을 받고 있다는 점을 깨닫게 된다.······ '정치'······ 이는 결코 정당이나 선거를

의미하는 것이 아니라 사회적인 힘을 의미하는 것이다. 즉 그 힘을 누가 가지고 있으며, 또 어떻게 사용되고 있으며, 그것을 얻으려면 어떻게 해야 하는가, 어떻게 사회가 변화할 수 있겠는가라는 문제들과 관련되는 것이다. 만일 CR에서 논의되는 주제에서 정치적인 면이 도외시된다면, 여성들이 진정으로 의식고양을 이루기란 매우 어려울 것이다. 물론 긴장이나 고통이 어느 정도 해소될 수도 있고 안 될 수도 있겠지만, 적어도 여성들이 이러한 성차별주의 사회에서 개별 여성으로서의 자신에게 일어나고 있는 것과 전체 여성들에게 일어나고 있는 것과의 연관성을 이해하지 못한다면, 여권주의적인 CR을 진정으로 경험하는 것은 요원한 일이다.…… 소위 CR이라 하는 기타 다른 집단활동들은 오로지 여성의 처지를 좀 낫게 하거나 '재능'을 강화시켜 주는 데에만 신경을 집중하기 때문에, 결국 여권주의로서 갖추어야 할 필수요소를 빠뜨리고 있다. 이러한 활동들은 외관상으로는 아무리 가치 있게 보이더라도, 문제의 해결을 사회적 차원이 아닌 개인적 차원에서 하도록 부추기기 때문에, 기껏해야 임시적 '방편'이나 환상적인 것에 지나지 않는 것이다. 근본적으로 사회에 원인이 있는 문제들을, 거기에 적응한다거나 혹은 일시적으로 회피한다든가 하는 방법으로 개인적인 차원에서 해결하려는 것은 불가능한 일이다. 그래 보았자 결국은 고통만이 남게 된다. 여성을 우롱하는 이러한 사회에서 여성이 여성으로서 가지는 기본적인 문제들을 해결하기 위해 개인적인 차원에서 아무리 발버둥쳐봤자 얻을 것은 아무것도 없다.

그들은 CR의 치료과정이 매우 가치 있음을 확인하면서 다음과 같이 결론짓는다 :

여권주의적인 의식고양이 이루어진다면, 여성은 다른 여성으로부터 지적인 자극이든 감정적인 자극이든 마치 자매관계와 같은 지지를 얻는 것은 물론이며, 자신의 개인적인 생활도 매우 풍요롭게 될 수 있다. 그러나 무엇보다도 가장 중요한 것은 여권주의에 대한 이해와 그에 기초한 행동을 통해 자기 자신과 다른 여성을 자유롭게 할 수 있는 법을 알게 된다는 것이다. 진정한 CR의 효과는 대단히 놀라운 것이며, 진정으로 여성을 해방시켜 줄 수 있는 것이다. 그렇기 때문에 CR을 이루려는 모든 노력은 그 하나하나가 다 가치 있는 것이 된다.[25]

바바라 커쉬(Barbara Kirsch)는 여성을 위하여 전통적인 심리치료에 대한 하나의 대안[26]으로서 CR집단을 심층적으로 분석하면서 집단에서 이루어지는 과정을 4개의 단계로 파악하는 한 연구를 인용한다. 그 4개의 단계는 다음과 같다. (1) **마음을 열고 이야기하는 단계**— 각 구성원은 서로 지지하고 수용하는 허용적인 분위기 속에서 여성으로서 개인적으로 경험한 것들을 이야기한다. 그럼으로써 집단의 친밀성과 상호간의 신뢰성이 급속히 자라나게 된다. (2) **공통분모를 찾는 단계**—내면의 감정과 욕구, 경험들을 이야기함으로써 각자는 자신이 안고 있는 문제들 중 많은 부분이 자신만이 아닌 타인도 역시 갖고 있는 문제라는 사실을 알게 된다. 이렇게 함으로써 각자는 자신의 문제들이 그녀가 못나서가 아니라 사회적인 편견 때문에 생긴 것이라는 사실을 깨닫게 된다. (3) **분석하는 단계**—집단은 개인적인 수준을 넘어서 여성의 낮은 사회적 지위라는 점에 초점을 맞추게 된다. 이렇게 함으로써 문제를 좀더 객관적으로 보게 되며, 이러한 안목 하에서 여성으로서 자신이 안고 있는 문제들을 바라볼 수 있게 된다. (4) **추상화하는 단계**—집단의 구성원들은 여성으로서 가지는 잠재력이라는 새로운 시각을 가지게 되며, 이러한 집단이 사회제도를 변화시켜 여성의 잠재력을 보다 충분히 실현시킬 수 있는 하나의 도구가 될 수 있음을 알게 된다.

몇몇 여권주의 치료자들은 CR집단의 이론과 방법들이 전문가가 이끄는 기존의 집단치료법과 통합된다면 양자의 성장촉진 효과를 모두 증진시킬 수 있다는 사실을 밝혀 냈다. 샤롯데 엘렌은 CR치료 소집단을 다룬 경험을 통해 얻은 것들을 다음과 같이 적고 있다 :

이런 집단을 다루기 시작한 이래로 나는 몇 가지 배운 바가 있다. CR과 치료를 결합시키는 것은 분명히 가능하다. 그렇게 되면 각 구성원들은 '치료자'가 집단 전체를 지도할 때에 비해 상호간에 보다 더 '치료적인 관계'를 이루어 나갈 수 있게 된다. 집단 구성원 하나하나를 일일이 다루기보다는 집단 전체를 대상으로 그 전체를 고양시키는 식으로 형태(gestalt)작업을 할 수도 있을 것이다. 집단의 감정과 상호 지지, 각 구성원들의 역량은 촉진자가 그 집단의 한 구성원이 될 때 보다 쉽게 이루어질 수 있다. 그래서 그런 집단을 다루면서 내가 한 역할은 고작 펜대를 놀려 일정표를 짜거나 연습 프로그램을 잡는 것이었으며, 내가 그 집단에 개입하는 경우는 그 집단이 잘 돌아가지 않거나 그 중 누군가가 '보다 세련된' 기술을 필요로 할 때 뿐이었다. 여성으로서 내가 가지고 있는 고통과 갈등은 나의 지도기술 만큼이나 치료에 도움을 주는 요소였다.[27]

샤롯데의 집단치료 과정은 보통 매주 2시간씩 8주에 걸쳐 이루어진다. 그리고 이러한 집단치료 과정은 대개 각 여성이 자신의 처지와 욕구에 대해 다른 여성과 이야기를 나누는 식으로 CR의 각 단계를 한 번 쭉 훑어가는 것으로 시작된다. 치료과정 중에는, 예를 들면 좀더 강한 자아감을 개발하고 싶다든가, 자신의 힘을 쓸데 없이 낭비하고 싶지 않다든가, 혹은 성욕을 즐기고 싶다든가, 직업을 가지거나 이미 있는 직업을 바꾸어 보고 싶다거나, 기타 자식문제, 남녀관계에 관한 문제, 여성의 영성에 관한 문제 등 치료를 받으면서 치료자나 집단의 각 구성원에게 생겨나는 것들을 주제로 삼을 수도 있다. 각 치료 기간의 일부는 자기 주장 훈련이나 신체 각성연습, 상상을 떠올리는 훈련 등 구조화된 CR-성장 경험을 해보는 데에 할당된다. 치료 기간 사이에는 각 구성원들에게 잡지의 기사를 써오거나 자화상을 그려 오라는 숙제를 내준다. 그리고 마지막 기간에는 집단의 구성원들이 그 동안 경험해 왔던 성장을 즐거이 축하하면서 4시간에 걸쳐 단축 마라톤을 하면서 끝을 맺는다.

원래의 형태이든 아니면 수정된 CR-치료 형태이든, CR집단은 여성은 물론 남성에게도 효과적인 해방과 성장 경험을 가져다 줄 수 있다. 나는 지금으로부터 3년 훨씬 이전부터, 서로의 문제들을 함께 공유하고 해결하기 위해 남성만으로 구성된 리더 없이 진행되는 소집단의 일원으로 활동해 왔다. 우리는 그 속에서 각자의 문제들을 가지고 씨름하고 남성으로서 우리가 해방될 수 있는 길을 모색해 나가면서도 서로를 부조해 주고, 서로에 대해서 정직하려고 노력해 왔다. 그리고 그 과정에서 내가 마치 여성처럼 부드러워지고, 남성에 의해서 개인적인 성장에 도움을 받아 왔다는 사실은 이전에는 상상할 수도 없었던 매우 참신한 발견이었다. 점차로 우리는 마치 '형제'와 같은 상호 배려를 통해 서로가 많은 도움을 받을 수 있다는 사실을 깨닫게 되었다.

해방된 여성과 생활을 같이하고 있는 남성들의 경우에는 CR집단이 특히 가치 있게 작용할 수 있다. 그 속에서 그들은 관계의 변화로 인해 생기는 고통과 분노를, 허용과 신뢰, 정직의 분위기 속에서 좀더 개방적으로 다룰 수 있게 된다. 또한 자신들이 지금껏 부부관계나 기타 긴밀한 관계가 안고 있는 문제들에 대해 은연 중에 원인을 제공해 왔다는 사실을 깨닫고 이를 해결해 나갈 수 있게 된다. 그리고 여성에 대한 지나친 의존을 줄이고 자기 배양과 내면의 힘을 키움으로써, 강하고 해방되고 성장하는 여성과 상호의존관계를 유지하도록 해줄 수 있다.[28]

성장관점에서 본 여권주의의 결점들

여권주의 관점이 성장촉진 치료법에 필수적인 요소이기는 하지만, 일부 급진적인 여권주의 사상에는 몇 가지 성장을 방해하는 면들도 있다. 이러한 요소 중의 하나는 모든 치료관계는 본질적으로 여성을 억압하는 것이라고 보는 관점이다. 메리 데일리(Mary Daly)는 모든 치료법들을 총괄하여 비난하면서, 심지어는 여권주의 치료법마저도 거부한다. 데일리는 '치료자'와 치료관계라는 딱지 하에는 **모든 여성**의 치유란 있을 수 없다고 주장한다.[29] 그녀는 기존의 많은 치료법들이 여성의 성장을 억압하는 측면들을 지니고 있다는 점은 정확하게 인식했으나, 예외적으로 여권주의 관점을 중심 개념으로 하는 치료자들로부터 치료를 받은 많은 여성들이 성장을 만끽하는 경험을 하고 있다는 점은 알아채지 못했다.

성차별주의를 모든 다른 불의의 근본 원인으로 보는 급진적인 여권주의자들은 모든 형태의 억압은 매우 복잡하고 순환적인 인과구조를 이룬다는 사실을 인식하지 못한다. 물론 나는 양성간의 불평등이 모든 다른 불의의 한 원인이 되며, 성차별주의가 없어져야만 남성과 여성 모두가 각자의 잠재력을 충분히 계발할 수 있을 것이라는 여권주의의 기본 관점에는 동의한다. 반면에 성차별주의 또한 인종차별주의나 경제적 착취, 계급간의 불평등 등과 같은 다른 사회악에 의해서 강화되기도 하는 것이다. 전인성을 지향하는 상담자나 치료자는, 마치 늪지대가 말라리아 모기를 키우는 온상 역할을 하듯이 서로 복잡하게 얽혀서 개인의 문제를 양산하고 있는 사회문제들을 제거하기 위해 노력하여야 하며, 또한 내담자도 그렇게 할 수 있게끔 해주어야 한다.

장기 전략의 일환으로 남성으로부터 여성을 분리해야 한다고 주장하는 일부 급진적인 여권주의자들의 입장은, 사회를 보다 성장지지적으로 만들거나 치료자들을 보다 성장촉진적으로 만드는 데 하등의 기반도 제공해 주지 못한다. 남성과 여성이 따로따로 분리되면 그들 각자는 자신들의 충분한 인간성을 전체적으로 계발해 갈 수 있을 것이라는 생각은 심리학적인 환상에 지나지 않는다. 데일리가 '부재(absence)가 갖는 힘'이라고 표현한 이러한 분리는 단지 개인적으로 남성과 매우 불평등한 관계에 놓여 있는 여성들을 변화시키기 위해 쓸 수 있는 단기요법일 뿐이다. 사회 전체를 놓고 본다면 이러한 '부재의 힘'은 단기적으로는 남성지배적인 사회제도를 변화시키는 데 쓸모있는 방법일 것이다. 그러나 장기적으로 사회를 성장촉진적으로 만든다는 관점에서 볼 때에는 분리주의나 더 나아가 성의 양극화 같은 주장은 하등의 유용성을 발휘하지 못할 것이다. 대부분의 여성과 남성들이 자신과 반대되는 성과 친밀한 관계를 맺고 싶어한다는 사실은 이미 주지하는 바이다. 남녀간의 관계가 진정으로 평등하다면, 각자는 상대의 성장에 좋은 토양 구실을 할 것이다. 여성과 남성의 충분한 해방과 성장은 매우 상호 의존적이다. 해방된 남성과 해방된 여성이 상호 대등한 입장에서, 모든 인간을 그들의 잠재력이 자유로이 발현될 수 있는 인간 존재로 만들기 위해 필요한 유일한 요건인 사회제도의 변화라는 어렵지만 필수적인 과제를 성취하는 데에는 많은 노력이 요구될 것이다. 장기 전략의 일환으로서의 분리주의는 남녀가 이런 식으로 상호 협력하여 나갈 수 있는 분위기를 만드는 데 오히려 저해가 된다.

일부 급진적인 여권주의자들의 사상에서 보이는 이러한 결점들은 단지 일부일 뿐이지, 결코 대부분의 여권주의 치료법들이 그러한 것은 아니다. 또한 이러한 결점들이 있다고 해서 여권주의 시각의 중요 개념들의 중요성이 손상되는 것도 아니다. 그것은 여전히 치료자를 포함하여 성장 촉진자들에게 매우 가치 있는 도구를 제공해 주는 것이다. 인간의 충분한 해방이라는 꿈이 점차로 성취될 때 우리 인류에게 얼마나 이득이 되겠는가를 생각해 보라. 여성들이 자유로이 자신들의 지식과 인간관계 기술, 창조성, 지도력, 성장배양 능력 등을 사회변화를 위해 쓸 수 있게 되고, 남성들 또한 마찬가지로 된다면, 인구증가 없이도 인류사회의 공영을 위해 일할 수 있는 지도자는 그 수가 배가되는 것이다. 여성들이 숨겨진 자신의 다른 잠재력들을 충분히 계발한다면, 여성들은 더 이상 자녀를 많이 낳음으로써 자신의 능력과 가치감을 회복하려는 어리석은 짓을 하지 않게 될 것이다. 그래서 부차적으로는 식량위기라는 지구가 안고 있는 위협도 감소될 수 있을 것이다. 만일 이제까지 여성들이 계발해 왔던 기술과 가치들이 우리 지구인의 새활양식과 제도에 반영된다면, 타인이나 타집단, 타민족, 나아가 지구 전체를 정복하고 복속시키려는 욕구도 점차로 줄어들게 될 것이다. 우리가 이런 방향으로 나갈 것인가 안 나갈 것인가는 우리가 여권주의 시각에 얼마나 호응하느냐에 달려 있다. 그런 의미에서 우리와 같은 상담자나 치료자, 성장촉진자들에게 여권주의 치료법이 시사하는 바는 매우 직접적이고 강력한 것이다.

여권주의 치료법의 성장방법의 실례

러시(Rush)의 저서 「몸을 상쾌하게, 여성을 위한 운동법」(*Getting*

Clear, Body Work for Women), 그리고 맨더(Mander)와 러시의 공저 「치료법으로서의 여권주의」(*Feminism as Therapy*)에는 갖가지 CR-성장방법들이 푸짐하게 실려 있는데, 이 중에는 양성이 모두 활용할 수 있는 것들도 많다. 랭지(Arthur J. Lange)와 야코보스키(Patricia Jakubowski)가 함께 쓴 「믿음직스런 단호한 행위」(*Responsible Assertive Behavior*)에는 태도와 행위에 건설적인 결단성을 개발하는 훈련방법이 나와 있다(제10장에서는 여성집단과 남성집단에서 결단성 훈련과 의식화를 결합한 방법들이 논의된 바 있다). 샤롯데 클라인벨(Charlotte H. Clinebell)이 집필한 책 「해방을 위한 상담」(*Counseling for Liberation*)에서는 '어항훈련법'(fishbowl), '남녀 역할전도 상상법'(sex reversal fantasy, pp. 68-71), 그리고 '못 해본 생활 상상법'(unlived life fantasy, pp. 71-72) 따위의 방법이 설명되어 있는데, 이 방법들은 모든 여성에게는 물론이고 남성에게도 강렬한 의식화 체험을 줄 수 있다. 만약 이 책들을 볼 수 있으면 시간을 내서 이 성장훈련법들 가운데 몇 가지를 뽑아서 실제로 해보기 바란다.

이제 필자는 독자들이 지금 당장에 해볼 수 있는 몇 가지 CR훈련법을 더 소개하고자 하는데, 이것들을 실제로 해봄으로써 독자들 스스로가 의식화될 뿐 아니라, 아울러 상담이나 성장집단에서 독자들이 활용할 수 있는 훈련법이란 어떤 것들인지도 알게 될 것이다. 믿을 만한 사람에게 각 훈련에서 체험한 바를 보고하게 하라:

> 눈을 감고 한 사람의 여성으로서 또는 한 사람의 남성으로서 겪은 체험을 더듬어 보세요. 무겁고 갑갑하고 무기력한 기분이 드는 것은 어떤 때인지, 그리고 힘차고 쾌활하고 정력이 솟구치고 신나는 느낌이 되는 때는 어느 때인지 생각해 보세요. / 비어 있는 의자 두 개가 서로 마주보고 있는 모습을 머리 속에 그려 보세요. / 그 두 개의 의자에 당신의 두 분신, 곧 침울한 당신과 쾌활한 당신을 앉혀 놓고 대화를 나누어 보세요. / 쾌활한 당신이 침울한 당신의 활기를 다시 북돋아 줄 수 있는지 지켜보세요. /

당신에게 개인적으로 문제가 있어서 당신이 믿는 어떤 사람이 가 보라고 한 상담자한테 도움을 받으러 간다고 상상해 봅시다. / 그 사람이 일하는 사무실의 문을 열고 들어가서 보니 그 사람은 여자였습니다. / 느낌이 어떠세요? / 이번에는 똑같은 상상을 다시 해보는데, 상담자가 남자였다고 한다면 어떨까요? / 상담자가 흑인 여성이었다면 어떤 느낌일까요? / 또 흑인 남성이라면?

눈을 감고 당신의 배우자나 혹은 가장 가까운 이성 친구와 어떤 식으로 관계를 맺고 지내는지를 생각해 보세요. / 두 사람이 모두 아주 자유로운 정신의 소유자여서 판에 박힌 남녀 역할 규정이나 남녀 특유의 고질적인 타성에서 벗어난 사람들이라고 해 봅시다. 각자가 상대편에 대해서 어떻게 느끼고 처신하며, 어떤 식의 관계를 가질지 눈여겨 보세요. / 이제는 이 상상 속의 경험과 실제생활에서 당신이 느끼고 처신하고 관계맺는 방식을 비교하여 보세요. / 당신이 현재 누리고 있는 마음 속 깊은 곳의 자유와 활기보다도 한층 높은 수준의 얽매임이 없는 상태로 전진하기 위해서 어떤 일을 할지를 정하세요. / 배우자나 친구에게도 이러한 상상을 해보라고 요구하세요. / 두 사람이 상상을 통하여 체험한 일과 관계변화를 위하여 하기로 한 일을 서로 이야기해 주고 비교해 보세요. 상대편의 성장과 두 사람 사이의 관계의 완전한 해방을 이루는 데 도움이 될 공동계획을 작성할 수 있었나요? /

여권주의 치료법과 급진치료법에 관한 참고문헌

Brenton, Myron. 「미국의 남성」(*The American Male*). New York : Coward--McCann, 1966. 이 책은 남자다움에 관한 규정이 어떻게 인성을 불구로 만들고, 남성의 즐거움을 제한하는지를 탐구하고 있으며, 아울러 남성이 자신을 해방할 수 있는 방법도 제시하고 있다.

Broverman, Inge K, et al. "성역할의 전형들과 정신건강의 임상 소견들" (Sex Role Stereotypes and Clinical Judgments of Mental Health), *Journal of Consulting and Clinical Psychology*, vol. 34, no. 1, pp. 1—7. 이 글은 치료자들이 지닌 성차별주의를 폭로한 조사보고문이다.

Brown, Phil 편. 「급진심리학」(*Radical Psychology*), New York : Harper Col-

ophon Books, 1973. 급진치료법에 관한 논문집이다.
Chesler, Phyllis. 「남성에 관해」(*About Men*). New York : Simon & Schuster, 1978. 이 저서는 남성지배와 남성 중심적 가치관의 파괴성을 드러낸 연구서이다.
──────. 「여성과 정신병」(*Women and Madness*). New York : Avon Books, 1973. 이 저서는 여성들의 '정신질환'을 유발하는 데에는 성차별주의가 중심 역할을 한다는 사실과 그러한 여성환자를 남성치료자들이 치료하면 파괴적 결과가 초래되기 십상이라는 사실을 논증하고 있다.
Clinebell, Charlotte Holt. 「해방을 위한 상담」(*Counseling for Liberation*). Philadelphia : Fortress Press, 1976. 이 책은 상담과 의식화를 통합하는 방안을, 그리고 목회상담과 교회를 해방하는 방안들을 설명하고 있다.
──────. 「인간간의 유대 / 공동의 인간 발전에 관하여」(*Meet Me in the Middle/ On Becoming Human Together*). New York : Harper, 1973. 보다 거침없는 온전한 삶을 살고자 애쓰는 여성과 남성들이 부딪치고 있는 여러 문제들을 자전적 형식으로 논의한 책이다.
Daly, Mary. 「급진적인 여권주의의 세대교체」(*Gyn/ Ecology. The Metaethics of Radical Feminism*). Boston : Beacon Press, 1979. 이 저서는 인도의 순사(殉死), 중국의 전족, 아프리카의 생식기절단, 유럽의 마녀 화형, 그리고 미국의 의료 및 심리치료제도 따위에 나타난 여성에 대한 남성의 횡포를 통렬하게 고발하면서, 이 엄청난 규모의 남성 횡포가 지닌 의미를 남성학자들은 전혀 모르고 있음을 밝힌다.
Dinnerstein, Dorothy. 「인어와 괴물, 성적 차별과 인간의 불안」(The Mermaid and the Minotaur, Sexual Arrangements and Human Malaise). New York : Harper Colophon Books, 1976. 현재 널리 퍼져 있는 형태의 남녀간의 정서적 공생관계가 끼치는 해독을 깊이 파헤친 저서이다.
Farrell, Warren. 「해방된 남성」(*The Liberated Man*). New York : Bantam Books, 1975. 덫에 걸려 있는 남성의 실상과 남성해방의 의미, 그리고 남성해방을 이루는 방법을 설명한 책이다.
Fasteau, Marc F. 「남성이라는 기계」(*The Male Machine*). New York : McGraw-Hill, 1974. 상투적 남성상이 끼치는 해악을 들추어 내고 자웅동체적 남성상을 모색한 책이다.
Franks, Viloet, and Burtle, Vasanti, eds. 「치료에서의 여성, 사회의 변화

를 위한 새로운 정신치료법」(*Women in Therapy, New Psychotherapies for a Changing Society*). New York : Brunner / Mazel, 1974. 변모하고 있는 여성 심리학과 그것을 근거로 하여 나타난 새로운 치료방법들에 관한 논문들을 엮은 책이다.

Gornick, Vivian, and Moran, Barbara K. 「성차별 사회에서의 여성 : 자신감과 무능감에 대한 연구」(*Woman in Sexist Society : Studies in Power and Powerlessness*). New York : New American Library, 1972. 이 책에는 남성이 지배하는 세상에서 여성들이 겪기 마련인 체험을 논한 여러 편의 논문이 수록되어 있다.

Jongeward, Dorothy, and Scott, Dru. 「승리자인 여성을 위하여」(*Women as Winners*). Reading, Mass. : Addison-Wesley, 1976. 이 저자들은 여성의 완전한 성장을 제약하는 우리 사회의 억압구조를 이해하고, 이 제약을 제거하는 방법을 모색하는 데에 TA치료법과 총체 심리치료법을 활용하고 있다.

Lange, Arthur J., and Jakubowski, Patricia. 「책임 있고 단호한 행동」(*Responsible Assertive Behavior*) Champaign, Ill. : Research Press, 1976. 결단성훈련 집단을 계획하거나 지도하는 사람들을 위하여 인지교정 및 형태교정의 방법을 상술한 책이다.

Malcomson, William L. 「성공은 실패를 경험하는 것, 남성의 해방과 미국의 성공신화」(*Success Is a Failure Experience, Male Liberation and the American Myth of Success*). Nashville : Abingdon, 1976. 이 저서는 남성들을 얽어매는 성공이라는 신화와 그로부터 탈출하는 방안을 탐구하고 있다.

Mander, Anica Vesel, and Rush, Anne Kent. 「치료법으로서의 여권주의」(*Feminism as Therapy*). New York : Random House / Bookworks, 1974. 여성해방론을 여성들의 치유경험이라는 견지에서 논구한 책이다.

Miller, Jean Baker, ed. 「심리분석과 여성 : 새로운 이론과 치료법에의 기여」(*Psychoanalysis and Women : Contributions to New Theory and Therapy*). New York : Brunner / Mazel, 1973. 이 논문집에는 남성들의 손으로 규정된 전래의 여성심리 이론을 반박하고 수정하고 발전시킨 학자들의 글이 수록되어 있다.

―――. 「새로운 여성심리학을 위하여」(*Toward a New Psychology of Women*). Boston : Beacon Press, 1976. 이 책은 새로운 여성관을 전개함으로써

종래 이론의 토대를 흔들어 놓은 역저이다!

Nichols, Jack. 「남성의 해방, 새로운 남성상의 정의」(*Men's Liberation, A New Definition of Masculinity*). New York : Penguin Books, 1975. 남성이 해방되어야만 할 이유를 논하고, 남성해방이 실현될 때 남녀 모두의 생활이 어떻게 풍성하게 될 수 있는지를 설명한 책이다.

Perl, Harriet, and Abarbanell, Gay, coordinators. 「여권주의 CR의 지표」(*Guidelines to Feminist Consciousness Raising*). 이 자료는 본래 「미국여성기구」(the National Organization for Women)의 의식화특별분과를 위하여 작성되었던 것인데, 이 모임의 실무자들이 1975년 로스앤젤레스에서 출판하였다. 의식화집단의 원리, 기본 규칙, 그리고 지도력 따위의 구체적인 운영법을 설명한 편람이다.

Rich, Adrienne. 「여성의 출생, 경험과 제도로서의 어머니상」(*Of Woman Born, Motherhood as Experience and Institution*). New York : Bantam Books, 1976. 이 저서는 모성의 두 가지 의미, 곧 여성과 그들의 창조적 능력의 관계를 의미하는 모성과, 양성을 왜소화하는 남성 중심적으로 규정된 억압적 제도를 의미하는 모성을 파헤친 책이다.

Rush, Anne Kent. 「몸을 개운하게, 여성을 위한 운동법」(*Getting Clear, Body Work for Women*). New York : Random House, 1973. 이 책에는 여성(그리고 남성)의 자가성장법이 실려 있다.

Steinmann, Anne, and Fox, David J. 「남성의 딜레마」(*The Male Dilemma*). New York : Jason Aronson, 1974. 변모하고 있는 남녀 역할에 대한 남성 쪽의 반응을 분석하면서 보다 해방된 남녀관계의 형성을 위한 제안을 아울러 제시한 저서이다.

Weisstein, Naomi. "심리학에서의 여성상"(Psychology Constructs the Female), Gornick and Moran. 「성차별주의 사회에서의 여성」(*Woman in Sexist Society*). 제8장. 이 논문은 여성의 진정한 잠재력을 발견하려는 노력을 외면하는 남성지향적 심리학의 맹목성을 개관한 글이다.

Williams, Elizabeth Friar. 「여권주의 치료자의 특색」(*Notes of a Feminist Therapist*) New York : Praeger, 1976. 여성해방요법을 설명하고 치료를 받고 있는 여성들의 생활에 반영된 여성해방론의 쟁점들을 제시한 책이다.

Wyckoff, Hogie, ed. 「사랑, 치료법과 정치학, 급진치료법의 논점들」

(*Love, Therapy and Politics, Issues in Radical Therapy*). New York: Grove Press, 1976. 정기간행물 「*Radical Therapy*」에 실렸던 20편의 논문들을 엮은 책이다.

11
정신통합 이론의 성장자원들

정신통합 이론을 개발한 앗사지올리(Robert Assagioli)는 정신과 의사로서, 1888년 이탈리아 베니스에서 태어났다. 그는 플로랜스 지방의 한 대학에서 의학과 정신과 훈련을 받았고, 동대학에서 철학과 심리학도 연구하였다. 앗사지올리는 당시 이탈리아에 처음으로 생긴 정신분석 집단의 일원이 되었다. 그러나 1911년경 프로이트 사상에 회의를 느끼면서 자기 자신의 접근법을 계발하기 시작하였다. 그는 1974년 플로랜스에서 죽을 때까지 정신통합 이론의 발전에 매진했다. 비교적 최근까지, 그의 업적은 이탈리아 밖으로 널리 알려지지 않았다. 그러나 지난 10년간 그의 책들은 수개국의 언어로 번역되어 출판되었고, 세계 도처에 정신통합연구소가 세워졌다. 현재 그의 견해는 미국 내의 인간 잠재력 계발운동에 참여하는 사람들 뿐만 아니라 점차 많은 치료자들에게 영향을 미치고 있다.

정신통합은 전인적인 관점에서 치료와 성장에 접근하는 방법이다. 그것은 성장지향적인 상담자와 치료자들에게 제공되는 개념과 방법의 원천 중 가장 생산적인 것들의 하나이다. 정신통합은 분명히 성장 중심적이다. 예언적인 통찰을 가지고 앗사지올리는 다음과 같이

주장한다 : "오직 내적인 힘의 계발만이 인간이 자신의 뜻대로 쓸 수 있는 엄청난 힘에 대한 통제를 상실하고, 자기 자신의 성취에 대한 대가로 희생되는 위험을 근본적으로 메울 수 있다……. 이것은 온전성을 유지하고 진정한 인간성의 존속을 위해 필수불가결하다."[1]

정신통합은 또한 명백히 영성지향적이다. 그 방법들 중 대부분이 영적 성장을 촉진하는 데 유용하다. 비록 정신통합이 영성 지향적인 상담자들에게 하나의 자원으로서 잠재적인 가치가 있다 할지라도, 목회상담의 이론과 시술에 미치는 정신통합의 영향은 상대적으로 미약해 왔다. 따라서 이러한 접근을 충분히 활용하는 것은 향후 목회상담이 안고 있는 과제라 할 점이다.

지난 몇 년 동안, 나는 정신통합의 중요성을 인식하지 못했기 때문에, 굳이 시간을 내서 깊이 연구하는 것은 생각도 하지 못했었다. 그러나 막상 연구를 시작했을 때는 그 풍부함에 흥분되었고, 그 때까지 내가 성장상담이라고 부르던 접근법과 많은 유사점이 있다는 사실에 놀라지 않을 수 없었다.

성장에 관한 정신통합 이론의 통찰들

앗사지올리는 융의 견해와 자신의 견해와의 유사점을 지적하면서 자신의 전인성 지향(wholeness orientation)을 다음과 같이 설명한다 :

> 치료를 함에 있어 우리들은 남들처럼 심리상의 '질병'을 가정하여 이러이러한 병적 '증세'나 '증상'이 있다는 데에만 관심을 두는 '병리주의'를 거부한다. 우리는 인간을 일시적인 기능장애가 있을지라도 근본적으로 건강한 유기체로 본다. 자연은 항상 균형이 깨지면 다시 이를 회복하는 경향이 있으며, 마찬가지로 심리세계에도 통합의 원리가 지배한다. 치료의 역할은 개인의 성격을 변형시켜 분명한 상호 모순점들을 통합하도록 돕는 것이다.[2]

앗사지올리는 정신분석과 심층심리학에 의해 이루어진 병리학에 대한 집중적인 연구가 인간 정신에 대한 우리의 이해를 심화시키고 넓히게 했다는 점은 긍정적으로 평가한다. 그러나 한 편으로 그는 다음과 같이 비판한다 :

> 병리적 접근은 유용한 면도 있지만 반면에 심각한 오류를 내포하고 있기도 하다. 그것은 다름아닌 병리증세와 인간 본성의 하부적인 면을 지나치게 강조한다는 점이다. 그래서 정신병리학 연구를 통해 발견한 것들을 아무 근거 없이 일반화시켜 무분별하게 정상적인 심리상태를 가진 사람들에게도 적용하는 것이다. 이는 오히려 인간 본성에 대해 침울하고 비관적인 상을 만들어 내어, 인간 본성의 보다 높은 가치와 성취들을 반동형성, 변형, 그리고 승화의 과정을 통해 심리 하부의 충동에서만 나올 수 있는 것으로 간주하는 경향을 낳게 한다. 더욱이 직관, 창조성, 의지, 그리고 인간 본성의 핵인 자아 등의 많은 중요한 실체와 기능을 무시하고 외면한다.[3]

정신통합은 자신의 삶을 보다 높은 수준에서 통합시킴으로써 성장하려는 인간의 자연적인 욕구를 긍정한다. 성장을 향한 충동이 우리 인간에게 있어서 의식될 수 있다는 사실은 우리로 하여금 이러한 충동을 추진할 수 있도록 하며, 그럼으로써 우리의 잠재력을 실현하는 과정을 가속화할 수 있게 한다.

앗사지올리는 '열등한 무의식세계'에 대한 프로이트의 탁월한 탐구를 통해 밝혀진 많은 통찰들을 받아들였다. 그러나 그는 프로이트의 인간에 대한 개념을 불완전하고 부적절한 것으로 보았다. 그는 사망하기 얼마 전에 한 면담에서 누군가가 정신통합과 정신분석과의 차이에 대해 물었을 때, 그는 다음과 같이 은유적으로 대답했다 :

> 프로이트는 자신이 쓴 편지들 중 하나에서 "인간을 하나의 건물로 볼 때 나는 그 기초부에만 관심이 있다."고 말한 적이 있다. 우리는 인간으로 하여금 자신의 성격의 모든 수준에 접근하도록 하는 엘리베이터를 세우고자 한다. 기초만 있는 건물은 매우 제한적이

다. 우리는 테라스를 개방하여 그 위에서 일광욕도 하고 별도 쳐다 볼 수 있기를 원한다. 우리의 관심은 성격의 모든 영역들을 통합시키는 데 있다. 이것은 정신통합이 통전적이고, 전체적이며, 포괄적임을 의미한다. 정신통합은 정신분석이나 행동수정 이론에 반대하는 것이 아니라, 보다 높은 가치, 의미, 성적 생활에 대한 욕구가 생물학적이고 사회적인 욕구와 마찬가지로 현존한다는 점을 주장하는 것일 뿐이다.[4]

앗사지올리는 성격의 다양한 차원들의 상호 관련성을 보여 주기 위해 다음과 같은 '달걀 모양의 그림'을 고안해 냈다.[5]

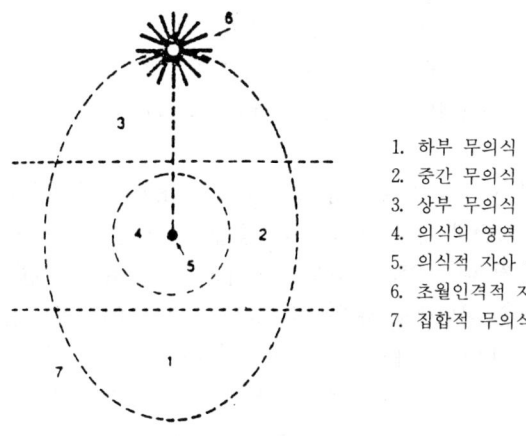

1. 하부 무의식
2. 중간 무의식
3. 상부 무의식 혹은 초월의식
4. 의식의 영역
5. 의식적 자아 혹은 "나"
6. 초월인격적 자아
7. 집합적 무의식

인간에 대한 앗사지올리의 견해는 프로이트의 견해보다 더 복잡하고 풍부하다. 그림에서 볼 수 있듯이, 무의식에는 세 가지 수준이 있다. 하부 무의식 이외에 중간 무의식이 있는데, 이것은 우리의 깨어 있는 의식, 그리고 상부 무의식 혹은 '초월적 의식'과 접하고 있는 것이다. 창조적인 중심이자 본질인 상부 자아(higher self)는 이러한 상부 무의식 내에 있다. 일상경험 속의 '나'(I) 혹은 자아는 인간의 궁극적인 정체가 아니다. 오히려 그것은 더 많은 창조적인 상부 자아의 반영인 것이다. 진정한 자아를 우리 존재의 통합된 중심으로 만드는 것이 정신통합의 일차적인 목적이다. 개체(the individual)를 경계짓는 타원형은 세포의 투과막과 유사하여 신체 전체와의 능동적인 상호교환을 가능케 한다. 인간은 더 넓은 대인간의 환경과 초월적, 심리학적, 영적인 환경과 끊임없이 상호작용하는 존재이다.

영성의 발달

정신통합은 과학의 객관성과 종교적 진리를 추구하는 사람이 갖고 있는 열정을 결합시키고자 한다. 정신통합에서 사용되는 '영성'의 개념에는 특별히 종교적인 경험들 뿐만 아니라, 윤리적이고 심미적이고 인간적인 가치들이 포함된다. 정신통합은 형식적인 종교에 대한 많은 사람들의 욕구를 인정하고 존중한다. 그러나 그 목적은 사람들로 하여금 **직접적인** 영적 경험을 통해 그들의 삶을 풍부하게 하도록 돕는 데 있다.

성장을 위한 기본적 자원은 상부 자아 혹은 초월적 의식에서 나온다. 다른 치료법들과 마찬가지로, 정신통합도 사람들이 그들의 성적 에너지와 공격적 에너지를 창조적으로 이용하도록 돕고자 한다. 그러나 정신통합은 이외에도 사람들이 '그들 내에 잠재해 있는 초월의식적인 영적 에너지를 사용하여 자신들의 전체 성격을 변형시키고 쇄신시킬 수 있도록' 돕는다. 앗사지올리는 "이러한 해방(release)은 아마 물질 내에 잠재되어 있던 원자에너지의 폭발에 비유될 수 있을 것이다."[6]고 하여 이들 영적 에너지의 뛰어난 잠재력을 강조하였다. 상부 자아의 에너지는 우리의 더 높은 잠재성들의 실현을 지속적으로 이끌어내는 작용을 한다.

앗사지올리에 의하면, 영적 성장에의 충동은 하부 무의식의 성적 충동과 공격적 충동 만큼이나 자연적이라고 한다:

나는 심미적, 윤리적, 종교적 경험들, 직관, 영감, 신비적인 의식상태들처럼 초월의식에서 나오는 요소들과 기능들이 사실상 현존하며 실재한다는 점을 강조한다. …… 이런 것들은 내면의 세계, 외부의 세계 양자에 변화를 가져오게 된다. 그러므로 과학적인 방법을 사용한다면 그것들에 대한 관찰과 실험이 가능해진다. …… 또한 심리적-영적 기법(psycho-spiritual techniques)을 통하여 그들에 영향을 끼칠 수도 있고 이용할 수도 있다.[7]

결정, 계획수립, 목적에 대한 능력으로 이해되는 **의지**는 정신통합의 모든 국면에서 하나의 중요한 자원으로 간주된다. 의지는 의지훈련운동에 의해 강화될 수 있고 발달될 수 있는 성격의 근육과 같은 부분이다. 효과적인 의지에 의해 지도된 결정과 행위는 통합(integration)의 보다 높은 수준을 향하는 성장의 중요한 추진력이다. 이에 대해 앗사지올리는 "의지는 오케스트라의 지휘자와 같다. 그는 독단적으로 자기만을 주장한다기보다는 오히려 작곡가와 악보를 마치 겸손한 하인처럼 따른다."[8]라고 적고 있다. 우리의 모든 잠재력 중에서, 자아를 보다 완벽하게 통합시키고 세상을 보다 나은 곳으로 만들고자 하는 데에는 의지력이 으뜸이다. 의지가 갖고 있는 창조적인 힘을 동원하는 것만이 인간공동체가 기술주의로 치달음으로 인해 결국 스스로 파괴되는 데에서 피할 수 있는 유일한 길이다.

상상은 정신통합에 있어서 또 하나의 필수적인 성장자원이다. 이미지와 상징은 치료이든 교육이든 혹은 다른 방법에 있어서든 간에 성장을 할 수 있게 하는 심리적 에너지의 환충장치이며 변형장치이다. 이러한 이유로 이미지 유도기법의 사용은 정신통합의 시술에 있어서 주요한 위치를 차지한다.

앗사지올리의 사상이 발달하던 시대의 분위기가 매우 가부장적이었음을 고려한다면, 여성에 대한 그의 태도는 당시로서는 매우 파격적인 것이었다. 그는 성장을 이해함에 있어 양성의 전체성을 강력하게 강조했다. 그는 '남성다움'과 '여성다움'을 개념짓는 요소들에 대해서는 융의 견해를 따르면서(그러나 그는 융의 사상의 가부장적인 경향은 배제하였다.) "남성적 그리고 여성적 원리 둘 다를 수용하고, 그들을 함께 취하고 우리 자신 내에서 그것들을 조화함으로써만이 우리는 우리의 역할이라는 한계를 극복할 수 있으며, 우리의 잠재적인 가능성의 전 범위를 표현할 수 있다."고 주장하였다.[9] 그는 우리 사회에서 여성이 사회적, 정치적 생활에 더욱 참여하여야 하며, 그럼으로써 삶에 대한 더 큰 연민과 이타적인 사랑, 존중을 사회적인 영역으로 확산시킬 필요가 있음을 강조하였다. 그는 여성에게는, 그들이 원한다면 기존의 전통적인 가족 내에서의 역할과 사회에서의 역할을 병행해 나가고 사회정치적 역할 수행을 위해 온 힘을 쏟을 권리가 있음을 긍정한다. 그는 새로운 사회를 남성 중심의 가부장적 사회도 아니고 모권 사회도 아닌, 남성과 여성 둘 다가 최선의 기여를 함께 하는 전 세계적인 문화라고 부른다. 미래에 대한 밝은 희망을 가지고, 그는 "그 모든 것은 우리가 충분히 이룰 수 있는 것이며, 그것은 매우 아름다운 것일 뿐만 아니라, 또한 매우 **인간적인 것이다.**"라고 주장하였다.[10]

정신통합에서는 어떤 것들을 성장에 대한 장애물로 보는가? 성장은 정신세계의 다양한 수준에서 다양한 힘에 의해 차단될 수 있다. 앗사지올리는 한 편으로는 안전에 대한 타성과 갈망, 다른 한편으로는 성장과 모험을 향한 충동 사이에 갈등이 있음을 지적하였다. 성장에 대한 저항은 점차로 드러나는 욕구와 충동이 기존의 안전감을 위협하기 때문에 생길 수도 있다. 성장은 또한 의지를 건설적으로 사용하지 못함으로써 또는 개인 내면의 '하부 인격체'(sub-personalities) 중의 하나와 지나치게 동일시함으로써 차단될 수 있다. 치료자나 내담자가 전통적인 정신병리학적 견해를 수용하게 되면, 성장을 위한 자아 내의 필수적인 자원들인 의지, 상상, 창조성들을 무시하게 되어 성장이 제한될 수 있다. 더욱이, 부적절한 이상과 영웅심은 성장을 향상시키는 훌륭한 삶의 목표와 모델을 차단시킴으로써 실현을 감소시킬 수 있다.

성장의 과정

치료자는 개인이 직면하고 있는 독특한 문제에서 유리되는 특별한 욕구가 무엇인가를 밝혀 내는 것으로 정신통합을 시작한다. 하부 무의식에서 해결되지 못한 갈등으로 인해 성장이 차단되어진 것이라면, 이를 치료할 때에는 먼저 전통적인 정신치료 접근을 이용하여 분석해야 한다. 그러나 분석-각 부분들의 본질, 기능, 관계를 이해하기 위해서 전체를 각 구성요소로 분리하는 것[11]-은 치료의 작은 부분 이상은 결코 아니다. 무엇보다도 강조되어야 할 점은 '정신통합'이라는 말이 의미하듯이 **통합**-'융합성, 전체성, 단일성, 모든 잠재력의 조화로운 이용'-이다.

비록 정신통합의 과정에는 3단계가 있긴 하지만, 실제 시술에 있어서 그 단계들이 반드시 잇달아, 혹은 분리해서 일어나는 것은 아니다. 흔히 그것들은 뒤섞여서 혹은 평행적인 방법으로, 개인의 독특한 성장욕구에 따라 각각 다르게 일어난다. 예를 들어 흔히 그렇듯이, 만일 치료 초기에 심한 윤리적, 종교적 갈등이 드러난다면, 이것들은 치료에서 즉시 다루어질 수 있다.

정신통합의 첫 단계는 **인격통합**(personal synthesis)이다. 이 단계는 의식적 자아 주변에서 갈등하고 서로 다투고 있는 '하부 인격체들'의 통합에 목적이 있다(이것을 실행하기 위한 방법은 이 장의 뒷부분에 설명되어 있다). 두 번째 단계인 '영적 통합'(spiritual synthesis)은 상부의 영적 중심(the higher spiritual center)인 자아 주위를 통합하는 것이다. 이 과정은 성격의 초월의식적 잠재력들인 의미, 가치, 사랑, 이타주의에 대한 능력과 심미적·과학적·영적 창조성에 대한 역량을 실현하고자 하는 것이다. 통합이 이러한 영적 중심 주위에서 일어날 때 새로운 창조적 에너지가 개인의 삶과 인간관계 내에 나타나게 된다. 정신통합에서 이해되는바, 삶의 목적은 인간의 일상의 삶과 인간관계 내에서 가능한 한 충분히 이 자아를 나타내는 것이다.

앗사지올리는 영적 발달의 과정을 "길고 힘든 여행, 경이로움과 난관, 심지어는 위험으로 가득 찬 낯선 나라를 모험하는 것"으로 묘사했다.[12] 혼란스런 위기는 영적인 각성에 선행되기도 하고, 또 그 결과로 나타나기도 한다. 그러나 그는 또한 성장에는 기쁨도 수반된다고 보았다. 도대체 '기쁨'(joy)이라는 말이 무엇을 의미하느냐는 매슬로우의 물음에 대해, 앗사지올리는 즐거움(enjoyment)이란 어떤 욕구가 만족되었을 때 드는 느낌이라고 정의하면서, 이에는 두 종류가 있다고 보았다. 하나는 '기본적인 욕구'의 만족에서 비롯되는 **쾌락**(pleasure)이며, 다른 하나는 '보다 고차원적인 욕구'의 만족에서 나오는 **기쁨**(joy)으로서 양자는 구별된다고 보았다. 그는 선의의 행동은 풍요롭고 때때로 깜짝 놀라게 하는 결과를 가져온다. 이타적이고 인도주의적인 행위는 깊은 만족감을 주며, 삶의 진정한 목적이 실현되는 충만감을 준다. 동양의 현자가 말했듯이, "세상에 널려 있는 문제들은 그 하나하나가 기쁨의 불꽃과 같다."[13]고 주장했다. 자아실현은 인간에게 힘, 자유, 환희감을 준다. 초월적인 실체와의 친교 내지는 일체감을 포함하여 **초개인적인 자아실현**을 충분히 이루어 나가게 되면, 소위 앗사지올리가 지복(bliss)이라 부른 경지에 이르게 된다.

앗사지올리에 따르면, 정신통합 과정의 세 번째 단계는 **초개인적 통합**(transpersonal synthesis)이다. 이 단계는 사람이 다른 사람과, 그리고 우주와 더불어 조화로운 관계를 갖도록 하는 것이 목적이다. 정신통합은 분명히 체계지향적 접근이다. 통합된 인간관계나 개인, 다양한 집단이나 전체 인간 가족, 그리고 소위 신이라 불리우는 영적 실체와의 융합, 이 모두는 성장의 세 번째 단계의 일부이다. 이들 각각 다른 관계들의 본질적인 단일성은 초인간적 영적 단일로서 이해된다. 사람은 관계 속에서 뒤엉켜서 살기 때문에, '선한 의지'는 항상 다른 사람의 의지, 그리고 자연과의 조화를 포함한다. 포괄적인 생태학적 인식은 앗사지올리의 성장에 대한 다음의 이해에서 잘 엿보인다 :

> 자기 중심은 협동성을 파괴하여 인간이 공동체 내에서 충만한 삶을 사는 것을 방해한다. 똑같은 원리가 개인과 자연 및 우주와의 관계에 적용된다. 사람은 그 누구도 오만한 자리에 서서 자기 자신은 우주와 아무 관계가 없다고 여길 수는 없다. 어쨌든 인간은 우주 의지의 부분이며, 우주 삶의 리듬 속에 동조하고 기꺼이 참여하

여야 한다. 개인과 우주 의지와의 조화와 단일화는 비록 그것이 좀처럼 실현될 수 없다 하더라도, 인간 최고의 목표 중의 하나이다.[14]

나 자신이 매우 참신하다고 느낀 앗사지올리의 다음과 같은 견해는 다른 부류의 사상에 비해 시사하는 바가 크다. "내적인 경험은 그 자체가 하나의 목적이 아니라, 단지 좀더 심층적이고 동적이고 효과적인 인간성의 일부일 뿐이며, 인간성의 형성에 기여하는 수단일 뿐이다."[15] 앗사지올리가 가족 내에서의 관계, 다른 인종적 그리고 종교적 집단간의 관계, 국가들 간의 관계를 향상시키기 위해 선하고, 강하며, 초개인적인 의지를 형성하는 목적으로 '의지계획'을 착수하고자 시도한 것은 의미 있는 것이다.[16] 「정신통합지」(psychosynthesis journal) 최근호에 실린 한 논문에서, 도날드 키즈 (Donald Keys)는 소위 '국가들의 통합'이라는 개념을 사용하여, 이를 '우리 의식의 세계화'[17]를 통해 세계적인 가치와 전 지구적인 책임감을 개발하는 과정이라고 설명하였다.

치료자는 인간 잠재력 차원을 실현하는 데 필요로 하는 방법은 무엇이든지 이용하며, 정신통합의 초기단계에 적극적인 역할을 취한다. 개인은 증가하는 책임감을 점진적으로 훈련하고, 치료자는 일차적으로 성장과정의 촉매가 된다. 나중에는 상부 자아에 대한 자각과 동일시가 증진되므로, 이 상부 자아가 치료자의 역할을 대신하게 된다. 자신의 상부 자아가 갖고 있는 내적 지혜는 가장 유용한 지도 원천이 된다. 로버트 제라드(Robert Gerard)가 지적하듯이 이것을 알게 되면 치료자는 겸손함과 희망감을 갖게 된다 :

당신이 대문자 'S'를 가진 영적 자아(spiritual Self)의 존재를 깨닫는다면, 그때 당신 또한 한 사람의 치료자로서 당신 환자 내에 (우리 모두의 내부에) 사랑, 지력, 지혜, 창조성, 내적 지시, 목적에 대한 내적 원천이 있다는 사실을 인식하게 된다.…… 치료자가 직접적인 경험을 통해서, 어떤 개인이 외관상으로는 아무리 비참하고 혼란스럽고 아프게 보일지라도 그에 관계없이 그 개인에게는 심

리적 건강, 지혜, 목적의 중심체가 잠재되어 있다는 점을 확신한다면 많은 도움이 될 수 있다.[18]

치료자의 중심 과제는 내담자로 하여금 이 내적 지혜와 힘을 자각하고 이를 치유와 성장에 사용할 수 있도록 돕는 것이다.

정신통합의 비계층적이고 평등주의적인 면은, 치료자가 비록 도움이 되기는 하나 치료의 필수적인 요소는 아니라고 설파한 앗사지올리의 견해에서 잘 나타난다. 그는 다음과 같이 주장한다 : "개인 스스로가 정신통합을 응용하여 자신의 내적 성장과 자아실현을 촉진·육성해 갈 수 있다. …… 모든 치료자, 사회활동가, 교육자(부모를 포함하여)는 이러한 자기-정신통합을 가르치고 고무해야 한다."[19]

성장관점에서 보이는 결점들

내가 보기에 정신통합은 다른 이론에 비해 그다지 많은 결점을 지니고 있지는 않다. 비록 이 요법이 생태조직적인 성장개념을 철저히 견지하고 있기는 하나, 그 관심의 초점은 심리내부의 성장에 주어진다. 결과적으로 정신통합은 대인관계에의 적용과 사회와 생태계라는 보다 넓은 구조에의 영향을 연구하는 데에는 그다지 관심을 두지 않았다. 다행히, 최근에 들어서는 조직과 체계에 대한 강조가 보다 강해지고 있다. 아마도 이는 앞으로 정신통합의 이론과 실제를 개발하려는 치료자들의 중심적인 관심사가 될 것이다.

이 요법은 의지를 강조하기 때문에 자칫 잘못하면 의도성에 초점을 맞추는 모든 성장접근들처럼 하나의 위험에 부딪칠 수 있다. 그 위험이란 다름아닌 호니(Karen Horney)가 소위 '당위와 의무에 의한 전제적 지배'로 표현한 것을 야기시키는 것이다. 높은 이상만을 추구하다 보면 자칫 좌절과 절망의 수렁에 빠질 수 있다. 앗사지올리가 이러한 위험을 경고한 것은 주목할 만하다. 이상과 행동계획들을 치료에 활용하는 문제에 대해 논의하면서 그는 이것들은 '현실적'인 것일 필요가 있다는 점을 강조했다. 즉 이것들은 인간의 자연적인 발달과정의 선상에 있어야 한다는 것이다. 앗사지올리는 '진정한 이상모델'은 상부 자아의 자원을 자극하는 데 도움을 줄 수 있다고 보았다.[20] 이러한 모델은 상상이 갖는 힘을 사용할 때 변화력을 만들어 낸다. 개인의 상부 자아에 있는 지혜와 접촉하게 되면 완벽주의라는 덫에 걸리는 것을 예방할 수 있다.

앗사지올리는 인간과 사회 내에 존재하는 성장에 대한 완고한 장애물을 과소평가한 듯하다. 그는 의지가 성장에 미치는 중요성에만 집착했기 때문에, 우리 인간의 의지가 상당히 '속박'되어 있다(이는 마틴 루터의 표현이다.)는 점을 지나치게 과소평가했다.

정신통합 이론의 성장방법들

정신통합에서는 각 개인이 나타내는 성장욕구의 정도에 따라 특별한 치료방법들이 선택된다. 이제 내가 그 동안의 경험을 통해 유용하다고 생각하는 도구들 중 몇 개를 서술하고자 한다. 당신이 상담, 치료, 성장집단에서 그것들을 활용하기 전에 먼저 당신 자신에게 적용해 보라 :

1) **비동일시와 자아동일시** : 이 연습은 그 주위에서 인격적 통합이 발생할 수 있는 의식의 중심, 혹은 '나'를 확인하는 방법이다. 정신통합 이론에 따르면, 우리가 어떤 것과 동일시될 때 그것은 우리를 지배하게 된다. 중산층 남성이 그렇듯이, 나 자신도 종종 나의 일과 물질적 안정 및 '성공'에 대한 충동을 나와 지나치게 동일시한다. 내가 그러할 때, 삶의 한 영역에서 생기는 불안이 정체감과 자기 가치감을 지배하게 된다. 나의 직업, 나의 전문적인 역할, 그리고 물질적인 것에 대한 나의 불안으로부터 나 자신을 동일시하지 않는 정도에 따라, 나는 나의 일과 기타 여러 가지 것 대한 강박관념으로부터 자유로워질 수 있게 된다. 그리고 나의 직업을 나의 정체성이나 존중감의 전부가 아닌 단지 내 생의 중요한 한 차원으로서 좀더 균형잡힌 관점에서 볼 수 있게 된다.

이 연습의 첫 부분은 **비동일시**이다. 다음에 나오는 설명들을 한

번에 2~3개의 문장씩 끊어 읽고, 눈을 감고 조용히 마음 속으로 그것들을 반복해 보시오. 그렇지 않으면 누군가에게 문장을 읽어 달라고 부탁하고, 당신은 그 문장을 들으면서 마음 속으로 반복해 보시오. 편안한 자세로 앉아서, 긴장을 풀고 눈을 감으시오.

나는 다음을 분명히 느낀다 : "나는 육체를 갖고 있지만 단순히 갖고만 있지는 않다. 나의 육체는 여러 다른 상태에 놓여 있을 수 있으며, 아플 때도 있다. 그리고 상쾌하거나 피곤할 때도 있다.…… 나의 육체는 내가 외부 세상에서 경험하고 활동할 수 있게 하는 소중한 도구이다. …… 나는 육체를 잘 다루며, 늘 좋은 건강상태를 유지하려고 한다. …… 나는 육체를 갖고 있으나 단순히 갖고 있는 그 이상이다."[21]

유사한 방법으로, 당신의 느낌과 감정에서 당신의 **자아**를 분리해서 비동일시하라(나는 감정을 갖고 있다. 그러나 단순히 갖고 있는 그 이상이다 등등의 방식으로). 당신의 욕망, 지식과 사고, 직업, 사회적 역할(예를 들어, 아버지 혹은 어머니, 남편 혹은 아내, 당신의 직업역할), 인간관계, 안고 있는 문제들에 대해서도 마찬가지로 해보라. 전체 목록을 짜서 한 번에 삶의 한 면씩을 택해서 해보라. 당신이 지나치게 자신과 동일시한다고 느껴지는 면들을 인식하라(나는 나에게 괴로움을 주는 신체의 일부분에 지나치게 신경을 쏟고 있을 때, 이 연습이 도움이 된다는 것을 알았다—예를 들어, "나는 치아를 갖고 있는데 지금 이것들이 나를 괴롭힌다. 그러나 나는 단순히 치아를 갖고 있는 그 이상이다").
　이 연습의 두 번째 부분은 **자아동일시**이다. 비동일시 과정을 끝낸 후에, 다음을 반복하라 :

"그러면 나는 무엇인가? 나의 정체성의 중심으로부터 성격의 육체적, 감정적, 정신적인 내용들을 배제시킨 후에 무엇이 남는가? …… 그것은 나 자신의 본질, 즉 순수의식과 자아실현의 중심이다. 그것은 나의 개인적 삶의 다양한 흐름을 관통하는 영원한 요소이다. 그것은 나에게 존재감, 영속감, 내적 안정감을 준다. 나는 나 자신이 의식의 중심임을 인식하고 확인한다. 나는 그 중심이 자아인식의 지속성뿐만 아니라 역동적인 힘도 갖고 있다는 것을 깨닫는다. 즉 그것은 나의 몸과 마음을 관찰하고, 지배하고, 지시할 수 있으며, 때에 따라서는 심리적인 처방도 해 준다."[22]

일반인들이 이 간단한 훈련법의 오묘함을 충분히 체험하려면 상당한 실습을 해보아야 한다.

2) **당신의 하부성격을 파악하기** : 우리들 각자는 우리들 내부에 다양한 반자율적인 하부성격을 갖고 있다. TA는 우리의 성격들 중 어버이-어른-어린이 측면을 강조한다 : 그리고 형태요법은 상전 대 하인의 측면에 초점을 둔다. 정신통합은 우리의 성격에는 수백 개의 서로 다른 하부성격이 있음을 확인했다. 나는 나의 내면에 신비론자, 유물론자, 개혁운동가, 비열한 인간, 의심많은 인간, 놀기좋아하는 꼬마, 죄수, 광대, 몽상가, 비꼬기 잘하는 사람, 훌륭한 교수 등의 많은 하부성격들이 있음을 인식할 수 있다. 우리가 우리의 하부성격을 모를 때, 그 하부성격들은 내면의 갈등과 산만한 '자기 인식'을 야기시키게 된다. 우리의 하부성격들을 알고, 이해하고, 좋아하게 되면 이에 따라 성장도 촉진된다. 그렇게 함으로써, 우리들의 자아는 우리의 목적과 욕구들에 따라 하부성격들의 표출방식이나 정도를 조절할 수 있게 된다. 그리하여 그것들은 우리의 정체감, 생활, 인간관계를 풍요롭게 하는 협력자이며 자원이 된다.[23] 여기에 개인의 하부성격을 알게 할 수 있는 하나의 연습법을 제시한다 :

"편안하게 앉아서 긴장을 푸시오. 눈을 감은 후에, 몇 번 깊이 심호흡을 하시오. 당신 앞에 목재로 된 커다란 문이 있다고 상상하시오. 그 문에는 **하부성격들**이라고 쓰여진 표시가 있다. 그것들 모두가 문 뒤에 있다고 상상하시오. 이제 문을 열고 당신의 주요한 하부성격들이 밖으로 나오도록 하시오. 잠깐 동안 그것들을 관찰하시오. 그것들에 빠져들지 말고 냉정하게 하나하나 인식하시오."[24]

이제, 당신에게 가장 흥미있는 하부성격 하나를 선택하시오. 선택한 이 하부성격과 대화하면서 그것이 무엇인지, 그리고 무엇을 원하고 필요로 하는지를 알아보시오. / 이제 당신 자신이 그 하부성격이 되어 보시오. 그리고 하부성격이 된 입장에서 어떻게 느끼는가를 살펴보시오. / 다시 당신 자신이 되어 알고 싶은 다른 하부성격을 선택하시오. 시간을 아끼지 말고 성장작업의 각 경우마다 한번에 하나씩 당신의 하부성격들과 최상의 관계를 만들기 위해 노력하시오.

3) **의지훈련연습** : 앗사지올리에 따르면 의지형성에는 다음의 6단계가 있다 : (1) 성취의 대상인 목적의 존재 ; (2) 다양한 목표들과 그들의 상대적 중요성에 대한 숙고 ; (3) 그 중 하나의 중요한 목표를 결정하고 나머지를 제쳐놓는 것 ; (4) 의지에 의해 이 목표를 확인함으로써 선택을 확신하는 것 ; (5) 목표를 성취하기 위한 계획수립 ; (6) 계획의 실행. 의지의 강화는 의도적으로 이러한 단계를 거침으로써 생겨난다.

이제 다음을 해보시오. 다음주 내에 성취하길 원하는 다양한 목표들을 생각해 보시오. / 우선순위가 높고 성취가능한 하나를 선택하시오. / 이 목표의 성취에 매진할 것을 다짐하면서 선택을 굳히시오. / 구체적이고 세부적인 계획을 수립한 다음, 의지를 갖고 이를 실행하시오. 만약 당신의 목표가 당신의 신체를 건강하게 하는 것이라면, 당신 건강에 알맞은 매일의 신체운동 프로그램을 개발하시오. 만약 당신의 목표가 당신의 생에 대한 책임감을 증가시키거나 당신이 낭비하는 시간을 줄이기 위한 것이라면, 스스로 현실적이고 의미 있는 일정을 계획하고 실행하시오. 우선순위도 정하지 않고 주어진 시간 내에 닥치는 대로 너무 많은 것을 이루려고 했기 때문에 늘 만성적인 혼돈에 시달리던 한 내담자가 생각난다. 그는 주의 깊게 준비되고 현실적인 일정을 짜서 이를 일주일 동안 실행해 본 후에 다음과 같이 기록하였다 : "나는 마치 내가 지금 최상의 상황에 있는 것처럼 느낀다. 환경에 의해 내가 우왕좌왕하는 것이 아니라, 오히려 나 자신이 나의 삶을 잘 지배해 나가고 있는 느낌이다." 당신의 의지가 기능하는 것을 방해하는 하부성격을 인식하고 다루게 되는 것이 중요하다—자아의혹자, 방해자, 게으름장이, 기타 등등.

4) **상상력 훈련** : 상상은 성장과정에서 여러 모로 활용된다. 정신통합에서 사용되는 일반적인 상상 몇 개를 예로 들자면, 자신이 시내를 따라 걷고 있는 모습, 목장에 있는 모습, 어떤 집을 방문하는 모습, 사자가 되어 보는 것(자신의 강하고 단호한 측면과 접촉하기 위한) 등등이다. 개인의 적극적인 상상력은 성장을 위한 동기와 힘을 제공할 수 있다.(그것은 두뇌 우반구의 힘과 창조성을 활기있게 한다.) 앗사지올리는 "상상과 마음 속의 영상은 그것들에 상응하는 신체적 상태와 외적 행동을 만들어 내는 경향이 있다."고 보았다.[25]

이러한 원리는 많은 영역에서 효과적으로 활용되고 있다. 시몬톤(Simontons)에 의해 처음 시작된 것으로서 암환자에게 상상요법을 사용하는 것은 하나의 좋은 예이다. 앞으로 당신이 너무 힘을 써서 근육에 통증을 느끼는 경우가 있거든, 마음 속으로 그 부위의 근육을 풀려고 해보고, 당신이 볼 수 있는 따뜻하고 치유의 힘이 있는 에너지로 그 부위를 감싸는 것을 상상해 보시오. 이것을 하루에 몇 차례씩 해보고 효과가 어떻게 나타나는지를 살펴보시오. 이 상상과정은 신체 내의 치유력을 방출하게 된다. 만약 당신이 미래에 예견되는 어떤 일에 대해 염려한다면, 다음의 간단한 연습을 매일 해보시오. 먼저 그 일에 대해 강력하고 효과적으로 대치하고 있는 자신의 모습을 상상해 보시오. 심지어 그것을 즐기고 있는 자신의 모습을 상상해 보시오. 혹은 만약 당신이 당신 자신을 수줍은 사람으로 간주한다면, 타인들로부터 확실히 존경받는 자신 있고 유능한 사람으로 행동하는 당신 자신을 상상해 보시오.

5) **상징적 동일시** : 로버트 제라드(Robert Gerard)에 의해 개발된 이 방법은 개인 자신이 칭찬받는 사람 혹은 사물이 '되는 것'을 상상해 보는 것이다. 인간은 자신을 사람 혹은 사물이 가지고 있는 어떤 특성과 동일시하는 경향이 있으며, 그럼으로써 그 때까지 무시되어 온 자신 내면의 자원을 소유할 수 있게 된다. 심리적 편협성은 가뜩이나 침체되어 있는 이 세상에 더 많은 희생을 강요하고

있다. 상징적 동일시는 보다 살기 좋은 세상에서의 생존을 위해 요구되는 전 지구적 의식과 배려를 계발하도록 도울 수 있다. 마사 크램톤(Martha Crampton)은 다음과 같이 기록한다 : "상징적 동일시는 아마도 우리의 의식을 넓히고 보다 깊은 참여감과 세계와의 일체감을 확보하는 데 사용될 수 있을 것이다. 꽃, 나무, 바위, 강, 대양, 태양, 은하수와 같은 자연적 상징이 '되는 것'은 이러한 목적에 특히 유용하다."[26] 잠시 동안 자신을 흐름이 완만한 오염된 강과 동일시해 보시오. 그 다음에는 졸졸 흐르는 깨끗한 산속의 시내와 동일시해 보시오. / 이 두 상상의 경우에 각각 느낌이 어떠했는가를 비교해 보시오. / 혹은 자라나는 나무나 활짝 핀 꽃과 동일시해 보시오. 상상이 당신의 내적 생활을 배양할 수 있도록 하시오. / 혹은 당신이 속해 있는 공동체나 세계의 다른 지역에서 커다란 욕구를 가지고 있을 사람이나 민족들과 상징적 동일시를 해보시오.

6) **자아발견** : 정신통합은 자신의 상부 자아에 있는 창조적 에너지와 지혜에 스스로를 개방함으로써 영적 성장을 촉진하기 위한 다양한 방법들을 제공한다. 나는 정상에서 나의 상부 자아와 대화하는 것을 즐기기 위해 산길을 오르는 자신을 상상하는 연습이 가장 가치 있는 것 중의 하나라는 것을 발견했다. 당신도 지금 이것을 한번 해보시오.[27]

상부 자아에 대한 자각을 증진시키는 또 다른 접근은 당신 내면에 있는 '현명한 선생' 혹은 '현명한 여성이나 남성'과 대화하는 것을 마음 속으로 상상하고 해보는 것이며, 또는 퀘이커교도나 마하트마 간디가 지혜의 내적 자원에 대해 언급한 것처럼, 당신의 '내적인 빛'을 상상하고 이에 자문을 구하는 것이다. 창조적 에너지를 흐르게 하기 위해 사람의 분석적 마음을 주기적으로 풀어서 개방할 필요가 있다. 직관적인 이미지나 메시지를 전달받은 후에는, 신중하고 비판적인 사고를 통해 그것들을 마음 속에서 검증하고 이해해야 한다. 그런 다음에야만 그것들을 건설적인 활동으로 바꿀 수 있다. 무척이나 바쁜 생활을 하는 한 사람이 다음과 같이 묘사한 바 있다 :

"너무 여유가 없고 무엇인가 중심에서 벗어나 불안정하다는 느낌을 받고 있었다. 그래서 나는 그것에 대해 나의 내면의 '현명한 노인'과 이야기하였고, 그는 다음과 같이 이야기했다. '당신은 휴식이 필요하고 휴식도 쓸모가 있음을 믿을 필요가 있다. 그리고 휴식을 취하더라도 모든 일은 잘 돌아갈 것이다. 만약 당신이 과로한다면, 이제 당신은 자신이 염려하는 일을 할 수 없을 것이다.' 그러나 나는 단순히 기다리기만 했다. 막연히 기대만 했던 것이다. 얼마 후, 나는 나의 생각을 뒤바꾸어 놓을 결정적인 경험을 했다. 나는 그 근심들이 목적을 갖고 있음을 알았다. 그 현명한 노인은 그가 말했던 그 근심은 필요한 '과정'의 일부분이라는 것을 나로 하여금 깨닫게 했다.…… '당신'은 불안정하고 긴장하고 있다. 그런데 그 이유는 당신이 현재 다른 사람들을 다루는 법을 배우는 과정에 있어서, 아직은 그 방법을 제대로 모르기 때문이다. 그러나 그 과정은 세상에 무엇인가 선을 베풀 수 있는 사람으로 당신 자신을 계발하는 데 매우 중요하다. 당신도 잘 알다시피, 그것은 당신이 달콤하지만 이룰 수 없는 망상에서 벗어나는 데 필요한 단계이다. 그것은 당신이 갖고 있는 이상을 세상에서 실현가능하고 쓸모있는 것으로 만들기 위한 단계이다. 그러기 때문에 당신은 참을성을 가져야 하며, 경우에 따라서는 하루쯤 푹 쉴 수도 있다. 그리고 그렇게 하는 것이 잘하는 것이다."[28]

나는 상담과 치료에서의 성장작업이나 성장집단을 촉진시킬 때에는 사람들로 하여금 상부자아의 관점에서 자신들이 갖고 있는 현안 문제들과 성장 이슈들을 보도록 하는 것이 매우 도움이 된다는 사실을 알았다. 나는 나 자신이 한 명의 내담자로서 치료자와 관계를 맺으면서 정신통합을 훈련할 때, 이러한 관점이 놀라운 변화추진력이 된다는 것은 경험한 바 있다.[29]

부부 및 가족상담자인 에마 픽슬리(Erma Pixley)는 다양한 정신통합 방법을 사용하여 여성을 위한 성장집단을 지도해 간다. 그녀는 먼저 여성들로 하여금 일상의 생활과 그들의 하부 성격 내에서 행하는 역할들(예를 들어, 양육자, 장난스런 어린이, 다정다감한 연인, 상담자)을 정리해 보라고 시킨다. 그녀는 여성들이 비동일시

훈련과 자아동일시 훈련을 통해 단순히 그들이 일상에서 하는 역할이나 하부 성격 이상인 의식의 중심을 인식하도록 지도한다. 그후 그녀는 여성들에게 그들의 역할과 하부 성격들 중 특히 그들에게 너무 많은 피해를 주는 것들과 내적 대화를 하도록 한다. 또한 그녀는 여성들로 하여금 그들의 지혜와 상부자아를 이 대화에 끌어들여서 하부 성격들 사이에 균형이 맞추어지고 통합성이 유지될 수 있도록 한다. 그리고 여성 자신들 내부에 있는 모든 인간성의 본질과 접촉하도록 함으로써 여성들이 그들의 의식을 날로 좀더 높고 포괄적인 수준으로 끌어올려 가도록 한다.[30]

7) **명상** : 앗사지올리는 동양식의 의식고양 방법이나 통찰들을 매우 긍정적인 것으로 보았다(그는 동양의 신비스런 경전을 원어로 읽기 위해 범어를 배운 바 있다). 제2차 세계대전 동안에, 그는 인류의 단일성에 관해 강한 확신을 가졌다. 그의 사상 때문에 뭇솔리니는 그를 정치범으로 몰아세웠다. 감옥에서 그는 로마에 있는 자신의 환자들을 걱정했다. 곧 그는 자신이 근심하고 있음을 알아채고서는 다음과 같이 자문해 보았다. "내가 근심한다고 해서 잘될 일이 있겠는가?", "보다 더 쓸모있는 것을 할 수는 없을까?" 이런 자문을 통해 그는 다음과 같은 해답을 얻었으며, 이것이 자신의 상부자아로부터 나온 것이라고 믿었다 : "명상하라. 당신은 늘 너무 바쁘지만 항상 명상하기에 힘쓰라." 고독하게 감금되어 있던 상태이었으므로, 그는 그 누구에 의해서도 방해받지 않았다. 그는 매일 몇 시간 동안 꾸준히 명상했다. 그 결과는 매우 놀라운 것이었다. 그는 일찍이 경험해 보지 못했던 평화를 느꼈다. 그는 그의 생애에서 삶의 기쁨을 그렇게 느껴 본 적이 없었다고 회상하고 있다.[31]

앗사지올리는 명상에는 다음과 같은 3가지 유형이 있다고 설명한다 : (1) **숙고한 명상**(reflective meditation : 우리들의 보통 의식에 대한 깊은 이해를 얻기 위한 것) (2) **수용적 명상**(receptive meditation : 상부 자아의 지혜에로 우리 자신을 개방하는 것) (3) **창조적 명상** (creative meditation : 우리의 성격을 재생하고 변형하기 위한 것). 효과적인 모든 명상은 의지훈련을 요하는 '내면의 활동'으로 이해되며, 자신을 변화시킬 수 있는 영적 에너지를 부여해 준다. 앗사지올리는 3가지 유형의 명상을 활용하는 데 있어 간결한 지침을 제공해 준다.[32] 수용적 명상은 특별히 영적 성장 작업에 유용하다. 이에 대해 설명하면서 그는, 고요함, 조용함, 평화—푸른 하늘을 담고 있는 잔잔한 호수, 고요한 밤의 별이 많은 하늘—등이 느껴질 수 있는 정신적 상상을 활용하는 기법을 소개한다. 또한 그는 그리스 신화의 찬송에서 나온 것으로서 "O 현의 소리를 멈추어라. 새로운 멜로디가 나의 내부에서 흘러나온다."와 같은 문구를 반복할 것을 제안한다.[33]

정신통합 이론에 관한 참고문헌

Assagioli, Roberto.「정신통합, 그 원리와 기법 안내」(*Psychosynthesis, A Manual of Principles and Techniques*). New York : Viking, 1971. 이 책은 정신통합의 이론과 실제에 관한 기본적인 안내서이다.

―――.「의지행위」(*The Act of Will*). Baltimore : Penguin Books, 1974. 이 책은 의지의 모든 차원을 강화시킬 수 있는 법들을 소개한 안내서이다.

Churchill, Craig M.「목회상담의 성장지향 모델 형성에 대한 정신통합의 기여」(*Contributions of Psychosynthesis Toward a Growth Oriented Model of Pastoral Counseling*). 이 책은 미출간된 논문으로서 저자가 1973년 클레어몬트신학교에 다닐 때 쓴 박사학위 논문이다. 이 논문은, 미시간 앤 아버에 있는 마이크로 필름대학에 소장되어 있다.

Haronian, Frank. "정신통합 : 한 심리치료자의 개인적인 개관" (Psychosynthesis : A Psychotherapist's Personal Overview), 목회심리학지, 가을호, 1976. pp. 16—33.

―――. "성격의 정신통합에 관한 하나의 모델과 그것이 심리치료에 가지는 의미"(A Psychosynthetic Model of Personality and Its Implications for Psychotherapy). 인도주의심리학지, 가을호, 1975.「통합, 자아의 실현」(*Synthesis, The Realization of Self*). 정신통합지는 개인의 성장을 향상시키는 데 도움을 줄 실제적 기법들을 다루는 Psychosynthesis Workbook을 별권으로 하고 있다. The Synthesis Press, 150 Doherty Way, Redwood City, CA 94061.

정신통합연구소에는 도움이 될 만한 많은 연구서들이 소장되어 있다 (주소는 3352 Sacramento Street, San Francisco, CA 94118이다). 여기 그 중 몇 개를 소개한다.

- Crampton, Martha. "정신통합에서의 상상법의 활용"(The Use of Mental Imagery in Psychosynthesis).
- Keen, Sam. "로베르토 앗사지올리의 황금도구"(The Golden Mean of Roberto Assagioli). 이는 앗사지올리가 사망 직전에 했던 짧은 인터뷰 기록을 실은 것이다. 이는 원래 *Psychology Today*라는 잡지에 실려 있던 것을 저자가 옮긴 것이다.
- Kretschmer, W. H. "심리치료에서의 명상기법"(Meditative Techniques in Psychotherapy). 이 논문에는 치료시에 명상을 사용하는 법에 관한 내용이 서술되어 있다.
- Vargiu, James. "전 지구적인 교육과 정신통합"(Global Education and Psychosynthesis). 이 논문은 정신통합을 전 지구적인 의식의 개발에 응용하는 내용을 담고 있다.

결론:
성장에의 모험—이 자원들을 활용하여 지속적인 성장을 이루라

나는 친구들과 어울려 점쟁이를 찾아갔다. 점쟁이를 믿지는 않지만 이번 경우에는 복채가 아깝지 않을 만큼 가치 있는 조언을 받을 수 있었다. 점쟁이가 한 말을 당신이 만나는 사람들에게 써먹어 보라.

"당신은 하고 싶은 무엇인가가 있는데, 앞길이 가로막혀 하지 못하고 있군요."라고 말하면서 그녀는 "내가 한 마디 충고를 드리리다. 망설이지 말고 하고 싶은 일을 과감하게 시작하시오. 여건이 좋아지길 기다리다가는 일을 시작조차도 못하게 될 것이오. 왜냐하면 여건이 그냥 좋아지는 경우는 없으니까 말이오. 일단 시작을 하면 여건도 서서히 좋아지게 될 것이오."라고 말을 풀어갔다.

복채는 5달러가 들었지만 나는 두고두고 그 덕을 볼 수 있었다. 당신도 지금 즉시 원하는 것을 시작하라. 그리고 과감하게 당신을 가로막는 장애물들을 부수어 나가라.

Elmer Wheeler, 「내면의 풍부한 잠재성」
(The Wealth Within You)[1] 중에서

이 일화의 내용은 매우 단순하게 보이지만 실상 흔히 간과되고 있

는 성장에 대해 의미 있는 진실을 보여 줍니다. 즉 우리가 막연히 잠재력 계발을 질질 끌게 되는 주요한 이유는, 바로 우리가 "나는 **이러이러한 이유** 때문에 하고 싶은 일을 할 수 없다."고 믿기 때문입니다. 만일 당신이 삶을 창조적으로 변화시키고는 싶은데 내적·외적인 장애물 때문에 주저하고 있다면 주위의 모든 사람들을 둘러 보십시오. 그런 처지에 있지 않은 사람이 어디 한 사람이라도 있는가! 물론 나도 나의 가능성의 계발을 회피하는 데 대해 그럴 듯한 이유 몇 가지를 댈 수 있습니다. 그러나 결국 그런 이유들은 대개 (반드시 그런 것은 아니지만) 상대적으로 안락한 현재의 상태를 벗어나지 않으려는 것을 교묘하게 합리화시킬 뿐입니다. 당신이나 나의 내면에 잠재되어 있는 '가능성'이라는 '나비'를 훨훨 날아가게 하는 일은 대개 위험도 따르고 두려움도 수반되는 일입니다. 그러나 현재의 상태에 안주함으로써 생기는 문제는 바로, 비록 현재의 상태가 안전하고 따뜻하고 평안하게 느껴질지라도, 그럼으로써 우리는 엄청난 손해를 보고 있다는 점입니다. 현재의 상태에 머무르는 것은 말하자면 마치 우물 안의 개구리의 상태로 남아 있는 것과 다름없습니다. 사람들은 흔히 날아갈 때 느껴질 두려움이 무서워 피하지만, 기쁨과 흥분감은 맛보지 못하는 것입니다.

우리 중에서 성장·희망관점을 가져야 하는 가장 중요한 인물은 바로 우리 자신이라는 점을 명심하십시오. 나 자신이 성장이라는 안경을 쓰고 나를 볼 때만이, 내가 접하게 되는 타인들의 풍부한 잠재성을 볼 수 있게 되는 것입니다. 내가 과감하게 나 자신의 내면에 잠재해 있는 '가능성'이라는 나비를 하늘로 치솟게끔 훨훨 날려 보낼 때만이, 나와 관계 있는 타인들도 그렇게 하게끔 북돋아 줄 수 있는 것입니다. 당신도 당신 자신이 이제 막 누에고치를 떠나려는 나비라고 마음 속에 그려 보십시오. 잘 날아갈 수만 있다면, 얼마나 많은 자유와 기쁨이 느껴지겠는가! (눈을 감고 지금 한번 해보시오.)

물론 경험을 통해 알고 있겠지만, 현재의 상태는 반드시 안전하고 안락한 것만은 아니며, 영구히 그런 것은 더욱 아닙니다. 삶은 우리가 안락하고 편안한 안식처를 찾으면 조만간에 거기에서 밀어내는 경향이 있습니다. 인생의 각 단계와 인간관계, 사회에서 일어나는 각각의 주요한 변화는 마치 누군가가 사출버튼을 눌러 우리를 이전 단계에서 만들어 놓은 상태에서 밀어낸 것같이 매우 낯설게 느껴집니다. 그래서 우리는 현실적으로 둘 중의 하나를 선택할 수밖에 없는 것입니다. 즉 현재의 상태에서 타의에 의해 밀려나오든가, 아니면 비록 두렵긴 하지만 날아가고 싶은 욕망이 너무 크기 때문에 스스로 현재의 상태에서 벗어나든가 해야 하는 것입니다. 우리가 어머니의 자궁에서 처음으로 떠날 때와는 달리, 우리 자신의 재탄생의 경우에는 어느 정도 선택권이 있습니다. 성장의 잠재력과 그것이 가져다 줄 이익을 깨닫는다면, 비록 두렵긴 하겠지만 그 누가 성장의 길을 기꺼이 선택하려 하지 않겠습니까!

　당신이 이 책을 읽어 나가면서 앞에서 제시했던 대로 당신 자신의 성장에 관한 통찰과 계획들을 작성해 놓았다면, 이제 그것들을 쭉 한번 검토해 보시오. 그렇지 않고 밑줄만을 긋고 책의 여백에 휘갈겨 써 놓았거나 또는 머리 속으로만 정리해 놓았더라도 괜찮습니다. 시간을 내서 찬찬히 이 책을 읽어 나가면서 접했던 내용에 대한 당신의 반응을 검토해 보시오. / 이제 이 책을 다 읽은 입장에서 책을 다 읽기 전에 메모했던 내용들에 추가할 것은 추가하고, 맞거나 혹은 틀리다고 생각되는 내용들을 적어 두시오. / 당신의 메모 내용을 바탕으로 하여 이제 당신의 활력 수준을 극대화해 줄 수 있는 성장방법과 통찰들을 정리해 보시오. 그러한 자원들이 당신의 활력수준을 높여 준다면, 그것들은 당신 자신의 성장은 물론, 타인의 성장을 촉진하는 효과 또한 증대시킬 수 있음을 믿으시오. 이렇게 활력을 높여 줄 수 있는 방법들을 목록으로 정리해 놓으면 많은 도움을 받게 될 것입니다.

　이제 마음을 편히 가지고 이것들 중 당신이 하고 싶은 것을 한번에 하나씩 **해보시오**. 유쾌한 기분으로 이것저것 해보시오. 흥겹게 이것들을 해보고, 마음 속으로 이야기도 해보시오(전해 오는 내용을 주의깊게 들으시오). 이것들을 밀어내리려고도 해보고, 씨름도 해보고, 마음 속으로 위안도 받아 보시오. 얼마 동안 능동적이고도 흥겹게 해

보면서 무슨 일이 일어나는가를 유심히 살펴보시오. 무엇이 일어나든지 간에 마음을 열고 이를 받아들이시오. / "좋든 싫든 간에 나는 이런 것들을 **해야만 해**" 따위의 생각은 하지 마시오(이는 호니가 명확히 밝힌 바와 같이 소위 '의무와 당위에 대한 지배'로서, 창조적인 변화를 촉진하기는커녕 오히려 이를 좌절시킨다). 이러한 것은 가능한 한 피하시오. 어떤 방법을 해보았더니 매우 활력이 증진된다는 느낌이 들거든 잠시 멈추어 보시오. / 당신은 이런 자원을 가지고 어떤 효과를 **얻고 싶은가요**? 이제 이 방법을 다시 해보고 무엇이 일어나는지를 살펴보시오. 어떤 효과가 있었나요? 어떤 현상이 일어났었나요? 다음 단계는 무엇인가요? 도약인가? 비상인가? 단순한 상승인가? 하강인가? 아니면 옆길인가요? **당신이** 진정으로 원하는 것은 무엇인가요? 이제 계획을 좀더 구체적으로 세워 보시오. / 변화계획을 세워 놓으면 틀림없이 도움이 될 것입니다. 이제 이런 계획을 해보면서 어떻게 되는지를 살펴보시오. 아마도 당신은 폭풍우가 몰아치는 곳이든 잔잔한 곳이든 어딘가 새로운 곳으로 가고자 할 것입니다. 이제까지 경험한 것을 바탕으로 잘 헤쳐 나가 보시오. 경험을 믿으시오. 만일 그렇게 한다면, 당신은 이러한 성장자원들을 활용하는 새로운 방법들을 터득하게 될 것입니다. 당신은 단지 이러한 방법들을 활용하기로 마음만 먹게 되는 것이 아니라, 당신 특유의 방법으로 이런 것들을 행하면서 **기쁨**을 얻게 될 것입니다.

 이러한 '결론'은 내가 처음에 글을 쓰기 시작하면서 마음먹었던 것과는 어느 정도 차이가 있지만, 크게 다르지는 않은 것입니다. 한 가지 독자들에게 도움을 줄 만한 점이 있다면, 독자들이 자신의 생각과 행동, 인간관계를 정리하는 데 유용할 수 있다는 점입니다. 그리고 독자들이 그렇게 한다면 그것은 결론이 아니라 하나의 새로운 시작이 될 것입니다(그러나 만일 독자들이 이런 류의 책에 나오는 성장통찰들을 좀더 체계적으로 이용하고 싶으면, 이 책의 자매편의 끝부분에 나오는 내용들을 참고해 보시오).[2]

 독자들이 이 내용들을 해보기로 작정하든 안하든, 나는 이렇게 결론 없이 끝맺는 것에 대해 나름대로 만족감을 느낍니다. 그러나 독자들이 즐거이 이 책을 읽어 주었기를 바랍니다. 그래서 성장에로의 **행복한 여행이** 시작되기를 빌어 마지않습니다.

각 장에 대한 주

개관 : 성장상담과 심리치료법의 다섯 가지 부류

1. 이 원칙들에 관해 보다 상세한 논의자료를 얻으려면 나의 저서 *Growth Counseling*(Nashville : Abingdon, 1979), 제 1 장과 제 2 장을 참조하라.
2. 나는 심리학에서의 제 1, 제 2, 제 3의 힘과 관련하여 Maslow의 견해를 따른다. 그가 '제 4 의 힘'이라고 일컬은 초개인심리학(transpersonal psychology)은 내 분류상 제 5부류에 속한다. Maslow, *Toward a Psychology of Beings*(N. Y. : Van Nostrand, 1968), pp. iii - iv.

제 1 장 : 지그문트 프로이트와 자아 분석가들

1. 프로이트의 생애에 관한 내용은 주로 James Fadiman과 Robert Frager 공저, *Personality and Personal Growth*(N. Y. : Harper, 1976), pp. 4 — 9에서 발췌한 것이며, 보다 상세한 자료를 얻으려면 Ernest Jones 저, 전 3 권으로 된 *The Life and Work of Sigmund Freud*(N. Y. : Basic Books, 1953, 1955, 1957) 참조하라.
2. 나는 심리학에서의 제 1, 제 2, 제 3의 힘과 관련하며 Maslow의 견해를 따른다. 그가 "제 4의 힘"이라고 일컬은 초개인심리학은 내 분류상 제 5 류에 속한다. Maslow, *Toward a Psychology of Being*(N. Y. : Van Nos-

trand, 1986, pp. iii - iv).
3. Lancelot L. Whyte, *The Unconscious Before Freud*(N. Y. : Basic Books, 1960) 참조하라.
4. 프로이트의 견해로는 행동이란 본능적인 충동과 욕구에 의해 동기화되는 것으로 보인다.
5. 이런 점들이 갖는 중요성과 프로이트의 기여를 깨우치는 데는 Rod Hunter의 도움이 컸다.
6. 이 개념에 대한 상세한 논의는 *Growth Counseling*, pp. 52 - 55, 63 참조하라.
7. 이 주제에 관한 상세한 논의는 *Journal of Pastoral Care*, 1965년 겨울호 중의 Mansell Pattison 논문 "Transference and Countertransference in Pastoral Care", pp. 193 - 202 참조하라.
8. 이 주제에 관해 좀더 깊은 내용을 알고자 하면 Donald E. Miller, *Wing-Footed Wanderer : Conscience and Transcendence*(Nashville : Abingdon, 1977)와 John Hoffman, *Ethical Confrontation in Counseling*(Chicago : The University of Chicago Press, 1979)을 참조하라.
9. Ruth Monroe는 자아심리학자들의 사상을 "프로이트 심리분석 발전의 주류"로 묘사했다. *Schools of Psychoanalysis*, pp. 104.
10. Freud, *New Introductory Lectures on Psychoanalysis* 참조하라.
11. Cecil Baines 역(N. Y. : International Universities Press, 1946).
12. Hartmann은 유추법을 사용해서, 한 국가를 충분히 설명하기 위해서는 갈등과 전쟁 이외에 더 많은 것을 포함시켜야 한다고 지적했다. 즉 한 국가를 이해하기 위해서는 평화적인 활동, 대중의 발전, 사회구조, 경제, 평화시 국경의 개방 등등에 관한 모든 것을 알아야 한다. 이 같은 원칙은 사람을 이해하고 또 도와 주려고 애쓸 때 역시 적용되는 것이다.
13. *Growth Counseling*, pp. 55 - 56.
14. 나는 이미 *Basic Types of Pastoral Counseling*(Nashville : Abingdon Press, 1966) 제 8 장에서 지지상담의 4가지 유형에 대해 논의한 바 있다.
15. *Generative Man : Psychoanalytic Perspectives*(Philadelphia : Westminster Press, 1973), p. 155.
16. *Growth Counseling*, 제 6 장.
17. Erikson, *Identity, Youth and Crisis*(N. Y. : W. W. Norton, 1968), p. 93.
18. Browning, *Generative Man*, p. 181 참조하라.
19. Erikson이 구별한 단계에 의한 종교발달에 관해 상세한 논의자료를 얻으려면 *Pastoral Psychology*, 1976년 봄호에 실린 LeRoy Aden의 논문

"Faith and the Developmental Cycle"와 John J. Gleason, 2세의 *Growing Up to God : Eight Steps in Religious Development*(Nashville : Abingdon Press, 1975) 참조하라.
20. *Identity, Youth and Crisis* p. 106.
21. Browning, *Generative Man*, p. 149.
22. *Insight and Responsibility*(N. Y. : W. W. Norton, 1964), p. 233.
23. *Identity, Youth and Crisis*, p. 260.
24. *Growth Counseling*, pp. 160 - 161, Kate Millett, *Sexual Politics*(N. Y. : Doubleday, 1969), pp. 210 - 21, *Daedalus* 1964년 93호, Erikson의 논문 "Inner and Outer Space : Reflections on Womanhood", pp. 582 - 606. 참조하라.

제 2 장 : 알프레드 아들러와 오토 랭크

1. 전기 자료는 Elizabeth Hall의 논문 "Alfred Adler, A Sketch" (*Psychology Today*지, February, 1970, pp. 45, 67)에서 대부분 참조하였다.
2. Adler와 Freud간의 비교는 Heinz Ansbacher와 R. R. Ansbacher 편저, *The Individual Psychology of Alfred Adler*(N. Y. : Harper, 1956), pp. 4 - 6.
3. 앞의 책, p. 115.
4. 앞의 책, p. 154.
5. 앞의 책, p. 250.
6. 앞의 책, p. 248.
7. *Psychology Today* 지(February, 1970, p. 66. Copyright ⓒ 1970 Ziff - Davis Publishing Company)의 Heinz Ansbacher의 논문 "Alfred Adler, Individual Psychology"을 복사한 것이다.
8. 종교에 대한 Adler의 관점은 Ansbachers 편저(pp. 460 이하)에 수록되어 있다.
9. Ernest Jones, *The Life and Work of Sigmund Freud*, vol. Ⅱ (N. Y. : Basic Books, 1955), p. 131.
10. Franz Alexander 외 편저, *Psychoanalytic Pioneers*(N. Y. : Basic Books, 1966), p. 38.
11. Ruth Monroe, *Schools of Psychoanalytic Thought*(N. Y. : The Dryden Press, 1955), p. 576.
12. Rank, *Will Therapy and Truth and Reality*(N. Y. : Alfred A. Knopf, 1945), p. 17.
13. 앞의 책, pp. 111 - 12.

14. 앞의 책, p. 24.
15. 앞의 책, p. 89.
16. 앞의 책, pp. 196-97.
17. Patrick Mullahy 저, *Oedipus, Myth and Complex*(N.Y.: Grove Press, 1948), p. 198 참조하라.
18. *Beyond Psychology*(N.Y.: Dover Publications, 1941), p. 267.

제 3 장 : 에릭 프롬, 카렌 호니, 해리 스톡 설리반

1. *Escape from Freedom*(N.Y.: Rinehart and Co., 1941), pp. 103-35 : 207-39 참조하라.
2. *Psychoanalysis and Religion*(New Haven: Yale University Press, 1950), pp. 25-26.
3. 앞의 책, pp. 50-51.
4. D. T. Suzuki와 Richard de Martino 공저(N.Y.: Harper & Row, 1964).
5. *Man for Himself*(N.Y.: Rinehart and Co., 1947), p. 250.
6. Fromm, *The Heart of Man*(N.Y.: Harper & Row, 1964), p. 31.
7. *The Anatomy of Human Destructiveness*(N.Y.: Holt, Rinehart and Winston, 1973), p. 290.
8. Fromm, *The Sane Society*(N.Y.: Rinehart and Co., 1955), p. 284.
9. Ralph Hyatt, "Karen Horney, A Tribute," *Journal of Marriage and Family Counseling* October, 1977, p. 39.
10. Tillich "Karen Horney, A Funeral Address," *Pastoral Psychology*, May, 1953, p. 12.
11. *Neurosis and Human Growth*(N.Y.: W. W. Norton, 1950), p. 17.
12. 앞의 책, p. 15.
13. Horney, *Our Inner Conflicts*(N.Y.: W. W. Norton, 1945), p. 41.
14. 세 가지 방어유형에 관한 충분한 설명은 앞의 책 제 3, 4, 5장을 참조하라.
15. Gerald Sykes, *The Hidden Remnant*(N.Y.: Harper, 1962), p. 100.
16. *Neurosis and Human Growth*, pp. 377-79.
17. *Our Inner Conflicts*, p. 45.
18. *Feminine Psychology*(N.Y.: W. W. Norton, 1967), p. 116.
19. 앞의 책, p. 126.
20. 앞의 책, p. 60.
21. "Horney's Daughter Shares Mother's Early Diaries," *William A. White In-*

stitute Newsletter Fall 1975, p. 12.
22. Tillich, "Karen Horney, A Funeral Address," pp. 12-13.
23. Robert Coles, "Karen Horney's Flight from Orthodoxy," in *Woman and Analysis*, Jean Stouse, ed. (N. Y.: Grossman, 1974), p. 189.
24. Ralph M. Crowley, "Harry Stack Sullivan: The Man," *William A. White Institute Newsletter*, Fall 1970, p. 2.
25. Mullahy, *The Contributions of Harry Stack Sullivan*(N. Y.: Science House, 1967), 제 5, 6, 7장 참조하라.
26. *Conceptions of Modern Psychiatry*(Washington: The W. A. White Psychiatric Foundation, 1947), p. 57.
27. 생의 시기에 대한 충분한 설명은 Patrick Mullahy, *Oedipus, Myth and Complex, A Review of Psychoanalytic Theory*(N. Y.: Grove Press, 1948), pp. 301-11과 A. H. Chapman, *Harry Stack Sullivan, His Life and His Work* (N. Y: Putnam's, 1976), 제 4, 5장 참조하라.
28. Donald H. Ford와 Hugh B. Urban 공저, *Systems of Psychotherapy*(N. Y.: Wiley, 1963), p. 521.
29. *The Psychiatric Interview*(N. Y.: W. W. Norton, 1954), p. 242.
30. Chapman, *Harry Stack Sullivan*, p. 17.
31. 이 논문은 *The Fusion of Psychiatry and Social Sciences, Collected Works*, II (N. Y.: W. W. Norton, 1965), 273-89에 수록되어 있다.

제 4 장: 칼 융, 실존주의자들, 칼 로저스

1. 여기에 나오는 전기자료는 Fadiman과 Frager 공저, *Personality and Personal Growth*, pp. 54-57 참조하라.
2. Jung, *Memories, Dreams, Reflections*(N. Y.: Random House, 1961), p. 174.
3. 앞의 책, p. 199.
4. 앞의 책, p. 297.
5. *Modern Man in Search of a Soul*(N. Y.: Harcourt, Brace, 1933), pp. 110-11.
6. 앞의 책, p. 117.
7. *Collected Works of C. G. Jung*(Princeton: Princeton University Press, 1967-), 16:355.
8. *Two Essays on Analytical Psychology*(N. Y.: World, 1958), pp. 193-94.
9. 앞의 책, p. 182.
10. 1948년 1월 13일자 Jung의 편지.
11. James Hillman, *Insearch: Psychology and Religion*(N. Y.: Scribner's, 1967),

pp. 57 이하 참조하라.
12. *Collected Works*, 16 : 454, 448.
13. 1960년 8월 12일자 편지.
14. "Individual Dream Symbolism in Relation to Alchemy," *The Portable Jung*, Joseph Campell 편저(N. Y. : Viking, 1971), p. 362.
15. *The Portable Jung*, p. 167.
16. *Psyche and Soul*(N. Y. : Doubleday, 1958), pp. 49 - 50.
17. *Modern Man in Search of a Soul*, p. 67.
18. "Psychology or the Clergy," *Collected Works*, 11 : 330.
19. *Man and His Symbols*(N. Y. : Dell, 1968), p. 76.
20. *The Unconscious Self*(Boston : Little, Brown, 1957), p. 9.
21. Gerald Sykes, *The Hidden Remnant*(N. Y. : Harper, 1962), p. 71.
22. *Modern Man in Search of a Soul*, p. 58.
23. *Two Essays*, pp. 84 - 85.
24. *Modern Man in Search of a Soul*, p. 229.
25. 앞의 책, p. 66.
26. *Jung's Letters*, G. Adler 편저(Princeton : Princeton University Press), 1973, p. 456.
27. *Colleted Works*, 10 : 177.
28. *Collected Works*, 7 : 409.
29. *The Changing of the Gods*(Boston : Beacon Press, 1979), p. 59.
30. Rollo May는 오늘날 실존주의자들의 사상에 기초가 된 Martin Heidegger의 개념이 몇몇 심리치료자들의 이론에 강한 영향을 미쳤다고 말했다.
31. *Basic Types of Pastoral Counseling*, p. 263. 이 문언은 성적인 언어와 관련하여 나의 의식이 고양되기 전에 쓰여진 것이다. 이는 또한 여목사에게도 마찬가지로 적용될 수 있다.
32. Howard Clinebell, "Philosophical - Religious Factors in the Etiology and Treatment of Alcoholism," p. 477.
33. *Psychology and the Human Dilemma*(N. Y. : Van Nostrand 1967), p. 81.
34. Søren Kierkegaard, *The Concept of Dread*(Princeton : Princeton University Press, 1944), p. 104.
35. Seward Hiltner와 Karl Menninger 편저, *Constructive Aspects of Anxiety* (Nashville : Abingdon Press, 1963), p. 71에 수록된 Fred Berthold, Jr.의 논문 "Anxious Longing".
36. Tillich, *The Courage to Be*, p. 67.

37. *Existential Psychology*(N. Y. : Random House, 1961), p. 98.
38. *Psychology and the Human Dilemma*, p. 82.
39. *The Doc or and the Soul*(N. Y. : Alfred A. Knopf, 1962), pp. 37 - 38.
40. *Existence*(N. Y. : Basic Books, 1958), p. 41.
41. 앞의 책, p. 52.
42. *Growth Counseling*. p. 48 참조하라.
43. Bugental, *The Search for Authenticity*(N. Y. : Holt, Rinehart and Winston), p. 31.
44. *Man's Search for Himself*(N. Y. : W. W. Norton, 1953), p. 136.
45. *Existence*, p. 87.
46. 앞의 책, p. 49.
47. Bugental, *The Search for Authenticity*, p. 15.
48. *The Doctor and the Soul*, pp. 61 - 62.
49. *Man's Search for Meaning*(N. Y. : Pocket Books, 1963), p. 65.
50. *The Doctor and the Soul*, p. 114.
51. May, *Existence*, pp. 14 - 15.
52. Frankl의 역설적인 의도법은 그의 존재론적 철학과는 아무런 관련이 없는 것처럼 보인다. 특정한 사람들을 어떻게 치료했는가에 대한 그의 묘사를 보면 마치 조작적이고 권위중심적이었다는 인상을 받는다.
53. *Growth Counseling*, 제 4 장 ; *Basic Types of Pastoral Counseling*, 제 14장.
54. Carl Rogers, in *History of Psychology in Autobiography*, E. Boring and G. Lindzen 편저, vol. 5(N. Y. : Appleton-Century - Crofts, 1967), p. 351.
55. Carl Rogers, "In Retrospect : Forty-Six Years," *The American Psychologist*, 29 : 122 - 23 : *Personality and Personal Growth*, pp. 279 - 84에서 Roger에 대한 전기자료에서 James Fadiman과 Robert Frager가 인용하였다.
56. *Basic Types of Pastoral Counseling*, pp. 27 - 40 참조하라.
57. *On Becoming a Person*(Boston : Houghton Mifflin, 1961), p. 181.
58. 앞의 책, pp. 64 - 65.
59. 앞의 책, p. 110.
60. 앞의 책, p. 35.
61. 앞의 책, p. 196.
62. 앞의 책, p. 17.
63. 앞의 책, p. 33.
64. *Client-Centered Therapy*(Boston : Houghton Mifflin, 1951), pp. x - xl.
65. Harper, *Psychoanalysis and Psychotherapy, 36 Systems*(Englewood Cliffs, N. J. : Spectrum Books, Prentice - Hall, 1959).

66. *On Becoming a Person*, p. 56.
67. *Becoming Partners: Marriage and Its Alternatives*(N. Y. : Harper. 1972). p. 209.
68. *Freedom to Learn*(Columbus : Chas. E. Merrill. 1969). p. 177.
69. 6개 차원의 상세한 설명은 *Growth Counseling*, 제 1 장 참조하라.
70. Charles B. Truax and Robert R. Carkhuff. *Toward Effective Counseling and Psychotherapy*(Chicago : Aldine Publishing Co., 1967). p. 25 참조하라.
71. *Growth Counseling*, pp. 55 - 56.
72. *On Becoming a Person*, p. 119, p. 22.
73. 이것은 Tillich가 죽기 전 짧게 기록된 두 사람간의 대화이다.

제 5 장 : 행동—행태치료법의 성장자원들

1. 이러한 역사적인 개요의 주요논점은 First Annual Southern California Conference on Behavior Modification(October, 1969)를 소개하는 소책자에서 간단히 정리한 것이다.
2. Joseph Wolpe, *Psychotherapy by Reciprocal Inhibition*(Stanford : Stanford University Press, 1958) 참조하라.
3. 조작적인 조건(operant conditioning)이란 원하는 행동을 학습시키기 위한 강화제로 보상물을 이용한다던가 또는 보상물을 지연시킴으로 해서 행동을 유발시키고 또 파괴적인 행동을 제거하기 위해서는 벌을 줌으로써 행동을 제거시키는 것이다.
4. 소책자의 note 1에 기술된 것이다.
5. Beck, *Cognitive Therapy and Emotional Disorders*(N. Y. : International Universities Press, 1976) 참조하라.
6. Albert Ellis와 Robert A. Harper 공저, *A Guide to Rational Living* (Englewood Cliffs, N. J. : Prentice-Hall, 1961), and Ellis 외 공저, *Growth Through Reason*(Palo Alto, Calif. : Science and Behavior Books, 1971) 참조하라.
7. Bandura, *Principles of Behavior Modification*(N. Y. : Holt, Rinehart & Winston, 1969) 참조하라.
8. 이 원칙은 1958년 H. J. Ehsemch가 발전시킨 원칙들의 목록에서 요약한 것이다. Donald J. Levis 편저, *Learning Approaches to Therapeutic Behavior Change* (Chicago : Aldine, 1970), pp. 12 - 13 참조하라.
9. 이 사례는 G. Terence Wilson과 Gerald C. Davison의 논문 "Behavior Therapy, A Road to Self - Control," *Psycholoy Today*, October, 1975. pp.

54 - 60에서 기술된 것이다.
10. *Dr. Knox's Marital Exercise Book*(N. Y. : David McKay, 1975), p. 28.
11. 이 단계들은 Alan S. Gurman과 David G. Rice의 편저, *Couples in Conflict* (N. Y. : Jason Aronson, 1975), pp. 207 - 78에 Robert Liberman의 논문 "Behavioral Approaches to Marital Therapy"에서 인용하였다.
12. John P. Foreyt와 Dianna P. Rahtjen 편저, *Cognitive Behavior Therapy, Research and Application*(N. Y. : Plenum Press, 1978), pp. 83 - 84에 수록된 Jeffrey C. Steger의 논문 "Cognitive Behavioral Strategies in the Treatment of Sexual Problems" 참조하라.
13. Kaplan, *The New Sex Therapy*(N. Y. : Brunnerl / Mazel, 1974)와 *The Illustrated Manual of Sex Therapy*(N. Y. : The New York Times Book Co., 1975) 참조하라.
14. Steger, "Cognitive Behavrioral Strategies," pp. 91 - 92 참조하라.
15. *Reality Therapy*(N. Y. : Harper, 1965), p. 15.
16. 앞의 책, p. 25.
17. 앞의 책, pp. 26 - 27.
18. 위기이론과 방법은 나의 책 *Basic Types of Pastoral Counseling*, 제 8, 9장에 상세히 서술되어 있다.
19. Holmes의 스트레스 점수에 관한 자료는 나의 책 *Growth Counseling for Marriage Enrichment*(Philadelphia : Fortress Press, 1975), pp. 64 - 65 참조하라.
20. "희망에 대한 힘"의 치료법은 *Growth Counseling*, pp. 48 - 49에 상세히 서술되어 있다.
21. 이러한 불합리한 생각들은 Ellis와 Harper 공저, *A Guide to Rational Living*, pp. 185 - 87에서 요약된 것이다.
22. *Growth Through Reason*, p. 3.
23. 정신적인 성장을 촉진시키기 위한 방법들은 *Growth Counseling*, 제 4 장 참조하라.
24. *Beyond Freedom and Dignity*(N. Y. : Alfred A. Knopf, 1971), p. 96과 102.
25. *The Modes and Morals of Psychotherapy*(N. Y. : Holt, Rinehart and Winston, 1964), pp. 121 - 22.
26. J. Hearndon, *How to Survive in Your Native Land*(N. Y. : Simon & Schuster, 1971), p. 116.

제 6 장 : 의사거래분석법의 성장자원들

1. 더욱 풍부한 전기적인 자료는 Claude Steiner, *Scripts People Live*(N.Y.: Bantam Books, 1974), pp. 10 이하에 수록되어 있다.
2. 나는 1962년 로스엔젤레스의 웍샵에 참석했던 어느 날, 처음으로 Berne 에 대해 듣게 되었다. 그후 1964년 캘리포니아 Idylwild 산에서 1주 동안 그가 지도하는 훈련에 참가했었다.
3. Muriel James와 Louis M. Savary 공저, *The Power at the Bottom of the Well*(N.Y.: Harper, 1974), p. 14.
4. *Transactional Analysis in Psychotherapy*(N.Y.: Grove Press, 1961), p. 235.
5. *Principles of Group Treatment*(N.Y.: Oxford University Press, 1966), p. 221.
6. *Games People Play*(N.Y.: Grove Press, 1964), p. 48.
7. *Principles of Group Treatment*, p. 310.
8. *Transactional Analysis in Psychotherapy*, pp. 125-26.
9. 상담에서 나타나는 PAC에 관한 상세한 설명은 *Basic Types of Pastoral Counseling*, pp. 130-38 참조하라.
10. *Transactional Analysis in Psychotherapy*, p. 146.
11. Steiner, *Scripts People Live*, 제 13 장에 있는 "Sex Role Scripting in Men and Women".
12. *Scripts People Live*, 제 14, 15장 참조하라.
13. *Women as Winners*(Reading, Mass.: Addison-Wesley, 1971), p. 87.
14. 연구소들이 보다 효과적인 성장환경을 제공해 줄 수 있는 중요한 TA 자원은 Dorothy Jongeward의 *Everybody Wins : TA Applied to Organizations*(Reading, Mass.: Addison-Wesley, 1976) 참조하라.
15. *I'm OK-You're OK*(N.Y.: Harper, 1969), p. 226.
16. *The Power at the Bottom of the Well*, p. 28.
17. Jacque Schuiff는 그녀의 책 *Cathexis Reader*(N.Y.: Harper, 1975)에서 아동 의 발달단계를 서술했다.
18. 내가 이것을 쓴 후에, 나는 Janis Litke의 논문 "The Spindle-The Teenager in the Adult."(*Transactional Analysis Journal*, vol. 3, no. 4)에 관 심을 갖게 되었다.
19. *Game Free : The Meaning of Intimacy*(N.Y.: Harper, 1974), p. 87.
20. 앞의 책, p. 85.
21. 훌륭한 부모가 될 수 있는 법을 익히려면 Muriel James의 *Techniques in Transactional Analysis*(Reading, Mass.: Addison-Wesley, 1977), 제 38 장 참 조하라.

제 7 장 : 형태치료법의 성장자원들

1. *Ego, Hunger and Aggression*(N. Y. : Random House, 1947) 참조하라.
2. *In and Out the Garbage Pail*(Lafayette, Calif. : Real People Press, 1969)에 그의 생애에 관해 자세한 내용이 수록되어 있다.
3. *The Growing Edge of Gestalt Therapy*(N. Y. : Brunner / Mazel, 1976), 제 1 장에 Edward W. L. Smith가 쓴 논문 "The Roots of Gestalt Therapy" 참조하라.
4. 나의 책 *Growth Counseling*, pp. 21 - 25 참조
5. *Gestalt Therapy Verbatim*(GTV)(Lafayette, Calif. : Real People Press, 1969), p. 2.
6. 앞의 책, p. 28.
7. Zinker, *Creative Process in Gestalt Therapy*(N. Y. : Brunner / Mazel, 1977), p. 9.
8. *GTV*, p. 31.
9. 앞의 책, p. 2.
10. Chris Hatcher와 Philip Himelstein 편저, *Handbook of Gestalt Therapy* (N. Y. : Jason Aronson, 1976), pp. 557 이하에 수록된 Polster의 논문 "Women in Therapy : A Gestalt Therapist's View."
11. Zinker, *Creative Process in Gestalt Therapy*, pp. 96 - 97.
12. Joen Fagan과 Irma Shepherd 편저, *Gestalt Therapy Now*(Palo Alto, Calif. : Science and Behavior Books, 1970), 제 6 장에 수록된 Arnold Beisser의 논문 "The Paradoxical Theory of Change" 참조하라.
13. *Gestalt Therapy Integrated*(GTI)(N. Y. : Brunner / Mazel, 1973), p. 17.
14. *GTV*, p. 63.
15. *GTI*, p. 85.
16. *GTV*, 여백(flyleaf)
17. 이런 경험에 관해서는 *Growth Counseling*, pp. 21 - 25에 풍부히 기술되어 있다.
18. Zinker, *Creative Process in Gestalt Therapy*, p. 5.
19. Lynn Walker, *Body and Soul*(Lafayette, Calif. : Real People Press, 1969).
20. *In and Out the Garbage Pail*, p. 22.
21. *Gestalt Therapy Now*, pp. 47 이하에 기술된 논문 "Present - Centeredness" 참조하라.
22. Zinker, *Creative Process in Gestalt Therapy*, p. 17.
23. *GTV*, p. 76.

24. 앞의 책, p. 4.
25. Robert Resnick, *Gestalt Therapy Workshop*. May, 1978.
26. Anica Vesel Mander와 Anne Kent Rush 공저, *Feminism as Therapy*(N.Y. : Random House, 1974), p. 48.
27. *Rough Times by Journal of Humanistic Psychology*, 제 17 권, 제 3 호, p. 78 의 내용을 복사한 것이다.
28. Polster와 Polster 공저, *GTI*, p. 24.
29. *GTV* 책에서 Fritz Perls가 기술한 운동에서 인용되었다.
30. Polster와 Polster 공저, *GTI*, pp. 239 - 40.
31. 1978년 5월 형태치료에 관한 워샵에서 Bob Martin이 발표한 것을 요약한 것이다.
32. *GTV*, pp. 68 - 70.

제 8 장 : 통전적 건강 이론, 정신안정법, 신체치료법의 성장자원들

1. "Sing the Body Electric," *Psychology Today*, October 1970, p. 56.
2. 이러한 원칙들은 여러 자료에서 얻어낸 것인데 그 중 대부분이 Ardell의 *High Level Wellness*(Emmaus, Pa. : Rodale Press, 1977)이다.
3. 통정성의 6가지 기본적인 차원을 세밀히 살펴보고자 하면 나의 책 *Growth Counseling*, 제 1 장 참조하라.
4. *High Level Wellness*, p. 293.
5. 처음의 다섯 가지 전략에 관해 상세한 내용을 알고 싶으면 Ardell의 *High Level Wellness*, 제 2 부를 참조하라. 이 장의 제언들 중 많은 부분은 이 책에서 발췌한 것이다.
6. 앞의 책, p. 98.
7. 영양정보에 관한 것은 Ardell, Lappe, McCamy와 Presley, 그리고 Shealy와 Woodruff 등이 쓴 책 참조하라.
8. Lionel Tiger 논문, "My Turn : A Very Old Animal Called Man," *Newsweek*, September 4, 1978, p. 13.
9. 하사요가(hatha yoga)를 스스로 혼자 익히려면 Richard L. Hittleman, *Yoga for Physical Fitness*(N.Y. : Warner Books, 1964) 참조하라.
10. Herbert Benson, *The Relaxation Response*(West Caldwell, N.J. : Morrow, 1975), pp. 70 - 71.
11. *High Level Wellness*, p. 166.
12. Selye의 *Stress Without Distress*(N.Y. : Signet Books, 1974) 참조하라.

13. Cousins의 *Anatomy of an Illness*(N. Y. : W. W. Norton, 1979) 참조하라.
14. Raymond Moody, *Laugh after Laugh : The Healing Power of Humor* (Jacksonville, Fla. : Headwaters Press, 1978).
15. Richard Saltus가 "Holistic Health Crusaders Seek End to Illness Crisis," *Santa Barbara News Press*, March 6, 1978에서 인용한 것이다.
16. 1977년, 백인 여성의 삶에 대한 기대감이 백인 남성의 69.9에 비해 77.7이었다. 백인이 아닌 여성은 73.8, 남성은 65.0이었다. 이것은 National Center for Health Statistics에서 제공해 준 자료로써 1978년 12월 19일, *Los Angeles Times*에 게재되었다.
17. James Harrison 논문 "Warning : The Male Sex Role May Be Dangerous to Your Health," *Journal of Social Issues*, vol. 34, no. 1, p. 65.
18. *New Mind, New Body*(N. Y. : Bantam Books, 1975), p. 11.
19. 앞의 책, pp. 350-51.
20. 앞의 책, p. 262.
21. 이러한 생체환원법의 적용례에 대해 알고 싶으면 Brown의 *Stress and the Art of Biofeedback*(N. Y. : Harper, 1977), pp. 162-65 참조하라.
22. *New Ways to Health* 중의 Nils O. Jacobson 편저, "Biofeedback : Research and Therapy", p. 1 참조하라.
23. 1976년 2월 20일, Howard Stone으로부터 온 편지.
24. *Biofeedback 1972*(Chicago : Aldine Publishing Co., 1973), pp. 152-66에 나오는 논문 "Biofeedback for Mind-Body Self Regulation : Healing and Creativity" 참조하라.
25. Hazel Henderson은 1977년 2월 25일 Claremont신학교의 강연회에서 이 점을 강조했다.
26. 몇 가지 신체요법의 핵심적인 견해를 요약한 것으로는 Robert A. Harper 의 *The New Psychotherapies*(Englewood Cliffs, N. J. : Prentice-Hall, 1975) 중 제 8 장이다.
27. Lowen은 Reich가 주장했던 성적인 오르가즘이 정신건강을 해결할 수 있는 유일한 열쇠라고 하는 것을 믿지 않았을 뿐 아니라, 치료법으로 직접적인 신체적 접촉을 Reich 만큼 이용하지는 않았다. 신체치료법에 대한 Lowen의 접근법은 적어도 같은 강도의 문제에 대해 Reich의 신체 —적응주의(body-reductionism)를 답습하지는 않았다.
28. Herbert Otto 편저, *Human Potentialities*(St. Louis : Warren H. Green, 1968), p. 172에 수록된 논문 "Sexuality, Sex and the Human Potential."
29. *The Betrayal of the Body*(N. Y. : Collier Macmillan, 1967), pp. 37-38.
30. "The New Carnality", *Psychology Today*, October, 1970, p. 59.

31. *Betrayal of the Body*, p. 209.
32. "Sexuality, Sex and the Human Potential," p. 178.
33. *Betrayal of the Body*, p. 231.
34. 앞의 책, p. 259.
35. 우리 자신의 동물적인 본성을 자각하고 존중하는 것이 바로 많은, "위험한 종"(endangered species)에 속하는 다른 동물들을 존중하는 열쇠임은 분명하다. 우리 자신이 지닌 동물적인 본능을 존중하는 것이 곧 이러한 목록에서 인류를 벗어날 수 있게 하는 열쇠이기도 하다.
36. Keen의 책 *To a Dancing God*(N. Y.: Harper & Row, 1970)의 결론 부분인 "The Importance of Being Carnal-Notes for a Visceral Theology" 참조하라.
37. Rush, *Getting Clear*, pp. 49-50에서 인용하였다.
38. 앞의 책, p. 4. 참조, 성적인 치료법으로 이러한 운동에 대한 세부적인 지침은 William Hartmann과 Virginia Fifthian 공저, *Treatment of Sexual Dysfunction*(Long Beach, Calif.: Center for Marital and Sexual Studies, 1972), pp. 98-138 참조하라.
39. Hittleman, *Yoga for Physical Fitness*, pp. 94-96.
40. Rush, *Getting Clear : Body Work for Women*(N. Y.: Random House, 1973), p. 281.
41. Lowen의 이 운동에 대한 논의는 *Betrayal*, p. 223 참조하라.
42. 이 운동은 O. Carl Simonton과 Matthews-Simonton 공저, *Getting Well Again*(Los Angeles: J. P. Tarcher, 1978), pp. 131-37에서 요약한 것이다.
43. Richard S. Surwit의 논문, "Warming Thoughts for a Cold Winter," *Psychology today*, December. 1978. p. 115. 이 운동은 독일의 정신과의사인 J. H. Schultz와 W. Luthe가 이완기술로써 개발시킨 "자생적 훈련"(autogenic training)의 한 유형이다.
44. 앞의 책, p. 115.

제 9 장 : 가족체계 치료법의 성장자원들

1. *Basic Types of Pastoral Counseling*의 제 6 장 "Role-Relationship Marriage Counseling" : *Growth Counseling*의 "Enriching Marriage and Family Life" : *New Tools for Clergy and Laity*. Part I : *Growth Counseling for Marriage Enrichment* : *Growth Counseling for Mid-Years Couples* : *Understanding and Counseling the Alcoholic*. 제 5 장 "Alcoholics Anonymous-Our Greatest Resource"를 참조하라.

2. "전인성에 관한 일반과학"인 체계이론은 체계적인 치료법을 강조한다. Ludwig von Bertalanffy의 *General Systems Theory*(N. Y. : George Braziller, 1968) 참조하라.
3. *The Psychodynamics of Family Life*(N. Y. : Basic Books, 1958), p. 17.
4. "The Artificial Boundary Between Self and Society," *Psychology Today*, January, 1977, p. 66.
5. *Conjoint Family Therapy*(Palo Alto, Calif. : Science and Behavior Books, 1964), pp. 58.
6. *Peoplemaking*(Palo Alto, Calif. : Science and Behavior Books, 1964), pp. 26 − 27.
7. 그의 이론에 대한 논고는 Bowen의 논문, "Family Therapy and Family Group Therapy" 참조하라.
8. Luthman과 Kirschenbaum 공저, *The Dynamic Family*(Palo Alto, Calif. : Science and Behavior Books, 1974), p. 5 참조하라.
9. 여성에 있어 결혼이 주는 부정적인 영향에 관한 자료는 Jesse Bernard 의, *Future of Marriage*(N. Y. : Bantam Books, 1973), 제 1, 2, 3장 참조하라.
10. Carrie Carmichael, *Non − Sexist Childraising*(Boston : Beacon Press, 1977) 참조하라.
11. *Growth Counseling : New Tools for Clergy and Laity*, Part Ⅰ. 책에 녹음과정을 담은 ⅢB에서 건강한 가족성장 인터뷰를 통해 분류되었다는 것을 설명하고 그 만남들을 묘사하고 있다.
12. *Families of the Slums*(N. Y. : Basic Books, 1967), p. 374.
13. 앞의 책, p. 370.
14. *Peoplemaking*, p. 296.
15. 앞의 책
16. 이 도식은 *Growth Groups*, p. 148에서 인용하였다.
17. 앞의 책, p. 149.
18. 앞의 책, pp. 149 - 50.
19. 이러한 위협에 대한 강력한 논고는 Robert Higgins의 *The Seventh Enemy* (N. Y. : McGraw - Hill, 1978) 참조하라.
20. Halford E. Luccock가 *Unfinished Business*(N. Y. : Harper and Bros., 1956), p. 162에서 인용한 "*A Star Begotten*"이다.
21. *Growth Counseling for Marriage Enrichment*, 제 2 장 참조하라.

제 10 장 : 여권주의 치료법의 성장자원들

1. 여기에 나오는 사람들을 비롯하여 다른 급진주의 치료자들이 쓴 일련의 논문들은 Phil Brown 편저, *Radical Therapy*(N. Y. : Harper Colophon Books, 1973) 참조하라.
2. Jerome Agel(제작자)의 *The Radical Therapist*(N. Y. : Ballantine Books, 1971) ; *Rough Times* (Ballantine Books, 1973) ; *Love, Therapy and Politics, Issues in Radical Therapy*(N. Y. ; Grove Press, 1976) ; Hendrick M. Ruitenbeck, *Going Crazy : The Radical Therapy of R. D. Laing and Others* (N. Y. : Bantam Books, 1972) 참조하라.
3. *In Going Crazy*, p. 196.
4. *The Radical Therapist*, 1, p. 1.
5. Rush, *Getting Clear*, pp. 6 - 7.
6. *Notes of a Feminist Therapist*(N. Y. : Praeger, 1976)에서 나타나는 Williams 의 입장과 *Feminism as Therapy*(N. Y. : Random House / Bookworks, 1974) 에서 보이는 Mander와 Rush의 입장이 이러한 정도의 차이를 잘 설명해 준다. 첫 번째 책보다 두 번째 책이 급진적인 여권주의의 전망을 더 잘 반영해 주고 있다.
7. 혼동을 피하기 위해 다음과 같은 점을 지적해 둔다. 이 장에서 인용되는 책에 나오는 Charlotte Ellen의 젊었을 때 이름은 Charlotte Holt Clinebell이었다.
8. *Growth Counseling*, 제 6 장 참조하라.
9. Miller, *Toward a New Psychology of Women*(Boston : Beacon Press, 1976), pp. 1, 10.
10. 앞의 책, p. 88.
11. *Psychoanalysis and Women*(N. Y. : Brunner / Mazel, 1973), p. 391.
12. 비록 융이 여성과 남성 모두에게 내재되어 있는 정신적인 양성성을 강조하고, 사람들에게 있어 '여성성'의 가치를 강조했다고는 하나, 여성의 가정 중심적인 역할을 지극히 '정상적인' 것으로 봄으로써 결국은 그 문화권의 성차별주의를 용인한 셈이 되었다. 알프렛 아들러는 여성들의 사회적 무력감이 그들의 열등감을 낳는 주원인이 된다고 보았으며, 빌헬름 라이흐는 정치적 억압과 성적 억업간의 상호관련성을 입증했다. 프로이트와 융의 성차별적인 사상을 살펴보려면, Rosemary Radford Reuther의 *New Women, New Earth, Sexist Ideologies and Human Liberation*(N. Y. : Seabury Press, 1975), 제 5 장과 Naomi R. Goldenberg, *Changing of the Gods*(Boston : Beacon Press, 1979), 제 5 장을 참조하라.

13. 비록 Clara Thompson이 화이트 정신병연구소 재직시 나의 여러 훌륭한 스승들 중의 한 분이었으나, 나는 내가 남자라는 우월감에서 그녀의 사상을 그다지 중요하게 여기지 않았다.
14. *Women and Madness*(N. Y.: Avon Books, 1973), pp. 121-22 참조, Chesler 는 더 나아가 *Woman in a Sexist Society*에 실린 그의 논문 "Patient and Patriarch: Women in the Psychotherapeutic Relationship"에서 치료에 있어서의 성차별적인 역할을 밝혀냈다.
15. *Journal of Consulting and Clinical Psycholology*, vol. 34, no. 1, pp. 1-7 참조하라.
16. Barbara Ehrenreich와 Deirdre English 공저, *Witches, Midwives and Nurses, A History of Women Healers* (Old Westbury, N. Y.: The Feminist Press, 1973) 참조하라.
17. *Psychoanalysis and Women*, pp. 379-80.
18. *Notes of a Feminist Therapist*, p. 11.
19. Farrell, *The Liberated Man*(N. Y.: Bantham Books, 1975), p. 49.
20. Phyllis Chesler, *About Men*(N. Y.: Simon & Schuster, 1978), p. 244 참조하라.
21. Williams, *Notes of a Feminist Therapist*, p. 11.
22. Charlotte Holt Clinebell, *Counseling for Liberation*(Philadelphia: Fortress Press, 1976), pp 22-23 참조하라. 저자는 이 책에서 '심리적 전인성'을 나타내는 기존의 표현들을 부적절한 것으로 보고 그 대신 '양성구유적'(androgynous)이라는 표현을 쓰고 있다.
23. Center for Feminist Therapy, L. A., California 90064.
24. CR 그룹은 내가 소위 '성장 행위집단'이라 부르는 것 중의 한 형태이다. *Growth Groups*, 제 10 장 참조하라.
25. Perl과 Abarbanell, *Guidelines to Feminist Consciousness Raising*(L. A., 1975), p. 2.
26. Franks와 Vasanti 공저, *Women in Therapy*(N. Y.: Brunner / Mazel, 1974), 제 15 장 "Consciousness-Raising Groups as Therapy for Women" 참조하라. 그녀가 인용한 연구는 P. Allen의 "Free Space: A Perspective on the Small Group in Women's Liberation"이다.
27. Personal communication, 1977년 5월 7일.
28. 남성들의 CR그룹을 위한 자료들을 찾으려면 Perl과 Abarbanell 공저, *Guidelines*, pp. 40-45. *Unbecoming: A Men's CR Group Writes on Oppression and Themselves*(N. Y.: Times Change Press, 1971), 그 외에 Brenton, Farrell, Fasteau, Malcomson, Nichols, Steinmann / Fox 저서 참조하라.

29. *Gyn/Ecology*(Boston : Beacon Press, 1979), 제 7 장 참조하라.

제11 장 : 정신통합 이론의 성장자원들

1. *The Act of Will*(Baltimore : Penguin Books, 1974), p. 6. 참조하라.
2. *Psychology Today*지, 1974년 12월호에 Sam Keen의 논문 "The Golden Mean of Roberto Assagioli", p. 98.
3. *Psychosynthesis*(N. Y. : Viking, 1971), p. 35.
4. Keen, *The Golden Mean*, p. 98.
5. *The Act of Will*, p. 14.
6. *Psychosynthesis*, p. 8.
7. 앞의 책 p. 6.
8. 앞의 책 p. 100.
9. "A Higher View of the Man-Woman Problem"(Claude Servan-Schreiber 가 Assagioli를 인터뷰한 내용이다), *Synthesis*, 제 1 권, 제 1 호, p. 45.
10. 앞의 책, p. 49.
11. *Psychosynthesis*, p. 3.
12. 앞의 책, p. 39.
13. *The Act of Will*, p. 200.
14. Keen, "The Golden Mean", p. 105.
15. *Psychosynthesis*, p. 207.
16. *The Act of Will*, pp. 205-8.
17. "The Synthesis of the Nation", *Synthesis*, 제 1 권, 제 2 호, pp. 8-19.
18. Robert Gerard, "Psychosynthesis, A Psychotherapy for the Whole Man" (이는 복사논문이다, 날짜 미상), pp. 5-6.
19. 앞의 책, p. 9.
20. *Psychosynthesis*, p. 26.
21. 이것은 *Psychosynthesis*, pp. 118-19의 내용을 풀어 쓴 것이다.
22. 이것은 *Psychosynthesis*, pp. 118-19의 내용을 풀어 쓴 것이다. 이 훈련법에 대해 보다 상세한 정보를 얻으려면 *The Act of Will*, pp. 211-17 참조하라.
23. 하부인격에 관한 상세한 논의는 *Synthesis*, 제 1 권, 제 1 호에 James G. Vargiu의 논문 "Psychosynthesis Workbook", pp. WB 9-47 참조하라.
24. *Synthesis*, 제 1 권, 제 1 호, "The Door." pp. WB 50-53.
25. *Psychosynthesis*, p. 144.
26. *Synthesis*, 제 1 권, 제 2 호, "Answers from the Unconscious". p. 145.

27. 이 훈련에 대해 상세한 내용을 알려면 *Growth Counseling*. pp. 126-28.
28. *Synthesis*, 제1권, 제2호, "Dialogue with the Higher Self". p. 135.
29. *Growth Counseling*. p. 123 참조하라.
30. Personal communication. 1979년 5월.
31. 이 이야기는 C. W. Henderson의 *Awakening*(Englewood Cliffs, N. J. : Prentice-Hall. 1975). p. 170에서 인용하였다.
32. *The Act of Will*. pp. 218-31 참조하라.
33. 앞의 책, p. 225.

결론 : 성장에의 모험

1. (N. Y : Prentice-Hall. 1955). pp. 149-50.
2. *Growth Counseling, Hope – Centered Methods for Actualizing Human Wholeness*. pp. 185-90 참조하라.

■저자 : 하워드 클라인벨 박사

미국의 목회상담가, 신학자
유니온신학교, 콜롬비아대학교(Ph.D.)
현재 클레어몬트신학교 목회상담학 교수
종교와 치료연구소 소장

저서
　Growth Groups(1972, 「성장그룹」, 한국장로교출판사, 1994)
　Growth Conseling(1979, 「성장상담」, 한국장로교출판사, 1994)
　Contemprary Growth Therapies(1979, 「현대 성장상담요법」, 한국장로교출판사, 1991)
　Basic Types of Pastoral Care and Counseling(1982, 「목회상담신론」, 한국장로교출판사, 1987)
　Mental Health Through Christian Community(1965)
　Growth Counseling:New Tools for Clergy and Laith(1973)
　Growth Counseling for Marriage Enrichment:Pre-Marriage and the Early Years(1975)
　Growth Counseling for Midyears Couples(1977)
　Growth Conseling(1979, 「성장상담」, 한국장로교출판사, 1994)
　Well Being(1993, 「전인건강」, 한국장로교출판사, 1995)

■ 역자 : 이종헌 박사

한국신학대학, 연세대학교 연합신학대학원 수료
홍콩 International YMCA Institute 수료
영국 Selly Oak Colleges, Birmingham Univ. (DPS) 대학원 수료
영국 Queen Elizabeth Hospital 임상상담과정 이수
미국 School of Theology at Clearemont 대학원 목회상담학 전공, 목회학박사(D.MIn.) 취득
미국 Lomalinda Hospital C.P.E. 과정수료
미국 Esalen Institute 수련과정 이수
크리스챤 아카데미 교육부장 역임
신명교회 담임목사 역임
현재 : 성장상담연구소 소장

저서 및 역서 :
　「사회변혁을 위한 상담의 한 모델」
　하워드 클라인벨, 「성장상담」(한국신학연구소, 1988)
　하워드 클라인벨, 「목회상담신론」(공역)(한국장로교출판사, 1987)
　하워드 클라인벨, 「현대 성장상담요법」(한국장로교출판사, 1989)

| 현대 성장상담요법 | 값 10,000원 |

초판발행 · 1990년 4월 30일
4쇄발행 · 2003년 2월 20일

저　　자 · 하워드 클라인벨
역　　자 · 이　종　헌
발 행 인 · 박　노　원
발 행 소 · **한국장로교출판사**
주　　소 · 110-470/서울특별시 종로구 연지동 135
전　　화 · (02)741-4381~2/(F) 741-7886
홈페이지 · www.pckbook.com
등록번호　No. 1-84(1951. 8. 3.)

ISBN 89-398-0356-6　　　　Printed in Korea